语法问题献疑集

邢福义 著

商务印书馆
2009年·北京

图书在版编目(CIP)数据

语法问题献疑集/邢福义著.—北京:商务印书馆,2009
ISBN 978-7-100-06682-2

I.语… II.邢… III.汉语—语法—文集 IV.H14-53

中国版本图书馆 CIP 数据核字(2009)第 091901 号

所有权利保留。
未经许可,不得以任何方式使用。

YŬFĂ WÈNTÍ XIÀNYÍJÍ
语法问题献疑集
邢福义 著

商务印书馆出版
(北京王府井大街36号 邮政编码 100710)
商务印书馆发行
北京瑞古冠中印刷厂印刷
ISBN 978-7-100-06682-2

2009 年 10 月第 1 版　　　开本 850×1168 1/32
2009 年 10 月北京第 1 次印刷　　印张 17¼
定价: 35.00 元

序

这本《语法问题献疑集》,主要收入笔者 2002 年至 2008 年发表的文章。只有 1 篇发表于《世界汉语教学》2009 年第 1 期,但完成时间还是 2008 年。文章的主体部分,分五组,共 31 篇。

第一组,文章 5 篇,讨论学科发展与相关问题。其中,第 4 篇《理论创新、存在问题与发展趋势——关于三十年来的中国语言学》,本来是《中国高校哲学社会科学发展报告 1978—2008·语言学卷》(广西师范大学出版社 2008)中的第四编,选入本集子时加了个副标题。这篇文章属于集体成果,尽管由笔者设计框架,并执笔整合,但作为整合基础的材料是很多学者提供的。之所以收录进来,是由于觉得可以在一定程度上反映包括语法研究在内的中国语言学的状况。当然,正如《语言学卷》一书后记所指出:由于学术见解带有主观性,其中的表述在很大程度上只是代表文稿撰写者的观点或想法,不一定大家都能同意。

第二组,文章 6 篇;第三组,文章 7 篇;第四组,文章 7 篇。这三组,都偏重于具体问题的探讨,但对语言事实进行"两个三角"审察的情况有所不同。第二组的审察,限于"表—里—值"小三角;第三组的审察,扩大到大三角的"普(现代汉语共同语)—古";第四组的审察,则进一步扩大到大三角的"普—方—古"。尽管第四组的《〈西游记〉中的"起去"与相关问题思辨》一文只涉及

"普－古",但这一组讨论"起去"的文章共有 3 篇,总体上还是"普－方－古"。

第五组,文章 6 篇,讨论学人的学风、教师的教风及有关问题。其中,凡是关涉到具体事实的文章,都贯穿有"两个三角"的审察。

"两个三角"的提出,早于"小句中枢说"(《中国语文》1995 年第 6 期)。先是发表《现代汉语语法研究的两个"三角"》(《云梦学刊》1990 年第 1 期,中国人民大学复印资料《语言文字学》1990 年第 9 期)一文,后来又陆续发表了《现代汉语语法问题的两个"三角"的研究——1980 年以来中国大陆现代汉语语法研究的发展》(《语言教学与研究》1991 年第 3 期,署名华萍)、《从基本流向综观现代汉语语法研究四十年》(《中国语文》1992 年第 6 期)、《现代汉语语法研究的"小三角"和"三平面"》(《华中师范大学学报》1994 年第 2 期)、《语法研究中"两个三角"的验证》(《华中师范大学学报》2000 年第 5 期)等文章。近 20 年来,笔者一直努力将想法检验于实践,试图通过多做观测,深化认识。从这本《献疑集》可以看到,近几年,在"普－方－古"大三角的检验上多下了一些工夫。

五组文章后边,还有序言 12 篇和短文 8 篇。序言也好,短文也好,有的直接讨论语法问题,有的涉及了语法问题,有的则跟语法问题存在有隐性联系。

这本《献疑集》,是继《语法问题探讨集》(1986)、《语法问题发掘集》(1992)、《语法问题思索集》(1995)和《语法问题追踪集》(2008)之后的第五个集子。这里的"献疑"二字,用于一个特指义,这就是:献出自己对疑问的思考之所得。个人深知,疑问永远回答不完,思考了某些疑问之后,跟着肯定又会冒出更多新的疑问。求知无止境!集子的文章中,有的明确地说了这个意思。比如,《社会公益对学风文品的管约》一文提出,写文章要"坚持求信存疑"。又如,《测估词语+反义AA》一文指出:本文的讨论范围,只封闭在"测估词语+反义AA"的框架之内,这是因为目前笔者还无力解决其他问题。再如,《漫话"有所不为"》一文指出:查古代典籍,可以见到"有所辞有所不辞"、"有所从有所不从",然而,查古代典籍,尽管可以见到"人有不为也,而后可以有为"、"人皆有所不为,达之于其所为"之类前后对照的用法,却未见"有所为有所不为"。看来,"有所为有所不为"的连用,是经过发展演变而相对固定化的现代人的用法。至于开始于什么时候,出现在什么人笔下,笔者不知,有待进一步考察。诸如此类的述说,如实地反映了个人能力之有限。

这本《献疑集》,属于教育部人文社会科学重点研究基地华中师范大学语言与语言教育研究中心的研究成果,为教育部人文社科重点研究基地重大项目"汉语小句联结机制研究"(08JJD 740062)的成果之一种。由于文章于不同时间写作,在不同刊物发表,收入集子时不好变动原来的样子,因而体例不完全一致。收入集子的文章,在用例上略有重复,为了保持原貌,也未作删改。还需顺带说明一点:《华中师大报》是华中师范大学出版的报纸,不同于《华中师范大学学报》。2008年出版的《追踪集》,由于未向校对的学者讲清楚,《华中师大报》都改成《华中师范大学学报》了。在那本集子里,凡是注出年月日的,实际上都是《华中师大报》;只有注出哪一年哪一期的,才是《华中师范大学学报》。

笔者已经七十有四,步入了耄耋年段。能够出版这本集子,打从心底深处感激商务印书馆的关爱,感谢周洪波先生的鼎力相助。集子从校对、改定到出版,责任编辑十分辛苦,得耗费大量的时间和心血。这里,特向叶军女士表示恳挚的道谢和深笃的敬意。

邢福义

2009 年 6 月 30 日

目 录

语言学科发展三互补 …………………………………… 1
国学精魂与现代语学 …………………………………… 14
研究观测点的一种选择——写在"小句中枢"问题讨论之前 … 32
理论创新、存在问题与发展趋势
　　——关于三十年来的中国语言学 …………………… 43
　附:在突破口上——邢福义谈建立中国特色的
　　汉语语法学 …………………………………………… 94

"由于"句的语义偏向辨 ………………………………… 99
拟音词内部的一致性 …………………………………… 115
归总性数量框架与双宾语 ……………………………… 147
短语问题二论 …………………………………………… 169
处理好词典编纂中结论与事实的关系 ………………… 185
新词语的监测与搜获——一个汉语本体研究者的思考 … 193

说"生、死"与"前"的组合 ……………………………… 204
承赐型"被"字句 ………………………………………… 217
连词"为此"论说 ………………………………………… 244
"人定胜天"的古代原本用法与现代通常用法 ………… 259

"救火"一词说古道今 …………………………………… 271
漫话"有所不为" ………………………………………… 275
"×以上"纵横谈 ………………………………………… 281

"起去"的普方古检视 …………………………………… 287
"起去"的语法化与相关问题 …………………………… 312
《西游记》中的"起去"与相关问题思辨 ……………… 331
新加坡华语使用中源方言的潜性影响 ………………… 350
测估词语＋反义 AA …………………………………… 365
在广阔时空背景下观察"先生"与女性学人 …………… 382
从研究成果看方言学者笔下双宾语的描写 …………… 401

社会公益对学风文品的管约 …………………………… 419
讲实据　求实证 ………………………………………… 429
理论的改善和事实的支撑
　　——关于领属性偏正结构充当远宾语 …………… 433
误用与误判的鉴别四原则 ……………………………… 455
语法知识在语言问题思辨中的应用 …………………… 474
重读旧文话备课 ………………………………………… 486

序言十二篇 ……………………………………………… 491
　　一　序郑贵友《现代汉语语法研究的基本理论与实践》 ……… 491
　　二　序郑贵友《汉语篇章语言学》 ……………………… 494
　　三　序李宇明《语法研究录》 …………………………… 496
　　四　序周荐《汉语词汇结构论》 ………………………… 499
　　五　序李宇明《中国语言规划论》 ……………………… 503

  六 序丁力《语法》……………………………………… 506
  七 序何洪峰《汉语语法的多维探究》………………… 510
  八 序黄树先《汉藏语论集》…………………………… 512
  九 序陈淑梅《语法问题探究》………………………… 515
  十 序卢卓群、普丽华《中文学科论文写作》………… 518
  十一 序屈哨兵《现代汉语被动标记研究》…………… 521
  十二 序金铉哲教授韩文译本《汉语语法三百问》…… 524

短文八篇……………………………………………………… 526
  一 重视语言研究的"向"和"根"……………………… 526
  二 双语教育与民族精神………………………………… 527
  三 本刊的愿望…………………………………………… 529
  四 《汉语学报》的基本走向…………………………… 531
  五 新的刊物 新的高度………………………………… 532
  六 二十年前的一份奖状………………………………… 535
  七 何人不起故园情……………………………………… 538
  八 黄流中学怀想………………………………………… 540

语言学科发展三互补

本文包括三个部分。第一部分,讨论一家之言和百花齐放的互补;第二部分,讨论现代意识和朴学精神的互补;第三部分,讨论引进提高和自强自立的互补。学科的发展,无处不存在辩证法。本文讨论的,只是语言学科发展过程中各种辩证互补关系的三对。本文曾在暨南大学"第二届语言学科建设高级专家论坛"(2004年11月广州)上宣读。

一 "一家之言"和"百花齐放"

中国的语言学,经过二十多年的分分合合,已经形成了一个包括四大分支的基本格局。这就是:1)汉语汉字研究。许多单位,建立有汉语言文字学博士点。2)语言理论与语言应用研究。许多单位,建立有语言学与应用语言学博士点。3)少数民族语言研究。许多单位,建立有相关的博士点,即中国少数民族语言文学博士点。4)外国语言研究。许多单位,建立有相关的博士点,如欧洲语言文学、亚非语言文学、英语语言文学、俄语语言文学、法语语言文学、西班牙语语言文学、德语语言文学、阿拉伯语语言文学、日语语言文学、印度语语言文学等博士点。四大分支内部,又有诸多不同的领域。比如汉语言文字研究,包括现代汉语研究、古代汉语研究、方言研究、汉字研究等领域；现代汉语研究，又包括现代汉语的语音研究、词汇研究、语法研究等领域。

综观中国语言学的各个分支和各个领域，具有共性的突出问题主要表现在两个方面。

其一，创新性理论不多，原创性学说缺乏。这一状况的改变，需要通过大力强调和提倡，催生"一家之言"。所谓"一家之言"，是指在某一学科中自成一家的学说。研究问题，不管范围大小，只要提出与众不同的见解，便可以认为是一家之言。小到一篇文章，提出与别人有所不同的说法，富于新意，可算一家之言；大到总揽一个学科，另辟蹊径，提出足以影响整体发展的关键性主张和理论，更为一家之言。从前者到后者，往往是量之积累引发质之变化的过程。学科的发展，特别需要后者。这样的"一家之言"，是学术发展的前导，是促成学科昌盛的基石。开始提出来的时候，往往是粗糙的，很不成熟的，但是，无论如何，都应采取由衷欢迎的态度。

其二，学派意识不浓，没有形成"百家争鸣"的繁荣局面。这一状况的改变，需要通过大力强调和提倡，促使"百花齐放"。所谓"百花齐放"，是指某一学科领域同时存在多种一家之言，呈现共同繁荣的景象。学术领域，没有"武林至尊"；"一家之言"，不应"唯我独尊"。任何一个学科领域，没有"一家之言"固然表明其处于低谷状态，如果仅有一种居于垄断地位的"一家之言"，也表明其远离成熟。

如果说，形成"一家之言"是一种学术企求，那么，能够容忍"百花齐放"便是一种学术度量。一个学科领域，应该是一个百花园；百花中，任何色样的花，都是一个品种，都应受到尊重。我国语言学界，其实情况并不单一。以理论创新问题来讲，大体有两条途径。引进国外理论,通过同汉语或少数民族语言相结合的考察验证,从而有所创新,这是一条重要途径;关注国外语言学理论及其影响,强调更多地对汉语和少数民族语言本身特点进行发掘,从而有所创新,这是另一条重要途径。两条途径代表两个倾向,二者往往你中有我,我中有你。当然,所谓"理论创新",更准确地说,应该添加中心语"思考",说成"理论创新的思考"。因为,就事实而论,我们基本上只是停留在"思考"的阶段。正因如此,学者间相互尊重,不同学说群体之间相互取长补短,十分重要。钱冠连(2004):"所谓学术的繁荣,就是学派、流派之间竞争的果实。""学者承认自己的局限性才可能有流派。……宽容、尊重异己,是产生学派的必不可少的前提性心态。最能考验学者是否具有大家气质的,是如何面对相反的学术主张。"这话极富哲理。

必须进一步指出的是:一家之言和百花齐放的互补,不仅是企求和度量的互补,而且还是思路和方针的互补。新时期以来,邓小平多次强调"百花齐放,百家争鸣"。在《目前的形势和任务》一文中,他指出:"我们要永远坚持百花齐放、百家争鸣的方针。"在《社会主义也可以搞市场经济》一文中,他指出:"现在,我们提倡解放思想,重申毛泽东主席提出的'百花齐放、百家争鸣'的方针,目的就是创造条件调动全民的积极性,使中国人的聪明智慧充分地发挥出来。"(皆见《邓小平文选》第二卷)

当前,在学科建设中,"一马当先,万马奔腾"是一个可行的思路。基本做法是:选择某"一家"作为"当先"之"一马",以点带面,促进学术事业的整体繁荣。事实表明,通过重点培养"当先之马",创造条件使之在"万马"前头领跑,大有好处。2004年,教育部组织专家组对人文社会科学重点研究基地进行了评估,笔者去过语言文字研究方面的四个基地。总体感觉是:实际成绩,比原来的印象和预想的情况要好得多。然而,如果作长期的考虑,在实施这一有效思路的同时,什么时候都还需要反复强调"百花齐放,百家争鸣"的方针。脱离了"百花齐放,百家争鸣","一马当先,万马奔腾"可能会产生这样那样的问题。首先,能否带动"万马奔腾",决定于"一马"能否真正"当先"。"一马"选不准,反而导致挡路的后果。其次,即使"一马"能"当先",一个学科领域是否只能有一群马?换句话说,一个学科领域是否只能出现一个模式、一种状态、一种风格的一群马,而不容许出现不同模式、不同状态、不同风格的几群马?再次,"当先"的"一马",如果老化了,疲软了,怎么办?动物界,猴王、狮王等等的更迭,全凭实力,胜者为王,绝对"公平、公开、公正"。然而,人类社会,情况复杂得多。为了保证有效地替换掉已经落伍的"一马",必须遵循优胜劣汰的竞争规律,这就是"百花齐放,百家争鸣"方针所反映的竞争规律。

二 "现代意识"和"朴学精神"

换一个角度来讨论。中国语言学的发展,又需要"现代意识"和"朴学精神"的互补。

所谓"现代意识",也就是"与时俱进"的意识,包括了解世界现状,适应当今需求,关注未来发展,体现时代性和竞争力,推动中华文化更好地走向世界。跟循现代意识的导引,中国语言学的进一步发展,总体上将出现三大线路:其一,在同国外理论的关系上,将越来越明显地出现"双向接轨"的趋势。一方面,继续引进国外语言学理论,不断扩大视野,拓展思路,看清国际语言学发展的走向;

另一方面,深化对汉语和少数民族语言的事实发掘,总结出有自己特色的理论与方法,力求逐步形成反映自己风格和成就的学术流派,从而逐步实现跟国外理论的"平等对话"。其二,在同自然科学的关系上,中国语言学的发展将努力跟上时代前进的步伐。自然科学和社会科学的交叉与融合,是21世纪科学发展的总体走向。为了适应现代化的需求,中文信息处理的发展是必然的趋势。这将在很大程度上推动中国语言学的学科更新,改变传统研究的纯人文状况,促进汉语研究特别是汉语语法研究同信息处理的联姻,使之在更广阔的天地里实践研究工作的理论与实际的紧密结合。其三,在研究成果的深度上,中国语言学的各个分支和各个领域,都将围绕着实现中华民族伟大复兴的目标,开展比以往更有理论意义和实用价值的专题研究。

所谓"朴学精神",也就是"求真务实"的精神,包含有质朴、实在、有根据、求谨严等内涵。"朴学"一词,最早见于《汉书·儒林传第五十八》:"宽(倪宽)有俊材,初见武帝,语经学。上曰:'吾始以《尚书》为朴学,弗好,及闻宽说,可观。'"《现代汉语词典》解释道:"朴学,朴实的学问,后来特指清代的考据学。"本文提"朴学",是用其原本的意义。由于清代的考据学跟汉语言文字学渊源很深,反映了我们文化传统中的一种治学精神,因此特地选用到中国的语言研究上面。任何事物都有其负面影响。现代化的浪潮,激发了国家的大发展,但是,急于求成、醉心摩登、浮躁夸诞、弄虚作假也随之而泛滥,成了时弊。一件礼品,包装成一个大箱子,里头有实际内容的却只是巴掌大的一个小盒子。学术界,华而不实的风气,越来越严重,令人深感忧虑。因此,在强调"现代意识"的同时,有必要强调"朴学"这种具有我们民族风格民族气派的精神。

如果说,"现代意识"指的是一种目标定位,那么,"朴学精神"指的便是一种治学风格。做学问,不管偏重点如何,解决实际问题都是最重要的。举个小例子来说。2004年,新加坡教育部华文教材编写组一位先生发来了一个邮件,希望解答一个问题。新加坡小学华文教材中,有一篇《小时候的孙中山》的课文,其中有这么一句话:"孙中山看到清兵这样欺压老百姓,心里很生气,所以下定决心,长大后要推翻满清,让人民过好日子。"有一所学校,一位老师提出了意见:"'满清'是一时间名词,表示了历史上某一特定的时间阶段。动词'推翻'应该接'满清政府'或'满清王朝'才行。'推翻满清'是不恰当的词语配搭。"邮件中问道:"推翻满清"的配搭到底行不行?

考察可知,"推翻满清"的说法,没有问题。这可以分四层意思来说。第一,语言运用,具有动态性。在特定的"句管控"中,或者说,在特定的句域环境中,"满清"并不总是表示时段时点。有时,说"满清",就等于说"满清统治"、"满清王朝"之类意思。罗竹风主编《汉语大词典》(汉语大词典出版社2001年9月):"满清",清王朝为满人所建,故称"满清"。文芷《曼殊上人诗册》:"(苏曼殊)为我画一《儿童扑满图》。尔时在清季,我辈正竞谈革命,扑满者,隐为扑灭满清之意。……"(第六卷上册62页)这里的"扑灭满清",跟"推翻满清"近义,"满清"并不是指时段时点,不然,怎么能"扑灭"?金庸《鹿鼎记》:"不住颂扬郑氏在台湾独竖义旗,抗拒满清"(第二十七回),"吴三桂在云南一起义,双方就夹攻满清"(第三十六回),这里表示的是指抗拒满清统治、夹攻满清王朝的意思,十分清楚显豁。第二,双音节的"满清",若说成单音节,便是"清"。"清",有时也表示"满清统治"、"满清王朝"等意思。金庸《鹿鼎

记》:"他(陈近南)一心以反清复明大业为重。"(第十四回)"反清复明",即"推翻满清,光复大明",而"清"或"满清"都不是指的时段时点。第三,"满清"跟"推翻"配合使用,并不罕见。上网翻看,可以看到许多实例。比如:"我们革命党用了三十年工夫,流了许多热烈的心血,牺牲无数的聪明才力,才推翻满清,变更国体。"(孙中山《中国国民党第一次全国代表大会开幕词》〈一九二四年一月二十日〉,见孙中山纪念馆,查 http://www.zsu.edu.cn/sun/YFhall/work_cont.html)|"这个规律在推翻满清的辛亥革命中是如此……在今天的独立和平民主与卖国内战独裁两条战线的斗争中更是如此。"(朱德《祝高树勋将军起义一周年》,《人民日报》1946年10月31日)|"他是老同盟会员,推翻满清东北起义时他是军政府的领导人。"(刘白羽《鸭绿江边的安东》,《人民日报》1946年8月17日)可知,这种用法,早已有之,成了客观事实。第四,"推翻满清"形成一个四字格。在汉语里,四字格具有大众喜闻乐见的节奏美,因而经常使用,具有很强的容纳力。比如成语"秋高气爽",形容秋天天空明净高朗,气候凉爽宜人。若死抠字眼,"秋"怎么能"高"? 不是成语的,往往也被组造成为四字格。比如"鸡犬相闻",陶渊明《桃花源记》里用过,郭沫若《屈原》里用过。再看这个例子:"走在丽江的石板小路上,你突然感觉自己犹如东晋武陵人,误入桃花源,只见楼宇错落,屋舍俨然,纳西民风朴素,鸡犬相闻,古意盎然。"(见 http://bbs.jiangmen.gov.cn/images/bj008.gif)这里用"鸡犬相闻",比出现"鸡犬之声相闻"更具有美感。若死抠字眼,"鸡犬"怎么能"相闻"?

目前的中国语言研究,各分支各领域深入程度并不平衡。总的说来,许多事实并未描写详尽,对于大量语言现象的认识还处于懵懂状态,远远不能满足中文信息处理的需求,因而跟不上时代发展的步伐;另一方面,语言研究的理论意识未能贯穿到所有分支或领域的研究之中,有的分支或领域理论意识较强,但理论和实际相脱节的问题还未能解决。把"现代意识"和"朴学精神"作为一对关系提出来,并且就上面这个例子摆了一些语言事实,是想借以强调,解释问题的理论有各种各样,有的时髦,有的质朴,有的很"外国",有的很"中国",不管是什么样的,只有能够回答实际问题,才是最管用的。学无定法,求变则通;法无定法,适用则灵。当把"现代意识"作为目标定位的时候,千万不能忽略"朴学精神"的务实学风。

吕叔湘先生在将近90岁的时候写了"有感"二首,其二为:"文章写就供人读,何事苦营八阵图?洗尽铅华呈本色,梳妆莫问入时无。"(《未晚斋语文漫谈》74页)这诗句,发自肺腑,令人深省。

三 "引进提高"和"自强自立"

再换一个角度来讨论。中国语言学的发展,还需要"引进提高"和"自强自立"的互补。

所谓"引进提高",是指通过引进国外学术思想、理论和做法,促使本国的研究水平得到理想的提高。没有引进提高,就没有中国的现代语言学,这是历史事实。季羡林(1996)指出:"在中国学术史上,无论哲学史、宗教史、艺术史等等,文化交流起了很大的作用,语言学史何独不然。……从《马氏文通》起到现在整整一百年了。在这一百年内,中国语言学经历了一个'现代化'的过程。人们现在常说,所谓'现代化',其实就是引进西方的'理',结合我国的实际进行探索,并不断取得成功的过程。衡之以语言学的发展过程,这话也是适用的。"季先生的话,代表中国学人的共识。

所谓"自强自立",是指不依成法,自力更生,自我创造。"引进"的目的,是"提高";"提高"的结果,是创造出自己的模式;自己模式的成熟状态,是中国特色学术流派的形成。笔者(1995)曾指出:一个学科是否成熟,其突出标志应该是这个学科是否形成了特定的学派或流派。从这一点看,科学跟艺术情况相同。比方说,我国的京剧表演艺术已经达到了成熟的高峰,最基本的表现就是形成了这"派"那"派",只要一提到"梅派"和"程派",稍有京剧表演艺术知识的人就会知道这是两个具有各自特点的著名流派。又比方说,我国的书法艺术早已达到了成熟的高峰,最基本的表现就是形成了这"体"那"体",只要一提到"颜体",稍有书法艺术知识的人就会知道它是不同于"柳体"、"欧体"等的有独特风格的书写体,甚至还会知道颜真卿打破了"书贵瘦硬"的传统书风,开创了二王体系之外的新体。中国语言学,仅就汉语语法学而言,虽然发展速度很快,但至今仍然缺乏显示成熟的鲜明标志,距离真正成熟还十分遥远。钱冠连(2004)说得更有深度,更加富于理论色彩:伟大的思想也只能在学派的争鸣与摩擦中发生。没有学派,就没有该学科的国际地位。没有国际地位,则从根本上取消了我们的国际交流的话语权。一个民族的某一门学术领域里根本没有学派是非常不妙的情形。钱文还提出了学派形成的标准,这就是:有代表人物(领军人物)、有成员(以更入行的话说便是"有核心成员及追随者或支持者")、有代表作、数得出主要贡献(在理论上解决了什么重大问题)、有主要学术套路及独特的研究风格。

如果说,"引进提高"指的是一种发展途径,那么,"自强自立"

指的便是一种原则立场。中国语言学要真正做到"同国际接轨",必须以"能够跟国外理论平等对视"作为基本出发点,不能引进、引进、再引进,一味跟着跑,永远处于附庸地位。接轨是双向的,要跟强者接轨,自己必须成为强者。弱国无外交,小羊不可能和狼接轨,在学术上也是同样的道理。只有一方面重视"引进提高",一方面重视"自强自立",二者相互补足,相互促进,形成良性循环,我们的语言学科才能够真正发展起来。

假若有人质疑:就凭你,能建立学派?我们的回答是:不能这么立论。个人的力量微不足道,世上没有一个可以包打天下的好汉。好像"众"字,需要三个"人"字互相支撑,彼此协作,矗立起铁塔式形象。学科的建设和发展,需要的正是一种"众"字精神和气势。一个学派的形成,起码需要三五十年,需要几代人的接力,绝对不能一蹴而就。从无到有,从小到大,这是事物发展的必由之路。现在,必须大声疾呼,要有一种学派的意识,要有一种形成学派的追求。有没有这个开端,至关重要。正像一部大剧,没有序幕,就不会有剧情的发展。

假若有人质疑:中国语言学家能建立起自己的学派吗?我们要反问:为什么不可以?学科的发展,映射伟大的民族精神。当年,王明从苏联带回来一套一套的理论,但是,不符合中国的国情。毛泽东把马列主义跟中国革命实际结合起来,写出了《论联合政府》、《新民主主义论》等论著,特别是写出了哲学著作《实践论》和《矛盾论》。在哲学社会科学领域,毛泽东创建了一个特别大的"中国学派"。毛泽东很了不起,毛泽东是顶天立地的中国人。我们应该总结"毛泽东的启示",从而得出一个明确的结论:中国人,能够干出别人可以做到的任何事情,甚至能够干出令世界震惊的任何事情。

需要进一步指出的是:要自强自立,必须正视我们的自身弱点。李宇明(2004)回顾了一段历史。吕叔湘《中国文法要略》是研究句法结构变换的先驱,但是,中国20世纪60年代引进、70年代末80年代初开始广泛应用的变换分析的理论与方法,却来自美国语言学家哈里斯(Z. S. Harris),与《中国文法要略》并无关系;现在流行的"动词中心论"和动词的"价"的概念,是法国语言学家吕西安·泰尼埃尔1959年出版的《句法结构基础》中提出来的,比吕叔湘先生晚了十七年。为什么中国前辈学者的创造,不能在世界上发生其应有影响,甚至也不能在国内发生其应有影响?李文指出:"胡明扬把原因归结为中文的不通用,但我揣测原因恐怕不只于此,最重要的原因也许是:第一,我国的语言学不是国际学术的制高点,'学术之水'难以倒流;第二,理论提出者表述理论的方式不显豁,影响了理论的传播与继承;第三,我国学术眼光的聚焦点主要在国外,对本国的研究成果缺乏有意识的梳理,缺乏学派式的继承与发展,缺乏科学的学术批评。这些不利于学术发展的因素今天并没有多少变化,若不努力革除,上述'变换分析'和'配价语法'的令人酸楚的'佳话',肯定还会复现,那将是中国语言学的最大悲哀。"

上述分析都很对,但是,关于"不利于学术发展的因素",还须注意以下两点。

首先,心理自卑。清朝后期以来,外强入侵,国弱受欺,面对洋人,自卑自贬。这在《官场现形记》、《二十年目睹之怪现状》中,可以看到十分形象的描写。这种状况,影响我们几代人,在学术研究上也是如此。说一件小事。1981年6月,语法学术讨论会在密云举行,这是第一届中年语法学者的学术讨论会,吕叔湘、朱德熙二位先生出席了会议。在"密云会议"上,在讨论到句子类别问题时,笔者谈及高名凯《语法理论》曾提出"句类"、"句型"、"句模"的三角度分类,话刚出口,一位与会朋友立即打断,说:"那是高先生自己提的!"接着,他转谈别的问题,笔者再也没法开口。这件事,二十多年来一直萦绕心头,挥之不去。无论什么学说,都是某一个人自己先提出来的,为什么外国某人"自己"提出来的就是理论,高先生"自己"提出来的就根本不屑一提?就因为高先生是中国人?这种心理自卑,实际上已经成了一种民族自卑,对于我们的学科建设,妨害极大。

其次,惯性相斥。说白了,就是文人相轻,彼此间习惯性地相互排斥,也就是所谓"同行是冤家"。对于国内同行的成果和说法,或者采取冷漠的态度,不愿关注,或者采取轻视的态度,不愿肯定。正因如此,本国的可以闪光的东西难以发扬推广,形成气候,凸显高处,让世人瞩目。这种状况,要从两个方面来看。一方面,严重程度并不明显,而且并非人人如此,国内同仁间是相当团结的;但是,另一方面,这种状况却似无实有地隐性存在,从"骨子里"发生着潜性影响。学术研究,应该提倡涵容、包容和宽容。能涵容不同的观点,能包容不同说法的长处,对不同意见能采取宽容的态度,认真考虑不同说法的合理性。学者间相互学习,相互补足,相互推动,才能创造出涵容、包容和宽容的学术氛围。一个人是一条龙,两个人便成了两条虫,这种存在于"骨子里"的劣根性,对于我们的学科建设,同样妨害极大。

中华民族是伟大的民族。不讳疾忌医,敢于正视和革除学术研究中诸如"心理自卑"、"惯性相斥"之类的不利因素,正是一个民族的伟大之所在。现在,中国已经进入大振兴时代,正在阔步走向世界。尽管需要时日,只要坚持不懈,中国的语言学,也定能有所作为,有所创建,以自己的"特色风貌",展示于世界。

主要参考文献

高名凯　《语法理论》,商务印书馆1960年。
郭　生　《在突破口上——邢福义谈建立中国特色的汉语语法学》,《光明日报》2004-10-21。
胡明扬　《严谨的学风 杰出的贡献》,见《吕叔湘全集》第十九卷,辽宁教育出版社2002年。
季羡林　《"中国现代语言学丛书"序》,见邢福义《汉语语法学》,东北师范大学出版社1996年。
李宇明　《弘扬吕叔湘学术精神》,《汉语学报》2004年第1期。
罗竹风主编　《汉语大词典》,汉语大词典出版社2001年。
吕叔湘　《未晚斋语文漫谈》,语文出版社1992年。
钱冠连　《学派与学派意识(西方语言哲学研究之六)》,《语言文化教育研究》2002年第2期。
————《以学派意识看汉语研究》,《汉语学报》2004年第2期。
邢福义　《汉语语法研究之走向成熟》,《汉语学习》1995年第1期。
中国社会科学院语言研究所词典编辑室编　《现代汉语词典》(增补本),商务印书馆2002年。

(原载《汉语学报》2005年第2期)

国学精魂与现代语学

谢谢各位出席今天这个讲演会。我对国学没有什么研究。从1956年留校任教起，50年来我的主攻方向始终是现代汉语语言学，特别是现代汉语语法学。研究问题过程中，自然会涉及其他方面的学问，诸如逻辑学、文化学以及国学的某些论说，不过，都只是接触到了一点点皮毛。我现在讲"国学精魂与现代语学"，不是要对"国学"本身进行深入的阐发，而是想站在现代语学的基点上，观察国学精魂对于中国现代语学发展的价值。学问是相通的。我相信，中国现代语学可以如此，中国其他现代学问大概也可以如此。

一 国学的定格和涌流

站在现代语学的时间位置上审视，国学既是静态的，又是动态的。

我们应该知道，国学已经定格在了中国历史的框架之上。这是国学"静态"的一面。

所谓"国学"，指的是我国传统的学术文化，涵盖哲学、史学、文学、考古学、中医学、语言学等等方面的学问。《辞海》指出："国学犹言国故，指本国固有的学术文化。"国故属于历史，是"固有"事物，因此常有"整理国故"的说法。就语言学而言，属于国学范围的,主要有文字学、训诂学和音韵学。文字学,是研究汉字的性质、结构、演变和使用等的学问;训诂学,是研究古书字句的解释的学问;音韵学,也叫声韵学,是研究汉语语音结构和语音演变等的学问。

我国古代,在离今已有两千多年的西周,学校有"国学"和"乡学"两种,国学建在国都里。上学就读的子弟,八岁进小学,学习时间为七年;十五岁入大学,当时称为"太学",学习时间为九年。学生们在大学阶段,要通过读书学会关于修身齐家治国平天下的道理和本领,因此,在小学阶段,就必须学习各种基础课程。学生入小学,从识字开始,最基本的课程便是文字学。古人分析汉字,归纳出"指事、象形、形声、会意、转注、假借"六种条例,叫做"六书"。小学里,要教"六书"。由于文字学跟小学存在这种联系,便很自然地形成一种借代用法,"小学"被用来代指文字学。查《汉书》,可以看到有关记述。后来,到了隋唐,"小学"范围有所扩大,把训诂学和音韵学也包括了进来。这也很自然。因为,文字学不仅研究文字的形体结构,而且要研究字义和字音,这就关联到了训诂学和音韵学。这样,从隋唐到清代,作为国学范畴中的传统语言学,"小学"之所指便包括了文字学、训诂学和音韵学等内容。那么,中国的现代语言学,是什么时候开始的呢?

1898年,清代光绪二十四年,马建忠《马氏文通》出版。这是中国第一部系统的语法学著作,从基本倾向上看,是套用国外语法学体系,根据汉语情况略加增减修补,建构了汉语语法学体系。这部著作的出版,成了中国现代语言学的开端。百余年来,特别是近二十余年来,中国的语言学经过多次分分合合,范围已经大大拓展,形成了四大分支。其一,汉语汉字研究,一般统称为汉语言文字学;其二,语言理论与语言应用研究,一般统称为语言学及应用语言学；其三，少数民族语言研究，通常简称为民族语言研究；其四，外国语言研究，其研究对象是属于外国的种种语言，即外语。四大分支内部，又分别包含不同层级的学科，如果算到现代汉语语法学这一级，研究领域便有数十个之多。国学意义上的文字、训诂、音韵等，都已为第一分支所包含，成了汉语汉字研究的部分内容。这就是说，作为传统语言学的"小学"，已经退出中国现代语言学结构系统，成了一个历史概念。

然而，我们更应该知道，国学精魂一直涌流在中国文化承传的长河之中。这是国学"动态"的一面。

国学精魂何在？由于知识背景的不同，工作需求的不同，各人会有不同的理解和诠释。我个人以为，学风、学理和学术成果，是国学精魂的三大组成部分。国学有反映民族性格特征的朴实学风，我们一般理解为"朴学精神"；国学有反映民族认知结晶的深刻学理，蕴藏量大，开掘空间广阔；国学有多方面重要的学术成果，为世人了解中国的社会、历史、文化传统奉献了极可宝贵的论断。这三者共同显示了中华学术文化的"根"，体现着中华学术文化的"源"，绵延着中华学术文化的"流"。

在实际工作中，搞现代研究的人，不可能断离与国学研究的联系，这正是国学动态性影响的实据。我说个小故事。前几年到某地开会，会后十来个朋友一起上当地出名的一个饺子馆。饺子各种各样，一样样地上。最后一道饺子，每个只有豌豆那么大，放到火锅里，让顾客们自己捞。很有礼貌的服务员小姐，站在桌子旁边，甜美地"做广告"："捞到一个，一帆风顺；捞到两个，好事成双；捞到三个，三羊开泰；捞到四个，四季常青；捞到五个，五谷丰登；捞到六个，六六大顺；捞到七个，七星照耀；捞到八个，八仙过海；捞到九个,天长地久;捞到十个,十全十美。"说到这里,她停顿了下来。有悬念了!火锅里滚动着的那么小那么轻的饺子,哪能容易捞到?别说捞到十个九个,即使捞到三个两个,也极困难。这时,大家很自然地特别关心一个问题:要是一个也捞不到,怎么办?看到大家都急了,服务员小姐才笑吟吟地说:"要是一个也没捞到呢?好呀,无忧无虑!"(哄堂大笑)老实说,这道饺子并不怎么好吃,然而,却让大家像玩游戏一样,吃得兴高采烈,笑逐颜开。服务员小姐的话,我这里记录得不太准确,不过,即使记错了两三句,也能表明一个事实:通过巧妙的语言运用,为这道"吉祥饺"加彩增色,反映了饺子馆经营者的机灵。这是纯语言问题吗?不,这里负载着许多中华传统文化的信息。这只是现代汉语的问题吗?不,要解释好这里的语句,需要古代汉语的知识,需要国学的知识。

二 朴学精神的传承

"朴学"一词,最早见于《汉书·儒林传第五十八》中汉武帝和倪宽的对话里。《现代汉语词典》解释道:"朴学,朴实的学问。后来特指清代的考据学。"且不管其特指义,朴学精神表现为质朴、实在、讲实据、求实证,是国学中最具生命力的一种学风。如何传承朴学精神?我分两个大方面来讲。

第一个大方面:按朴学精神的要求,充分占有材料,据实思辨,不应疏而漏之。

比如数词"三",别看就这么一个简单的字,从不同的角度去研究,可以做出这样那样的文章。仅以"定数和约数"、"统数和序数"两个问题来说。

首先，应该知道"三"既可表示定数，又可表示约数。定数指确定的数，比如二加一等于三、四减一等于三的"三"；约数指不确定的数，又叫概数。表示约数的"三"，许多时候跟"多"相联系，我们一口气可以说出"三思而行、三令五申、推三阻四、一波三折、举一反三、三人成虎、三人行必有我师"等等例子。清代学者汪中写了一篇《释三九》，他说："一奇、二偶，一二不可以为数；故三者，数之成也。"这一点，反映了汉民族的心理形态。但是，从现代汉语看，约数"三"是否都跟"多"相联系呢？不一定。有时反而表示"少"。比如，"三句不离本行"。同是"三 X 两 Y"，"三心两意"表多，"三言两语"却表少；"三番两次"表多，"三拳两脚"却表少；"每天三碗两碗地吃肥肉"表示多，"每天只能赚到三块两块钱"却表少。显然，规约"三"的多与少，还有别的因素。这就是：跟"三"发生联系的事物，以及人们对事物的主观认知。只有认识这一点，对"三"的了解才能深化一步。

其次，应该知道"三"或者表示统数，或者表示序数。统数是表示数量多少的数，包括定数和约数；序数是表示次序先后的数。到底是表示统数还是表示序数，有时要结合特定的句域管控才能判定。比如，《三国演义》第五十六回"曹操大宴孔雀台 孔明三气周公瑾"，其中的"三"是序数；第三十七回"司马徽再荐名士 刘玄德三顾草庐"，其中的"三"却是统数。知道这一点很重要。有的时候，解释某些词语，比如前面提到的"三羊开泰"，需要懂得统数和序数之间的转变关系。"三羊"怎么"开泰"？反过来说，"开泰"怎么会跟"三羊"联系起来？原来，"羊"由"阳"演变而来。《易》中泰卦，下为三阳，表示阴消阳长，冬去春来。"三羊开泰"，本来是"三阳开泰"。利用同音关系，把"阳"变换为"羊"，可以增强言辞的语用价值。年历上，贺年片上，工艺品上，三羊组画，比"三阳"更具体，更形象，更有动感，因而更具感染力。怎么理解泰卦中的"三阳"呢？按古人对事物发展变化的认识，由于农历每年冬至那一日之后白天渐长，古人便认为冬至日标志着"一阳生"，而农历十二月是"二阳生"，新年正月便是"三阳生"。等于说，一过冬至，第一次阳气生发；进入农历十二月，第二次阳气生发；一到新年正月，第三次阳气生发，于是万事顺遂，安泰吉祥。可知，"三羊"（三只羊）里的统数"三"，原本是"三阳"（第一、二、三次阳气相继生发）里的序数"三"。只有不仅知道从"阳"到"羊"的同音借用关系，而且知道连带而引发的从序数"三"到统数"三"的转化关系，才能透彻地理解"三羊开泰"。

吕叔湘先生（1904.12—1998.4）写过这样的诗句："文章写就供人读，何事苦营八阵图？洗尽铅华呈本色，梳装莫问入时无。"（《未晚斋语文漫谈》，语文出版社 1992）写诗时，吕先生已经将近 90 高龄。这位中国语学巨擘，他所希望的，正是承传一种"朴学"的学风。我想，这是一种"言传身教"吧？！

第二个大方面：面对新的理论方法和科技手段，以朴学精神反复验证，不应大而化之。

比如表示递进关系的"不但"和"不仅"，二者的区别在哪里？

近年来，我们研究中心开展了一项名为"汉语句法机制信息处理复句工程"的研究。课题组成员，既有汉语言文字学的教授和博士研究生，又有中文信息处理专业的教授和博士硕士研究生。研究过程中，大家不断提出问题，寻求答案。比方，关于"不但"和"不仅"，二者的区别跟文体有没有关系？前些日子，我们作了一次小实验。检索语料库中的《人民日报》语料，共 2656 万多字，得到的数据是:"不仅"出现5410次,"不但"出现916次;检索当代小说语料(包括老舍、姚雪垠、王蒙、王朔等数十名作家的小说),共1587万多字,得到的数据是:"不仅",694次;"不但",966次。

于是我们提出一个假设:可能非文学作品多用"不仅",而文学作品中,"不但"多于"不仅"。为了证明这一点,我们又检索社科与科技类语料,共92万多字,得到的数据是:"不仅",286次;"不但",34次。其中共5部著作,具体数据为:王登峰等《大学生心理卫生与咨询》(15万多字),"不仅"97次,"不但"6次;方富熹、方格《儿童的心理世界——论儿童的心理发展与教育》(27万多字),"不仅"79次,"不但"16次;曾鹏飞《技术贸易实务》(20万多字),"不仅"27次,"不但"9次;马忠普等《企业环境管理》(14万多字),"不仅"61次,"不但"3次;郑人杰《实用软件工程》(14万多字),"不仅"22次,"不但"为0。到此,我们的假设似乎得到了证实。

然而,分别检索毛泽东和邓小平的著作,得到的数据是:《毛泽东选集》(一至四卷),"不但"350次,"不仅"33次;《邓小平文选》(一至三卷),"不但"93次,"不仅"143次。可见,在非文学作品里,不一定"不仅"多于"不但"。再分别检索4部长篇小说,得到的数据是:老舍《四世同堂》"不但"49次,"不仅"33次;周而复《上海的早晨》"不但"138次,"不仅"15次;杜鹏程《保卫延安》"不但"11次,"不仅"22次;杨沫《青春之歌》"不但"14次,"不仅"23次。可见,在文学作品里,不一定"不但"多于"不仅"。这就是说,结论不可信,假设不成功。关于"不但"和"不仅"的区别,目前我们并没有摆脱认识的模糊状态,还需要从别的角度去做更多的努力。由此我们懂得了一个道理:语料库不管多大,都不可能穷尽语言事实;即使语料库大到基本穷尽语言事实了,也可能会在求证的角度、程序和方法上出漏子。

研究问题,离不开假设和求证。"假设-求证",可以而且应该是灵活的,要看是什么对象,什么时候,什么场合,什么环境。从过程到结果,既要重视和善于运用现代理论方法和科技手段,又有必要切实贯彻朴学精神。关键在于,结果是不是得到真理性的结论。我想起个"搞"字。"搞"字常常出现在人们的言语中:"这件事嘛,我已经搞定了。""最近生意好,每天可以搞到五六百块钱。""搞"字已登大雅之堂,多次见于邓小平著作:"把经济搞上去!""搞"字还可以用来描摹相互间的行为活动:"这两人,你搞我,我搞你,太没度量了!"但是,启功先生曾提到武松和老虎。老虎一扑武松一闪,老虎一掀武松一躲,老虎尾巴一剪武松又一闪,老虎翻身又一扑,武松又一跳。你能说老虎一搞武松一搞,老虎又一搞武松又一搞,老虎再一搞武松再一搞吗?(哄堂大笑)仅仅一个"搞"字,研究起来可不简单。"搞"来自哪个方言?根在哪个地方?什么时候进入共同语?在现代汉语的动词系统中,"搞"什么时候可以跟哪些动词替换?语用价值如何?回答诸如此类的问题,可以用这样那样的理论和方法,但是,绝对不能摆"八阵图"。崇尚质朴,据实求证,"洗尽铅华呈本色"的文章,才是好文章。

三 "辞达而已"的启示

子曰:"辞达而已矣。"(《论语》卷八·卫灵公第十五)朱熹《论语集注》:辞,取达意而止,不以富丽为工。《孔子大词典》:孔子认为辞的作用在于言事,因此辞不贵多,亦不贵少,皆取达意为上。(上海辞书出版社 1993)我以为,从蕴含量之丰富看,"辞达而已"

应是反映语言应用发展规律的一条深刻学理、一个基本原则。如何认识这一学理和原则？也分两个大方面来讲。

第一大方面：人们的语言运用，无处不体现"辞达而已"的原则。举些例子，略说三点。

首先，精准贴切的表达，是"辞达"。《红楼梦》第34回，写贾宝玉挨了他父亲的一顿好打，躺在床上不能动，薛宝钗跑到怡红院去看他，叹道："早听人一句话，也不至有今日！别说老太太、太太心疼，就是我们看着，心里也——"刚说了半句，又忙咽住，不觉眼圈微红，双腮带赤，低头不语了。这里的"我们"是谁？就她自己。她是一个人，为什么要用一个复数形式？少女心态，不好意思嘛！"我们"二字，够精准的。（笑）曹禺《雷雨》中，"劝药"那场戏里，周萍和周冲在父亲的命令下，劝繁漪喝药。周萍说的是："听父亲的话吧，父亲的脾气你是知道的。"周冲说的是："您喝吧，为我喝一点吧，要不然，父亲的气是不会消的。"周冲用了第二人称代词的敬称形式，在那个家庭背景下，符合母子关系；而周萍则"低声"用了第二人称代词的一般形式，不自觉地流露了他与繁漪二人之间关系的暧昧。作者选用"你"和"您"，达意传情，可圈可点。

其次，夸张铺排的表达，也是一种"辞达"。李白《将进酒》："君不见黄河之水天上来，奔流到海不复回。"气势磅礴，感情奔放！假若你去当家庭教师，你当然必须告诉人家的孩子，黄河发源于青海巴颜喀拉山北麓卡日曲。然而，你不能据此而否定李白的诗句，说老李缺乏地理知识，"黄河之水"不是"天上来"的！（笑）杜甫《古柏行》："霜皮溜雨四十围，黛色参天二千尺。"宋代沈括按这个直径和长度计算了一下，然后说："无乃太细长乎？"（笑）如果这么做，李白《秋浦歌》中的"白发三千丈，缘愁似个长"，岂不也要问："无乃太长乎？"

再次，模糊概略的表达，也是一种"辞达"。《中篇小说选刊》2006年第2期有一篇《打火机》，写一位女士野外游玩，喝了一大瓶水，想要小解，可是没有厕所。怎么办？"看看四周，天苍苍，野茫茫，风吹草低不见牛羊，好在也不见人，余真一猫腰钻进了草丛，回归大自然。"这么写，不仅"就地小便"的意思清楚了，而且显得特别有风趣！（笑）语言不是数目字，说话不是做算术。在语言表述系统中，"都"不一定真的"都"，"只"不一定真的"只"，"最"不一定真的"最"，"没"不一定真的"没"。比方说，冯德英《苦菜花》里有这么一句："人都走光了，只剩下两个挑柴的。"难道挑柴的不是人？有一首歌，开头一句就是："世上只有妈妈好。"难道爸爸不好？钱钟书《围城》里有这么一句："苏小姐脸红，骂她：你这人最坏！"难道真的是她最坏？电视剧《都市放牛》中，南瓜买了一件小礼物送给喜妹，喜妹赌气说她想要金的银的，南瓜可怜巴巴地解释："喜妹，你知道我没钱！"这里的"没钱"就是钱少、钱不够的意思，喜妹一听就懂。要是南瓜说："喜妹，你知道我钱少！"这是不是很别扭？（笑）"秃头"就是没头发，也是个模糊概念。不要以为凡是"秃头"就一定一根头发也没有。远看看不见，近看只有一根，能说不是秃头吗？恐怕还是秃头！（大笑）

第二大方面：语言的变化发展，无时不受"辞达而已"原则的规约。也举些例子，略说三点。

首先，适应社会发展使用新词新义，是为了"辞达"。"下海"一词，《现代汉语词典》1983年修改本里还只列出三个义项：（1）到海中去；（2）（渔民）到海上（捕鱼）；（3）指业余戏剧演员成为职业演员。1996年的《现代汉语词典》修订本增加了一个新的义项，即：

(4)指放弃原来的工作而经营商业。现在,假若哪份报纸哪本杂志上有一篇文章题为"下海",多数读者想到的肯定是经商做生意。近几年,出现了"对外汉语"这个词语,指的是对外汉语教学。如果死抠字眼,显然不通。汉语教学,可以分对内和对外;汉语,怎么可以分对内和对外?然而,一个缩略了的词语,其含义只要大家都懂了,也就"辞达"了,它也就具有生命力了。要不然,只从字眼上去抠,"少数民族"这个词语在配搭上怎么解释?近来,媒体上流行"粉丝"一词,来自英语的"fans",有"狂热的迷恋者"、"狂热的崇拜者"之类意思。这个词,公文里、教科书上不宜使用,但在特殊场合,却有其特殊的作用。2006年5月17日的《楚天都市报》上,有一篇短文《粉丝沙龙》,说的是真人真事。作者说,他妻子内退回家,十分苦恼,他鼓励妻开个粉丝小吃店,儿子大声叫好,挂出了一个"粉丝沙龙"的店牌。没两天,突然进来十多个男孩女孩,出高价钱包店,说"铁杆粉丝"在"粉丝沙龙"搞聚会,够味!从此,生意出奇地火爆。作者叹道:此"粉丝"非彼"粉丝",没想到此"粉丝"引来那么多的彼"粉丝",让妻乐得合不拢嘴!(笑)

其次,适应表达需要选用句法结构,也是为了"辞达"。句子可以变换结构。两次春节联欢晚会上,冯巩出场总是对观众说:"我想死你们了!"到了2005年的春节联欢晚会,节目主持人要求他不能重复这个句子,他顺口而出:"你们让我想死了!"同一个意思,还有一种说法。琼瑶小说《哑妻》中,这么描写雪儿见到爸爸的情形:雪儿望着父亲,然后垂下头去,找了一根树枝,在地上写:"你是我爸爸?"柳静言点点头,雪儿又看了他好一会儿,然后写:"爸爸,你想死我们了!"母女俩年年月月想着的是"你",现在面对着的正是"你",因此,最迫切的是要把"你"先说出来,然后再接上"想死我们了"。句子还可以变换长度。"五四"以后,出现一种新兴句法,语法学家称之为"成分共用法"。比如:在国民党时代,土地是地主的,农民不愿意也不可能用自己的力量去改良土地。(毛泽东《我们的经济政策》)这里用"不愿意也不可能",句子显得凝练。但是,并非什么时候都是成分共用才好。"我们的目标一定要达到!我们的目标一定能够达到!"如果成分共用,说成"我们的目标一定要也一定能够达到",反而没有那么气势磅礴、掷地有声了。

再次,根据表述要求变动同音字来组造语句,也是为了"辞达"。常言:"舍不了孩子套不住狼。"为了套狼,宁可牺牲孩子,这合理吗?可怜天下父母心啊!《语文建设》发表过一篇《因声起意与流俗词源》的文章,作者指出:这里的"孩子"可能是"鞋子"的讹读。因为,在一些方言区中,"鞋子"就读成"háizi"。这条俗语应为:"舍不得鞋子套不着狼。"在一次国际会议上,我特别提到了这一点。讨论时,有位新加坡学者提问:"量小非君子,无毒不丈夫"中的"毒",有没有可能是由"度"演化而来的?我认为很有可能。"量小非君子"和"无度不丈夫",互文见义,也可以说成"量小非丈夫,无度不君子"。是否如此,尚待求证,但无论如何,肯定都是能够引发思考的好假设。那么,如果假设得到证实,是否导致对"舍不了孩子套不住狼"和"无毒不丈夫"的否定和舍弃呢?不是。这类夸张性说法,经历了语言运用的时间考验,在历史发展中已经定型,所表达的意思已经十分清楚。以"舍不了孩子套不住狼"来说,是否合乎人情的理据已经淡化,不再成为需要深究的话题,人们已然接受了凸显出来的意思,这就是:必须作出重大的牺牲,否则就无法取胜。

理论越精辟,话语越简短。两千多年前,孔老夫子就已为我们提出了有关语言的一条纲领性的原则。上面只是举几个例子,说明"辞达而已"涉及了语用、修辞、词汇、语法等等诸多方面,其中既有共时平面的问题,也有历时平面的问题。辞达而已,一语破的。这一原则,可以用来建构语用学和修辞学,也可以用来解释词汇的发展和语法格式的演变。中国传统文化的宝库中,像"辞达而已"这样的精辟论断,应不在少。

应该顺带指出:"辞达而已"是否意味着,在语言的运用中只要满足了"辞达"的要求,就可以不遵守语法规则了呢?不是。"辞达"与"遵守语法规则",是从不同角度提出来的命题。"辞达",指社会交往中人们的言辞能够达意传情,满足具体场合的交际需要;"符合语法规则",指人们的言辞符合大家所认同的语法结构规律,不影响相互间的交际。满足交际需要的"辞达",是语言运用永远不变的原则;言辞的语法结构,却会随着社会的进步而有所发展和丰富。人类的原始语言,肯定是很简单的,不可能先由谁——神仙或上帝——制定出一套语法规则,然后让人们去遵守。人们在不断地运用语言的过程中不断地发展语言。在人们不会用碗盛饭、不会用筷子扒饭的时候,不可能有"吃大碗"、"吃筷子"的说法;后来人们用大碗吃饭,用筷子吃饭,慢慢才演变出了"吃大碗"、"吃筷子"的说法,于是才形成一条新的动宾配搭的规则。

四 中国语学的特色探求

中国语言研究,应该旗帜鲜明:面向世界,面向时代需求;根在中国,根在民族土壤。我们重视学习和借鉴国外理论方法。在这一点上,要承认自己的落后,要看到自己同别人之间的差距,要测定和把握研究工作的先进走向。作为汉语研究工作者,我们又应该重视"研究植根于汉语泥土,理论生发于汉语事实"。讨论国学,不是要回归到国故,而是为了弘扬国学的精魂。把学习别人长处和创建自己特色结合起来,处理好"向"和"根"的关系,才有可能真正出现与国际接轨的局面。

我们应该旗帜鲜明地提倡形成语言学的中国学派,提倡探求和凸显中国语学的特色。

古为今用、外为中用,这无疑是正确的选择。国故意义上的国学,无力因而不能直接促进国家文化的大发展;纯引进意义上的今学,也总避免不了水土不服的缺憾。无可怀疑,跟文字、训诂、音韵等相比较,无论广度还是深度,中国现代语学的面貌都是全新的。但是,在国际学术交往中,却显露了明显的弱点,比如原创性学说缺乏、创新性理论不多、学术风格不明朗,因而处于弱势地位,根本无法跟别人平等对话。说千道万,中国语学要得到进一步长足发展,最重要的是提倡形成"语言学的中国学派"。2004年,《汉语学报》发表了《以学派意识看汉语研究》的文章,作者指出:学派是学术研究领域走向成熟、发达和繁荣的标志,所谓学术的繁荣,就是学派、流派之间的竞争的果实。伟大的思想,只能在学派的争鸣与摩擦中产生。汉语研究中学派的形势不明朗,这是一个事实。没有学派,就没有该学科的国际地位;没有国际地位,则从根本上取消了我们的国际交流的话语权。这篇文章发表以后,产生了相当大的反响。

要形成语言学的中国学派,就必须强调语言研究的"自主创新"。什么叫"创新"?"创新"本身就是一种独创性的行为或成果,本来就是"自主"的!可是,如果这么咬文嚼字,绝对是十足的书呆子气。正如国学是相对西学侵逼而提出的概念一样,"自主"创新针对的是"他主"创新。提出"自主创新",实在高屋建瓴,是在主张弘扬民族智慧,是在强调国家兴盛之"大我"。许多人喜欢读金庸小说,我是其中一个。王重阳和林朝英原是一对天造地设的佳偶,却没有结合,这是因为二人武功既高,自负益甚,一直至死,争竞之心始终不消。林朝英创出了克制全真武功的玉女心经,而王重阳不甘服输,又将九阴真经刻在墓中。只是他自思玉女心经为林朝英自创,自己却依傍前人的遗书,相较之下,实逊一筹。王重阳很清醒,做出了"自创"高于"依傍"别人的判断。

只要形成了语言学的中国学派,自然而然就会出现中国特色的语言学。科学无国界,这话绝对正确。不过,要看怎么理解"科学"和"无国界"。就"科学"而言,从跟国家民族的社会性人文性的关系看,有两大类。一类是纯科技性的,比如数学、化学、物理学等等;一类是同社会性人文性有所结合的,比如美学、史学、经济学等等。二者之间,不应做简单类比。"中国特色数学"、"中国特色化学"、"中国特色物理学"的确不能说,然而,是否可以用此来证明"中国特色美学"、"中国特色史学"、"中国特色政治经济学"也不能说呢?好像不可以。且别说人文社会科学,即使是属于工科的建筑学,由于跟社会因素人文因素有很深的渊源,也完全可以提"中国特色建筑学"。至于"无国界",是否就等于说任何门类的学科都没有国家特色或民族特色呢?是否也可以理解为科学属于全人类,科学成果为全人类所共享呢?语言学是一门具有社会性和人文性的学科,提"中国特色"是无可指摘的。在国家提倡振兴民族文化之时,强调"中国特色",更有导向性的作用。

当然,中国语学要形成和凸显自己的特色,绝非易事,需要做长期而艰苦的探求工作。1996年6月10日,季羡林先生为"中国现代语言学丛书"作序,其中指出:下一个世纪的前20年,甚至在更长的时间内,都是我们探求的时期。我们必然能够找到"中国的特色"。只要先擒这个"王",我们语言学的前途,正未可限量。(见邢福义《汉语语法学》,东北师范大学出版社1997)1999年6月29日,季先生为他所主编的"20世纪现代汉语语法八大家"作序,又接着上面的话题写道:但是,问题的关键在于:怎样探求?向哪个方向探求?我不揣庸陋,想补充两点。第一点是,要从思维模式东西方不同的高度来把握汉语的特点;第二点是,按照陈寅恪先生的意见,要在对汉语和与汉语同一语系的诸语言对比研究的基础上,来抽绎出汉语的真正的特点。能做到这两步,对汉语语法的根本特点才能搔到痒处。(见《吕叔湘选集》,东北师范大学出版社2002)季先生不仅精通英语、德语等现代外国语言,而且熟谙梵文、巴利文、吐火罗文等外国古代语文,视野广阔。他的意见,自然也是"探求"性的,但起码可以引起我们的重视和思考。

不过,话还得说转来,学术上有不同意见,这是正常现象。认为汉语有自己的特点、中国语言学可以形成自己的特色也好,认为不要提汉语特点、中国特色语言学的提法不科学也好,都各有所据。不仅如此,我还相信,在这两种见解的导引下,都有可能出现高质量的研究成果。

结束语

最后,我讲几句话,作为结束语。

第一,一个国家有没有自己的学术特点,意味着一个国家有没有自己的强劲文化；一个没有自己强劲文化的国家，意味着国际交流中发言权完全掌握在他人手里，自己只能俯首帖耳地驯服于他人的指指点点。目前，中国对外文化交流的严重入超，提醒我们，需要大声疾呼振兴自己的文化。

第二，中国有灿烂的文化，这不是历史教科书上僵硬了的几个汉字，也不是仅供观赏的历史化石，而是可以滚动起来的一江长长活水。以现代意识为前导，弘扬国学优良学风、深刻学理和有用成果，让国学精魂与现代意识结合起来，有利于实现民族文化的振兴，有利于助产中国特色的学问。

第三，中国学术，包括中国现代语学，应该也可以对世界学术做出贡献。《光明日报》2006 年 3 月 23 日发表《中国语言研究的民族性与世界性》一文，文中几句话说得特别好：世界性与民族性是事物的一体两面，表面对立，实则统一。有鲜明的民族性，才有真正的世界性。没有各民族深入挖掘，慷慨奉献本民族的优质元素，就无法打造出内涵丰富、形式多样、色彩斑斓的世界性。

第四，学术的繁荣，表现为"百花齐放"。容忍"百花齐放"，是一种学术度量。百花中，任何色样的花，都是一个品种，都应受到尊重。学术上的不同意见，不要过早肯定或否定。有的意见，看似互不相容，实则有可能殊途同归，将来会形成互补。对于一个学者来说，既要善于学习别人，又要善于塑造自己。

请让我再次提到金庸的作品。金庸笔下，有个老顽童。他爱"拜师"，只要看到别人有新招，即使对方是十七八岁的小青年、小女孩，他都要"我拜你为师"；但是，他又爱"自创"，潜心于自己琢磨，"双手互搏"呀，"空明拳"呀，创造出了许多令人意想不到的招式。此公开始中等偏上，后来武功奇高。结果呢，在"东邪、西狂、南僧、北侠、中顽童"的新"评估"中,占据中心位置,成了五绝之首的"中顽童"。(笑)这个文学形象,也许能够启发我们思考点什么。王充《论衡·实知篇》:"不学不成,不问不知。"张载《经学理窟·学大原下篇》:"学贵心悟,守旧无功。"我想,多多咀嚼这类格言,对我们的继承创新会大有好处。我的发言就到这里,谢谢各位!(热烈的掌声)

(原载《光明日报》2006年8月8日,略有增补。原稿为笔者2006年6月3日在华中师范大学第31期"博雅大讲坛"上所作的演讲。)

研究观测点的一种选择
——写在"小句中枢"问题讨论之前

为了深化对汉语语法特点的探讨,《汉语学报》开辟一个专栏,成系列地对"小句中枢"问题进行时间较长的讨论。笔者特撰此文,当做讨论的"引言"。全文包括三个部分:1)"小句中枢"与研究观测点;2)"小句中枢说"的内容与应用;3)"小句中枢"问题讨论的启动。

一 "小句中枢"与研究观测点

汉语的各类各级语法实体共七种:1)语素;2)词;3)短语;4)小句;5)复句;6)句群;7)跟特定句调相联系的句子语气。前六种是音节实体;后一种,即句子语气,是非音节实体。在这七种语法实体中,小句这种语法实体主要指单句,也包括结构上相当于或大体相当于单句的分句。

孤立地看汉语的七种语法实体,语素也好,词也好,短语也好,小句也好,复句也好,句群也好,句子语气也好,没有哪一种不重要,没有哪一种不可以成为强调的重点。因此,人们可以根据自己研究视点的偏向性,各取所需,认定"本位"。从这个意义上说,"语素本位"也好,"词本位"也好,"短语本位"也好,"小句本位"也好,"复句本位"也好,"句群本位"也好,"句子语气本位"也好,都有不可忽视的理据,都有可能成立的理由。

然而,综观汉语语法,不能否认一个最基本的事实,这就是,汉语语法重句法。研究汉语语法,必须注重研究汉语句法机制,着力于揭示汉语句法内在的对各种语法因素起着制约作用的规律性。事实表明,词和短语的语法性质和语法作用,只有在接受了句法机制的管控之后才得以落实;词和短语的语义内容和语用价值,只有在接受了句法机制的管控之后才得以显现;前后小句之间的组合方式和相互关系,只有在接受了句法机制的管控之后才得以确定;一般规律和特殊现象并存,各自存在的条件只有在句法机制的管控之中才得以区别;普通话和方言的语法差异,只有通过句法机制的观察和分析才能够弄清楚。至于句子语气,跟句子更是具有如影随形的关系,没有各种各样的句子,便不会有各种各样的句子语气。

在句法机制的形成和运转中,居于中枢地位的是小句。没有其他任何一种语法实体,可以像小句那样起到"联络中心"和"运转轴心"的作用。因此,对于观察和描写汉语的句法机制来说,小句至关重要。好比一棵树,有根,有干,有枝,有叶。根也好,干也好,枝也好,叶也好,缺了哪一样都不行。如果分别开来只看它们各自的重要性,出于观察事物角度的不同,或者说,由于观察事物时取值的不同,固然可以强调"根本位"或"干本位",但也不一定不可以强调"枝本位",甚至"叶本位"。常言"枝繁叶茂",这正说明,在人们的心目中,枝叶对一株葱茏大树的形象具有十分重要的意义。然而,从总体上观察树,分析树的各个组成部分的关联,便不难认识到,树干处于中轴的地位。它下连根,那些在地下默默劳作、默默奉献的根;它上连枝叶,那些向天空舒示活力、展现风采的枝叶。画家画树,一般先从干的勾勒开始,先定位于干,这是很自然的。

"小句中枢",实际上是对汉语语法事实进行研究的一种观测点的选择。提"中枢"而不提"本位",既是为了强调有必要抓住小句这个中轴,从全局的制高点上把汉语语法研究的基本观测点选定在小句,也是为了避免泛泛地认为某一单位比其他单位都重要,从总体把握中凸显出小句的地位。

二 "小句中枢说"的内容与应用

"小句中枢说"最基本的内容有五:其一,认定小句在汉语各类各级语法实体中占据中枢地位。其二,认定小句有"成活律"、"包容律"和"联结律",了解小句三律,可以加深对汉语语法系统中小句的中枢地位的认识。其三,认定汉语语法重视"句管控",即小句在中枢地位上对汉语语法规则的方方面面发挥其管束控制的作用。其四,认定汉语句法结构具有兼容性和趋简性。结构形式的趋简,导致结构语义的兼容;语义兼容的可能性,又提供结构趋简的可能性。其五,认定要在研究工作中贯彻和实践"小句中枢说",主要的思路和方法是"两个三角",即"表-里-值"小三角和"普-方-古"大三角。此外,关于词的"入句显类"和"入句变类",关于"动词核心和名词赋格",关于"复句格式对复句语义关系的反制约",如此等等,都是"小句中枢说"的派生论断。

以上各个方面,笔者在书文中皆已论及,不必重复解说。这里,只想强调,对所有这些方面所作的任何阐释,都是为了分析汉语语法事实的实际应用之需要。提出理论不是目的,解决实际问题才是目的。我们主张"事实——理论——事实"的公式,即定位于事实分析,通过事实分析提升出理论,再反转来把新的理论认识进一步运用于事实分析,如此循环往复,螺旋上升;当然,我们也推崇"理论——事实——理论"的公式,即定位于理论框架,通过理论框架去演绎事实,解释实际现象,再反转来把演绎之所得证明框架的合理。事实分析和理论创建二者互助互动,有如鸟之双翼,永远是学术发展相辅相成的两个方面。

能用来说明小句中枢理论的例子,俯拾皆是。因为篇幅的关系,这里只讲特别简单的一个。大概是2003年5、6月间,上海《咬文嚼字》杂志编辑部发来一信,信中说:"'诞辰百年'还是'百年诞辰',是一个老话题,早在上世纪80年代初《中国语文》等刊物就发专文讨论过,当时的倾向性意见是用'百年诞辰'。20余年过去了,'诞辰百年'仍然常见报端,甚至有压倒'百年诞辰'的势头。您对这一现象怎么看?到底怎么用规范?"于是,笔者写了一篇短文,寄给了编辑部。《咬文嚼字》2003年第8期设立了一个栏目,刊登出了8篇短文。其中,认为"诞辰百年"不能说的,有2篇;认为"诞辰百年"和"百年诞辰"都不能说的,有2篇;认为"诞辰百年"和"百年诞辰"都能说的,有4篇(分别为邢福义《三点意思》、何令祖《不必整齐划一》、邵敬敏《"诞辰百年"逐年增加》和张斌《历史的启示》)。该栏目末尾的"编者附言"写道:"本刊认为这两种说法已经经受了几十年的语言实践的考验,在表达上没有出现什么问题,……本刊的态度是赞成两说并存。"

到底应该如何看待"百年诞辰"和"诞辰百年"？首先，不能孤立地"推敲"这两个语言片段，否则，越"推敲"越有可能觉得这也有问题，那也有问题。其次，不能忽视语言运用的客观性原则，即社会认同原则。某个语言表述，一旦为社会人群所认可，所接受，它的存活便成为事实。词典上把"诞辰"解释为"生日"，但"生日"跟"百年诞辰"和"诞辰百年"中的"诞辰"不能简单替换，这说明"诞辰"和"生日"毕竟只是同义词，彼此在语法上存在差异性，并不等同。第三，某个说法能否在语言系统中生存和定根，取决于这个说法是否有它的特定的难以取代的语用价值。"百年诞辰"和"诞辰百年"这两类语言片段总要"入句"，出现在小句之中，它们的使用状况动态地落实于小句，受控于句法。当小句组造出来之后，对具体语言事实进行观察，可以知道，二者都有可以成立的条件和需要，都在相当大的程度上受到特定因素的制约。

所谓"特定因素"，这里主要指的是音节因素。具体点说，当数量词"百年"之类是两个音节的时候，偏向于用在"诞辰"前边；当数量词多于两个音节的时候，偏向于用在"诞辰"后边。比如，穆青等《为了周总理的嘱托——记农民科学家吴吉昌》中有这么一句："在纪念周恩来总理诞辰八十周年的日子里，吴吉昌这个六十九岁的老人心情十分激动。"此文原载 1978 年 3 月 14 日《人民日报》，后选入高中《语文》第一册。文里，"诞辰"在前，"八十周年"在后。如果把数量词用到前边，由于有基本倾向为两个音节这一要求，就得说成"八十诞辰"，然而，对于周恩来总理来讲，不出现"周年"这个书面词，便显得不够庄重严肃了。

在"百年诞辰"和"诞辰百年"的结构配置中，"诞辰"是不变项，总是两个音节，"××周年"之类数量词是可变项，比较灵活，可以

研究观测点的一种选择——写在"小句中枢"问题讨论之前　37

是三个、四个甚至是更多的音节。"××周年"音节越多,出现在后边的可能性就越大。正因如此,在实际语言运用中,"诞辰＋数量词"的使用频率要大大高于"数量词＋诞辰"。2003 年 12 月 27 日,《人民日报》第 1 版刊登胡锦涛《在纪念毛泽东同志诞辰 110 周年座谈会上的讲话》,开头就是:"今天,我们在这里隆重集会,纪念中国共产党、中国人民解放军、中华人民共和国的伟大领袖毛泽东同志诞辰一百一十周年。"由于数量词"一百一十周年"的音节已达 6 个之多,念起来,"……诞辰一百一十周年"比"……一百一十周年诞辰"更流畅,更顺耳。前者的语用价值,高于后者。"××周年"的音节还可以再延长。比方,假设学术界为孔子的诞辰举行讨论会,如果是 2222 周年,那么,人们一定会把讨论会命名为"孔子诞辰二千二百二十二周年学术讨论会",而不会说成"孔子二千二百二十二周年诞辰学术讨论会"。这样的选择,反映了句法机制管控着人们遣词造句时的语用取值。就像挑担子,物品搁在哪一头,取决于一个因素,这就是:挑的人挑起来感到顺心舒服,使得旁观者看起来也感到顺眼,不别扭。

诚然,上面对于"百年诞辰"和"诞辰百年"的分析,实际上从词语在句中的有效配置角度运用了"小句中枢"的理论。

三　"小句中枢"问题讨论的启动

缺乏理论的学科,不是坚挺的学科。我们的汉语语言学,缺少形成体系的理论和方法,弱点明显。多年来,学者们不断引进国外理论,促进了学科面貌的不断更新,这个工作今后还须大力加强。然而,不能满足于引进和介绍国外理论,停留在"国外理论＋汉语例子"上面。理论的建树,是学者们针对所研究的对象,深入地进行独立性思考、开拓性思考和群体性思考的结晶。真正适合于我国语言文字的理论,最终只能产生在我国语言文字事实的沃土之上。"研究植根于汉语泥土,理论生发于汉语事实。"这是一种定位。

任何理论的出现都不可能是突兀的,"小句中枢"理论的提出,是对前辈学者种种理论进行学习与钻研之后提炼己见的结果。受到前辈学者研究的启示,从1990年开始,笔者提出了"两个三角"的研究思路,反映了"小句中枢"的理念。1995年,笔者发表《小句中枢说》,正式提出了"小句中枢"的论点。此后,笔者续写了一些文字[22],并且陆续见到了学者们的一些评论文字[1-21]。笔者深知,任何处于初始阶段的理论或说法都是毛糙的。一方面,笔者相信"小句中枢"的合理性,但是,另一方面,笔者也清楚,这一理论目前还是不完备的,容易引起争议的,距离明晰、充实而完整的要求相当遥远。有关的评论文字,或者赞成肯定,或者客观引述,或者持有保留看法,这是正常现象。是否真正可取,需要时间来检验和证明;如何去粗存精,补缺加固,需要时间来琢磨整合。为了推进汉语语法研究事业的发展,《汉语学报》决定开辟专栏,请求学者们从汉语共同语本体研究、汉语信息处理研究、普通话与方言比较研究、对外汉语教学研究、中外语言互译研究等等不同角度审视这一理论,提出宝贵意见。

本专栏坚持"开放,争鸣,朴实"的六字准则。所谓"开放",是说:发表文章的范围没有任何限制。不仅发表老专家的文章,而且尽可能多地发表中青年学者的文章;不仅发表刊物主办单位有关人士的文章,而且尽可能多地发表外单位学者和海外、国外学者的文章。所谓"争鸣",是说:文章个性鲜明,不拘一格。肯定什么、否定什么,选择这个角度、选择那个角度,致力于本体探讨、致力于应用分析,侧重于理论阐释、侧重于事实证明,全都没有框框套套,可以畅所欲言,自由地充分地发表意见,特别是发表带有学派意识的见解和主张。所谓"朴实",是说:语言朴素而内容实在。不管是理论解释较强的文章还是事实描写为主的文章,都在解决实际问题上有比较明确的针对性,其表述简明易懂,其结论能经得起语言事实的检测。

本专栏具有延展性,可能要延展一年半左右的时间。从2004年下半年到2005年,《汉语学报》每期刊登本专栏的一个论块。每个论块起码包括四篇文章。讨论的具体截止时间,视讨论情况的发展而定。

本专栏的第一论块,由四篇文章组成。第一篇文章,是笔者这篇《"小句中枢"是研究观测点的一种选择》,从三个方面概述开辟本专栏的想法,当做问题讨论的"引言"。第二篇文章是山西大学温锁林先生的《从词性标注看小句的中枢地位》。温教师从胡裕树先生,在复旦大学获得博士学位。据温教授说,攻博期间,胡裕树先生曾跟他提过"小句中枢说"。后来,他出版专著《现代汉语语用平面研究》(北京图书馆出版社2001),其中有一节讨论了"语法学史上的五种'本位'观"。第三篇文章是北京语言大学郑贵友教授的《"小句中枢说"与汉语的篇章分析》。郑贵友博士曾出版过《汉语篇章语言学》(外文出版社2002)、《现代汉语语法研究的基本理论与实践》([韩国]新星出版社2002)等著作。《现代汉语语法研究的基本理论与实践》一书中,有一节讨论了"两个'三角'的理论"。第四篇文章是湖南师范大学罗昕如教授的《湖南方言中的

"在N"》。罗昕如教授师从鲍厚星先生,在湖南师范大学获得博士学位。她曾出版过《新化方言研究》(湖南教育出版社1998)、《湖南方言与地域文化研究》(湖南师范大学出版社2001)等著作,《新化方言研究》一书中有一章讨论了语法问题。

本专栏第一论块四篇文章的发表,标志着"小句中枢"问题的讨论正式启动。下一期的第二论块,将发表华中师范大学储泽祥博士、北京大学詹卫东博士、香港理工大学邓思颖博士和湖南师范大学丁加勇博士的文章;从第三论块起到第六论块,将陆续发表美国夏威夷大学李英哲教授等学者的文章。所发表的文章,力求反映个性和各自的特色。等到"小句中枢"问题的讨论告一段落,"动词与宾语"问题的讨论便会立即开始。正如《本刊的愿望》之所说:本刊将长期开辟"讨论专栏"。清人魏源《默觚·治篇八》讲得好:"孤举者难起,众行者易趋。"此话极富哲理。揭示汉语语法的客观规律,建立起符合汉语面貌的汉语语法学,这是我们大家都认准的目标。要达到或者接近这一目标,有赖于学者们的共同努力,有赖于一辈辈学者前赴后继地发扬愚公移山的接力精神,不断求索,通过否定之否定、推进再推进的长期努力,求取承故而布新之效果。

欢迎海内外语言学者关注和参与本刊的专栏讨论。

主要参考文献

[1] 黄忠廉 《论全译的中枢单位》,《外语学刊》2004年第3期。

[2] 黄忠廉、李亚舒 《科学翻译学》,中国对外翻译出版公司2004年。

[3] 教育部社政司、光明日报理论部 《高校人文社会科学研究·〈汉语语法学〉》,《光明日报》1999年7月30日。

[4] 李芳杰 《句型主体论》,《语言教学与研究》1999年第4期。|《小句中枢

说与句型研究和教学》,《世界汉语教学》2000 年第 3 期。

[5] 李宇明 《汉语语法本位论评》,《世界汉语教学》1997 年第 1 期。|《语法研究录》,商务印书馆 2003 年。

[6] 李凌燕 《从"词组本位"到"小句中枢说"》,《娄底师专学报》2000 年第 1 期。

[7] 陆俭明、郭锐 《汉语语法研究所面临的挑战》,《世界汉语教学》1998 年第 4 期。

[8] 潘文国 《字本位与汉语研究》,华东师范大学出版社 2002 年。

[9] 钱冠连 《学派与学派意识——西方语言哲学研究(之六)》,香港《语言文化教育研究》2002 年第 2 期。

[10] 邵敬敏 《80 年代到 90 年代的现代汉语语法研究》,《世界汉语教学》1998 年第 4 期。

[11] 史有为 《迎接新世纪:语法研究的百年反思》,《语言教学与研究》2000 年第 1 期。

[12] 孙建强 《试评邢福义先生的语法研究》,《社科纵横》1997 年第 6 期。

[13] 唐 明 《汉语语法研究的创新之作——读〈汉语语法学〉》,《中国图书评论》1997 年。

[14] 温锁林 《现代汉语语用平面研究》,北京图书馆出版社 2001 年。

[15] 萧国政 《"句本位""词组本位"和"小句中枢"》,《世界汉语教学》1995 年第 4 期。|《汉语语法学方法论》,华中师范大学出版社 2001 年。

[16] 许嘉璐 《语言文字学及其应用研究》,广东教育出版社 1999 年。

[17] 易含思 《中国语法学走向成熟的阶段性奠基作》,《江汉大学学报》1997 年第 2 期。

[18] 于根元等 《语言的本质(下)》,《语文建设》1997 年第 9 期。

[19] 岳方遂 《跨世纪的中国语法学》,《复旦学报》1998 年第 5 期。

[20] 詹卫东 《80 年代以来汉语信息处理研究述评——作为现代汉语语法研究的应用背景之一》,《当代语言学》2000 年第 2 期。

[21] 郑贵友 《务实与创新》,《汉语学习》1997 年第 3 期。|《状位形容词"系"研究》,华中师范大学出版社 2000 年。

[22] 邢福义 《小句中枢说》,《中国语文》1995 年第 6 期。|《汉语语法学》,东北师范大学出版社 1996 年。|《小句中枢说的方言实证》,《方言》2000 年第 4 期。|《小句中枢说的方言续证》,《语言研究》2001 年

第 1 期。|《说"句管控"》,《方言》2001 年第 2 期。|《汉语语法三百问》,商务印书馆 2002 年。|《邢福义学术论著选》,华中师范大学出版社 2003 年。|《汉语句法机制验察》(与刘培玉、曾常年、朱斌合著),生活·读书·新知三联书店 2004 年。

(原载《汉语学报》2004 年第 1 期)

理论创新、存在问题与发展趋势
——关于三十年来的中国语言学

一 理论创新

三十年来的中国语言学界,理论创新表现为三个模式。下面的介绍,不管是学者还是论著,都只是举例性质,不可能全面周遍。

(一)引创型

引进国外理论,通过同汉语或少数民族语言相结合的考察验证,从而有所创新,这是我国语言学界发展本国语言学的一个重要模式。

1. 朱德熙通过引创,对汉语语法学的发展作出了突出的贡献。比如:1978年发表的《"的"字结构和判断句》,引进动词的"向"、"潜主语"、"潜宾语"等概念,讨论"的"字结构的语义所指和歧义指数,分析由"的"字结构组成的五种判断句。(《中国语文》1978.1-2)1982年出版的《语法讲义》,以"词组本位"观念为指导,建立了一个有特色有影响的语法体系,使得"词组本位"理论成了30年来语法研究的主流观。(商务印书馆 1982)1983年发表的《自指和转指——汉语名词化标记"的、者、所、之"的语法功能和语义功能》,引进句法成分的"提取"、"缺位"和名词形式化的"自指"、"转指"等概念,分析了现代汉语的"的"和古汉语的"者、所、之"等等名词化标记的性质,并且从语法功能和语义功能两方面比较了它们的异同。(《方言》1983.3)1986 年发表的《变换分析的平行性原则》,系统地总结了变换分析法的理论原则、应用步骤,详细地阐明了变换式矩阵里的句子之间的四种平行关系,不仅为更加深入地分析汉语语法、巧妙地揭示隐蔽的语法规律提供了新的方法,而且为学界作出了怎样使用变换分析法的指导性的说明。(《中国语文》1986.2)他的研究,为汉语语法研究开辟了一条贯通共时和历时的路子,使汉语语法研究走上了全方位、多视角的道路。①

　　2. 沈家煊十分关注国外认知语言学、功能语言学等方面的理论,努力于"引进-创新",结合汉语事实进行分析,颇为深入,相当引人注目。论著很多,仅 2004 年,就有《人工智能中的"联结主义"和语法理论》(《外国语》2004.1)、《语用原则、语用推理和语义演变》(《外语教学与研究》2004.4)、《语法研究的目标——预测还是解释?》(《中国语文》2004.6)、《动结式的"追累"的语法和语义》(《语言科学》2004.6)等重要论文。2006 年,他将概念和词语的整合或复合分为"糅合"和"截搭"两类。指出:"糅合"好比是将两根绳子各抽取一股重新拧成一根,而"截搭"好比是将两根绳子各截取一段重新接成一根。从认知方式上讲,"糅合"与"隐喻"相关,"截搭"与"转喻"相关。虽然"糅合"和"截搭"的区分有时取决于分析者的观察角度,糅合型口误和截搭型口误证明,言语"在线产生"时"糅合"和"截搭"两种构词方式都具有"心理现实性"。(《"糅合"和"截搭"》,《世界汉语教学》2006.4)

---

① 参看袁毓林《朱德熙选集·朱德熙先生评传》,东北师范大学出版社 2001。

3. 袁毓林既重视认知语言学理论的引创,又重视引进一些自然科学的理论和方法来进行汉语研究。仅 2004 年,就有专著《汉语语法研究的认知视野》(商务印书馆 2004)和《基于统计的语言处理模型的局限性》(《语言文字应用》2004.2)、《容器隐喻、套件隐喻及相关的语法现象——词语同现限制的认知解释和计算分析》(《中国语文》2004.3)、《论元结构和句式结构互动的动因、机制和条件——表达精细化对动词配价和句式构造的影响》(《语言研究》2004.4)、《"都、也"在"Wh+都/也+VP"中的语义贡献》(《语言科学》2004.5)等重要论文。2006 年发表的《基于隶属度的汉语词类的模糊划分》(《中国社会科学》2005.1)和《现代汉语虚词模糊划分的隶属度量表》(《汉语学报》2005.4),尝试运用模糊数学中的模糊集合和模糊聚类的理论和方法,给汉语的词类进行模糊划分和隶属度计算,处理汉语的词类问题。2007 年和王健合写的《汉语拥有关系的语义模式和语法表现》(《世界汉语教学》2007.4),从认知语言学的隐喻投射的角度,揭示不同的拥有结构背后的概念结构,并据此抽象出不同类别的动词所造成的拥有结构格式的情景语义框架,分析和标定拥有动词的组配成分的情景角色。

4. 刘丹青特别重视类型学理论的引进和运用。2001 年发表的《吴语的句法类型特点》(《方言》2001.4),是一篇语言类型学与汉语研究相结合的示范之作。2003 年发表的《语言类型学与汉语研究》(《世界汉语教学》2003.4),强调类型学与汉语研究相结合的重要意义。2004 年发表的《先秦汉语语序特点的类型学观照》(《语言研究》2004.1),运用有关理论,分析汉语事实,讨论了先秦汉语在小句结构方面和在介词方面的两个类型学特征,解释了先秦汉语中的相关现象,富于启示性。

5. 吴福祥 2005 年发表《汉语语法化演变的几个类型学特征》(《中国语文》2005.6)一文,从类型学的角度,概括出汉语语法演变的三种语法化模式或路径,对汉语语法化理论有所深化。

6. 董秀芳运用认知语言学和类型学相结合的理论,分析了汉语词汇史中语义演变的规律性,着力探讨了语义演变的三种模式,即:a. 由隐喻造成的语义演变中义素的继承与创新;b. 由转喻造成的语义演变中义素的继承与创新;c. 诱使推理造成的语义演变中义素的继承与创新。(《语义演变的规律性及语义演变中保留义素的选择》,《汉语史学报》第五辑)

7. 朱晓农 2005 年发表的《元音大转移和元音高化链移》(《民族语文》2005.1),引进历史语言学的方法,分析汉语语音史方面的问题。比如,利用历史语言学链移的概念,分析了上古至中古汉语的元音大转移和元音高化链移现象,并且探讨了引起高化链移的普遍性动力。

8. 多位学者比较成功地将历史层次分析法运用于汉语方言的研究,认为历史层次分析法是长期以来在对汉语方言文白异读研究的基础上深化、发展而来的分析汉语方言语音的方法。区分方言中的层次,是汉语方言研究走向深入的必然结果。[①] 2006 年有论文对汉语方言文白异读所反映的"层次"特点,从历时的角度运用文白异读的材料来重建汉语音韵史,以及如何鉴别与外来层次有关的文白异读、扩散式音变导致的异读、过气词法造成的异读等

[①] 参看谢留文《历史层次分析法与汉语方言研究》,刘丹青主编《语言学前沿与汉语研究》,上海教育出版社 2005。

问题进行了思考。① 有学者讨论了沅陵乡话"z"声母的来源,探讨了"z"声母形成的音变机制和所反映的历史层次。② 还有学者讨论了临猗方言曾开一入声字韵母文白异读音的历史层次,并详细分析了这些文白异读音的生成过程和特点,认为同一区域方言的文白异读在产生过程中存在"同构共变"现象,不能无限度地夸大外来因素在方言文白异读产生过程中的作用。③ 总之,层次叠置理论和历史层次分析法"大大丰富了历史语言学谱系树理论,使汉语方言的研究呈现出新的面貌"④。

9. 陈保亚《论语言接触与语言联盟》(语文出版社 1996),通过对傣语和汉语接触的追踪研究,认为语言演化有两种根本不同的模式,即由印欧语系为代表的谱系树模式和以汉越联盟为代表的语言联盟。此书提出了语言接触的"无界有阶"理论,使如何判定语言的同源关系和接触关系有了一种新的标准。他 2005 年发表的《语言接触导致汉语方言分化的两种模式》(《北京大学学报》2005.2),讨论汉语和民族语言的接触在汉语方言形成过程中的作用,认为民族语言在和汉语的接触中通过两种方式影响汉语。作者进一步指出:汉语方言在形成过程中民族语言的干扰起了很大的作用,这些干扰必然给汉语方言增加很多原始汉语不存在的结构因素,所以原始汉语的构拟要特别小心。他 2006 年发表的《从

---

① 参看王洪君《文白异读、音韵层次与历史语言学》,《北京大学学报》2006 年第 2 期。
② 参看蒋冀骋《沅陵乡话 z 声母的形成及其所反映的语音历史层次》,《湖南师范大学社会科学学报》2006 年第 6 期。
③ 参看王临惠《论山西临猗方言曾开一入声字韵母的文白异读》,《语文研究》2006 年第 3 期。
④ 参看徐通锵《汉语研究方法论初探》,商务印书馆 2004。

接触看濒危方言、濒危特征和濒危机制》(《长江学术》2006.1)认为：接触中的语言或方言如果出现了强势和弱势的层阶，就会有双方言或双语现象出现，甚至可以有多方言或多语现象出现。汉语濒危方言是在母方言转换过程中形成的，主要出现在孤岛方言的条件下。汉语高阶方言叠置汉语低阶方言、汉语低阶方言匹配汉语高阶方言以及民族语言匹配汉语高阶方言，会导致濒危特征和语言变化濒危机制的消失，这是一种更隐蔽的方言流失现象。这三种方言流失现象对人类语言和文化都是损失。

10. 王嘉龄把现代音系学理论方法运用到汉语方言研究中。他的《三种方言轻声的优选论分析》(《语言科学》2002.1)、《优选论和天津话的连读变调及轻声》(《中国语文》2002.4)，对方言轻声和连读变调问题进行了分析，认为优选论具有更强的解释能力，可以给方言轻声和连读变调做出具有原则性的统一解释。

11. 游汝杰《汉语方言学导论》(上海教育出版社1992，修订版2000)，将方言的历史层次分为：底层成分和表层成分、混合型方言的两重或多重层次、文白异读、一字多音、等义异字、叠义复合、语法的历史层次等不同类型。指出通过现代方言的比较研究，有利于了解方言形成的历史及各方言在历史上的相互关系。

12. 把生成语法新理论引入汉语方言研究，邓思颖作了大胆尝试。他的《汉语方言语法的参数理论》(北京大学出版社2003)，对生成语法中的原则参数理论，尤其是最新的最简方案理论作了较为详尽的介绍，并且提出了自己的"显性参数化假定"，选取粤语作为汉语方言的代表，从与格结构、双宾语结构和被动句等方面，对普通话和粤语语法系统的差异作了全面的对比和解释。他的《汉语方言受事话题句类型的参数分析》(《语言科学》2006.6)，尝试用生成语法学的动词移位理论,对汉语方言受事话题句的类型现象做出重新分析。

13. 冯志伟 2007 年发表的《自然语言处理中理性主义和经验主义的利弊得失》(《长江学术》2007.2),分析了理性主义和经验主义及其在自然语言处理的研究中的影响,分析了自然语言处理中基于规则的理性主义方法和基于统计的经验主义方法的利弊得失,主张把这两种方法结合起来以推动自然处理研究的发展。

14. 桂诗春 1985 年著有我国第一部《心理语言学》(上海外语教育出版社 1985),全面介绍了本学科的研究方向、领域与方法,对国内心理语言学的研究起到了引领的作用。

15. 潘文国 1997 年出版的《汉英语对比纲要》(北京语言文化大学出版社 1997),从汉语角度出发,深入地比较了汉英语法的特点,许多见解令人信服。

16. 钱冠连从批判吸收国外语用学理论入手,以汉语为语料,著有《汉语文化语用学》(清华大学出版社 1997),独具特色。

17. 受菲尔默格语法理论的启发,李锡胤《事格与句义》(《外语与外语教学》1998.7)提出了"事格"理论,对句子内部的语义结构及语义变化做出了清晰、深刻的阐释,傅兴尚在其指导下完成《现代俄语事格语法》(军事谊文出版社 1999)一书,具体阐发了这一理论。

(二)生发型

关注国外语言学理论及其影响,强调更多地对汉语和少数民族语言本身特点进行发掘,从而有所创新,这是我国语言学界发展中国语言学的另一种重要模式。

1. 吕叔湘的汉语语法研究,有学者归结为七点:针对汉语教学;继承传统,重视借鉴;重视现实的语料;重视穷尽的描写;重视比较和对比;重视语义分析;务实学风。①《汉语语法分析问题》是吕叔湘在新时期出版的一部重要著作。全书以语法分析问题为纲,结合语法研究的历史和现状,对汉语语法研究中一些长期未能解决的基本理论和实际问题,特别是语法体系方面的问题,进行了深入的分析和探讨,同时通过摆问题的方式提出了今后的研究任务。可以说,不仅是作者数十年来从事语法研究的经验总结,而且是对我国语法研究的一个历史性总结。此书出版以来,一直受到语法学界的高度重视,其内容和观点被广泛引用。广大语法工作者,从中学习其分析问题、研究问题的治学方法。② 进入新时期,吕叔湘年事已高,但他的学术活动仍然十分活跃。新时期中,他的研究主要是生发型的。其他论著还有:《歧义的形成和消除》(《中国语文》1984.5)、《疑问·否定·肯定》(《中国语文》1985.4)、《汉语句法的灵活性》(《中国语文》1986.1)、《主谓谓语句举例》(《中国语文》1986.5)、《说"胜"和"败"》(《中国语文》1987.1)、《〈朴通事〉里的指代词》(《中国语文》1987.6)、《指示代词的二分法和三分法》(《中国语文》1990.6)等。

2. 邢福义的语法研究路数,可以概括为四点。其一,基本主张:"研究植根于汉语泥土,理论生发于汉语事实";其二,基本理论:"小句中枢说";其三,基本视角:"句管控";其四,基本方法:"两个三角"("表—里—值"小三角+"普—方—古"大三角)。代表性著作为《汉语语法学》(东北师范大学出版社 1996)、《汉语复句研

---

① 参看杨成凯《吕叔湘先生的语法学思想(代评传)》,见《吕叔湘选集》,东北师范大学出版社 2002。

② 参看陈亚川、郑懿德《吕叔湘著〈汉语语法分析问题〉助读》,语文出版社 2000。

究》(商务印书馆2001)、《汉语语法三百问》(商务印书馆2002)等；代表性论文有《从基本流向综观现代汉语语法研究四十年》(《中国语文》1992.6)、《现代汉语语法研究的"小三角"和"三平面"》(《华中师范大学学报》1994.2)、《小句中枢说》(《中国语文》1995.6)、《小句中枢说的方言实证》(《方言》2000.4)、《小句中枢说的方言续证》(《语言研究》2001.1)、《说"句管控"》(《方言》2001.2)、《"起去"的普方古检视》(《方言》2002.2)等。《汉语学报》从2004年第1期起开辟专栏,开展"小句中枢"理论的讨论,这一讨论延续到2006年,先后发表了26篇论文,作者包括中国内地和香港地区以及美国、新加坡、越南的学者。这些论文后来结集出版《小句中枢说》(东北师范大学出版社2006)。黄忠廉将"小句中枢说"融入汉外互译研究,提出"小句中枢全译说",出版了专著《小句中枢全译说》(华中师范大学出版社2008)。《光明日报》发表文章,讨论建立中国特色汉语语法学的突破口问题。[1]

3. 徐通锵1991年发表《语义句法刍议》(《语言教学与研究》1991.3),提出汉语是语义型语言,有别于西方的语法型语言,临摹性原则是汉语句法结构规则的基础。因此,汉语语法的研究在关注语素、词、短语、句子等基本单位的基础上,也要关注汉语研究古来有之的特有语言单位——"字"。"字本位"的思想初见端倪。1994年发表在《世界汉语教学》上的《"字"和汉语的句法结构》(第2期)和《"字"和汉语研究的方法论》(第3期)两篇论文,开始系统建构"字本位"理论,并在之后的研究过程中逐步加以完善。在

---

[1] 参看郭生《在突破口上——邢福义谈建立中国特色的汉语语法学》,《光明日报》2004年10月21日。

《"字本位"和语言研究》(《语言教学与研究》2005.6)、《字的重新分析和汉语语义语法的研究》(《语文研究》2005.3)的文章中,进一步强调和阐释"字本位"理论,指出:任何学科都需要有自己的理论,不然就只能成为"洋理论"的附庸;语言学也需要有自己的理论,不然就难以摆脱"外国的理论在哪儿翻新,咱们也就跟着转"。语法是理据载体组合为语言基本结构单位的构造规则,对规则的研究不应满足于描写,更重要的是要着眼于结构单位的生成,生成的方式会因语言的发展而发生变化,就汉语来说,这种变化的基本规律就是昨日的结构单位转化为今日的理据载体,并由此引发基本结构单位构造规则的转型,因而需要进行重新分析,建设新的语言理论。

4. 戴庆厦研究少数民族语言问题,重视理论方法的探讨。戴庆厦《中国濒危语言个案研究》(民族出版社 2004)是国内外第一部中国濒危语言个案研究的专著。汇集了土家语、仙岛语、仡佬语、赫哲语、满语等5种濒危语言的个案研究,有大量的一手调查资料,提出不少新观点、新认识,对认识语言如何走向濒危、怎样认识当今世界出现的语言濒危现象,具有比较重要的理论价值;对如何正确认识、对待我国一些少数民族语言出现功能衰退甚至走向濒危的现象,以及如何制定新时期的民族语文方针政策,具有较高的应用价值。戴庆厦等2004年发表的《藏缅语的述补结构——兼反观汉语的述补结构》(《语言研究》2004.4)和《景颇语的述补结构》(《民族语文》2004.6),强调比较方法的使用。作者认为,从汉语与非汉语的结合中揭示汉语、非汉语的特点,是我国语言研究的一种重要方法,也是今后我国语言学深入发展的趋势。目前,人们虽然已经意识到这种结合的重要性,但多数人还多停留在感性认识上,未必都能从理性认识上予以科学的定位。具体到汉语语法研究与非汉语的结合,必须区分同源关系还是平行关系,必须寻找参照点,必须区分语法标记的优劣等级形式,必须区分语法现象的层次,必须区分隐性和显性特点。戴庆厦 2005 年发表的《再论汉语非汉语研究相结合的必要性》(《语言与翻译》2005.3)和《模仿与创新——以少数民族语言研究为例》(《暨南学报》2005.5)指出:汉语与少数民族语言研究的结合,是发展我国语言学的一个重要的结合点。又指出:民族语言研究既要模仿又要创新。一方面,借用国内外已有的理论、方法和框架进行民族语言研究;另一方面,正确认识共性和个性的关系,结合民族语言的自身特点,在民族语言研究中对原有的理论、方法和框架加以丰富、完善和更新,在实践中创新理论。2006 年戴庆厦发表的《语言竞争与语言和谐》(《语言教学与研究》2006.2)指出:语言竞争虽是语言演变的自然法则,但可以通过国家的语言政策、语言规划来协调。处理好的,就会出现语言和谐,不同的语言"各尽所能,各守其位";处理不好的,就会激化语言矛盾,并导致民族矛盾。正确处理语言竞争中出现的问题,必须坚持从实际出发、区别对待的原则。2006 年戴庆厦、金海月发表的《有关非亲属语言语法比较的一些方法论问题》(《世界汉语教学》2006.4)指出:非亲属语言语法比较与亲属语言语法比较,在方法上、要求上是不同质的。非亲属语言语法比较,特别要求深化和细化,必须处理好大规则和小规则的关系、表层和深层的关系、认知和语法的关系,同时,应当应用系统论的观点,把握语言的总体特点,在具体特点的比较中重视系统参照。2007 年戴庆厦发表的《中国少数民族双语的现状及对策》(《语言与翻译》2007.3)从中国少数民族实现双语目标的重要性、中国少数民族双语的特点和类型、少数民族双语面临的问题等三个方面进行了探讨,认为应以语言和谐为指导思想进行语言规划,科学地处理好双语关系中的几对矛盾,并根据不同地区的特点分类制定对策。

5. 裘锡圭《文字学概要》(商务印书馆 1990)把构成字的元素称为"字符",字符分为意符、音符和记号三大类。认为汉字分为表意字(意符字)、假借字(音符字)、形声字(半表意半表音字或意符音符字)三类,并注意到有些字不能纳入"三书",如记号字、半记号字、变体表音字、合音字、两声字等。此书对汉字结构类型的把握全面而精确。裘锡圭 2004 年出版《中国出土古文献十讲》(复旦大学出版社 2004),用出土古文献及其他古文字资料和传世古文献相互比勘印证,并指出既不能轻率疑古,又要很好地继承包括古书辨伪在内的有关学术成果。作者讨论了考古发现的秦汉文字资料对于校读古籍的重要性等问题,也讨论了古文字资料如何有效利用的理论方法。

6. 鲁国尧发表了成系列的论文,讨论音韵学研究的理论、方法和思路。如:《论"历史文献考证法"与"历史比较法"的结合——兼议汉语研究中的"犬马—鬼魅法则"》(《古汉语研究》2003.1)、《振大汉之天声——对近现代中国语言学发展大势的思考》(《语言科学》2006.1)、《论汉语音韵学的研究方法和我的"结合论"》(《汉语学报》2007.2)、《"徐通锵难题"之"徐解"和"鲁解"》(《湖北大学学报》2008.2)等。《振大汉之天声——对近现代中国语言学发展大势的思考》一文指出:中国语言学想由弱势而强势,由被动而主动,由配角而主角,由非主流而主流,巍然矗立于世界学术之林,掌握学术的话语权,固然需要所有中国学者的精诚团结,不懈努力,但更需要坚实的基础,那就是中国的富强。对语言学研究人员来说,既然预见到辉煌壮丽的时期在不远的将来就要到来,就应该具有觉醒的意识,紧紧把握空前的良好机遇,坚持"不排外,不崇洋"二原则,继续吸纳当今世界所有兄弟民族的文化精华,奋力荡涤因长期处于弱势而形成的如梁启超所鞭挞的崇洋心态,自立自强,自主创新。《论汉语音韵学的研究方法和我的"结合论"》一文提出,在汉语史研究中将文献考证法和历史比较法有机地结合起来,取二者之长,可称为汉语史中的"二重证据法"。现代学者不可能死守一种方法,因为我们生活在自然科学、人文社会科学都在迅猛发展的时代。2007年,鲁国尧还发表《研究明末清初官话基础方言的廿三年历程——"从字缝里看"到"从字面上看"》(《语言科学》2007.2)一文,对明末清初官话基础方言进行了探究,并以此大力提倡"文史语言学",以期突破多年来形成的凝固化范式的框框,借助确凿可靠的文史资料以探究历代的语言状况和衍变。鲁国尧的基本研究思想,可以总括为:以中国语言学的优良传统为根,吸取世界其他地区的精华而融通之,为建设创新型的中国语言学而奋斗。

7. 刘叔新《固定语及其类别》(《语言研究论丛》第二辑,天津人民出版社1982)根据熟语是否属于语言的词汇,把它们分为两大类:一类属于语言,一类属于言语。他认为:"全部熟语,显然客观上分为性质大不一样的两大类。一类从表现的内容看,只是一个概念的意思;构造形式上只是词和词的组合,没有句调,不是句子;作用上相当于一个词,在使用中一般充作句子成分。另一类,表现的内容是对现实作出具体判断的完整的思想;构造形式上具有完整的句调和语气,是独立的句子;作用通常是作为一句话而被直接引用,并不充作句子成分。这种差别最简单地概括起来说,就是语言和言语的不同。前一类熟语的建筑材料单位,无疑属于语言词汇,成为词汇的一种成员;后一类熟语是言语作品,并不属于语言系统,当然也不能列入词汇,虽然为大家所熟悉并广为引用,但是和词汇单位之用于造句的复呈性质很不相同。"刘叔新的认识,对人们重新思考汉语词汇的构成和学科建设都有重要的意义。周荐《熟语的经典性和非经典性》(《语文研究》1994.3)、《论成语的经典性》(《南开学报》1997.2)根据熟语形成的历史和使用情况把熟语分为经典性的和非经典性的两类,经典性的是雅言,非经典性的是俗语,并认为经典性是成语区别于其他类熟语的典型特征。

8. 王宁《训诂学原理》(中国国际广播出版社 1996)对不少问题作了较为深入的理论分析。王宁《汉字构形学讲座》(上海教育出版社 2002),认为汉字作为一种符号体系,在构形上是以系统的形式存在的。汉字的个体字符既不是孤立的,也不是散乱的,而是互相关联的。单个的汉字字符并非构件或笔画的无序堆积,而是有理据性的。汉字构形系统是由有限的基础元素带着某种功能,按照一定的结构模式有层次有布局地组合起来的。汉字构件在组合中的功能有表形、表义、示音、标示四类。构件组合为全字的模式有 11 种:全功能零合成、标形合成、标义合成、会形合成、形义合成、会义合成、无音综合合成、标音合成、形音合成、义音合成、有音综合合成。2006 年,王宁发表《古代语言学遗产的继承与语言学的自主创新》(《语言科学》2006.2),首先指出语言学研究中粗暴批判的危害性和历史还原的重要性,然后重点论述如何在语言理论研究中走自主创新的道路。作者认为:任何有成就的语言学流派的专家都不可能熟知世界上一切语言,因此,任何语言学流派对世界的贡献只能是或大或小的一个部分。如果追求"普遍性"的普通语言学不综合大家的研究,只把西方的成果视为圭臬,何谈"普遍性"?因此,必须从对研究对象的特点的深刻理解出发,用特有的观察眼光,选择自己认为最典型的语料,采用自己认为最合适的研究切入点,运用自己最习惯的解释、表述方式,确立可以与其他流派对话又不同于其他流派的研究目标,在这种目标下提出有意义的问题或得出相应的结论。

9. 李圃《甲骨文文字学》(上海学林出版社 1995)把构成汉字形与音义相统一的最小的结构要素称为字素。字素在造字的动态系统与析字的静态系统中有不同的特性。汉字的造字过程经历两个阶段,一是以语素为出发点去取象造字阶段,二是以语素为归着点凭借成字向语素回归阶段。前一阶段形成多种造字法,后一阶段形成多种表示法。

10. 黄德宽主编《古文字谱系疏证》(商务印书馆 2007)是古文字系统发展研究方面的力作。该书以地下发现的第一手资料为依据,全面梳理了有关殷商甲骨文、两周金文、战国秦汉文字的地下出土资料和研究文献,以各时段古文字字形资料的有序排比,揭示了古文字阶段汉字体系内部的发展沿革关系,构建了古代汉字的发展沿革谱系。该项成果为正确认识汉字古文字发展的特点和规律,促进汉字发展史的研究打了一个很好的基础。

11. 唐钰明比较善于从自己的研究实践中总结出一套行之有效的研究方法,并把它们上升为理论。他的《上古判断句的变换考察》(《中国语文》1991.5)、《古汉语"动+之+名"结构的变换分析》(《中国语文》1994.3)和《古汉语语法研究中的"变换"问题》(《中国语文》1995.3)具有较强的理论色彩和方法论意义。他一方面运用变换分析的方法研究了上古汉语的判断句和"动+之+名"结构等问题，另一方面形成了相关的"变换"理论。他指出：为了保证变换的有效性，古汉语运用变换既要遵循与现代汉语相同的"同一性原则"，又要遵循与现代汉语有别的"提取性原则"。

12. 2004年，何九盈发表《汉语和亲属语言比较研究的基本原则》（《语言学论丛》第二十九辑，商务印书馆 2004）一文，检查国内外争论多年的汉语亲属语言分类问题和上古汉语构拟原则问题，提出两个"基础"、两种"相结合"的理论：远程构拟应与层级构拟相结合，应以层级构拟为基础；比较构拟应与内部构拟相结合，应以内部构拟为基础。主张坚持学术多元化和求真务实的学术原则。

13. 黄易青《传统古音研究中的概率统计法与渐变观》（《江西社会科学》2006.11）总结传统语言学的相关成果，提炼成理论，总结归纳了传统古音研究中的一种思想观念和相应的方法论（渐变观与概率统计法），并按此法检验了以前的有关古音结论，讨论了上古闭口韵向收鼻韵演变的趋势以及上古去声的存在及其来源。

14. 李宗江《去词汇化："结婚"和"洗澡"由词返语》（《语言研究》2006.4）提出：现代汉语中的很多动宾式离合词如"结婚"和"洗澡"经历了一个由已经是词的单位重新短语化的演变过程，这种词汇化的逆过程可以称为"去词汇化"。

15. 左思民《汉语时体标记系统的古今类型变化》（《汉语学报》2007.2）根据对古今汉语时体标记的比较，指出汉语时、体标记系统在历时过程中发生了类型变化，其中，最重要的变化包括：由词汇性标记为主到语法性标记为主、由前修饰性词语为主到后置词为主、由基本上标记绝对时到既可以标记绝对时又可以标记相对时。

16. 马清华《偶举成分的并列格式化条件》（《汉语学报》2007.3）

注意到了偶举成分的格式化现象,认为并列格式化是内外条件综合作用的结果,它往往以体现对最大程度的结构标示力和标示明晰性为指标,以单标的语法化成果为意义起点,以特有的格式意义和作用为基础,组成最适于确定体现并列关系和传达新信息的结合模式。

17. 詹伯慧《略论划分汉语方言的条件》(《语文杂志》1984.12)提出划分汉语方言应具备两方面条件:一是能够充分显示出它的个性,对于其他方言区具有排他性;二是充分显示出它的共性,对于本方言区各地方言,具有明显的一致性的。他在《方言分区问题再认识》(《方言》2002.4)中指出:区分不同的方言,给方言进行必要的分类,必须面对不同方言的现实,从方言的实际情况出发。各地方言中表现出来的语言特征,必然就会成为方言学者进行方言分区时首先考虑的因素。

18. 李如龙在《论汉语方言比较研究(上、下)——世纪之交谈汉语方言学》(《语文研究》2000.2)、《谈汉语方言的比较研究——兼评〈汉语方言大词典〉》(《辞书研究》2000.4)等文章中指出,汉语方言学是从比较研究起家并由比较研究向前推进的,但以往只侧重于语音。20世纪积累了大量材料,今后应全面地进行纵横两面的比较。单点的方言研究要贯穿比较,面上的研究更应通过比较为方言分类。现代汉语、古今汉语及汉藏系语言的整体研究也要应用方言作比较。今后的方言比较应着重注意连音变化及特征词的比较,把语音、词汇、语法的比较结合起来,把共时和历时的比较结合起来,把语言材料的比较和历史文化的比较结合起来。比较方法上除了传统方法之外,应加强系统的观念,注意作类型的归纳和量化统计,努力做出理论上的概括。

19. 张振兴《闽语特征词举例》(《汉语学报》2004.1),以"厝"与"屿"为例,讨论闽语方言的特征词。文章指出,方言的特征词研究是汉语方言词汇研究的一个重要方面,对于方言分区和分类、方言之间的相互关系、方言词汇史、方言文化地理等许多相关方面的研究,都有可能提供十分有益的帮助。文章还指出,字词的使用可以成为证明领土归属的标志;钓鱼列岛一直是中国领土不可分割的一部分,早期闽语地区的渔民最早发现钓鱼列岛,并且以"屿"命名了钓鱼列岛的各个岛屿,这在明代就已有明确的记载。张振兴《闽南方言的比较研究》(《台湾研究集刊》1995.1),提出"根据不同的预设目的,方言的比较研究有不同的做法"的论断。文章指出,为了探索闽南方言内部的亲疏关系,同时也为了研究一些有争议的方言到底是不是闽南方言,首先必须找出一个优势方言(有人叫做权威方言),分析一下这个优势方言有些什么最重要的特点。汪国胜《湖北方言的"在"和"在里"》(《方言》1999.2),重视并强调方言语法研究中比较方法的运用。此文对分别代表湖北省境内赣语、西南官话和江淮官话三大方言的大冶、武汉、英山方言进行比较研究,揭示出湖北方言中表示进行/持续体标记"在"和"在里"的共性和差异性,然后联系其他汉语方言,对这些标记成分的来源及地域分布问题进行了说明。

20. 温端政《"语词分立"和方言语汇研究》(《语文研究》2005.2)主张把"语词分立"的理论运用于汉语方言研究中,认为语汇与词汇一样具有系统性,提出在重视方言词汇调查研究的同时,应当重视方言语汇的调查研究。

21. 李宇明《明了各国国情,顺利传播汉语》(《世界汉语教学》2007.3)认为,一国有一国之国情,不同国情往往影响到语言传播,或促进,或限制。国别研究,应该注意语言政策、语言特点、文化风貌、学习需求。李宇明《语言资源观及中国语言普查》(《郑州大学学报》2008.1)认为,语言及其方言是国家不可再生的、弥足珍贵的非物质文化,是构成文化多样性的前提条件。通过语言普查建立中华语言的语料库,就是建立中华文化的知识库、"基因库"。而且,通过语言普查,还有助于更加科学地制定国家的语言政策及相关政策,协调好各种语言之间、语言和方言之间的关系,便于世界华人社区的语言沟通,为构建和谐的语言生活与和谐社会作贡献。

22. 陈章太《论语言资源》(《语言文字应用》2008.1)认为,大力构建和谐语言生活,这不仅是新世纪语言文字工作的新理念和新目标,也是语言规划的新内容,对保护、利用国家语言资源必将发挥重要作用。构建和谐语言生活的内涵有这么几点:(1)尊重公民的语言选择,保障公民语言权利,营造和谐语言生活。(2)正确对待、妥善协调国家通用语言文字与民族语言的关系。(3)正确对待、妥善协调各民族语言的关系。(4)正确对待、妥善处理民族共同语、标准语与方言的关系,以及方言与方言的关系。(5)恰当处理母语与外语的关系,重视母语并加强母语教学,同时加强外语的学习与使用。(6)积极保护弱势语言和弱势方言,有效抢救濒危语言和濒危方言。(7)进一步加强语言文字规范化、标准化、信息化,努力增强语言功能与语言活力。(8)树立语言服务观念,做好语言社会咨询、服务工作。(9)积极保护、科学建设、合理开发、有效利用语言资源,提高语言资源价值。

23. 吕必松《汉语和汉语作为第二语言教学》(北京大学出版社2007),较为全面地反映了作者的认识和思考。20世纪80年代,吕必松根据对外汉语教学的理论和实践,提出对外汉语教学总体设计的理论。其大致框架是：语言教学的全过程和全部教学活动可以归结为总体设计、教材编写、课堂教学和语言测试四大环节；总体设计的任务是根据语言、语言学习和语言教学的一般规律，结合汉语和汉语教学的特点，提出全面的教学方案；总体设计的内容和工作程序是：根据教学对象的学习目的确定培养目标和教学要求；根据培养目标和教学要求确定教学内容；根据学生的自然状况、教学要求和教学内容确定教学原则；根据教学要求、教学内容和教学原则确定教学途径。这可以看做是对外汉语教学论的初始框架，后来在教学实践和理论探讨中不断得到充实。

24. 崔希亮《谈汉语二语教学的学科建设》(《世界汉语教学》2007.3)界定了对外汉语教学在学科体系中的地位，认为它的上位学科应该是应用语言学，它的核心理论是建立在应用语言学的基础上的。汉语作为第二语言教学的学科建设要想有突破，应该在以下几个方面下工夫：第一，要加强语言习得规律的研究。第二，要加强对教学方法的研究。第三，要加强对汉语特点的研究。第四，要加强对学习者的研究。第五，要切实改进研究方法。第六，要有意识地进行理论建构。

25. 陈原的《社会语言学》(学林出版社 1983)探讨了有关社会语言学若干理论问题和若干实际问题，是我国社会语言学最早的一本通论性著作。该书结合我国的实际情况对一些重要的理论问题进行了探索，反映了中国学者走自主研究道路的学术追求，在我国社会语言学领域具有重要的意义。

26. 郭熙的《中国社会语言学》(南京大学出版社 1999)立足于汉语实际，在已有研究成果和理论框架上全面讨论了社会语言学的学科定位、语言变异、语码、社会语言学研究程序和调查方法等诸多重要问题,具有较强的理论和方法意识。

27.陈松岑的《语言变异研究》(广东教育出版社1999)是一部研究变异问题的理论专著。此书对语言的本质、语言变异理论、语言变异研究方法、语言变异研究成果的应用等方面问题作了比较深入的研究。全书理论完整,体系性强,在变异问题上取得了新的突破。

28.黄曾阳《HNC(概念层次网络)理论》(清华大学出版社1998)针对中文信息处理提出了HNC(概念层次网络)理论。本理论在深入挖掘汉语特点的基础上,以意义表达和语言理解为主线,以概念化、层次化、网络化的语义表达为基础,建立了一种模拟大脑语言感知过程的自然语言表述模式和计算机理解处理模式。

(三)引创生发结合型

在引进国外语言学理论的基础上,或者在国外语言学理论的背景下,深入发掘汉语或少数民族语言事实,努力于"引创"与"生发"的结合,这是我国语言学界发展中国语言学的又一种重要模式。

1.胡裕树、张斌提出了"三个平面"的理论。最早提到"三个平面"的是美国哲学家莫里斯(C. W. Morric)。他在1938年出版的《符号理论基础》(*Foundations of Theory Signas*)中从哲学高度把符号学分为句法学、语义学、语用学三个相对独立的部分。人们通常把这三者称为"三个平面"(three dimensions)。国外语言学界在语法研究中比较明确提到句法、语义和语用的是荷兰语言学家迪克(Simon C. Dik)的《功能语法》(1978)。在我国,最早涉及三个平面的是胡裕树主编《现代汉语》(1981)。1982年,胡附、文炼(即胡裕树、张斌)在《句子分析漫谈》中指出"虚词的作用也有语义的、句法的和语用的区别"。1985年,胡裕树、范晓发表论文《试论语法研究的三个平面》(《新疆师范大学学报》1985.2),阐述了三个平面的内容和相互关系。[1] 这一理论的提出,引起了广泛的关注,许多学者根据各自的理解用这一理论来分析了汉语语法事实。阐释"三个平面"理论的代表性论文,如范开泰的《语用分析说略》(《中国语文》1985.6)、《语义分析说略》(《语法研究和探索》(四),北京大学出版社1988),史锡尧的《论语法、语义、语用三结合进行语法研究》(《汉语学习》1991.2),王维贤《句法分析的三个平面与深层结构》(《语文研究》1991.4),施关淦的《关于语法研究的三个平面》(《中国语文》1991.6),胡裕树、范晓的《有关语法研究三个平面的几个问题》(《中国语文》1992.1),邵敬敏的《关于语法研究中三个平面的理论思考——兼评有关的几种理解模式》(《南京师范大学学报》1992.4)等。1996年,范晓出版了《三个平面的语法观》(北京语言学院出版社)一书。

2. 陆俭明的语法研究,既强调引进,又强调生发。《新中国语言学50年》(《当代语言学》1999.4)一文指出:70年代末以后整个学术环境发生了巨大的变化,语言理论的研究加强了与国外语言学界的联系,对国外语言学开始采取多元论的立场,不囿于一家一派之学说,更努力于探求既立足于汉语又力求从人类语言共性的基点来看汉语这样一种中西结合的研究道路。他的论著表明,他十分重视引进国外理论。比如,在《"句式语法"理论与汉语研究》(《中国语文》2004.5)、《词语句法、语义的多功能性:对"构式语法"理论的解释》(《外国语》2004.2)中,介绍"句式语法"(construction

---

[1] 参看范晓、张豫峰等《语法理论纲要》,上海译文出版社2003。

grammar)理论的基本观点,并运用于汉语语法研究。认为:这一理论,有助于解释一些先前不好解释或想不到去解释的语法现象;有助于进一步探索影响句子意思的因素,探索句子意思的组成;有助于说明各种不同句式产生的原因和根据;有助于避免将句式的语法意义归到句中某些虚词头上。更重要的是,这一理论将扩大我们语法研究的视野,引起我们对以往语言理论的新的思考和反思,开拓"句式"研究的新领域,从而把中国语言的研究引向深入。与此同时,他又讨论词语句法、语义的多功能性,对"构式语法"理论作出解释和发表己见。他的论著又表明,他十分重视语法事实的挖掘。比如,《要重视语言事实的挖掘与描写》(《汉藏语学报》2007.1)一文指出:不断挖掘和发现新的语言事实,对语言研究的突破与发展有重要意义。语言理论的修正与创新,主要靠科学的理性思维,同时也离不开新的语言事实的挖掘与发现。

3. 蒋绍愚《内部构拟法在近代汉语语法研究中的运用》(《中国语文》1995.3),把国外历史语言学语音研究中的"内部构拟法"运用到近代汉语语法研究中,较好地解释了现代汉语中状态补语和可能补语有空格和不对称的历史原因。他的《抽象原则和临摹原则在汉语语法史中的体现》(《古汉语研究》1999.4),运用了认知语言学中的"抽象原则"和"临摹原则"的理论,揭示了古代汉语语法中的某些语序现象的成因。他的《汉语词义和词汇系统的历史演变初探——以"投"为例》(《北京大学学报》2006.4),提出了分析古汉语词义的"概念要素分析法",认为它可以更好地归纳词义,并厘清词义之间的联系及其历史发展,并指出,以概念场为背景,考察各个概念域中的成员及其分布在不同历史时期的演变,是研究词汇系统历史演变的一种有效的方法。他的《打击义动词的词义分析》(《中国语文》2007.5),采用以概念场为背景的"概念要素分析法",对上古汉语、现代汉语和英语中的用手的"打击"义动词作了分析和比较,并以此为例,说明概念化和词化方式的不同,导致了不同语言的词汇系统的不同。据此,还提出了"义元"这一新术语,即"处在某一概念场的多维网络结构的某一个交会点上的、在某一个语言系统中可以有词汇表现的语义单位",在研究词汇和词义的历史发展的时候,这一术语有助于把问题说得更清楚。

4. 江蓝生《跨层非短语结构"的话"的词汇化》(《中国语文》2004.5),讨论跨层非短语结构"的话"的词汇化,用大量的语言事实阐明"的话"词汇化的诱因,指出:正确揭示跨层结构的演变过程,可以深刻地认识语法化现象的复杂性、多样性及其本质特征,用汉语特色的语法化现象来丰富一般语法化理论。她的《"VP的好"句式的两个来源》(《中国语文》2005.5),注重用语法理论分析汉语的历史演变,阐述了语法化的两种主要现象:形态化和句法化。

5. 胡明扬《语言理论和语言理论研究》(《语言科学》2006.1)认为,运用在西方语言基础上形成的语言理论和方法研究汉语必然有些地方不合适,那就需要修正、变通,这就是创新,有的是具体结论的创新,有的是方法上的创新,有的则是理论上的创新,当然涉及面有大有小,创新意义也有大有小。系统的在西方语言学影响下发展起来的汉语研究已经有一百多年的历史,也已经积累了不少语言资料,现在已经有了对已有的成果进行总结概括的条件,所以现在应该充分重视和鼓励理论研究,哪怕刚起步很可能不太成熟,也可能走歪路,但是只要持之以恒,总会一步步提高成熟。没有理论和理论研究,中国语言学就不会有前途,就会永远是西方语言学的附庸。为此,我们必须对具体语言有比较深入的研究,因为它是语言理论研究不可或缺的先决条件。另外,中青年语言学家的知识更新以及宽松的学术环境都是中国语言理论研究取得进展的重要条件。

6. 马庆株《汉语语义语法范畴问题》(北京语言文化大学出版社1998)是一本关于汉语语义语法范畴的著作,收文11篇。作者的研究,从汉语动词语义语法范畴拓展到了数词、量词、名词、时间词、处所词、形容词、拟声词等各类词。此书有对语法事实的描写和解释,也有理论上的思考与探讨,从普通语言学和汉藏语言学的高度审视了汉语语法。他的《自主动词和非自主动词》(《中国语言学报》1988.3),提出了划分现代汉语自主动词和非自主动词的语法标准,列举两类动词对立的多种语法表现,分析了非自主动词内部的语法差异,得到一个汉语动词分类系统。此文参照亲属语言来观察汉语,具有语言普遍性研究的意义。

7. 邵敬敏《现代汉语疑问句研究》(华东师范大学出版社1996)结合句法、语义和语用对现代汉语疑问句进行系统研究,重视句法形式与语法意义、静态研究与动态研究、类型描写与解释分析的结合。他的《量词的语义分析及其与名词的双向选择》(《中国语文》1993.3),对现代汉语量词进行语义特征分析,并采用动态的观点,从名词与量词的语义制约与反制约关系上说明它们之间存在双向选择性,从而提出了"双向选择组合网络"和"量词选择的三个层次"的构想,进而揭示了量词语义的准确性与模糊性、多义性与交叉性、近义性与差异性、具体性与抽象性。邵敬敏与周娟合作的《汉语方言正反问的类型学比较》(《暨南学报》2007.2)提出,汉语方言可以从类型学角度采用横向分类和纵向分型的办法。横向分类,主要考虑地域的毗邻与隔离;纵向分型,主要考虑历史的传承与分合。主张将这两个方面结合起来考察,这样也许更能显示汉语方言类型学研究的意义。

8. 王洪君的《汉语语音词的韵律类型》(《中国语文》1996.3)揭示了语音研究与语言学其他学科的联系。杨顺安的《关于普通话声调知觉中心的初步研究》(《心理学报》1993.3)表明,语音研究的横向联系还表现在与心理、生理、物理等方面知识的联系上。

9. 刘泽民《客赣方言历史层次研究》(甘肃民族出版社 2005)运用历史层次分析法,对客赣方言语音的历史层次进行全面分析,认为现代的东南汉语不是纯粹分化的结果,而是分化与整化并行的演变。

10. 李如龙《论汉语方言的类型学研究》(《暨南学报》1996.2)提出有必要跳出原有圈子,对各种方言进行比较的类型学研究。指出共时结构类型、历史演变类型、文化类型都是方言类型学研究的重要课题。类型学研究还是彻底解决方言分区问题的根本出路,也能为方言的定型定位、制定语言政策提供科学依据,其成果还可以为汉语语言学乃至普通语言学的研究提供宝贵的材料。

11. 陈海伦《方音系统的相似关系计算》(《语言科学》2006.1)讨论了语音间相似程度的计算办法和语音系统间相似程度的计算办法,给出了通过电脑计算得到的湘粤桂 20 个相关方言点的语音系统相似程度值,并分析了这些方言间的语音系统共时的亲疏关系。

12. 项梦冰《汉语方言的分组和官话方言的界定》(《语言学论丛》第三十五辑,商务印书馆 2007)运用方言地理学理论和方法,从语言特征的地理分布考察汉语方言的宏观分组趋势,并确定官话在汉语方言分类框架中的位置。

13. 张安生《西宁回民话的引语标记"说着"、"说"》(《中国语文》2007.4)综合运用类型学、语法化和语言接触理论对西宁回民话的引语标记"说着""说"进行了探讨,认为这种异源性引语标记当是在阿尔泰系语言、主要是蒙古语族语的影响下产生的,两词分别是早期引语动词"说"的连接式和陈述式语法化、凝固化的结果。

14. 游汝杰、周振鹤强调将汉语方言与中国文化联系起来进行研究。他们合著了《方言与中国文化》(上海人民出版社 1986)。他们联名发表了《方言地理和历史行政地理的密切关系——以浙江方言分区为例》(《复旦学报》1984.2)、《湖南省方言区划及其历史背景》(《复旦学报》1985.2)、《方言与中国文化》(《复旦学报》1985.3)、《湖南省方言区画及其历史背景》(《方言》1985.4)、《人口变迁和语言演化的关系》(《上海社会科学院学术季刊》1986.4)等论文。他们的论文打破方言描写的旧模式,在把方言同中国文化结合起来进行研究上起了推进作用。

15. 冯志伟《论语言符号的八大特性》(《暨南大学华文学院学报》2007.1)认为,索绪尔提出的语言符号的线条性可以用更为深刻的层次性来代替,而他提出的语言符号的任意性确实是"头等重要的"、"支配着整个语言学"的原则。文章指出,语言符号除了具有任意性外,还具有层次性、非单元性、离散性、递归性、随机性、冗余性、模糊性等七个特性。这一观点修正了索绪尔的旧理论,而代之以反映当前人类对自然语言符号认识水平的新理论。这是自然语言处理在普通语言学的基本理论方面对理论语言学提出的挑战。

以上所提"引创型"、"生发型"和"引创与生发结合型"三个模式,都只是就某种或某些倾向而言,三者之间没有明确的界限。用全局观点来看,三者应能殊途同归,共同起到把中国语言学推向前进的作用。

二 存在问题与发展趋势

(一)存在问题

综观中国语言学的各个分支和各个领域,30年来尽管都有很大的发展,但仍然存在不少这样那样的问题。下面,举例性地列举四个方面。

1.在国际语言学的学术大背景下,中国的语言学显露出了自身的弱点。

其一,借鉴多而原创少。不少意见具有或带有一定的原创性,但理论深度不够,更谈不上形成了系统的一派之说。就目前的研究状况而言,其主流还是以借鉴国外理论为主。诚然,对于中国语言学的发展来说,借鉴国外理论是必要的,但一定要持续不断地加强自我创建方面的分量。学者们已经或多或少地注意到了这一点,并且或多或少地审视了某些从国外引进过来的理论。比如,有学者撰文对"认知语言学"的一些基本观点提出质疑。文章结合语言事实讨论认知语言学有关汉语的诸"原则",认为这些原则往往存在许多反例;又讨论认知语言学的语言观,认为这种语言观不适于解释语言的历史演变及多样性,有随意性和自相矛盾的嫌疑,所引起的问题比所试图说明的问题要多得多。[①]

[①] 参看姚振武《"认知语言学"思考》,《语文研究》2007年第2期。

其二，学科发展缺乏高屋建瓴的通盘考虑。有学者注意到了这一点，发表文章讨论三个互补，即：一家之言和百花齐放的互补；现代意识和朴学精神的互补；引进提高和自强自立的互补。文章指出：学科的发展，无处不存在辩证法。①

其三，整个学界缺乏争鸣气氛，缺乏对某一问题的多元讨论，学派意识不够强烈。有学者撰文指出，要发展中国语言学，必须加强学派意识。一个民族在某一学术领域里根本没有学派是非常不妙的情形。没有学派，至少表明下面几个方面的落后状态：(1)没有理论意识。(2)没有自主的、独特的理论模式。(3)没有堪称具有向国外同行挑战实力的理论。(4)没有强大的后备力量，包括追随者与可能的批评者。(5)没有学者之间的宽容与尊重。(6)监管机制与评价体系有问题，另外，国家也没有足够的资金投入，使一些学者很难潜心于基础理论的研究。没有学派，就没有该学科的国际地位。没有国际地位，则从根本上取消了我们的国际交流的话语权。当前国际上出现的"汉语热"等着我们向国外同行拿出具有挑战实力的、有学派意识的话语来。②

2. 各分支各领域深入程度并不平衡，但都并不理想。

总的说来，汉语研究特别是现代汉语语法研究较为深入，但是许多事实并未描写详尽，对于大量语言现象的认识还处于懵懂状态，清楚地认识和揭示汉语特点的工作还十分艰巨。少数民族语言的研究，更是存在好些空白。

最为突出且广泛存在于各分支领域的问题，是人们对理论自

---

① 参看邢福义《语言学科发展三互补》，《汉语学报》2005年第2期。
② 参看钱冠连《以学派意识看汉语研究》，《汉语学报》2004年第2期；钱冠连《以学派意识看外语研究——学派问题上的心理障碍》，《中国外语》2007年第1期。

主创新的殷切期待与现实状况之间的巨大落差。有学者指出,中国的语言学固然需要借鉴吸收世界各民族的优秀学术传统和先进理论,更要充分认识到理论自主创新的重要意义。中国的语言学家应该在对具体语言现象进行描写时力求把现象升华成规律,把规律提炼成理论,从而发展出自己的理论方法乃至学术流派,并对世界语言学作为一个整体的繁荣和发展作出自己的贡献。只有鲜明的民族性,才有真正的世界性。没有各民族深入挖掘,慷慨奉献本民族的优质元素,就无法打造出内涵丰富、形式多样、色彩斑斓的世界性。① 实际情况是,中国的语言研究在自主创新的道路上走得并不顺畅。究其原因,主要与以下两个方面有关。第一,从历史层面来看,"引进结合"比"自主创新"的历史要悠久。也就是说,"自主创新"还是一个比较新的事物,要想壮大起来,需要一个过程。第二,从现实层面来看,"引进结合"的难度没"自主创新"那么大。因此,"自主创新"在科研成果的产出速度方面也不及"引进结合"。当前,学者们十分关心中国的语言理论建设,都希望中国的语言研究能在自主创新上有长足的发展。②

3. 各领域内部,都存在这样那样的具体问题。

比方说,在文字研究领域,现代汉字研究与古文字研究不平衡。过去的三十年,古文字研究队伍不断壮大,堪称"人多势众"。许多高校开设古文字课,而开设现代汉字课则不多见。随着地下文字材料的不断出土和公布,一波又一波古文字研究的热潮涌起,许多高质量的著作和论文随之问世。与这样的"显学"相比,现代

---

① 参看徐杰《中国语言研究的民族性与世界性》,《光明日报》2006年3月23日。
② 参看鲁国尧《"振大汉之天声"——对近现代中国语言学发展大势的思考》,《语言科学》2006年第1期。

汉字研究难免给人"势单力弱"的印象。当然也应当承认,现代汉字研究在若干方面,如简化研究、异体字整理研究、规范汉字研究、汉字信息处理研究等也取得了较好的成绩,进步明显,但是,许多问题都还需要作进一步深入探讨。有学者指出:总体看来,目前现代汉字的深入性和系统性还有待加强,课题零散、视野较窄、理论水平不高制约了现代汉字及其应用研究的发展。今后应尽可能地加强现代汉字的基础和应用理论研究,组织一些高水平的专题性或综合性研究课题。①

又比方说,在外语界,译介与研究两方面的贡献不够均匀。有学者指出:今天中国的外语界,显学有二,一是生成,二是功能。这两者的工作,引进外国理论、证以外国例子居多。② 有学者认为:新世纪之交以来引介国外语言学较之 1980、1990 年代有所减少,独立研究日趋增多,但原创性研究不够。③

再比方说,中文信息处理远远赶不上社会发展的步伐。技术能力和语言分析能力,有待于大力提高;研究成果,比如各种各样的语料库,有待于完善其机能,发挥其资源社会共享的作用;本体研究和应用研究的"衔接"问题,语言学和计算机科学两方面人才的"对接"问题,有待于努力解决。有学者指出:我们的研究基本上还是跟踪性的研究,很少有创造性,当然更谈不上具有原创思想;又指出:自然语言处理的研究对象终究还是人的语言,因此除了考虑技术性的因素之外,应当充分注意人文科学在知识本体方面已

---

① 参看黄德宽《从转型到建构:世纪之交的汉字研究与汉语文字学》,《汉字研究》第一辑,学苑出版社 2005。
② 参看许国璋《语言对比研究的阶段小结》,《外语教学与研究》1991 年第 3 期。
③ 参看王克非等《十五期间外国语言研究综述》,《外语学刊》2005 年第 6 期。

经取得的宝贵成果,用以充实研究工作,我们要呼唤人文性!① 计算语言学研究领域,特别需要从事语言本体研究的学者跟计算机专业学者的通力合作,但是现实中这个领域的主力军仍然是计算机专业学者,语言学者介入的深度不够,语言本体的成果未能及时全面地在这一领域转化和发挥作用,甚至存在低水平的重复劳动。有学者指出,中文信息处理需要本体研究工作者的参与。②

再比方说,学科队伍的建设不够合理。如对外汉语教学。长期以来,制约对外汉语教学蓬勃发展的瓶颈之一是师资队伍的建设。学者们指出:教师是关键,因为第二语言教学中的很多具体问题都没有现成答案,要靠一线教师去研究,教材要靠教师去研究和编写,教学组织、教学理念、教学技巧都要靠教师来落实。③ 不可回避的问题是,目前教师的数量和质量还都远远满足不了日益增长的需求。④ 又如计算语言学。计算语言学是计算机科学、语言学、信息学、心理学、认知科学、人工智能等的交叉学科,需要各领域的研究者的通力合作与集中攻关。但从目前的研究现状来看,研究的主力军仍然是计算机专业人才,与其他各学科特别是语言学科的交叉合作仍显滞后。有学者指出,计算语言学出现了一些良好的合作趋势,但是也出现了令人担心的现象,即"和语言学家

---

① 参看冯志伟《自然语言处理的学科定位》,《解放军外国语学院学报》2005年第3期;《从知识本体谈自然语言处理的人文性》,《语言文字应用》2005年第4期。

② 参看邢福义《新词语的监测与搜获——一个汉语本体研究者的思考》,《语文研究》2007年第2期。

③ 参看崔希亮《不畏浮云遮望眼》,《云南师范大学学报》(对外汉语教学与研究版)2007年第6期。

④ 参看李晓琪《汉语国际推广事业中的教材建设》,《世界汉语教学》2007年第3期。

变得疏远了"。①

4. 制定好国家语言规划,具有难度,需要认真对待。

有学者撰文指出:语言规划是十分复杂、艰巨的,其难度很大。为进一步做好语言规划工作,我们在总结当代中国语言规划成功经验的同时,也要看到它所存在的主要问题。这些问题是:(1)对语言规划的长期性、复杂性、艰巨性的认识有所不足,因此有时有急于求成的表现,有些语言规划工作不够周全。(2)对科学研究重视不够,语言规划理论基础比较薄弱,对社会语言生活和社会语言问题的调查、研究不够,对有些问题的论证不够充分,所以有些语言规划活动和做法科学性有所不足。(3)有些语言规划工作受政治影响较大,或过分依靠行政作用,造成一定的损失。语言规划离不开政治,总是一定政治的体现,并要很好地发挥行政的组织领导作用,但如果政治性、行政性过强,而政治有时又出现偏差,语言规划就会违反自身的特点和规律,削弱其科学性、求实性,遭受必然的挫折。如 1977 年 12 月 20 日发表的《第二次汉字简化方案(草案)》,是在"文化大革命"中酝酿、制定的,因为受当时极"左"政治的影响,简化的字数过多,有些字的简化不科学不合理,要求试用过急,试用效果不好,给社会用字造成混乱,国家语委经过认真、慎重的研究以后,不得不报请国务院批准于 1986 年 6 月 24 日正式废止。(4)所制定的语言文字规范标准有的不够严谨、细致,影响了语言规划实施效果。如《印刷通用汉字字形表》、《第一批异体字整理表》和《简化汉字总表》中有些字有矛盾,《普通话异读词审音表》中对有些字音的审订不够恰当,《关于出版物上数字用法的试

---

① 参看刘群、刘洋《ACL2007 会议观感》,《中文信息学报》2007 年第 5 期。

行规定》中的有些规定难以实行,这都需要很好地修订与完善。上述存在的这些问题,给语言规划工作造成一些损失,影响了语言规划的声望,值得认真总结与改进。①

同一学者又撰文指出:随着我国社会生活、政治生活、经济生活、文化生活等的发展变化,社会语言生活也发生了较大的变化,从而产生新的社会语言问题,或凸显某些过去还没有很好解决的社会语言问题,语言规划需要密切关注、观察并认真研究、解决这些问题。比如:(1)在新的历史条件下,怎样进一步执行国家的语言平等政策,更好地协调各民族语言关系,并切实维护公民语言权利,包括群体和个体学习、使用语言的权利,有效保护弱势、濒危语言,为我国构建和谐社会发挥积极作用。(2)为适应我国深化改革开放和各项事业飞速发展的需要,怎样科学、有效地加速推广国家通用语言普通话,正确看待社会上普遍存在的非标准普通话,同时切实保护好正在发生剧烈变化的方言,还要认真加强语言文字规范化、标准化,增强语言、方言的交际功能和社会活力,使社会语言生活继续呈现统一多样和活跃有序的良好状态。(3)随着我国和平崛起,经济发展,国家振兴,对外影响增大,国际地位提高,同时扩大对外交流,加快融入国际社会,世界的"汉语热"开始逐渐形成,国内的外语热(确切说是英语热)急剧升温。在这种情况下,怎样积极、扎实地促进世界汉语热升温,切实、有效地加强对外汉语教学;怎样正确、妥善处理好外语与母语的关系,也就是既要加强外语教学,提高外语水平,扩大外语使用,又要改进和加强母语教学,有效提高母语水平,巩固母语基础。(4)怎样认真、妥善解决当

---

① 参看陈章太《当代中国的语言规划》,《语言文字应用》2005 年第 1 期。

前社会上使用语言文字的某些混乱现象,以及语言文字规范化、标准化、信息化中一些具体、实际的问题,如词汇、语法规范问题,新词语问题,网络语言问题,字母词问题,异读词和地名审音问题,汉语拼音方案字母读音问题,现代汉字规范问题,少数民族语言文字规范化、标准化、信息化问题,信息处理中的语言问题等。[1]

(二)发展趋势

中国语言学的进一步发展,将出现以下线路。

1.进一步提高自主创新能力,不断强化学派意识,推动学科发展。

何为"创新",学者们有不同的阐释。比如:有学者认为,创新是有不同层次、不同水平的,并且要有历史的观点。[2] 有学者认为,对与时俱进的问题的研究是语言学创新的突破口,是新理论的生长点,因此我们要善于发现问题、把握问题;此外,为了实现突破,还要探求新范式,切实实行研究范式的转换。具体说来,当代语言学研究的自主创新,有待四个回归:第一,回归现代语言学研究的重大问题,避免有题目无境界、有内容无思想、有细节无全局。第二,回归到现代语言学研究的取向。第三,回归到语言学研究的流派意识。第四,回归到语言学研究的精品意识。此外还要重视三种范式:规律范式、问题范式、理想范式。[3] 有学者认为,创新是语言学研究真正的增长点,为此必须做到"四个扩大"和"四个

---

[1] 参看陈章太《继续做好新时期的语言规划工作》,《语言文字应用》2005年第3期。

[2] 参看胡壮麟《学术规范和学术创新——记第三届中国外语教授沙龙》,《中国外语》2007年第3期。

[3] 参看徐盛桓《语言学创新》,《外语学刊》2007年第1期;《"照着讲"和"接着讲"——当代语言学研究自主创新问题的思考》,《中国外语》2007年第1期。

缩小"。即:第一,扩大学科视野,密切关注与语言有关的成果;缩小关门独户研究的负面效应。第二,扩大前进步伐,尽快进入前沿;努力缩小与国内外学科前沿的差距。第三,扩大理论应用面和应用语言学视野,缩小引进与消化、理论与实践的脱节程度。第四,扩大出版物与废书收购站的距离;减少低层次重复,树立精品意识。① 有学者谈到个别语言学与研究创新时指出,我们在作研究之前,要有扎实的语言学理论知识,要学会作研究的方法,学会怎样去找到研究的创新点。② 有学者探讨了外语跨学科研究与自主创新的关系:(1)总结探索,分类评析跨学科研究的新发展;(2)廓清画面,清理跨学科研究中出现的混乱;(3)透过现象看本质,化对立为互补;(4)利用跨学科优势,做出创新性的分析。③ 有学者大力提倡英语界扩大自己的研究领域,更多地适应时代的需要而进入比较文化研究领域,以期自己的研究成果能够在建设中国文化乃至世界文化方面做出尽可能大的成就。④ 有学者认为,进行理论创新首先要建立自己的理论体系。新理论体系不仅和原有语言学理论有这样那样的联系,而且有其他科学理论作为基础。确立研究目标对于建立创新理论体系是至关重要的,没有既定目标的研究不是自主的研究。适当的研究方法是实现目标的重要手段。不同创新理论的有效性或解释力有所不同,但只要能够解释一些问题,就会为语言学理论的发展作出贡献。相信通过研究实

---

① 参看王寅《"创新"是语言学研究真正的增长点》,《外语学刊》2007年第1期。
② 参看黄国文《个别语言学研究与研究创新》,《外语学刊》2007年第1期。
③ 参看申丹《外语跨学科研究与自主创新》,《中国外语》2007年第1期。
④ 参看辜正坤《中国外语学术自主创新:学术研究理路和前途展望——从单向殖文主义到双向互动的比较文化转向》,《中国外语》2007年第1期。

践,对这一重要概念的理解将越来越清晰起来。① 有学者十分强调国产理论创建过程中自主创新的重要性,指出:中国语言学要建设创新型的理论,首先必须立足于研究、了解自身面对的问题,在此基础上借鉴别人处理问题的方法,提出自己的解决方案。也就是以我为主,取我所需,独立自主地走创新之路。②

关于学派,有学者指出,对于一门科学或一种艺术是否成熟来说,学派或流派是否形成是突出的评判标准。③ 有学者强调有必要站到更高的立足点上以学派意识看汉语研究,指出学派是学术研究领域走向成熟、发达和繁荣的标志,所谓学术的繁荣,就是学派、流派之间的竞争的果实,没有学派,就没有该学科的国际地位,没有国际地位,则从根本上取消了我们的国际交流的话语权。④ 有学者认为:学派形成的条件,择要地讲,应该是:第一,开辟了富于特色的学术领地,有自己的"特区"。第二,提出了富于个性的学术路数,有标帜性理论和自己成套的研究方法。第三,展示了自成体系的学术成果,有供人罗列称说的代表著作。其四,造就了强势团队,有轴心人物,有核心成员,有上传下承、日益壮大、可以穿越时空的学者队伍。⑤

关于学科建设,不少学者对中国语言学几十年来的成败得失作了较为精准的总结,讨论了今后的学科发展方向。比如,有学者

---

① 参看刘辰诞《学术创新:理论、目标与方法——语言学研究创新的一点体会》,《外语学刊》2007 年第 1 期。
② 参看潘文国《中国语言学的发展方向——从发展中国戏曲谈起》,《湖北大学学报》2007 年第 1 期。
③ 参看邢福义《汉语语法研究之走向成熟》,《汉语学习》1995 年第 1 期。
④ 参看钱冠连《以学派意识看汉语研究》,《汉语学报》2004 年第 2 期。
⑤ 参看郭生《在突破口上——邢福义谈建立中国特色的汉语语法学》,《光明日报》2004 年 10 月 21 日。

认为:世纪之交的中国语言学,危机与机遇并存。造成危机的原因有:(1)忽略了语言学的存在必须以社会的根本需求为前提;(2)忽略了对语言理论的研究;(3)未能正确地把握语言学科的性质;(4)忽略了语言研究的多元化。据此,提出了相应对策:(1)必须加强语言学理论队伍的建设;(2)转变观念,走出经院,以应用研究养基础理论研究;(3)集中力量,协同作战,拿出"拳头产品";(4)改革高校语言课程的设置,有计划地调整语言学队伍的布局;(5)充分发挥语言学队伍中中小学语文教师的力量,加强语言学对中学语文教学的指导作用的研究和探索。[1] 有学者认为:20世纪中国语言学是在实用观念的影响下充分发展起来的学科。它适应社会发展的需求,以语言学学科理论的建设、"汉语拼音方案"的制订、现代汉民族共同语的确立、方言与民语的调查等多方面的应用性成果为社会提供了服务。"实用"观在中国古代语言学中有着悠久的传统,它是现代中国语言学发展的重要动力之一。但中国语言学对"实用"性的偏重,使它在实践中产生某些疏漏,对语言本质及理性抽象研究也存在某种淡漠的现象。[2] 有学者认为:20世纪70年代末以后整个学术环境发生了巨大的变化,语言理论的研究一方面加强了与国外语言学界的联系,并对国外语言学开始采取多元论的立场,不囿于一家一派之学说;另一方面更努力探求既立足于汉语,又力求从人类语言共性的基点来看汉语这样一种中西结合的研究道路。而语言理论研究也不局限于先前一些主要从事语言

---

[1] 参看郭熙《世纪交替中的中国语言学:危机与机遇并存》,《语言文字应用》1996年第4期。

[2] 参看苏新春《"实用"观念中的20世纪中国语言学》,《厦门大学学报》1999年第4期。

理论研究的学者,一些从事汉语研究的学者也大大加强了理论意识,注意及时从自己的研究中做理论概括和升华工作。正是在这样一种研究思想的指导下,70年代末,特别是80年代以来在语言理论研究上取得了可喜的进展,或总结、提出了一系列新的理论观点,或在西方已有的理论方法的基础上作了进一步的论说。突出的如:叠置式音变理论,语义指向的理论方法,动词中心说,动词过程结构的理论,"三结合(普通话、方言、古汉语)"的研究方法,变换分析中的平行性原则和同一性原则,语言接触"互协过程"的无界而有阶的理论,等等。这些无疑丰富了普通语言学理论与方法。[①]

同一学者还指出:中国语言学的发展主要有赖于三个方面:第一,要不断挖掘和发现新的语言事实。这是基础,是永恒的研究课题,因为语言研究的目的之一,就是要把语言的实际情况让人们了解清楚。第二,要不断吸收和更新研究的理论与方法。这是一个学科得以建立和发展的关键。从语言研究的角度看,对语言的考察和描写只是研究的基础,还未达到真正意义上的科学研究。真正意义上的科学研究,必须对考察、描写所得的语言事实及其规律作出科学的解释,并进一步从中总结出具有解释力的原则升华为理论,能用这些原则、理论来解释更多的语言事实。而一种理论和一种方法只能解决或解释一部分或一定范围里的问题;老的问题解决了,又不断出现新的问题,发现新的现象,原有的理论方法难以对付,这就要求研究者去探索、寻求新的理论方法,从而不断推进学科研究的发展。第三,要不断加强应用研究。科学研究的最终目的是为了应用。语言的应用研究是语言本体研究的试金石,也

---

① 参看陆俭明《新中国语言学50年》,《当代语言学》1999年第4期。

是发现问题的一个起点。①

2. 努力于逐步实现同国外理论的"平等对话"。

在同国外理论的关系上,中国语言学的发展将越来越明显地出现"双向接轨"的趋势。一方面,继续引进国外语言学理论,不断扩大视野,拓展思路,看清国际语言学发展的走向;另一方面,力求形成反映自己风格和成就的学术流派雏形,从而逐步实现跟国外理论的"平等对话"。

有学者指出:我们当前和今后的语法研究还是应该采取"继承传统,借鉴西方,开拓创新"的立场,也唯有采取这样的立场,我们的语法研究才会真正有所发现、有所发明、有所创造。② 有学者认为:运用在西方语言基础上形成的语言理论和方法研究汉语必然有些地方不合适,那就需要修正、变通,这就是创新,有的是具体结论的创新,有的是方法上的创新,有的则是理论上的创新,当然涉及面有大有小,创新意义也有大有小。没有理论和理论研究,中国语言学就不会有前途,就会永远是西方语言学的附庸。③ 有学者倡导建设创新型语言学,认为:创新型语言学的一个重要特点是具有中国特色。任何学科的发展,在不同的民族,不同的国家,不同的时期都会呈现出不同的特色。这个特色可以表现在研究对象上,也可以表现在研究方法上,还可以表现在研究手段上,更可以表现在思维方式上。我们首先要研究的是汉语,一种与世界各大语种迥然不同的语言,主要由以汉语为母语的学者来研究,加上时

---

① 参看陆俭明《从量词"位"的用法变异谈起——中国语言学发展之路的一点想法》,《语言科学》2007年第6期。
② 参看沈家煊《"分析"和"综合"》,《语言文字应用》2005年第3期。
③ 参看胡明扬《语言理论和语言理论研究》,《语言科学》2006年第1期。

代的更始,理论的创新,研究出来的成果,当然会有其特色——语种所带来的特色,传统所带来的特色,时代所带来的特色,理论所带来的特色。在国家战略的保障之下,在建立创新型国家的大氛围之中,致力于建立中国特色创新型语言学,应是我们语言学界同仁的最佳选择。① 还有学者对"持续不断地引进西方先进理论,使中国语言学赶上并超过外国先进水平"的提法提出了质疑,从宏观上提出了几个与发展中国语言学相关的问题,认为中国语言学要发展,要赶上时代和民族发展的步伐,必须要从正视现实开始,看清面临的机遇和问题,从中找出解决问题的办法和前进的方向。②

3. 加强事实的发掘,深入揭示其特点。

在研究成果的深度上,中国语言学的各个分支和各个领域,都将围绕着实现中华民族伟大复兴的目标,加强语言事实的发掘,深入揭示其特点,总结出有自己特色的理论与方法。

有学者指出:下一个世纪的前 20 年,甚至在更长的时间内,都是我们探求的时期。我们必然能够找到"中国的特色"。只要先擒这个"王",我们语言学的前途,正未可限量。③ 又指出:但是,问题的关键在于怎样探求?向哪个方向探求?我不揣庸陋,想补充两点。第一点是,要从思维模式东西方不同的高度来把握汉语的特点;第二点是,按照陈寅恪先生的意见,要在对汉语和与汉语同一语系的诸语言对比研究的基础上,来抽绎出汉语的真正的特点。

---

① 参看节于今《建设创新型语言学》,《古汉语研究》2006 年第 1 期。
② 参看潘文国《中国语言学的未来在哪里?》,《华东师范大学学报》2008 年第 1 期。
③ 参看季羡林《"中国现代语言学丛书"序》,见邢福义《汉语语法学》,东北师范大学出版社 1997。

能做到这两步,对汉语语法的根本特点才能搔到痒处。①

有学者指出语言学研究中粗暴批判的危害性和历史还原的重要性,然后重点论述如何在语言理论研究中走自主创新的道路。认为:任何有成就的语言学流派的专家都不可能熟知世界上一切语言,因此,任何语言学流派对世界的贡献只能是或大或小的一个部分。如果追求"普遍性"的普通语言学不综合大家的研究,只把西方的成果视为圭臬,何谈"普遍性"?因此,必须从对研究对象的特点的深刻理解出发,用特有的观察眼光,选择自己认为最典型的语料,采用自己认为最合适的研究切入点,运用自己最习惯的解释、表述方式,确立可以与其他流派对话又不同于其他流派的研究目标,在这种目标下提出有意义的问题或得出相应的结论。②

有学者认为,开展历史比较研究,首先要挖掘越来越多的语言事实,这方面积累的资料越丰富,我们开展历史比较研究的基础就越牢固,越扎实。其次,从方法论来讲,虽不反对宏观(远程)研究和拟构,但更希望从微观和中观做起,扎扎实实,一步一个脚印,既要重视理论建树,更要脚踏实地做细致的材料整理和比较,从大量的语言事实里总结出规律和理论来。③

有学者认为,中国语言学的发展主要有赖于三个方面:第一,要不断挖掘和发现新的语言事实。这是基础,是永恒的研究课题,

---

① 参看季羡林《"20世纪现代汉语语法八大家选集"序》,见《吕叔湘选集》,东北师范大学出版社2002。

② 参看王宁《古代语言学遗产的继承与语言学的自主创新》,《语言科学》2006年第2期。

③ 参看孙宏开《汉藏语研究中的一些问题》,《语言科学》2006年第1期。

因为语言研究的目的之一,就是要把语言的实际情况让人们了解清楚。第二,要不断吸收和更新研究的理论与方法。这是一个学科得以建立和发展的关键。从语言研究的角度看,对语言的考察和描写只是研究的基础,还未达到真正意义上的科学研究。真正意义上的科学研究,必须对考察、描写所得的语言事实及其规律作出科学的解释,并进一步从中总结出具有解释力的原则升华为理论,能用这些原则、理论来解释更多的语言事实。而一种理论和一种方法只能解决或解释一部分或一定范围里的问题;老的问题解决了,又不断出现新的问题,发现新的现象,原有的理论方法难以对付,这就要求研究者去探索、寻求新的理论方法,从而不断推进学科研究的发展。第三,要不断加强应用研究。科学研究的最终目的是为了应用。语言的应用研究是语言本体研究的试金石,也是发现问题的一个起点。[①]

4. 力求更好适应现代化的需求。

为了适应现代化的需求,中国语言学的发展将在紧跟时代前进的步伐上作更多的努力,处理好同其他科学的关系,以便在更广阔的天地里实践研究工作的理论与实际的紧密结合。

比如,有学者认为,研究方法就是科学方法,只有通过科学方法才能认识过程。语言学的发展借鉴于现代科学的方法(如生物、化学、社会学、心理学、计算机科学,等等),而且还和别的学科互相渗透,在两个学科的边沿上产生许多新的研究领域。语言学研究方法可以归结为理论方法、描写方法和实验方法,相对应于

---

① 参看陆俭明《从量词"位"的用法变异谈起——中国语言学发展之路的一点想法》,《语言科学》2007年第6期。

逻辑推断、定性和定量方法。研究方法不是互相排斥,而是互为补充。定性分析重在词语,而定量分析着重在数字,两者均不可缺少。①

又如,有学者认为,经典的临床-解剖学方法、心理实验的方法、神经心理、神经电生理和神经影像等技术方法是神经语言学的主要研究方法。②

再如,有学者认为,从计算的角度看,自然语言处理是一个强不适定问题,因此简单的建模方法,无论是确定性的还是不确定性的都无法解决其全部。根据不适定问题的求解原理,只有通过提供大量的"约束"(包括知识、经验等),才能使之成为适定性的、可解的问题。出路是,通过计算机科学、语言学、心理学、认知科学和人工智能等多学科的通力合作,将人类认知的威力与计算机的计算能力结合起来,才可能提供丰富的"约束",从而解决自然语言处理的难题。③

5. 加速汉语走向世界的步伐,深化对外汉语教学的研究。

随着国家的日益强盛,随着国际上汉语学习的日益升温,随着孔子学院在世界各地的纷纷设立,对外汉语教学这一学科将逐渐兴旺起来。

有学者指出:对外汉语教学需要汉语本体研究的支撑,但同时对外汉语教学是汉语本体研究的试金石,而且对外汉语教学拓展

---

① 参看桂诗春《语言使用的研究方法》,《现代外语》1993 年第 3 期;《再论语言学研究方法》,《山东师大外国语学院学报》1999 年第 1 期。
② 参看梁丹丹、顾介鑫《神经语言学研究方法与展望》,《外语研究》2003 年第 1 期。
③ 参看张钹《自然语言处理的计算模型》,《中文信息学报》2007 年第 3 期。

了汉语本体研究。① 又指出:汉语作为第二语言教学是一个涉及多学科的交叉性学科,当前从部门领导到一般教员都急需树立学科意识,要针对学科建设的重要问题进行思考和研究。具体说来,有六个方面的问题值得我们关注:第一,汉语教学学科的哲学基础是什么?第二,汉语教学学科需要由哪些理论来支撑?第三,汉语教学学科的内涵是什么?第四,跟汉语教学学科相关的、起辅助作用的学科是哪些?第五,汉语教学的本体研究应该是什么?应该包括哪些方面的内容?第六,为培养本学科的专门人才而设置的专业,在教学上,需要有什么样的课程体系?②

有学者论说对外汉语学科研究的四个层次"本体论、认识论、方法论、工具论",指出:对外汉语教学应深深地植根于汉语本体,提升教学研究,拓展学习研究,依托现代科技手段,这样,才能真正让我们的母语走向世界。③

有学者指出:汉语国际化的程度,不仅取决于中国政府和民间汉语传播的力度,也取决于国内对外汉语学界、汉语学界、外语学界与国外汉语教学界、汉语研究的专家(包括汉学界),以及中国教育主管部门与外国教育主管部门合作的力度,更取决于这种国际合作所取得的学科研究和建设的成果的多寡、水平的高低以及理论建设的学术成就和研究成果应用价值的大小。为此,积极促动海内外相关学术界和教学界的合作,共建国际汉语教学学科,使其

---

① 参看陆俭明《对外汉语教学与汉语本体研究的关系》,《语言文字应用》2005年第1期。
② 参看陆俭明《再谈汉语作为第二语言教学的学科建设问题》,《长江学术》2007年第2期。
③ 参看赵金铭《让我们的母语走向世界》,《语言文字应用》2005年第3期。

成为国际外语教学界的主流学科,应该是海内外汉语作为外语教学界共同的、长期的奋斗目标。①

有学者指出:国内相关高校之间,国内高校与国外高校之间,应该加强合作意识,建立对话机制,创建交流平台。唯有如此,才能真正落实国家汉办提出的六项工作,即研究和制定出汉语作为第二语言的标准语言框架,研究汉语作为第二语言的教学标准和教师资格,探索汉语教学的改革,认真研究正在成长中的中青年汉学家的培养标准,积极地关心、支持和参加孔子学院的建设与发展,发挥教师培训的功能。②

有学者指出:今天汉语教学大发展的新形势又向我们提出了很多新的问题。比如,如何加强对作为汉语教学主战场的海外广大地区汉语教学的研究;如何发展大众化、普及型的汉语教学;如何发动中小学的力量,特别是社会力量,来进一步推动汉语教学事业;为满足不同学习者的不同需求,如何探索更加多元化的教学模式和教材,进一步打造汉语母语国的品牌;为解决师资力量的严重短缺,如何尽快培养各种层次的汉语教师,特别是"种子教师",等等。③

有学者指出:一般说来,我们十分重视语言技能的训练,强调听、说、读、写均衡发展,仅此是不够的。现在人们更加关注的是,在某个级别学习者以这样的语言技能"能做什么"。过去,我们也

---

① 参看李泉《汉语国际化进程中学科建设问题思考》,《世界汉语教学》2007年第3期。
② 参看许琳《汉语国际推广的形势和任务》,《世界汉语教学》2007年第2期。
③ 参看刘珣《落实科学发展观,加快汉语走向世界》,《世界汉语教学》2007年第3期。

注重语言知识的传授,语音、词汇、语法、汉字,近年来又加之篇章,这只是就语言本身而言。现在看来,似应在功能和话题的导引下,更加关注学习者的情感态度,即兴趣、动机、自信、意志和合作精神等影响学生学习过程和学习效果的相关因素。文化意识和学习策略近年来虽也多有研究,但零散而不成系统,还没有引起汉语教师的高度重视。①

6. 语言政策与语言规划的研究将得到加强。

有学者认为,当前语言文字应用研究面临的一项紧迫任务是要重视并加强对语言规划理论的研究,使语言政策的制订和语言文字各项规范、标准的确立建立在科学、可行、有效的基础上。语言文字工作,概括来讲,不外三个方面:一是语言政策的制订和调整,包括语言文字的选择和地位的确定;二是语言文字应用的各项规范、标准的确定;三是政策、规范、标准的推行、监督检查和落实。这几方面工作的决策过程,涉及社会的方方面面,情况复杂,任务繁重,迫切需要理论的指导。不仅需要语言学的支持,还需要社会学、人类学、经济学、心理学、民族学、信息学、管理学以及计算机技术等方面的支持。②

有学者指出:对多元文化社会中语言规划理论的研究,是我国人文科学领域的一项重要的学术课题,涉及语言学、社会学、文化人类学、民族学、教育学等多种学科。研究多元文化社会中的语文发展变化的特点及其规律,对建立有我国特点的语言学理论体系

---

① 参看赵金铭《汉语作为第二语言教学:理念与模式》,《世界汉语教学》2008年第1期。

② 参看仲哲明《关于语言规划理论研究的思考》,《语言文字应用》1994年第1期。

有重要学术价值。关系到我国政府的语文政策的制定及调整,关系到儿童教育的语言选择,传播媒体的健康有序运作,民间传统地方文化的复兴或限制等重大文化政策。①

有学者对民族和语言的关系、双语人以及文字情况进行了具体分析,比较全面地阐述了符合中国国情的完整的语言观。在此基础上分别介绍了关于汉语的政策和关于少数民族语言的政策。不仅如此,还从管理体制和管理机构、汉语语言规划的制定和实施、少数民族文字的创制和改进三个方面对中国的语言规划作了论述。②

有学者对网络时代的语言规划作出深刻思考,介绍并论述了语言规划和语言规范化的有关理论和方法论问题,指出了信息处理用语言文字规范的两个尚未触及的遗留问题——以"无菌环境"面向"真实世界"、用滞后知识面对更新知识,提出了一个面向网络时代的语言规划模型——LC模型。③

有学者对世界一些主要国家所进行的语言规划进行了具体细致的介绍和分析研究,对其语言政策的得失也进行了恰当的评价,为中国的语言规划政策提供某种参考。④

有学者阐述了词汇现代化与语言规划之间的关系,认为语言词汇现代化是语言规划的一个重要的目标。这是因为社会现代化必然产生大量与之相适应的新事物、新信息、新概念、新思想,因此

---

① 参看邓晓华《多元文化社会中语言规划理论的研究》,《语言教学与研究》1997年第3期。
② 参看道布《中国的语言政策和语言规划》,《民族研究》1998年第6期。
③ 参看张普《关于网络时代语言规划的思考》,《语文研究》1999年第3期。
④ 参看周玉忠、王辉《语言规划与语言政策:理论与国别研究》,中国社会科学出版社 2004。

需要与之相适应的词汇来表达。词汇现代化是吸收外来概念和人类思维新成果的必由之路。语言规划工作者应该调整语言文字的形式和功能,使词汇系统能够不断适应现代化的要求。①

有学者从语言规划的维度、语言规划的过程、语言规划流派、语言规划思想等四个方面对国外语言规划理论流派和思想做了较为系统的梳理。认为:语言规划已经走过半个多世纪的路程,学者们对语言规划的认识和分类各不相同,不论是克洛斯提出的语言地位规划和语言本体规划的划分,还是豪根描述的语言规划过程,抑或是颜诺阐述的语言治理理论,在用来描写具体的语言规划个案时,可能非常适用,也可能部分适用,还可能不大适用。目前还没有一种世界各地普遍适用的语言规划理论,因此还十分需要进行不同国家、不同民族、不同地区、不同类型的语言规划个案研究。无论如何,语言规划还有很长的路要走,现有的研究成果还不能对语言政策的发展提供有力的解释和指导。语言规划研究领域出现的问题并不仅仅局限于语言方面,还涉及社会、政治、经济、民族和历史等诸多因素。语言规划的跨学科性质,决定了要研究创新一种综合的语言规划理论,还有种种复杂问题及困难需要我们解决和克服。②

有学者指出:要研究语言生活的实际问题。未来的社会语言学将更加贴近我国社会语言生活的实际问题,研究领域将进一步扩大,与语言生活密切相关的议题将更受关注,具体议题包括:普通话和方言的关系、中国各民族语言之间的关系、母语教育和外语

---

① 参看苏金智《词汇现代化与语言规划》,《江汉大学学报》2005 年第 2 期。
② 参看周庆生《国外语言规划理论流派和思想》,《世界民族》2005 年第 4 期。

学习的关系、濒危语言的保护问题、汉语的国际传播同国内语言文字工作的关系、海峡两岸语言生活的沟通问题、世界华人社区的语言交往问题、我国在虚拟空间中的语言文字问题等等。①

有学者指出:随着全球范围内"汉语热"和对外汉语教学的持续升温,对语言政策与语言规划的研究,已经成为社会语言学家刻不容缓的重任,必须及时研究自己的宏观语言战略,设计落实语言战略的行动计划,提出应对国外重要语言问题的科学预案。②

7.务实求真优良学风的发扬,将受到进一步的重视。

一种学术思想和一种学风的形成不会是偶然的。对吕叔湘的语法学思想进行观察和分析,从研究目的和采用的指导原则到具体的工作方法,都不难看到贯穿于其间的务实学风。我们需要从他的语法学思想中汲取教益,把握务实学风的精神实质,有的放矢,让语法研究在社会实践中发挥作用,取得更大的效果。③

讲事实、求实证,这是治学方法论,同时又是一种务实求真的学风。有学者指出:读者很希望权威刊物上多发表一些"讲实据,求实证"的、用平易的文字来讨论实际问题的文章。不管是讨论词类归属、结构性质、历史演变还是其他方面的问题,都需要以事实为依据,进行令人信服的求证。学术刊物上发表的论文,应该多考虑读者"读得懂、信得过、用得上"的需求。又指出:学术行为不是孤立的个人性活动,而是人与人之间具有依存互制关系的社会性

---

① 参看赵沁平《加强语言文字应用研究构建和谐的语言生活——在"国家语委'十一五'科研工作会议"上的讲话》,《语言文字应用》2007年第1期。

② 参看李宇明《总结经验,开拓创新,努力促进"十一五"语言文字应用研究——在"国家语委'十一五'科研工作会议"上的报告》,《语言文字应用》2007年第1期。

③ 参看杨成凯《吕叔湘先生的语法学思想(代评传)》,见《吕叔湘选集》,东北师范大学出版社2002。

现象。社会公益呼唤学术良知和大家风范,管约着人们的学风文品。进入新时期以来,高等学校和学术单位普遍大抓学科建设,使学术研究出现了欣欣向荣的喜人局面。但是,浮躁的心态,短视的做法,急功近利的追求,也伴随着呈现出上升的趋势,成了一种时弊。诚然,引导青年依循社会公益,遵守学术公约,讲究学风文品,具有特殊的意义。[①]

（本文选自邢福义、汪国胜主编《中国高校哲学社会科学发展报告1978—2008·语言学卷》,广西师范大学出版社2008。原为该书的第四章,体例略有变动。该书后记写道:邢福义负责统稿,并具体负责第四章的设计和整合。本文的副标题,是选编本论文集时添加的。）

[①] 参看邢福义《治学之道 学风先导》,《世界汉语教学》1993年第4期;《社会公益对学风文品的管约》,《语言文字应用》2002年第4期;《讲实据,求实证》,《世界汉语教学》2007年第3期。

附：

在突破口上
——邢福义谈建立中国特色的汉语语法学

郭 生

教育部重大研究课题"汉语句法机制多层面探究"日前在华中师范大学结题，并以《汉语句法机制验察》为书名由三联出版社出版。这项历时三年完成的科研课题是我国汉语语法研究领域的最新成果。近日，笔者采访了课题主持人邢福义先生。

问：马建忠于1898年问世的《马氏文通》成就了作为一门科学的汉语语法学的第一个篇章。一百多年来，汉语语法研究经历了不同的发展时期，但研究始终指向一个目标：揭示汉语语法事实的客观规律性。这是汉语语法研究的具有一贯性的优良传统。请问近几年，我国汉语语法研究在哪些方面比较活跃？

答：仅就2000—2004年而言，值得注意的是这么几个方面：其一，在研究思路和研究方法上，有理论化的追求；其二，在问题的论述上，单句句式研究、复句句式研究、词类研究、虚词研究、语法化研究、类型学研究、认知研究和配价研究等，都有相当多的高质量成果；其三，结合共同语语法的研究，方言语法受到了前所未有的关注；其四，汉语语法研究者与中文信息处理研究者的合作研究，开始成为热门话题。

更值得关注的是,我国语法学者的研究,从近五年的研究成果看,大体说已形成了三大倾向:其一,"形义语法"。重视形式与语义的相互验证,注意考察语用对语法的影响,崇尚多角度、多侧面的动态研究思路。其二,"认知功能语法"。借鉴认知语法和功能语法的理论,重视从句法外因素来观察、分析汉语语法的现象,从认知和功能角度来揭示或解释汉语语法的规律。其三,"形式语法"。借鉴乔姆斯基的生成语法理论,研究汉语问题。从一些青年研究者的成果,可以看出前两种倾向有融合的趋势。不过汉语语法学虽然发展速度很快,但至今仍然缺乏显示成熟的鲜明标志,距离真正成熟还十分遥远,这是可以肯定的。

问:学派的形成和中国特色汉语语法学的创立,二者的关系如何?

答:形成汉语语法研究的中国学派,是创立中国特色汉语语法学的基本条件和突出标志。在这一点上,我们有明显的弱点,这就是:原创性理论不多,学派意识不浓,没有真正形成"百家争鸣"的繁荣局面。当前,中国语言学应该以"能够跟国外理论平等对视"作为第一追求。了解和引进国外语言学理论很有必要,但是,不能总是跟着跑。只有努力摆脱附庸地位,在深入研究汉语特点的基础之上,提出能够跟别人平等对话相互交流的学说,中国的语言研究才能真正做到"同国际接轨"。须知,接轨是双向的。要跟强者接轨,自己必须成为强者。小羊,不可能和狼接轨!

问:学派的形成,应该具备哪些条件?需要多少时间?

答:学派形成的条件,择要地讲,应该是:第一,开辟了富于特色的学术领地,有自己的"特区"。第二,提出了富于个性的学术路数,有标帜性理论和自己成套的研究方法。第三,展示了自成体系的学术成果,有供人罗列称说的代表著作。其四,造就了强势团队,有轴心人物,有核心成员,有上传下承、日益壮大、可以穿越时空的学者队伍。学派形成的时间,起码需要三五十年,需要几代人的接力,绝对不能一蹴而就。从无到有,从小到大,这是事物发展的必由之路。现在,必须大声疾呼,要有一种学派的意识,要有一种形成学派的追求。有没有这个开端,至关重要。正像一部大剧,没有序幕,就不会有剧情的发展。

问:三联书店最近出版的《汉语句法机制验察》一书,反映什么样的研究路数?

答:我们一直在追求形成富于个性的研究路数。我们的研究路数,可以概括为四点:其一,基本主张:"研究植根于汉语泥土,理论生发于汉语事实";其二,基本理论:"小句中枢说";其三,基本视角:"句管控";其四,基本方法:"两个三角"("表-里-值"小三角+"普-方-古"大三角)。《小句中枢说》(1995)、《汉语语法学》(1996)等论著,是这一研究路数的奠基之作。《汉语句法机察》一书,既反映这一研究路数,又通过研究实践,使这一研究路数得到了改善与提升。任何理论的出现都不可能是突兀的,以"小句中枢"为代表的理论与方法的提出,是对前辈学者种种理论进行学习与钻研之后提炼己见的结果。目前,我们的研究路数还很不完备。新创刊的《汉语学报》(商务印书馆出版,国内外公开发行),已从 2004 年第 1 期起开辟专栏,开展"小句中枢"理论的讨论,这一讨论将延续一年半的时间。这么做,就是希望国内外语言学者都来审视我们的研究路数,提供宝贵的意见,以便不断去粗存精,补缺加固。

问:句法机制的研究,对汉语语法研究的深入有什么重要意义?

答:汉语语法重句法。要深化汉语语法研究,必须从不同角度、不同层面去深入研究汉语的句法机制。举个例子:"生前"和"死前","生"和"死"是公认的一对反义词,怎么组合成"生前"和"死前"之后变成同义词语了呢?"死前"等于"死之前",这好理解;"生前"不等于"生之前",这是怎么回事?再举个例子:"心里"和"心中"意思相同,"教室里"和"教室中"意思相同。一般认为"里"和"中"相通,可以互换。但是,"夜里"(<u>夜里</u>做了一个梦)不能说成"夜中","途中"(他正在来武汉的<u>途中</u>)不能说成"途里",为什么?诸如此类的问题,都须要通过句法机制的研究才能得到圆满的解释。《汉语句法机制验察》一书中,就有《"生前"和"死前"》与《"X里"和"X中"》两节,详细地回答了有关问题。从学科发展看,逐步深入地开展汉语句法机制的研究,将成为汉语语法研究趋于成熟的重要突破口。汉语信息处理,"句处理"是特别重要的内容,因此,从这一角度看,汉语句法机制的研究同样具有极为深远的意义。

问:展望未来,中国语言学的发展前景如何?

答:学科的发展,映射伟大的民族精神。尽管需要时日,然而,中国的语言学家,有志气也有能力创建有中国特色的汉语语言学,形成自己的学术流派。提一个发人深省的历史事实。当年,王明从苏联带回来一套一套的理论,但是,不符合中国的国情。毛泽东把马列主义跟中国革命实际结合起来,写出了《论联合政府》、《新民主主义论》等论著,特别是写出了哲学著作《实践论》和《矛盾论》。毛泽东很了不起。在哲学社会科学领域,毛泽东创建了一个特别大的"中国学派"! 我们应该总结"毛泽东的启示",从而得出一个明确的结论：中国人，能够干出令世界震惊的任何事情。现在，中国已经进入了民族复兴的伟大时代，我们应该，也可以大有作为。个人深信，中国正在阔步走向世界，中国的语言学，也必将阔步走向世界。

（原载《光明日报》2004 年 10 月 21 日）

"由于"句的语义偏向辨

○ 前言

 复句研究中,辨析同义关联标志的语义语用差异性,是个大难题。仅就经常用于前分句的"因为"和"由于"、"无论"和"不管"、"如果"和"要是"、"虽然"和"尽管"、"不但"和"不仅"来讲,要想探求它们的区别,往往会产生陷进"八阵图"的感觉。

 《中国语文》2002年第1期发表了《"由于"句的语义偏向》一文,文章思路新颖,自成一说。这标志着语法学者对复句研究的难点开始了新的"攻坚",对复句研究的深化将会产生积极的影响。《偏向》的作者屈哨兵是笔者的学生,先后跟笔者攻读硕士学位和博士学位,有十多年不寻常的情谊。《偏向》写作之前,哨兵谈过他的想法,笔者积极支持他把文章写成并发表出来。文章发表之后,笔者对有关问题作了进一步的验证,本文便是一个验证报告。

 "由于A,∅B"和"因为A,所以B"都是因果句式,逻辑上都属于直言推理。本文不同意从情绪偏向上把"由于"句认定为"不愉快格式"。本文认为:"由于"句和"因为"句的差异,主要表现在推理意念的不同。"由于"句重在分析缘由,强调理据;"因为"句重在说明原因,讲述事实。作为同义说法,"由于"句是"因为"句的强化理据性的形式。本文的看法不一定成熟,然而无论如何,针对自己学生的文章发表不同意见,这似乎是应该提倡的学风。

一 "由于"句的情绪偏向

哨兵的文章从情绪偏向的角度阐释"由于"句的语义偏向。文章指出:"由于"句具有[不愉快]的语义偏向,"由于"引领的格式在现代汉语中基本上是一个"不愉快格式"。

"由于"句的[愉快]与否,求证的语料依据,最好是已有的作品。这样的作品,是写作者顺着自己的思路和表达需要写出来的,并未受到语言学家为了研究某一问题而提供的任何暗示或诱导。实际语言运用中,"由于"句表示不愉快的固然比较多,表示愉快的也并不少。这要看不同的作品各表达什么样的内容。

请看下面这个表。表里统计的"由于"句,都是"由于 A,(因而/所以)B"顺列式复句。两种情况不在表里统计的范围:其一,前一部分为"由于·定心结构"的句子;其二,非顺列式的"B,是由于 A"复句。

	不愉快	愉快	中性
1a《李自成》第一卷	22	14	4
1b《文明的碎片》	1	3	1
2a 初中《语文》五	5	2	4
2b 高中《语文》五	0	3	0
3a《邓小平文选》一	12	9	3
3b《邓小平文选》三	2	5	1
(总计)	42	36	13
(百分比)	45%	40%	14%

观察可知：

第一，两部文学作品，姚雪垠《李自成》第一卷［不愉快］多于［愉快］，余秋雨《文明的碎片》［愉快］多于［不愉快］。这意味着，在不同作者的笔下，"由于"句［不愉快］和［愉快］的数量之多少，可以呈现相反状态。表示［愉快］的，各举一例：

(1)由于替李自成驳斥了官方塘报的胡扯八道，张献忠的心里感到愉快。(《李自成》一)

(2)由于强健，他还愿意勤奋地学习，结果不仅武功一流，"内秀"也十分了得，……(《文明的碎片》)

第二，两册课本，初中《语文》第五册［不愉快］多于［愉快］，高中《语文》第五册［愉快］多于［不愉快］。这意味着，同是中学《语文》课文，在这一册和那一册之中，"由于"句［不愉快］和［愉快］的数量之多少，可以呈现相反的状态。表示［愉快］的，各举一例：

(3)由于中国和苏联政府派遣科学家参加，使这种单纯的探险活动成为科学探险。(初中《语文》五)

(4)由于我工作成绩显著，19××年以来连续三年评为局系统的先进工作者，……(高中《语文》五)(按：课文为《个人工作总结》，原文用"19××"字样)

第三，两卷邓小平著作，《邓小平文选》第一卷［不愉快］多于［愉快］，《邓小平文选》第三卷［愉快］多于［不愉快］。这意味着，即使是在同一个人的笔下，"由于"句［不愉快］和［愉快］的数量之多少，在不同文章中可以呈现出相反的状态。表示［愉快］的，各举一例：

(5)由于实现了合作化，顺利地渡过了灾荒。(《邓小平文选》一)

（6）由于彻底纠正了"四人帮"反革命集团的倒行逆施，恢复和发展了毛泽东同志的实事求是的思想路线，陆续实行了一系列适合新情况的重大政策，全国的面貌更是焕然一新。（《邓小平文选》三）

第四，表里统计的对象尽管都是"由于 A，(因而/所以)B"形式的复句，但跟其他形式相比较，在［不愉快］与［愉快］的情绪倾向上，并没有什么不同。以"由于·定心结构＋B"的句子来说，固然表示结果的 B 可以是［不愉快］的，但也可以是［愉快］的。例如：

（7）由于宋献策来到时献的谶记，全军上下都相信李闯王必得天下，精神十分鼓舞。（《李自成》第二卷）

（8）当我在成渝两地义务教学时，由于老友李忠禄的推荐，《诗刊》《红岩》《星星》《人民日报》《重庆日报》，都刊登了我的诗篇。（初中《语文》第五册）

（9）抗战以来，由于部队文化工作者的努力，使部队的政治文化水平向上提高了一步，也为文化艺术工作奠定了初步的基础。（《邓小平文选》一）

第五，从本表的综合情况看，在总数上［不愉快］还是略多于［愉快］。然而，这不能说明"由于"句具有［不愉快］的语义偏向。最有力的证据，是《邓小平文选》第一卷的用例。如上所说，这部著作中"由于"句［不愉快］多于［愉快］，但是，我们却可以看到这样的说法：

（10）上期党校的整风经验证明：冀南区有些同志毛病不少，但是由于他们有坦率的自我批评和批评的精神，所以收到很好的成绩；太行区有些同志就因为缺乏这种精神，收效不如冀南同志大。（《邓小平文选》第一卷）

上例既用了"由于"句,也用了"因为"句。在这里,"由于"句反而是愉快的,"因为"句反而是不愉快的,人们并不感到这么用有什么不妥,因而不会感到有把其中的"由于"和"因为"互换位置的必要。

第六,用"抽查"的办法考察作品,有个毛病,就是不同的学者抽查不同的作品可能会得出不同的结论。因为,甲作品和乙作品中"由于"句[愉快]与否的情况,可能恰好相反。为了避免偏颇性结论的出现,一方面,抽查的作品要尽可能多,在"量"上得到保证;另一方面,要考察"由于 A"和"(因此/所以)B"之间的语义关联,重视表述需要上前后分句的实际联系。

事实表明:有的时候,"由于 A"说的是[愉快]的事,B 因而也[愉快];"由于 A"说的是[不愉快]的事,B 因而也[不愉快]。比较吴岗《善待家园》中两句话:

(11)第二次世界大战后,由于战争发展了海洋技术,潜艇、巡洋舰、观海仪器的出现,使得人们有条件在战争结束后利用这些设备仪器了解海洋,关于海洋这块未开发的处女地的科研成果才百花盛开。(《中篇小说选刊》2002 年第 1 期 196 页)

(12)在中西部,由于超量开发土地、草原、森林和水资源,加速了水土流失、土地荒漠化等地质灾害的爆发。(同上 195 页)

前一例,[愉快]→[愉快];后一例,[不愉快]→[不愉快]。

事实又表明:有的时候,"由于 A"所说的事可以进行多面推断,B 既可以是[愉快]的,也可以是[不愉快]的。例如:

(13)由于有过那么一段工作关系,他支持县委书记的工

作,还是很坚决的。(陈世旭《将军镇》)

(14)由于兵力骤然强大,将士们渴望攻破城池,连袁宗第等几位重要将领也忍耐不住。(《李自成》第二卷)

这两例的 B 都[愉快],但只要有表述的需要,可以改写为[不愉快]:

(15)由于有过那么一段工作关系,他对这个人的阴险卑劣是心有余悸的。

(16)由于兵力骤然强大,将士们的骄傲自满情绪就滋长起来了。

说到底,事物往往具有两面性。正如古语所说:"祸兮福所倚,福兮祸所伏。"下面的说法显然都能成立:

由于跟经理关系特好,她得到了重用。(愉快)

由于跟经理关系特好,大家都疏远她。(不愉快)

由于跟经理关系不好,她没有卷入这个案件。(愉快)

由于跟经理关系不好,好差事肯定轮不到她。(不愉快)

二 关于"由于……以致/致使……"

对于"由于"句的情绪偏向,哨兵重视了从形式框架上寻找证据。这就是:提出"由于……以致/致使……"的格式,指出"由于"同"以致/致使"相契合。

作为表果标志,"以致、致使"用于复句中后分句的前头,所引出的分句具有[不愉快]的语义偏向,这是可以肯定的。问题在于,这么个假设能否得到确认:跟"以致/致使"相契合的表因标志只能是或一般是"由于",而不能是或极少是"因为"。即:

由于……以致/致使……（十）

因为……以致/致使……（一）

笔者的《汉语复句研究》中，曾提到"因为/由于……以致……"。尽管所举的例子全都是"由于……以致……"，例如：

(17)由于编辑人员各有不同的任务和种种其他个人情况，私人信件又不便统一拆阅登记，<u>以致</u>时有延误，也极易丢失，查找也极为不便。(编辑部《重要启事》，《当代》1983年第4期128页)

(18)由于他脖子弯得太低了，<u>以致使</u>别人无法看见他脸上的表情。(从维熙《北国草》，《收获》1983年第3期216页)

但是，通过大量语料的检索，可以知道，"因为……以致/致使……"不仅有，而且多数时候多于"由于……以致/致使……"。如下表：

	由于……以致/致使……	因为……以致/致使……
《邓小平文选》一	2	1
初中《语文》五	1	1
五部长篇小说	0	各1
三部中篇小说	0	各1

观察可知：

第一，《邓小平文选》第一卷中，出现"以致"和"致使"各6例；前分句用了表因标志的，共3例：

(19)我们虽设有随军记者，但由于大部分记者兼管编辑，<u>以致</u>影响了新闻采访工作。

(20)这几年来，由于我们没有搞好民主集中制，<u>以致</u>上下不通气,这是一个带普遍性的严重的现象。

(21)正因为有了上述的缺点和错误,致使民众不能充分认识国家已经到了存亡绝续的关头,……

这里,"由于……以致……"2例,"因为……致使……"1例。二者的比例是2∶1。

第二,在所有的初中高中语文课文中,前分句出现跟"以致"呼应使用的表因标志,只有两例,都见于初中语文第五册。即:

(22)在掩埋烈士遗体的时候,由于他们两手扣着,把敌人抱得那样紧,分都分不开,以致把有些人的手指都瓣断了。(魏巍《谁是最可爱的人》)

(23)有的同学因为马虎大意,缺乏正确的读书姿势,以致身体已经出现了一些严重的不健康状态,如近视、驼背等等。(邓拓《读书也要讲"姿势"》)

这里,"由于……以致……"和"因为……以致……"是1∶1。

第三,五部长篇小说,即欧阳山《苦斗》、冯德英《迎春花》、杨绛《洗澡》(第一部)、李英儒《野火春风斗古城》和陈世旭《将军镇》,有以下用例:

(24)因为这次侮辱的分量是如此沉重,以致周炳都不想发怒了。(《苦斗》)

(25)因为毒牛时孙承祖煞费苦心想出的计策,并没做到使曹振德他们放松对村里的注意,相反,村里对蒋殿人和一些可疑分子更加紧了监视,致使孙承祖无破坏之隙可乘,与蒋殿人的联系也困难了。(《迎春花》)

(26)这都是因为旧社会遗留下来的封建思想和资产阶级思想使我们背负着沉重的包袱,束缚了我们的生产力,以致不

能充分发挥作用,为当前的需要努力。(杨绛《洗澡》)

(27)站在会场核心的军官们,皮鞋克哧一响立正了,因他们是原地立正——按照立正是不动姿势,——以致有不少的军官屁股对着讲台;……(《野火春风斗古城》)

(28)县城附近的一些生产队,因四干会而获得大量高效农家肥,以致有些私心重的人放肆地往自留地泼人粪尿,……(《将军镇》)

《苦斗》、《迎春花》和《洗澡》中,各出现1例"因为……以致/致使……";《野火春风斗古城》和陈世旭《将军镇》中,各出现1例"因……以致……"。然而,五部长篇小说中,"由于……以致/致使……"皆为0。

第四,三部中篇小说,即方方的《埋伏》和《白雾》,席娟的《女作家的爱情冒险》,有以下用例:

(29)因为僻静,以致于叶民主刚走到山脚路口,就被正做爱着的一男一女绊了一下。(《埋伏》)

(30)有一回骑自行车去商场买牙膏,因为存车处的老头硬将存车费由二分涨成了三分,致使贝贝愤怒地争论了半个多小时。(《白雾》)

(31)也因为这一份特别的广告,致使那五本由新人所写的书顺利畅销,打开了各自的知名度……(《女作家的爱情冒险》)

《埋伏》中出现1例"因为……以致于……",《白雾》和《女作家的爱情冒险》中各出现1例"因为……致使……"。然而,3部中篇小说中,"由于……以致/致使……"皆为0。

诚然,"以致/致使"所规约的[不愉快],不能作为"由于"句表示[不愉快]的根据,因为,在配合使用上,"以致/致使"对"由于"和"因为"并无明显偏向,起码是一视同仁的。

为了深化认识,我们还可以进一步考察一下近代作品的情况。查《红楼梦》、《水浒》、《西游记》、《封神演义》、冯梦龙《警世通言》、李汝珍《镜花缘》和李宝嘉《官场现形记》,皆未发现有连词"由于",自然也不会有"由于……以致/致使……"。但是,这些作品里,却用了"因为/因/只因……以致/致使……"的格式。略举几例:

(32)这几天糖葫芦也因为公私交迫,没有到王小四子家续旧,以致台面上受了他一番埋怨,……(李宝嘉《官场现形记》第29回)

(33)因被逼索定礼,众人扬言秽乱,以致羞忿自尽,并非贾珍逼勒致死。(《红楼梦》第107回)

(34)当日老师有位姨娘,因产后淤血未净,以致日久成痞去世,……(李汝珍《镜花缘》第91回)

(35)只因天子无道,致使天下诸侯会集于此,不分君臣,互相争战,……(《封神演义》第95回)

近代作品可以帮助我们进一步证明,"以致/致使"同"因为/因/只因"之间,本来就不存在不契合的问题。

三 "由于"句和"因为"句

就表意而论,"由于"句和"因为"句没有明显的不同。它们的细微差异,似乎可以在以下三点上观测到若干印迹。如下表:

	理据性	断定性	书面论说性
"由于"句	稍强	稍强	明显
"因为"句	一般	一般	无倾向

观察可知:

第一,"由于"句具有比"因为"句更强的理据性。

在逻辑上,"由于"句和"因为"句都表示直言推理,然而就语言表达而言,二者在因果关系的表述上却代表两种不同的推理意念。"因为"引出原因,"因为"句重在交代小前提和结论之间的因与果;"由于"引领理据,"由于"句重在把小前提强调为结果产生的理由。如果说"因为A,所以B"是最一般的因果句,那么,"由于A,⌀B"便是对原因的理由性质有所强化的因果句。这一点,可以从两个角度来进行辨察和验证。

A. 原因和理由

一方面,凡是一般性的原因,偶然性的原因,不值得因而也不需要强调为理由的原因,都不必用"由于"。请看石钟山《官道》中这个例子:

(36)王副厅长身体不好住进了医院。因为李玉田心情不错,他决定去医院看看王副厅长。(《小说选刊》2001年第10期80页)

李玉田是个极为势利、一心向上爬的处长,按他为人的原则,对于即将退休的王副厅长,是用不着花费时间去医院探视的。为什么决定去?仅仅是因为有一种不成为理由的原因:"心情不错"。这里,只需要一般性地述说因果,因此用了"因为"。如果把"因为"改为"由于",反而不如原来那么顺当自然。

另一方面,凡是用了"由于"的,都显得凸现了理据。例如:

(37)由于每年开会,代表大会的会议也就可以开得简便一些。(《邓小平文选》第一卷)

上例显然把"每年开会"强调成了一个理由。如果改用"因为",就会显得比较平淡,比较一般化。再如:

(38)据从中国体育代表团获悉,由于这次冬奥会选手奖励参照夏季项目奖励办法,因此按规定,为中国取得冬奥会金牌零的突破的杨扬将获得重奖。(《楚天都市报》2002年2月21日第11版)

上例是新闻报道《杨扬将成为"杨百万"》开头的一句话。为了强调出杨扬将获得重奖的理据,借以突现杨扬为中国夺得第一块冬奥会金牌的特殊意义,因此用了"由于"。如果把"由于"改为"因为",便显得不够突出,不够符合原文的理念。

语言运用的事实表明:在申说理由依据的场合,当某种原因需要强调为理据的时候,人们就会用"由于",而不管是否[愉快]。一个着重探讨存在问题的会议,不能不涉及一些[不愉快]的话题,这时,与会者在发言中所用的"由于"句,[不愉快]的肯定多于[愉快]的;反之,如果是一个评功表彰的会议,自然会涉及较多[愉快]的话题,那么,与会者在发言中所用的"由于"句,[愉快]的肯定多于[不愉快]的。这跟说话的内容有关,也跟说话人的主观心态有关。

B. 因标和果标

一方面,"由于"句通常不用果标,即采用"由于 A,∅B"的形式。由于不出现果标,强调理据的"由于 A"便显得突出。例如:

(39)由于高兴,∅她把心里的话谈出声来了。(李英儒《野火春风斗古城》)

(40)由于充分尊重中国的实际,一切从实际出发,∅我们取得了新民主主义革命的胜利,并顺利地进入了社会主义的历史阶段。(《邓小平文选》第三卷)

少数情况下,"由于"句里也出现果标"因此、所以"之类,但"由于"仍然起着强调理据的作用。证据是:如果减去"由于",便会成为一般性的述说因果。例如:

(41)由于高杰平素对田见秀很尊重,所以李自成认为这办法可以成功。(《李自成》第一卷)

(42)由于农民军对医生特别尊敬,而他又是个慷慨豪爽、喜欢打抱不平的人,所以在农民军中如鱼得水,……(《李自成》第一卷)

这两例,若去掉"由于",推知的理据意味也随之消失。

另一方面,在小句联结中"由于"和"因为"有时同现,形成因标变异现象。这有助于窥见二者的区别性分工。例如:

(43)这个决议之所以是适时的和必要的,……更重要的是因为在新民主主义革命胜利以后,由于我们各方面的工作都获得了巨大的胜利,于是在我们党内,尤其是在我们党的高级干部中,滋长了骄傲自满的情绪。(《邓小平文选》第一卷)

上例"由于……于是……"被包含在"因为……"之中。"因为"说明原因,"由于"解释理由,二者如果交换位置,文意不如原来畅通。又如:

(44)他原是本城南大街一家杂货铺的老板,因为跟日本人关系挺好,弃商做官,先文后武,由于不断给上边送礼,从县的副联队长提升了团长。(李英儒《野火春风斗古城》)

(45)昨日为通过铁路,彻夜与敌人激战,由于敌人铁甲车拦路扫射,有两位病弱的负责同志,留在路东,因他们有急事,必须马上动身,党委决定,改由你们负责,日内护送上述同志……。(李英儒《野火春风斗古城》)

前一例先说"因为 A,∅B",再说"由于 A,∅B"。用"因为",一般性地说明"弃商做官"的原因;用"由于",从理据上分析为什么能够"从县的副联队长提升了团长"。后一例先说"由于 A,∅B",再说"因 A,∅B"。用"由于",从理据上分析为什么两位负责同志只好留在路东;用"因",一般性地交代党委作出有关决定的原因。这两例,假若"因为/因"和"由于"互换位置,不一定不可以,但因果关系的表述,在推理意念上就会有所转化。可知,"由于"和"因为"有时同现,既是修辞上词面变异的需要,也反映了表述者在表意偏重点上的某种选择。

必须顺带指出:在因果关系的表述中,对于不愉快的结果,表述者可能感到更有必要指出理由或根据,因此,从总体上看,也许会自然而然地较多地使用"由于"。但是,这显然取决于表述需要的外因,而不取决于句式本身的内因。

第二,"由于"句包含比"因为"句更多的断定性。

跟理据性相联系,"因为 A"倾向于说明为什么,而"由于 A"则倾向于断定有所据,具有更多的将要作出结论的意蕴。这一点,可以从因果倒置的说法中寻求和获取证据。例如:

因为资金已经到位,他们信心很足。
→他们信心很足,因为资金已经到位。(十)
由于资金已经到位,他们信心很足。
→他们信心很足,由于资金已经到位。(一)
→他们信心很足,是由于资金已经到位。(十)

在因果倒置的说法中,后分句前头可以只说"因为",不一定要说成"(这)是因为",但不能只说"由于",一定要说成"(这)是由于"。究其因,就在于"(这)是……"的形式用来表示对事情有所断定,跟"由于"的用途合拍。

第三,"由于"句带有比"因为"句更明显的书面论说性。

"由于"是主要用于书面语的强调理据的一个形式,方言里没有。吕叔湘主编《现代汉语八百词》指出:口语里用"因为",较少用"由于"。(557页)武克忠主编《汉语常用虚词词典》指出:"由于"多用于书面语,不大用于口语。(564页)杨伯峻《中国文法语文通解》,有个似乎相反的说法:"由","因"也,口语作"由於"(195页)。杨伯峻先生所说的"口语",应是跟文言文相对的白话文书面语。

跟理据性相联系,或者说,跟理据意念、推导需要相联系,议论文或带有议论性的作品里,容易看到"由于"句;述说性很强的作品里,不大容易看到"由于"句。比如邓小平著作,有比较多的"由于"句;又如吴岗《善待家园》,刊登于《中篇小说选刊》,尽管是文学作品,却是一篇"中国地质灾害忧思录"(副标题),有较多的议论,因而较多地出现了"由于"句。至于老舍的长篇小说《骆驼祥子》,杨绛的长篇小说《洗澡》(第一部),王朔的中篇小说《一点正经没有》,百合的中篇小说《哭泣的色彩》,方方的中篇小说《白雾》,刘心武的短篇小说《人面鱼》,都一个"由于"也没有。

四 结束语

4.1 归同求异——这是发掘规律、深化认识的不断循环往复的必要途径。复句格式的研究,就总体情况而言,目前主要还停留在"归同"阶段,"求异"工作却做得相当一般化。对于"由于"句和"因为"句,《现代汉语八百词》等书都完全没有涉及表意上的细微差别,然而,凭语感,人们总觉得这方面的差别是存在的。屈哨兵《"由于"句语义偏向》一文的价值,不仅表现在作者鲜明地提出了自己的见解,还表现在对"求异"工作将起到良好的促进作用。

4.2 破易立难——这是语法问题讨论中带有规律性的现象。具体点说,讨论中指出并证明某个说法有什么问题,比较容易;提出一个立论,阐明应该怎样解释才真正符合事实,这就十分困难。本文不认为"由于"句跟不愉快的情绪偏向存在必然的联系,而认为"由于"句重在分析缘由,强调理据,"因为"句重在说明原因,讲述事实。二者的差异,主要表现为因果关系表述中推理意念的不同,许多时候反映了表述者在推理意念上的偏重点和语用价值上的心理取向。这种区别,相当微妙,微妙到若现若隐、似浓似淡的地步。到底是没有真正抓到痒处,还是事实本身就是这么微妙,这就需要做更进一步的考察和验证了。

主要参考文献

屈哨兵 《"由于"句语义偏向》,《中国语文》2002 年第 1 期。
吕叔湘主编 《现代汉语八百词》,商务印书馆 1980 年。
杨伯峻 《中国文法语文通解》,商务印书馆 1956 年。
武克忠主编 《汉语常用虚词词典》,浙江教育出版社 1992 年。
邢福义 《汉语复句研究》,商务印书馆 2001 年。

(原载《中国语文》2002 年第 4 期,略有修补。)

拟音词内部的一致性

〇 前言

本文为纪念吕叔湘先生诞辰一百周年而写作。

拟音词,是汉语词类系统中专用于模拟某种声音的词。就模拟的对象而言,有两类:1)人们感叹的声音;2)物体的音响或动物的叫声。沿用较为通行的术语,本文管前者叫"叹词",管后者叫"象声词"。吕叔湘(1953)把拟音词统称为"象声词",吕先生主编的《现代汉语八百词》("语法要点"部分)分叹词和象声词,《吕叔湘全集》第13卷中《现代汉语语法(提纲)》列叹词和象声词两类。

拟音词内部的一致性,表现为叹词和象声词存在诸多共同点。本文从"框架"、"分布"、"形式"三个方面描述二者的一致性,目的在于说明它们是拟音词内部的两个小类,而不应被认定为词类系统中跟名词、动词、副词、介词等并立的两个类别。

一 框架

1.0 接纳拟音词的框架有各种各样。对于认识和鉴别拟音词来说,特别有用的是"X·de·一声"及其类同框架。

1.1 "X·de·一声"

"X·de·一声"是一个接纳单音节拟音词的相当严格的框架。X代表单音节拟音词。

(一) 书面形式

作为接纳单音节拟音词的框架,"X·de·一声"在书面形式上需要注意以下三点。

第一,"X·de·一声"中的de,往往写成"的"。例如:

[A]叹词

(1) 王夫人<u>呸的一声</u>,脸上一红,啐道……(金庸《笑傲江湖》)

(2) 渡厄<u>嗯的一声</u>,停索不发,低头沉吟,……(金庸《倚天屠龙记》)

[B]象声词

(3) <u>拍的一声</u>,打了他一个耳光。(金庸《笑傲江湖》)

(4) <u>当的一声</u>,双剑相交。(金庸《神雕侠侣》)

第二,进入这一框架的拟音词,不管是叹词还是象声词,都可以加上引号。例如:

[A]叹词

(5) 陆无双<u>"啊"的一声</u>,道:"陆展元?"(金庸《神雕侠侣》)

(6) 众人听到这里,都情不自禁<u>"唉"的一声</u>,为令狐冲可惜。(金庸《笑傲江湖》)

[B]象声词

(7) 突然<u>"呼"的一声</u>,一枚铁枣核从口中疾喷而出,……(金庸《神雕侠侣》)

(8) 只听得<u>"嗒"的一声</u>轻响,那人又跨近了一步。(金庸《神雕侠侣》)

上例中"'嗒'的一声轻响"可以认为应该切分为："'嗒'的|一声轻响"。但是，"轻响"可以减去，只说"'嗒'的一声"，因此，也可以作为"X·de·一声"来举例。同类情况，下面不再一一指出。

第三，拟音词和"一声"之间的 de，也有人写成"地"。例如：
[A]叹词

(9)她噢地一声又昏厥过去……（冯德英《苦菜花》）

(10)汪霞像挨了蝎子螫，"嗷"地一声："你干什么？……"（冯志《敌后武工队》）

[B]象声词

(11)崩地一声，门开了。（冯德英《苦菜花》）

(12)"噗"地一声吹掉烟筒里的白色烟灰，说："早都该翻修了。"（陈忠实《白鹿原》）

(二)对拟音词的接纳

这一框架，基本上只接纳拟音词。换句话讲，这一框架基本上排斥非拟音词。

人们区别叹词和象声词，主要依据是发音本体。如果本体是人，表示的是人的感叹声，便被判定为叹词；如果本体是物，表示的是事物的声响，便被判定为象声词。然而，这不是语法标准，而是认识上的一种辨音标准。作为语法框架，"X 的一声"可以说明以下两点。

第一，"X 的一声"一般只笼统地接纳拟音词。所谓笼统，是指：所接纳的拟音词，到底是叹词还是象声词，不加区分，一视同仁。

有的时候,同样一个拟音词,如果不放到更大的语法境域之中,借以弄清它所模拟的声音发自什么本体,便不知道到底是叹词还是象声词。比如"呀的一声":

(13)张无忌见他所处的那间房舱极是宽敞,房中珠光宝气,陈设着不少珍物,刚抹干身上沾湿的海水,呀的一声。(金庸《倚天屠龙记》)

(14)忽听茅屋门呀的一声推开,抬起头来,只见程英双颊晕红,走近榻边,额边都是汗珠。(金庸《神雕侠侣》)

前一例,"呀"是叹词。能这么判定,是因为知道了"呀的一声"由张无忌发出。后一例,"呀"是象声词。能这么判定,是因为知道了"呀的一声"由茅屋门发出。

有的时候,一个拟音词,即使知道它所模拟的音跟人相联系,但仍然不能肯定它到底是叹词还是象声词。

首先,跟人有联系的拟音词有可能并不表示人的感叹。比如"哇地一声":

(15)嘉轩"哇"地一声哭了:"爸……我听你的吩咐……"(陈忠实《白鹿原》)

(16)黑娃看见别人舔自己的碗更加难以容忍,"哇"地一声吐了。(陈忠实《白鹿原》)

前一例,"哇"是人的哭声,带感情,可以判为叹词;后一例,"哇"是人呕吐的声音,恐怕只能算是象声词。

其次,所谓带感情,必须带到什么程度才算数,难于认定。例如:

(17)小龙女对杨过凝视半晌,突然"嘤"的一声,投入他的怀中。(金庸《神雕侠侣》)

(18)(杨过)口中阁的一声叫喝,手掌推出,正中鹿清笃小腹。(金庸《神雕侠侣》)

上例的"嘤"和"阁"是叹词还是象声词,容易见仁见智。"嘤",可能有人认为更像叹词,但也可能有人以为是象声词;反之,"阁"可能有人认为更像象声词,但也可能有人认为,杨过当时是带着愤怒心情发出这一声音的,不一定不能算作叹词。

再次,人们可以提出问题:所谓带感情,包括不包括动物。比如"呜的一声":

(19)一艘船上呜的一声,射出一枝响箭,……(金庸《倚天屠龙记》)

(20)岳灵珊忽然大声哭道:"妈,这大个子骂我,呜!呜!"(金庸《神雕侠侣》)

前一例的"呜",表示响箭的声音,肯定是象声词;后一例的"呜",表示人哭的声音,肯定是叹词。但是,请再比较:

(21)她忽然"呜"的一声哭了起来:"妈,这大个子骂我!"

(22)受伤倒地的老驴"呜"的一声,抬起头来,哀求地望着我。

前一例的"呜",应该是叹词;后一例的"呜",发自有生命而且有一定感情的动物,到底是叹词还是象声词,各人认识不同,结论也会不同。

以上种种现象表明,叹词和象声词具有在同一框架中使用的共性,在拟音内容和语面形式的相互关系上,二者有时是相互浸润、模糊不清的。

第二,作为接纳拟音词的框架,"X的一声"对外并非全无开放性。换句话讲,它并不绝对排斥非拟音词。然而,能进入这一框架的非拟音词很有限,而且容易鉴别。

笔者搜索过几千万字的语料,没有发现这一框架中出现非拟音词的例句。不过,也可能会有诸如此类的说法:忽听得"爹"的一声,有一个人冲了出来。|忽听得"打"的一声,有一个人冲了出来。|忽听得"糟"的一声,有一个人冲了出来。|忽听得"我"的一声,有一个人冲了出来。——"爹"、"打"、"糟"、"我"分别是名词、动词、形容词和代词。凡是非拟音词,都具有模拟声音之外的特定概念内涵。根据"具有特定概念内涵"的标准,很容易把它们跟拟音词区别开来。比方:翻看词典,可以看到解释其内涵的义项:"爹",父亲;"打",用手或器具撞击物体……;"糟",……指事情或情况坏;"我",称自己。

有的时候,某个非拟音词一进入这个框架,便被"拟音化",接受了这一框架的改造。这时,原来作为非拟音词时的概念内涵便完全消失。比较:

(23)那使枪的喝一声:"好!"(金庸《射雕英雄传》)
(24)那使枪的喝的一声:"好!"

前一例,"喝"是动词;后一例,进入"X的一声"框架,便强制成了拟音词——表示赞叹的叹词。又如"哥",如果说成:

(25)"哥"的一声,小鸟好像在叫我。

这里,"哥"已经成了拟音词——模拟小鸟叫声的象声词。

1.2 "ＸＸ一声"、"ＸＸ两声"、"ＸＸ几声"等

这几个是"Ｘ·de·一声"的类同框架,它们也是接纳拟音词的重要框架。ＸＸ代表两个或两个以上的拟音音节。

(一)书面形式

由于拟音词是两个或几个音节,"的"字一般不再出现。拟音

词ＸＸ,不管是叹词还是象声词,可加引号也可不加,跟"Ｘ的一声"情况相同。分别举例来说。

第一,"ＸＸ一声"。例如:

[A]叹词

(26)那少女格格一声笑,说道:"那是我安排下的。"(金庸《倚天屠龙记》)

(27)徐先生"哎呀"一声,就慌忙提起裤子夺路而出。(陈忠实《白鹿原》)

[B]象声词

(28)于人豪一按剑鞘,呛啷一声,长剑出鞘,……(金庸《笑傲江湖》)

(29)紧接着"咋吧"一声,结实的茶木棍断成两截。(陈世旭《将军镇》)

第二,"ＸＸ两声"。例如:

[A]叹词

(30)只听得啊啊两声惨呼,两名黑衣汉子已被钢杖分别打断了大腿骨,……(金庸《倚天屠龙记》)

(31)却听得"啊哟""哎唷"两声惨叫,丁敏君和武青婴一齐向后摔出,……(金庸《倚天屠龙记》)

[B]象声词

(32)当啷两声,两柄长剑同时落地,才算没伤了兄弟。(金庸《神雕侠侣》)

(33)接着就听到"啪、啪"两声,这是张大爷在打玉田。(李晓明、韩安庆《平原枪声》)

第三,"ＸＸ几声"等。例如:
[A]叹词
　　(34)过了良久,李莫愁"啊、啊"几声,先自醒来,……(金庸《神雕侠侣》)
　　(35)忽听得屋下"哇哇"几声,传出婴儿啼哭之声。(金庸《神雕侠侣》)
[B]象声词
　　(36)忽听得远处传来铮铮几声,似乎有人弹琴。(金庸《笑傲江湖》)
　　(37)一缸子烧酒"咕嘟"几声就见了底。(陈世旭《将军镇》)
"ＸＸ几声",有时会具体化为"ＸＸ三声"、"ＸＸ四声"等。比较:
[叹词]
　　(38)黑夜中但听他"嘿嘿嘿"几声,却不答话。(金庸《倚天屠龙记》)
　　(39)但听得屋顶"嘿嘿嘿"三声冷笑,檐前一声响,那白袍客已闪身而进。(金庸《倚天屠龙记》)
[象声词]
　　(40)只听得拍拍拍拍几声,老头子举起手来,力批自己双颊。(金庸《笑傲江湖》)
　　(41)拍拍拍拍四声响过,四条巨狼般的恶犬已头骨碎裂,……(金庸《倚天屠龙记》)

(二)对拟音词的接纳

如果说"Ｘ的一声"是个接纳拟音词的相当严格的框架,那么,

"ＸＸ一声"、"ＸＸ两声"、"ＸＸ几声"等便是接纳拟音词的较为严格的框架。

跟"Ｘ的一声"一样,这几个框架中的拟音词都只跟声音相联系,不表示声音之外的任何概念。它们所接纳的拟音词,同样存在叹词和象声词有所纠缠的情况。看例子:

(42)岳灵珊噗哧一声笑,叫道:"爹!"(金庸《笑傲江湖》)

(43)那两条狗子正在大嚼杨过给的骨头,见他出来,只呜呜几声,却没吠叫。(金庸《神雕侠侣》)

前一例,"噗哧"表示人的笑声,似乎应该是叹词,但是可能有人认为就是象声词。后一例,"呜呜"表示狗发出的声音,更像象声词,但是,如果用于人的哭声("见他站到面前,老婆婆只呜呜几声,流着眼泪"),恐怕就更像叹词了。

另一方面,跟"Ｘ的一声"相比较,由于这几个框架不出现 de,非拟音词语进入的可能性增大了。但是,它们仍然是"较为严格"的框架。理由有二。

第一,"ＸＸ一声"之类所接纳的非拟音词语,表示声音以外的概念内涵,ＸＸ或者是合成动词,或者是状心式动词性短语词,容易排除。例如:

(44)李奇走后,卢象升感慨地叹息一声。(姚雪垠《李自成》第一卷)

(45)黄蓉心中好些疑团难解,随口答应一声,道:……(金庸《神雕侠侣》)

上例"叹息"、"答应"都是合成动词,它们分别同"一声"构成动补关系。又如:

(46)杨过惊叫一声。(金庸《神雕侠侣》)

(47)<u>大吼</u>一声,一招"秦王鞭石",挥铁杖搂头盖将下去。(金庸《神雕侠侣》)

上例"惊叫"、"大吼"都是状心式动词性短语词,它们分别同"一声"构成动补关系。

同样的情况,也常见于"ＸＸ两声"和"ＸＸ几声"。例如:

(48)神雕啼鸣几声,算是回答。(金庸《神雕侠侣》)

(49)杨过咧开了嘴,<u>傻笑几声</u>。(金庸《神雕侠侣》)

前一例"啼鸣"是合成动词,后一例"傻笑"是状心式动词性短语词。

第二,接纳非拟音词语的"ＸＸ一声"之类框架,ＸＸ前头还可以出现拟音词。比方,"傻笑几声",可以说成"嘿嘿傻笑几声"。又如:

(50)神雕<u>咕咕低叫两声</u>,不再进击。(金庸《神雕侠侣》)

上例"傻笑"前面出现了"嘿嘿","低叫"前面出现了"咕咕"。减去具有特定概念内涵的非拟音词"傻笑"和"低叫",便剩下拟音词"嘿嘿"(叹词)和"咕咕"(象声词)。

可知,"ＸＸ一声"、"ＸＸ两声"、"ＸＸ几声"这几个框架,同样有助于检测出叹词和象声词的一致性,并且有助于区别出拟音词与非拟音词。

二 分布

2.0 "独用"和"入句",这是句法配置上形成对立的两种基本分布状态。从这一角度,看不到叹词和象声词有什么不同。比较:

(51)"<u>噢</u>?"省委书记不禁"<u>噢</u>"了一声。(梁晓声《民选》)

(52)<u>啪</u>!电表爆炸(标题)/据当时在家里看电视的丁先

生称,10时许,只听见"啪"的一声,电视机黑了。(《楚天都市报》2003年1月13日)

前一例出现两个"噢",一个独用,另一个进入了句子;后一例出现两个"啪",一个独用,另一个进入了句子。"噢"是叹词,"啪"是象声词。

2.1 独用

叹词可以独用,这是共识,不必再作描述。应该强调的是,象声词一样可以独用,而且在实际语言运用中相当常见。举例来说。

第一,句首独用。例如:

(53)嗖!一个人从街南的胡同口里蹿出来。(冯志《敌后武工队》)

(54)咯喳,车把断了。(老舍《骆驼祥子》)

(55)"砰砰砰!"街口上传来枪声。(冯德英《苦菜花》)

第二,句中独用。

有时在小句的甲成分与乙成分之间独用。例如:

(56)丁尚武照着炕沿,砰,砸了一拳头,……(刘流《烈火金钢》)

(57)猛然,砰砰!前面响起枪声。(冯德英《苦菜花》)

有时在复句的甲分句与乙分句之间独用。例如:

(58)贾正没容对方抽枪退弹壳,啪!也放了一枪,……(冯志《敌后武工队》)

(59)黄蓉拔出匕首,嚓嚓嚓嚓,向她左右脸蛋连刺十余下,……(金庸《射雕英雄传》)

第三,句末独用。例如:

(60)他双手一松,"啪啦!"(冯志《敌后武工队》)

(61)他天真烂漫地说,我要开汽车,笛笛叭叭。(罗时汉《翻身农奴把歌唱》)

第四,应该特别注意,象声词可以跟叹词在独用中同现。这能进一步证明二者在独用功能上存在同一性。例如:

(62)"咯支咯支,哈哈!"(鲁迅《彷徨·肥皂》)

(63)妻子倒地,自必上前相救,咕咚……扑通……啊哟,不好……(金庸《笑傲江湖》)

前一例,"咯支咯支"是象声词,"哈哈"是叹词。后一例,"咕咚"和"扑通"是象声词,"啊哟"是叹词。

2.2 入句

象声词可以入句充当句子成分,这是共识,不必再作描述。应该强调的是,叹词一样可以入句充当句子成分,而且在实际语言运用中相当常见。举例来说。

第一,叹词充当定语。其中心语包含"声"字。例如:

(64)一片细伢子"啊啊啊"的起哄声淹没了争吵。(陈世旭《将军镇》)

(65)他不禁发出哎哟哎哟的叫唤声。(周立波《暴风骤雨》)

有时,做定语的叹词后边不用"的"。例如:

(66)看不见马三,只听见不远处的黑暗里"嗨哟嗨哟"使力声。(麦家《好兵马三》)

顺带指出:象声词充当定语的时候,不管是否带"的",后边的中心语也包含"声"字。

第二,叹词充当状语。出现频率,高于充当定语。

其中心语,有时直接表示跟嘴相关的行为。例如:

(67)(马三)一边啊啊地感叹道,一边翻来覆去地看,……(麦家《好兵马三》)

(68)(母亲)翻来覆去,呼天唤地,哎哟哎哟地痛苦呻吟……(周立波《暴风骤雨》)

其中心语,有时表示跟嘴无关的行为。这是表述中把跟嘴相关的行为简省了。例如:

(69)几个老兵哼哼呀呀地拣些纸篓小凳往六楼走,……(文炜《卡锁》)

(70)"老爷子"……哼哼哈哈地让李国贤只能连连点头称是。(陈世旭《试用期》)

其中心语,有时是连用的两个结构,它们分别表示跟嘴相关和跟嘴无关的行为。例如:

(71)孩子踮起脚后跟,"哎呀哎呀"地双手挣扎着,大声惨叫着。(冯志《敌后武工队》)

顺带指出:上文讨论框架时提到的"呸的一声"之类,也是叹词入句的现象,可以认为是叹词做定语。如果书面上写成"呸地一声",便说明作者认定了所用的叹词是做状语。

第三,叹词充当谓语中心语。这时,叹词代入动词的位置,起着动词的作用。

常见的是叹词出现在"X了一声"的框架之中。所用的叹词,可以是单音的,也可以是双音的。例如:

(72)马三唉了一声,……(麦加《好兵马三》)

(73)敌人哎哟了一声,栽倒在地上。(冯志《敌后武工队》)

为了显示叹词的特殊性,书面上常加引号。例如:

(74)他"哦"了一声,说:"这地方以前倒是饭馆,……"(迟

子建《芳草在沼泽中》)

(75)猛然又蹲下去,轻轻地却极有力地"喔嗬"了一声,……(陈世旭《将军镇》)

除了"X了一声"之类说法,叹词还可以代入其他动词性框架。例如:

(76)她突然间变成了很温顺的样子,……一个劲儿地嗯嗯着。(邓芳《第四者》)

(77)赵庆田手捂着还没好利落的胳膊直哎哟;……(冯志《敌后武工队》)

前一例是"X着",后一例是"直X"。按常规,X位置上出现的是动词,这两例里却出现了叹词。

顺带指出:象声词入句之后,也有同样的表现。例如:

(78)每次……打个电话过来,"嘟"了一声便挂掉。(《楚天都市报》2003年12月19日)

(79)叫我看,人死如灯灭,两眼一咯叽,其实是啥也不啥。(李佩甫《羊的门》)

(80)哼,你怎么不能呢,眼看着就咚咚嚓啦!(老舍《骆驼祥子》)

前一例,象声词出现在"X了一声"框架之中。后两例,象声词分别出现在"一X"和"就X啦"框架之中。"咚咚嚓"本是娶亲时的鼓乐声,第三例里代入动词位置,隐喻娶亲。

第四,叹词充当宾语中心语。这时,叹词指称某种感叹声。例如:

(81)他大叫了一声"哎哟",就惊醒了。(周立波《暴风骤雨》)

(82) 他……连着答应几个"哎哎哎",踏着铺满白雪的野地,加快脚步朝东北角上走。(冯志《敌后武工队》)

前一例的"哎哟",前边有定语"一声",一起做"叫"的宾语;后一例的"哎哎哎",前边有定语"几个",一起做"答应"的宾语。

顺带指出:象声词入句之后,也有同样的表现。比如:我隔山叫喊小花狗,小花狗回应了几声"汪汪汪"。

第五,应该特别注意,叹词也可以跟象声词在某个句子成分的位置上同现。这进一步证明,不仅二者的独用功能具有同一性,入句充当成分的功能同样具有同一性。例如:

(83) 只听哎哟,噗咚之声不绝于耳,满屋子的人也随着跌了下去。(古龙《风云第一刀》)

(84) 何大拿"噗咚、哗啦、咳哟"了一声,连人带车子都倒在了地下。(刘流《烈火金钢》)

前一例,"哎哟,噗咚"充当定语,其中"哎哟"是叹词,"噗咚"是象声词。后一例,"噗咚、哗啦、咳哟"充当谓语中心语,其中,"噗咚"和"哗啦"是象声词,"咳哟"是叹词。

综观叹词的独用和入句,下面是一个相当有趣的例子:

(85) 有人说:"咦!"有人说:"哦!"有人说:"呸!"有人说:"哼!"咦者大出意外,哦者恍然有悟,呸者甚为愤怒,哼者意存轻蔑。群豪本来盼望……是秘诀,哪知竟是王语嫣的一幅图像,咦、哦、呸、哼一番之后,均感失望。(金庸《天龙八部》)

上例里,先出现几个叹词的独用:"咦!""哦!""呸!""哼!"接着,出现几个叹词入句后形成的几个"者"字结构:"咦者"、"哦者"、"呸者"和"哼者"。再接着,出现几个叹词并列充当谓语中心语的现象:"咦、哦、呸、哼(了)一番"。比照这个例子,也可以造出使用

象声词的说法:

(86)一进村,便听到一片热闹的叫声:"唧唧!""阁阁!""汪汪!""咩咩!"唧的是鸡,阁的是鹅,汪的是狗,咩的是羊。"唧、阁、汪、咩"了好一阵,天黑了才停息下来。

到这里,需要提出一个问题:拟音词独用,可以直接判定为叹词或象声词,然而,如果进入句子充当了成分,应该判定为什么词?笔者以为,简单的办法是仍然判定为叹词或象声词。这是因为,它们入句之后,往往还保留其特殊性,这在书面上是有所表现的。例如:

[叹词]

(87)别的人呢,也一阵"哎哟!"(戴厚英《流泪的淮河》)

(88)他刚张开嘴想喊一声"呀——"拿枪刺肖飞,可是他没有想到后边有人。(刘流《烈火金钢》)

[象声词]

(89)"吱!"的一声,王书记的轿车突然横在了整个车队的前边!(李佩甫《羊的门》)

(90)家长的掌声由"哗——"到"哗——哗——哗——"热烈欢快地响着,……(丁榕《理解,应该是双向的》)

前两例叹词"哎哟"和"呀"分别充当谓语中心语和宾语中心语,后两例象声词"吱"和"哗"分别充当状语和介词宾语,它们后边都带上了一个感叹号或者破折号。这说明,在写作者心里,它们仍然带有独用词的特殊性。至于"嗯"了一下、"咚"了一下之类,可以解释为叹词和象声词用作动词,这可以找到佐证:"你能怎么样人家?"其中的"怎么样",可以解释为代词用作动词。

三 形式

3.0 语表形式上的稳定状况、连用状况和组构状况,这是词与词是否同类的重要检测点。从这一角度,仍然看不出叹词和象声词有什么不同。

3.1 稳定状况

跟词类系统中的其他各类词相比较,作为拟音词,叹词和象声词的形式都是很不稳定的。

(一)字面形式不稳定,个人性很强,任意性很大。

这反映人们对音像的接受和理解有所不同,也反映人们使用汉字的习惯或知识背景有所不同。正因如此,除了少数几个比较定型,拟音词绝大多数都未能进入词典,不能成为词汇系统中具有稳定身份的成员。例如:

[叹词]

(91)呦!这不是我们优待俘虏的那句日本口号!(冯志《敌后武工队》)

(92)我?哎呦,你要不提,我还忘了。(冯志《敌后武工队》)

叹词"呦"和"哎呦",在冯志《敌后武工队》中可以看到,在别的作者笔下看不到,或者很难看到。

[象声词]

(93)郭彩娣像一阵风似的,嗯的一声走了进来,……(周而复《上海的早晨》)

(94)"轰唑",炮弹已经落在脸前的地里,火光中,掀起一人多高的尘土。(马烽、西戎《吕梁英雄传》)

象声词"唿"和"轰哗",在周而复《上海的早晨》和马烽、西戎《吕梁英雄传》中可以分别看到,在别的作者笔下看不到,或者很难看到。

(二)声音的音长状态不稳定,可能比较短,也可能相当长。

为了取得逼真的表述效果,叹词也好,象声词也好,它们所表示的音往往可以被模拟为拖长形式。书面上,加上破折号。例如:

[叹词]

(95)"哦——"她感慨地叫了一声,庆幸地说……(迟子建《芳草在沼泽中》)

(96)他将两株稻子放到我眼皮底下,"啊——啊——"地叫着,……(迟子建《芳草在沼泽中》)

上例,"哦——"在句首独用,"啊——啊——"在句中充当状语。

[象声词]

(97)跟着哞——的一声长鸣,火车进了保定车站。(冯志《敌后武工队》)

(98)浪打在船头上,啪——啪——很单调。(宋元《流水落花》)

上例,"哞——"在句中充当定语,"啪——啪——"在句中(分句与分句之间)独用。

(三)声音的音调音量不稳定,受到语用环境的影响。

不管是叹词还是象声词,到底如何念读,往往要结合上下文或者结合具体对象。例如:

[叹词]

(99)啊,少女,你是太阳!(田间《少女颂》)

(100)她仰起头,<u>啊</u>!第一只布谷鸟已经到运河滩了。(刘绍棠《运河的桨声》)

(101)女人都要有这一天,都要过这一关,用不着怕,<u>啊</u>?(唐镇《军婚》)

这三例中的叹词"啊",分别出现在句首、句中(分句与分句之间)和句末,表示不同的情绪,读起来音调音量是不一样的。而且,不同的人,读出来会有一定的差异。

[象声词]

(102)<u>哗</u>,<u>哗</u>,<u>哗</u>,雨下起来了。(《雷雨》,小学《语文》第四册)

(103)小姑娘一扯秤盘系,<u>哗</u>,称好的蟹都倒回筐里了……(王润滋《卖蟹》)

(104)她们轻轻划着船,船两旁的水,<u>哗</u>,<u>哗</u>,<u>哗</u>。(孙犁《白洋淀纪事》)

这三例中的象声词"哗",分别出现在句首、句中(分句与分句之间)和句末,表示下雨的声音、倒蟹的声音和水流的声音,读起来起码在音量上是不一样的。而且,不同的人,读出来会有一定的差异。

3.2 连用状况

跟词类系统中的其他各类词相比较,作为拟音词,叹词和象声词的连用状况是最具有特殊性的。

(一)叹词也好,象声词也好,同一个单音形式都可以复叠。例如:

[叹词]

(105)<u>哎</u>,你怎么知道我在这儿?(冯志《敌后武工队》)

(106) <u>哎哎</u>,我不动！（冯志《敌后武工队》）

(107) <u>哎哎哎</u>,小娘们,你过河到哪里去？（冯志《敌后武工队》）

[象声词]

(108) "<u>砰</u>！"枪响了！母亲惊呆了！（冯德英《苦菜花》）

(109) 猛然,<u>砰砰</u>！前面响起枪声。（冯德英《苦菜花》）

(110) "<u>砰砰砰</u>！"街口上传来枪声。（冯德英《苦菜花》）

为什么要复叠？为什么有的单用,有的双叠,有的三叠？只能归结于使用者的理解和需要。而不管是叹词还是象声词的复叠现象,都给词的切分带来麻烦。

单用的肯定是一个词；复叠的,如果是分隔性复叠,即有标点隔开,表明了有较大停顿,也可以肯定各自是词。例如：

[叹词]

(111) <u>嗯</u>,嗯,好,好,你快去吧！（冯德英《苦菜花》）

[象声词]

(112) "<u>砰</u>！砰！"七子应声倒在泥水里。（冯德英《苦菜花》）

问题在于：连结性复叠,如感叹的"哎哎"和象声的"砰砰",能不能说它们都是两个词的组合？三音节的"哎哎哎"和"砰砰砰"之类,特别是四音节、五音节和更多音节的,怎么处理？例如：

[叹词]

(113) <u>呵呵呵</u>,花儿。（鲁迅《彷徨·幸福的家庭》）

(114) 果然切合,十分新鲜。<u>哈哈哈哈</u>……（姚雪垠《李自成》第一卷）

[象声词]

(115) 只听得<u>镗镗镗</u>,镗镗,<u>镗镗镗镗</u>,镗镗,三长两短的钟

声,从钟楼上响起,……(金庸《笑傲江湖》)

(116)但听得砰砰砰砰砰砰砰连响七下,每一拳都和那僧人的七拳相撞。(金庸《天龙八部》)

感叹的"呵呵呵"、"哈哈哈哈",象声的"镗镗镗"、"砰砰砰砰砰砰砰",是一个词,还是几个词?处理起来往往会感到"两难"。为了教学或信息处理的需要,可以人为地定出一个强制性标准。至于标准如何定,这不是本文讨论的问题。

(二)叹词也好,象声词也好,不同形式的也可以连用。A形式、B形式和C形式之间,书面上用顿号或逗号隔开。例如:

[叹词]

(117)他一剑又一剑地向段誉刺去,口中却嘻嘻、哈哈、嘿嘿、呵呵的大笑不已。(金庸《天龙八部》)

(118)只听得他哈哈,嘻嘻,啊哈,啊哟,又叫又笑,越笑越响,……(金庸《射雕英雄传》)

[象声词]

(119)只听得嚓嚓、刷刷、乒乒、乓乓,兵刃声响成一片,……(金庸《天龙八部》)

(120)大厅中刷刷、嚓嚓、叮当、呛啷之声响成一片,……(金庸《天龙八部》)

上文曾提到的例(63)"咕咚……扑通……啊哟"(象声+象声+感叹)、例(84)"噗咚、哗啦、咳哟"(象声+象声+感叹)之类,这是叹词和象声词的连用,自然更能够显示二者语法功能的等价等值。

3.3 组构状况

就拟音词本身的组织结构而言,在词类系统中,叹词和象声词也显示出一致性。

(一)三种组构

一字拟音词,只有一个音节,不存在组构问题。这里要说的三种组构,指的是二字组构、三字组构和四字组构。

第一,二字组构

除了AA(啊啊|咚咚),会形成AB式。例如:

[叹词]

(121)嗯哪! 俺就高兴去。(冯德英《苦菜花》)

(122)他哎哟一声,回头就跑。(曲波《林海雪原》)

[象声词]

(123)吱呀! 大门开了一扇,魏强他们轻轻地挤了进去。(冯志《敌后武工队》)

(124)一个木瓜从高高的树上掉进湖里,咕咚!(《咕咚》,小学《语文》第二册)

第二,三字组构

除了AAA(啊啊啊|咚咚咚),主要形成ABB式。例如:

[叹词]

(125)哎呀呀,三分钟已到,改日再来奉告。(沙叶新《陈毅市长》)

(126)啊哟哟,同志,何必那么生气?(马铁丁《俭以养德》)

[象声词]

(127)刚迈出两步,轰隆隆,连板子带人,又滚下陷井去了。(冯德英《苦菜花》)

(128)几个年青后生……"哗啦啦"的连门框都推垮了。(马烽、西戎《吕梁英雄传》)

第三,四字组构

除了 AAAA(啊啊啊啊｜咚咚咚咚),主要形成 ABAB 式、AABB 式。

四字的 ABAB 式,例如:

[叹词]

(129)哎呀哎呀!你快别说了!(路遥《人生》)

(130)忽然那边有人"啊哟啊哟!"(马烽、西戎《吕梁英雄传》)

[象声词]

(131)庄稼人穿上去拉套子,到山里拉木头,嘎吱嘎吱,一天就破了。(周立波《暴风骤雨》)

(132)老刘说完,填进嘴里一些吃的东西,吧唧吧唧地嚼着。(迟子建《芳草在沼泽中》)

四字的 AABB 式,例如:

[叹词]

(133)听到她的哎哎哟哟的呻唤,他的那种鼓胀的感觉又躥起来,……(陈忠实《白鹿原》)

(134)接着是两人嘿嘿哈哈的笑声。(雪克《战斗的青春》)

[象声词]

(135)唧唧喳喳,麻雀早早醒来了,站在枝头上,吵得好凶。(谢村《春闹枝头》)

(136)那时候上课,先生念,学生跟着念,咿咿呀呀,像唱歌一样。(《数星星的孩子》,小学《语文》第四册)

(二)对现象的观察

第一,就双音节组构现象而言,不管是叹词还是象声词,都只是声音的加合。首先,不存在词根加词缀的关系;其次,不存在别类词的偏正、后补、动宾、主谓等结构关系；再次，它们像是介于单纯词和合成词之间的组合现象，也不好说是联合式合成词。

第二，就三音节组构现象而言，不管是叹词还是象声词，同样只是声音的加合。它们跟形容词的 ABB 形式根本不同。形容词的 ABB 中，BB 有加强度量的语义；它们的 ABB 中，BB 没有这样的作用。顺带指出：形容词的 ABB 中，BB 有时是拟音语素，包括叹词性拟音语素（如"笑哈哈、笑嘻嘻"）和象声词性拟音语素（如"冷嗖嗖、响当当"），这说明，即使在这一点上，二者也存在共同点。

第三，就四音节组构现象而言，不管是叹词结构还是象声词结构，仍然只是声音的加合。这里提"结构"，是因为它们跟动词或形容词的 ABAB 或 AABB 重叠形式根本不同，它们不带有重叠形式的语法意义。再说，它们是一个词还是两个或几个词，可以有争论。AABB 形式的，比如"哎哎哟哟"和"叮叮当当"，似乎更像是一个词，但 ABAB 形式的，似乎更像是两个词。在语言运用中，人们有时就用标点符号把 AB 和 AB 分隔开来。例如：

［叹词］

（137）过滤嘴动不敢动，光叫唤："哎哟，哎哟！"（王润滋《卖蟹》）

［象声词］

（138）说到这里，肚子马上适时地叫了一声：咕噜，咕噜。（杨栗《胖妞唐姐》）

第四，叹词和象声词的三音组构、四音组构现象中，都有一些特殊的方式，为其他词类所没有。例如：

[叹词]

(139)哎哟喂！真吓死人！是你呀,姐姐！(李英儒《野火春风斗古城》)

(140)马小翠:"怎么啦?"马大帅:"哎哟喵,还怎么呢!"(电视连续剧《马大帅》第13集)

[象声词]

(141)悔不该……得得,锵锵,得,锵令锵!(鲁迅《阿Q正传》)

(142)这妞妞……嘴里突然迸出了"咚儿咚"的声音,此后每日如此。(李佩甫《羊的门》)

以上是三音组构现象。"哎哟喂"、"哎哟喵"之类和"锵令锵"、"咚儿咚"之类,是在别类词中看不到的。前者是叹词,后者是象声词,二者所用的形式不能互通,但作为纯粹表音的形式,它们是相同的。再如:

[叹词]

(143)"哦喵喵喵……"李典朝天空长长地叫一声……(宋元《流水落花》)

(144)"哎哟嚎咦!"……(曲波《林海雪原》)

[象声词]

(145)"轰隆隆隆"一声惊天震地的巨响,山沟里四处响起回音,……(马烽、西戎《吕梁英雄传》)

(146)另外几个人答应着,"圪吱哗喳"把大门关了。(马烽、西戎《吕梁英雄传》)

以上是四音组构现象。"哦喵喵喵"和"轰隆隆隆"都是ABBB,"哎哟嚎咦"和"圪吱哗喳"都是ABCD。这样的现象,在其他类词中也看不到。

第五，象声词的四音结构中，有 A 哩 BC 之类形式，不见于叹词，但也不见于别的词类。例如：

(147)叽哩咕噜，咭哩咯嘟，念的是密宗真言"降妖伏魔咒"。（金庸《神雕侠侣》）

(148)他有早起的习惯，起来就把那个半导体弄得呜哩哇啦的响。（张学东《获奖照片》）

这类形式，有点像形容词的"马里马虎"之类。但"马里马虎"之类是 A 里 AB，"呜哩哇啦"之类是 A 哩 BC，前者有程度加强的作用，并且带有明显的讨嫌情感，后者不是这样。再说，尽管叹词结构没有 A 哩 BC 的形式，但这种形式毕竟还是表音，不表示声音之外的概念，在总的方面还是存在共同点。

应该指出：任何结构的拟音词都不受"不、没"的修饰，即没有否定形式。只是，如果拟音词代入了动词位置，临时成了动词，那么，前边可以出现否定词。例如：

(149)省委书记在半个多小时内始终一言不发。甚至，既没"嗯"一声，也没"啊"一声。（梁晓声《民选》）

上例叹词前边出现"没"，也可以改造成为：省委书记在半个多小时内既不"嗯"也不"啊"，始终一言不发。

象声词也有同样的用法。比方，如果把砍头的声音模拟为"卡嚓"，便可以这么说：早就听说要把他"卡嚓"了，可为什么还不（没）"卡嚓"啊？

这是在特定的句管控下出现的情况，不能作为拟音词可以有否定形式的实证。

四　结语

4.1　在词类系统中,叹词和象声词共同组成一类拟音词。

通过现有语料库的检索,可以知道:在"X 的一声"和"XX 几声"之类框架中,见到的不是叹词就是象声词,别类的词没有一例。显然,"X 的一声"和"XX 几声"之类框架,对于接纳包括叹词和象声词的拟音词来说,其严格程度,比"很 X"这个接纳形容词的框架要严得多。仅就"X 的一声"而言,金庸《神雕侠侣》中,出现叹词如"哇、啊、哼、咦、嗳、嘿、嗯、呸、嘻"等 109 次,出现象声词"砰、当、呼、拍、咕、轰、镗、刷、嗤"等 251 次,而出现其他词类的例子,一个也没有。很像血型的检验,"X 的一声"之类的检验让我们看到了叹词和象声词"血型相同"的一面,即本文所说的"拟音词内部的一致性"的一面。

4.2　词类是词的语法分类。词类系统中建立的每一类词,都必须具有各自的语法特点。尽管各类词的语法特点并不具有绝对性,即并不对外绝对封闭,对内绝对普遍适用,但是,语法上的基本对立是存在的。而叹词和象声词,都用来模拟声音,语法上并不存在作为不同词类的对立,相反,在"框架"、"分布"、"形式"等重要方面,显示出来的却是一致性。

"框架"实际上还是属于"分布"。本文首先突出"框架",是因为,在汉语的词类划分中,"框架"是鉴别拟音词具有一致性的比较灵验的一种广义形态。请看文学作品中这两个例子:

(150)裘千仞……剑头对准自己小腹,"嘿"的一声,直刺进去。(金庸《射雕英雄传》)

(151) 哪知"喀"的一声,这半截钢刀,竟又一断为二。(古龙《绝代双骄》)

前例用"嚓",后例用"喀",但二者可以互换,互换以后只是声音与发声本体的联系有所不同:

(152) 裘千仞……剑头对准自己小腹,"喀"的一声,直刺进去。

(153) 哪知"嚓"的一声,这半截钢刀,竟又一断为二。

4.3 在现代汉语语法研究史上,对于拟音词的处理,吕叔湘先生在他个人撰写的语法著作中所表明的意见最为切当。

1953年6月,吕叔湘先生的《语法学习》由中国青年出版社出版。吕先生把词分为"名词(含副名词)、动词(含副动词)、形容词、代词、副词、连接词、语气词、象声词"等八类。在解释象声词时,所举的例子是:"啊、哟、唉、嗯、呸、砰、乓、哗啦"。吕先生所说的象声词,便是本文所说的拟音词。吕先生所举的例子中,既包括本文所说的叹词"啊、哟、唉、嗯、呸",也包括本文所说的象声词"砰、乓、哗啦"。

直接反映吕先生看法的论著,还有《语法讲话》和《现代汉语语法讲话》。中国科学院语法小组的《语法讲话》,从《中国语文》创刊号(1952年7月号)起开始连载。《语法讲话》"按性质和用法"把词分为十类:名词,代词,数词,量词,动词,形容词,副词,连词,语助词,象声词。在《中国语文》第2期(1952年8月号)上,《语法讲话(二)》讲象声词,所举的例子是:"啊、唉、喂、嗯、呀、哟、哼、嗨、砰、哗啦"。其中,"啊、唉、喂、嗯、呀、哟、哼、嗨"是本文所说的叹词,"砰、哗啦"是本文所说的象声词。1961年,在《语法讲话》基础上修订而成的,由丁声树、吕叔湘等先生署名的《现代汉语语法讲话》，由商务印书馆出版，完全保留了上述的内容。吕叔湘先生是执笔撰写《语法讲话》和《现代汉语语法讲话》的主要成员，吕先生的看法反映在了《语法讲话》和《现代汉语语法讲话》里头，这是很自然的。

4.4 许多论著在词类系统中分列叹词和象声词两个类别，但都没有说出二者在语法上有什么根本性的区别。

上个世纪 50 年代，张志公先生主持制定的"暂拟汉语教学语法系统"，把词分为 11 类，第十一类为叹词，完全没有象声词的内容。到了 80 年代初期，张先生主持制定"中学教学语法系统提要（试用）"，增加了"拟声词"，跟"叹词"并列，作为第十二类。黄成稳《新教学语法系统阐要》中，这么解释叹词和拟声词："叹词……它不同其他词发生组合关系，总是单独使用，构成叹词非主谓句。叹词偶尔特借用来当作动词或形容词，充当句子成分。""拟声词……它可以独立成句，也可以充当短语或句子成分，主要做定语状语。"

后来，凡是把叹词和象声词（拟声词）处理为两个类别的论著，尽管表述上有所不同，但解释的思路和办法是一样的。比如，国家语委语言文字应用研究所计算语言学研究室《信息处理用词类标记集规范》，把词分为 12 类。最后两类为叹词和拟声词。认为：叹词在句子中的位置比较灵活，通常不与其他词发生特定关系，也不充任句子成分，能独立成句；叹词后一定有停顿，因此书面上叹词后常有标点符号，如"唉""唉呀""嗯""哼""喂"等。拟声词可以独立成句或在句中做插入语，加"的"可以做定语，加"地"可以做状语，如"哗啦""唧哩咕咚""扑通通""滴答""轰轰"等。

诸如此类的解释，都只是有选择地挑出某几点来说说。本来可能有 abcd 四点，对于叹词，却用 acd 来解释；而对于象声词（拟声词),却用 bca 来解释。选项的多少,选项的排列次序,只是稍有不同。人们可以根据语言事实来辩难质疑。在看到叹词被解释为可以怎么样的时候,人们会说象声词也可以这么样;反之,在看到象声词被解释为可以怎么样的时候,人们会说叹词也可以这么样。总之,这些解释并没有从语法性质上把叹词和象声词(拟声词)区别开来,无法证明二者是汉语词类系统中两个不同的类别。

4.5 本文前头提到,《现代汉语八百词》中"语法要点"部分分叹词和象声词;《吕叔湘全集》第 13 卷中《现代汉语语法(提纲)》列叹词和象声词两类。这个问题,如何理解?

首先,词类的分合,有一定的灵活性。以非谓形容词来说,有人认为是形容词内部的一个小类,有人认为是跟名词、动词、形容词等并立的另一个词类,需要另外命名。两种处理办法,不存在简单的对与错的关系,反映的是处理者对相关事实有不同的视点,或者在不同时期对相关事实有不同的视点。叹词和象声词自然有区别,正如非谓形容词和一般形容词自然有区别一样。叹词和象声词是否分合,同非谓形容词和一般形容词是否分合具有类似之处。

其次,《现代汉语八百词》不是吕先生的个人独著。这部词典性质的书,没有提到词类划分的原则,书的正文不涉及叹词和象声词。关于叹词和象声词,这部书"语法要点"部分的解释分别是:"叹词是不参加句子组织的词,一般出现在句子的前头,有时候也插入在句子中间。"(14 页)"象声词是用语音来模拟实在的声音或者模拟各种情态。象声词的形式跟形容词的生动化形式非常相似,要把它作为形容词的一个小类也未尝不可以。"(14 页)从语言事实看,用这样的文字来表述叹词和象声词的区别,并没有清晰地揭示二者语法上的各自特点。现在,通过"X 的一声"和"XX 几声"之类框架的检验,可以知道,比较地说,吕先生半个世纪之前的见解更为精当。

4.6 关于拟音词,可以讨论的问题相当多。比如,上文提到,连续复叠的单音叹词和象声词,如何进行词的切分?入句充当了成分的叹词或象声词,如何判定它们的词性?又如,叹词或象声词入句,在不同位置上出现时,可能在音节、辅助词使用等方面有不同的要求。具体要求有哪些?反过来说,已经入句充当了成分的叹词或象声词,要是将它们转变为独用说法,可能需要某种条件。具体条件是什么?再如,独用的拟音词,不管是叹词还是象声词,都表示某种实际声响,然而,它们入句充当成分之后,有的时候,音响性却会有所弱化。怎样看待和解释这种现象,怎样才能准确解释其规律性?所有这些,都有待于将来一个个地进行专题研究。

4.7 末了,说个模糊的感觉。由于是声音的模拟,外族人或外国人听到说汉语的人发出"哎哟——哎哟——哎哟"的呻吟,大概可以知道那是代表痛苦的声音,听到说汉语的人发出"轰隆——轰隆——轰隆"的声音,也大体可以知道那是在模拟某种声响。由此想到拉二胡、弹钢琴之类。用二胡拉出来的乐曲,有时模拟人的欢笑声,有时模拟鸟的鸣叫声,这一点,不管是中国人还是外国人都是可以感觉得到的。不知能否认为,跟其他词类相比较,感叹也好,象声也好,模拟声音的语言单位跟音乐语言具有更多的近似之处?

主要参考文献

吕叔湘 《语法学习》,中国青年出版社 1953 年。
吕叔湘主编 《现代汉语八百词》,商务印书馆 1980 年。

中国科学院语言研究所语法小组 《语法讲话(二)》,《中国语文》1952 年 8 月号。
丁声树、吕叔湘等 《现代汉语语法讲话》,商务印书馆 1961 年。
张志公主编 《汉语知识》,人民教育出版社 1959 年。
黄成稳 《新教学语法系统阐要》,浙江教育出版社 1986 年。
国家语委语言文字应用研究所计算语言学研究室 《信息处理用词类标记集规范》,《语言文字应用》2001 年第 3 期。
郭　锐 《现代汉语词类研究》,商务印书馆 2002 年。
邢福义 《汉语语法学》,东北师范大学出版社 1997 年。
——— 《汉语语法三百问》,商务印书馆 2002 年。

（原载《中国语文》2004 第 5 期,结语部分在文字表述上略有改动。）

归总性数量框架与双宾语

所谓归总性数量框架,指的是"总共/一共……多少……"的框架。

本文认为这一框架不能用来确认双宾语。文章通过检验这一框架能否用来确认双宾语,表明笔者对"双宾"的范围与性质的思考。文章包括三个部分:1)双宾语的提出与双宾范围的扩大;2)根据数量框架认定双宾所引发的疑问;3)再谈数量框架与复指结构。文章末尾有个结语,说明写作本文主要想表达什么意思。文中,许多地方把这一框架简称为"数量框架"。

一 双宾语的提出与双宾范围的扩大

(一)"双宾语"的提出

黎锦熙《新著国语文法》(1924)提出"双宾语"。讲"双宾位"时,黎著指出:有一种外动词,表示人与人之间(或者人格化的事物之间)交接一种事物的,如"送""寄""赠""给""赏""教授""吩咐"等,带两个名词作宾语,叫做"双宾语"。(1955年商务校订本34页)

张志公主编《初级中学课本汉语》第四册(1956),基本上沿用黎著说法。该书用"两个宾语"的术语,解释是:一个动词有时候可以带两个宾语。……动词是"给""送""教""请教""问"。(17页)

张先生主编的《汉语知识》(1959),情况相同。该书指出:有的动词,如"给""送""教""告诉"之类,常常带着两个宾语。(1979年第二版159页)

(二)双宾范围的扩大

扩大双宾语范围的,是吕叔湘先生。不过,有一个过程。

《中国文法要略》(1942—1944)指出:有些文法书把受词也认为一种止词,把止词和受词合称"双宾语"。(1956年商务合订本45页)又指出:有"夺、取"或"学、问"等义的动词后面也可以跟一类补词,这类补词和起词的关系恰恰和普通受词相反:不是补词因这个动作而有所失,就是起词因此而有所得。这一类补词假如要另外起个名目,可以称为"反受词",为简单起见,也可以仍称受词。(同上45—46页)此书只是从语义关系的角度,由"受词+止词"合称为双宾语,提到有一种相关的现象,就是"反受词+止词",并没有说后者就是"双宾语"或"两个宾语"。

到20世纪50年代初期,在《语法学习》(1953)里,吕先生才使用"两个宾语"的术语。书中解释道:"一件事情也许涉及到三方面的人或物件,这个时候就会有两个宾语出现。"所举的例子包括"他送了我一本书"和"到底他前后借了你多少钱?"(27页)既有"给"类双宾,也有"取"类双宾。跟黎著提出的"双宾"相比较,范围扩大了。

朱德熙《语法讲义》(1982)用了"双宾语"的概念,跟吕先生的处理基本相同。不过,分为三类:"给予"类,"取得"类,"等同"类。所指现象,分别是"送他一份礼"、"买了他一所房子"、"叫他老大哥"等。其实,这三类不是使用同一个逻辑标准划分出来的。前两类所据的标准是主语同宾语部分两个名物的关系,后一类所据的标准是宾语部分第一宾语和第二宾语的关系。

(三)双宾范围的再扩大

陆俭明《再谈"吃了他三个苹果"一类结构的性质》(2002),提出归总性数量框架,用"总共/一共……多少……"来认定双宾语。由于"给予义"的双宾结构没有异议,陆先生文章集中精力讨论"非给予义"的现象。

如果说,从黎锦熙先生到张志公先生,他们基本上把双宾现象限于"给类",从吕叔湘先生到朱德熙先生,他们基本上把双宾现象扩大到"给类+取类",那么,陆俭明先生则把双宾现象进一步扩大到了"给类+非给类"。"非给"所涵盖的,比"取"大得多。陆先生的论说,代表双宾范围的进一步扩大。

二 根据数量框架认定双宾所引发的疑问

陆先生文章强调指出:

我们所以要在"动词+名$_1$(指人与事)+名$_2$(数量名结构)"前加上"总共/一共",目的是为了确保"动词+名$_1$(指人与事)+名$_2$(数量名结构)"只能理解为双宾结构,因为正如前面已经指出,在受"总共/一共"修饰的情况下,"动词+名$_1$(指人与事)+名$_2$(数量名结构)"只能分析为双宾结构。(着重号为引者所加。)

陆先生用了"确保"、"只能理解为"、"只能分析为"这样的绝对肯定说法。然而,事实表明,在动词后边出现"双名"的情况下,根据所说的数量框架去确定"双宾",会引发诸多疑问。略说四点。

(一)由基础简式引发的疑问

所谓"基础简式",指减去数量框架的形式。比较:

A 给类格局　　　　B 非给类格局
　　一共给了她九本书　　一共撕了她九本书（陆先生用例）
　　给（了）她书　　　　撕（了）她书

　　减去数量框架"一共……九本……"，剩下的"给（了）她书"和"撕（了）她书"都是基础简式。A 式"给（了）她书"肯定是双宾句式，B 式"撕（了）她书"是不是？在分析非给义"双宾"时，吕先生、朱先生和陆先生都没有提到基础简式。

　　也许可以这么规定：对于非给类"双宾"，只考虑"数量式"（指带数量框架的形式，下同），而不管所谓"基础式"（指基础简式，下同）。问题是，任何事物和现象并非孤立存在，任何规定都不能不考虑"左邻右舍"。

　　首先，既然都是"双宾"，给类格局为什么可以有"数量式"和"基础式"，非给类格局为什么只容许有"数量式"，而不容许有"基础式"？

　　其次，就非给类格局说，在基本语义不变的承接性话语中，"基础式"和"数量式"可以推递出现。比如：你撕她书？—一共撕了她九本书？｜你们杀死他妹妹？—一共杀死了他三个妹妹？——为什么推递前的"（撕）她书"、"（杀死）他妹妹"是定名结构，推递后的"（撕了）她九本书"、"（杀死了）他三个妹妹"却不是定名结构，而变成了"双宾"？

　　再次，在基本意义不变的条件下，"数量式"可以移动位置。如：你们（一共）杀死了他三个妹妹？→你们（一共）把他三个妹妹杀死了？／你们把他三个妹妹（统统）杀死了？→他三个妹妹（统统）被你们杀死了？——移动位置之后，"把"字后边和主语位置上的只能认为是定名结构。那么，为什么一离开动词后边的宾语位置,"双宾"又变成"定名"了呢?这是不是可以反证,把动词后边宾语位置上的"数量式"规定为双宾,"人为"因素太强了呢?

(二)由非给类动词涉及面引发的疑问

能够进入"总共/一共……多少……"框架的,除开"给"义动词,又除开"取"义动词,还有别的动词,很难遍举。陆先生已经感觉到了这一点,因此用了一个不具有确定内涵与外延的概念:"非给予义动词"。

陆先生文章一共列举了非给予义动词104个,既指出"可能有遗漏",又指出"这104个动词,有其共同特点,那就是它们在句法层面都可以有三个论旨角色——施事、受事、与事"。问题在于,可能遗漏的动词是否涉及面较大?其论旨角色是不是除了施事、受事,都一律解释为与事?看这个例子:

(1)方才我送她出门,她说她那儿还保存我许多信——那些信我全忘了,上面不知道胡写些什么……(钱钟书《围城》八)

上例完全可以说成:

(2)方才我送她出门,她说她那儿还一共保存着我一十八封信——那些信我全忘了,上面不知道胡写些什么……

"保存"是104个动词以外的动词。再看下面的例子:

【聚集】那一带聚集胡宗南军队。→那一带一共聚集了胡宗南十万军队。

【看】去年寒假,我看巴金作品。→去年寒假,我一共看了巴金六部作品。

【探望】教师节那天,我们探望文学院老教授。→教师节那天,我们一共探望了文学院十一位老教授。

【认识】一来二往,我认识了他干女儿。→一来二往,我一共认识了他四个干女儿。

【指出】是她,指出了本文错误。→是她,一共指出了本文二十一处错误。

"聚集"、"看"、"探望"、"认识"、"指出"也是104个动词以外的动词。只要类推串连开去,还有更多的动词可以被牵进"一共……多少……"的框架。请注意用动词"有"的例子:

(3)(他们)共有军事力量四百余万人;……(毛泽东《目前形势和我们的任务》)

(4)那时全区(总共)只有你们三个人……(李晓明、韩安庆《平原枪声》,省略号是原有的)

(5)四号地区果真(总共)只有他们一个加强连?(柳建伟《突出重围》)

下例用"有"的例子,是近代作品中的:

(6)韩滉生性偏强,似信不信的拆开书来一看,共有古文九字,都是蝌蚪之文。(《今古奇观》第五十卷)

(7)那妓院共有妓女四五人,小玉是此中的翘楚。(曾朴《孽海花》)

诚然,仅从形式上根据数量框架来认定"双宾",必然把双宾范围大大放宽,放宽到控制不住局面的地步。以"名$_1$"同动词的关系来说,这些动词的论旨角色如果不能算施事或受事,是否统统归入"与事"? 比方,"有"字句里,"有"有没有可能带双宾语? 如果说"有"的后边可以是双宾语,对"名$_1$"来说,它的论旨角色是否可以确定为"与事"?"与事"这一概念当然可以做很宽泛的解释,但是这么一来,"与事"是否会成为一个无所不包的"收容站"?

上面列举的"有"字句,尽管都带有数量框架,但其"名$_1$"和

"名₂"实际上构成了复指结构,而不是构成"双宾"。后边,讨论复指结构时,还会列举不少例句,请综合观察。这里还需要特别提到"是"字句。在"总共/一共……多少……"框架中出现的动词,甚至可以是判断动词"是"。例如:

(8)上台祝贺的,一共是省委省政府六位主要领导。

金庸《神雕侠侣》第 36 回:"五只皮袋之中,共是两千只蒙古兵将的耳朵。"也可以说成:"五只皮袋之中,共是蒙古兵将两千只耳朵。""是"也能带双宾语?对"名₁"来说,它的论旨角色也是"与事"?

(三)由双宾之间数量词位置引发的疑问

动词后边的两个名词语之间,往往会出现数量词。但是,数量词不一定出现在甲与乙两个名词语之间,换句话讲,不一定恰好用在所说的宾语与宾语之间,起到隔开前一宾语和后一宾语的作用。比较:

一共剁了那家伙三个指头。(陆先生用例)

一共剁了那家伙左手三个指头。

如果说,前一例"三个"出现在"那家伙"和"指头"之间,"那家伙"和"指头"构成双宾语,那么,后一例"三个"出现在"那家伙左手"和"指头"之间,怎么分析?是"那家伙左手"和"指头"构成双宾语,还是"那家伙"和"左手三个指头"构成双宾语?再比较:

那家伙一共被剁了左手三个指头。

那家伙一共被剁了右脚、右手和左手三个指头。

如果说,前一例"三个"出现在"左手"和"指头"之间,"左手"和"指头"构成双宾语,那么,后一例"剁了"的宾语却有"右脚"、"右手"和"左手三个指头"三个并列项,"三个"被围困在了第三并列项

之中。在这种情况下,这个被围困的数量词还能起到辨别和确认双宾语的作用吗?再看下面的例子:

我们馆一共保藏了徐先生青年时代七十三幅字画。

(←我们馆一共保藏了徐先生七十三幅字画。)

我一共收集到了方小英上京前八张剧照。

(←我一共收集到了方小英八张剧照。)

一来二往,我一共认识了他在职期间四个干女儿。

(←一来二往,我一共认识了他四个干女儿。)

遇到诸如此类的例子,如何解释数量词在双宾之间的位置及其所起的作用呢?

(四)由明显非双宾结构引发的更大疑问

动词后边,宾语位置上出现的"名+数量名"有时不是双宾结构,而是复指结构。

叶南薰《复说和插说》和范晓《介宾短语·复指短语·固定短语》,讲"复说"和"复指短语"时举过这样的例子:

(9)横匾上刻着"树华"两个字。(老舍《不成问题的问题》)

(10)这是一家瑶民,住着母女二人。(陆定一《老山界》)

前一例引自叶著,后一例引自范著。"'树华'两个字"、"母女二人(二人=两个人)"都是大家认可的复指结构,即明显的非双宾结构。然而,这两例的动词前头都可以出现"总共/一共":

(11)横匾上总共刻着"树华"两个字。

(12)这是一家瑶民,总共就住着母女二人。

看两个实际用例:

(13)该项活动从去年开展至今,一共接待学生三千多人,……(吕迅《汕头机场游览参观升温》,《人民日报》2001年

2月9日)(三千多人＝三千多个人)

(14)这次招聘活动,参加企业一共提供了机修、电工、电脑操作等一千一百多个岗位。(王国平、邹蓬《转变观念再就业》,《人民日报》1999年7月12日)

上例尽管出现了"一共……多少……",但其中的"学生三千多人"和"机修、电工、电脑操作等一千一百多个岗位"都是复指结构。同类的现象:这次,他总共访问了英法德意荷五个国家。|我们村,总共有李张陈王四个姓。|这次进城,他一共买回来了《白鹿原》等二十多本长篇小说。|就这样往返四次,他总共救起了我们六十二个遇难者。|这间小房子一共关了我们五个"反动学术权威"。|一共就来了你们三个老家伙?

"总共/一共"有时说成"共"。其实,"共"可以统领"总共、一共、统共、通共、共总"等词。上面所举的例(3)(6)(7),便是用"共"的例子。又如:

(15)根据党中央组织部的统计,截至一九五六年六月底止,全党共有党员一千零七十三万四千三百八十四人,占人口总数的百分之一点七四。(邓小平《关于修改党的章程的报告》,《邓小平文选》第一卷)

(16)康明理登记完以后,把名字念了一遍,新参加的民兵和过去的暗民兵,共有雷石柱、康明理、孟二愣、武二娃、张有义、张有才、周丑孩、李有红、马保儿、康三保、康有富十一个青年。(马烽、西戎《吕梁英雄传》第十九回)

前一例是"共……一千零七十三万四千三百八十四(个)……",后一例是"共……十一个……"。"党员"和"一千零七十三万四千三百八十四人","雷石柱、康明理、孟二愣、武二娃、张有义、张有才、周丑孩、李有红、马保儿、康三保、康有富"和"十一个青年",肯定是组合成复指结构,而不可能是双宾。

金庸作品中,这么使用"共……多少……"框架的例子不少。比如:

(17)徐达的子孙共有魏国公和定国公两个公爵。(金庸《碧血剑》第十回)

(18)他共有金银铜铁铅五只轮子,……(金庸《神雕侠侣》第14回)

上例"共"后边的动词都是"有"。再举几个用其他动词语的例子:

(19)全年共查处利用审判权、执行权贪赃枉法、徇私舞弊的违法乱纪人员378人,……(《最高人民法院工作报告〈摘要〉》,《人民日报》2006年3月13日)

(20)全年共批准逮捕各类刑事犯罪嫌疑人860372人,……(同上)

(21)全年共立案侦察涉嫌贪污贿赂、渎职侵权犯罪的国家工作人员41447人,……(同上)

上例动词语分别用了"查处"、"批准逮捕"和"立案侦察"。

面对这类明显包含复指结构的小句,对于"总共/一共……多少……"框架的鉴别能量,是不是应该有新的考虑呢?

三　再谈数量框架与复指结构

数量框架中容许出现复指结构,这对于据此框架可以确认双宾语的结论,最具动摇力。相关情况,再进一步作些阐述。

(一)数量框架与复指结构的相互促成

1.先说添加"名₁"。

"共(总共/一共)……数量名"的说法,很容易促成"共(总共/一共)……名+数量名"的说法。即:根据上下文语意,经过语词或小句的调配整合,可以添加为"数量名"所复指的"名₁",从而形成"共(总共/一共)……名+数量名"。例如:

(22)弟子曾听人言道:天下武功登峰造极的共有五位高人。……(金庸《射雕英雄传》第十六回)→[经过调整添加"名₁":]弟子曾听人言道:天下武功登峰造极的共有东邪、西毒、南帝、北丐、中神通五位高人。

上例后句,一添加"名₁"("东邪、西毒、南帝、北丐、中神通"),便组造成为复指结构。同类现象:

(23)我祖师一共收了两个弟子,大弟子姓苏,名讳上星下河,那便是家师,二弟子丁春秋。(金庸《天龙八部》第二十六章)→[经过调整添加"名₁":]我祖师一共收了苏星河、丁春秋两个弟子。

(24)他任大小姐也娶,你也娶。懂了吗?一共娶两个老婆。(金庸《笑傲江湖》第三十六章)→[经过调整添加"名₁":]他一共娶任大小姐和你两个老婆。

有时,"名₁"有点特殊:

(25)那次来陕北,他一共学会了三句陕北话:嗟、解下、相跟上。(张承志《北方的河》)→[经过调整添加"名₁":]那次来陕北,他一共学会了"嗟、解下、相跟上"三句陕北话。

孤立地看"嗟、解下、相跟上",它们应该都是动词性的,但在上例里,作为"三句陕北话",却是名词性的。

2.再说添加"共"类词。

"……名＋数量名"的说法,很容易促成"共(总共/一共)……名＋数量名"的说法。即:根据特定语境所隐含的语意,可以在动词前头补出"共"类词,从而形成"共(总共/一共)……名＋数量名"。例如:

(26)不经意之间,已经过了01、02、03、04、05五个年头了。(何祚欢《都市茶座》开场白,武汉电视台 2005 年 11 月 18 日晚)→[补出"共"类词:]不经意之间,总共已经过了01、02、03、04、05五个年头了。

上例后句,动词语前头一添加了"总共",便形成了完整的包含复指结构的归总性数量框架。同类现象:

(27)今天,在家静静地呆了一天,(一共)读了《葛定国同志的夕阳红》、《理发师》及《皆大欢喜》三个中篇,如往常一样,总觉字字珠玑。(张学军《读〈中篇小说选刊〉偶感》,《中篇小说选刊》2002 年第 5 期 198 页)

(28)大金太宗天会三年,……我金兵由粘没喝、斡离不两位元帅率领征伐宋朝,(一共)俘虏了宋朝徽宗、钦宗两个皇帝,自古以来,兵威从无如此之盛的。(金庸《射雕英雄传》第九回)

(29)木卓伦手挥长刀,(一共)力拒戴永明、钱正伦两名镖师,以一敌二,兀自进攻多,遮拦少。(金庸《书剑恩仇录》第一回)

(二)数量框架中的复指结构"名₁＋数量名"

1.先说后项"数量名"。

后项"数量名"起复指"名₁"的作用。其中的"数量",跟前头或现或隐的"共"类词相互呼应。有时,"数量名"简为"数名"。如例(13)"一共接待学生三千多人",等于说"一共接待学生三千多个人"。又如:

  (30)打狗棒法共有绊、劈、缠、戳、挑、引、封、转八诀,黄蓉这时使的是"缠"字诀,……(金庸《射雕英雄传》第二十八回)

上例"八诀"等于说"八个字诀"。近代白话作品中,也可以见到同类现象:

  (31)那孙行者共有兄弟三人,领唐僧在我半山之中,被我使个变化,将他师父摄来。(《西游记》第42回)

上例"兄弟三人"等于说"兄弟三个人"。

2. 再说前项"名$_1$"。

前项"名$_1$"为后项的"数量名"所复指。其表现形式,大体说来有以下三种情况。

[A] "名$_1$"用包含两个以上并列项的名词语。如例(16)"共有雷石柱、康明理、孟二愣、武二娃、张有义、张有才、周丑孩、李有红、马保儿、康三保、康有富十一个青年"。同类现象:

  (32)天龙寺牟尼堂共有"观、相、参"三位高僧,……(金庸《天龙八部》第十章)

  (33)边区共有宁冈、永新、莲花、遂川、鄘县五个县委。(毛泽东《井冈山的斗争》)

并列的名词,往往有所简省。不过,由于受到后边"数量名"的规约,其含义是清楚的。如例(33)的"宁冈、永新、莲花、遂川、鄘县五个县委",等于说"宁冈县委、永新县委、莲花县委、遂川县委、鄘县县委(这)五个县委"。

并列项较多、不需全部列举时,"名$_1$"可以说成"NP 等"。如例(14)"一共提供了机修、电工、电脑操作等一千一百多个岗位"。

[B]"名₁"用不包含并列项的聚合义名词语。如例(13)"一共接待学生三千多人",其中的"学生"是一个名词,表示由多个学生聚合而成的概念。"学生三千多人"不是"学生中的三千多人"的意思,而是"前来参与活动的学生"就是这"三千多人"的意思。又如例(3)"共有军事力量四百余万人",其中的"军事力量"是一个名词短语,表示由多个官兵聚合而成的概念。"军事力量四百余万人"不是"军事力量中的四百余万人",而是全部"军事力量"就是"四百余万人"。同类现象:

(34)最近,我校一共奖励了本年度先进工作者一十八位同志。

(35)三个村,一共挑选了年轻力壮腿脚灵便的小伙子二十五人。(此句由冯志《敌后武工队》第十六章的说法演化而来。原句是:"三个村,一共挑选了二十五人,都是年轻力壮、腿脚灵便的小伙子。")

有时,"名₁"看似是不包含并列项的名词语,实际上却是包含并列项名词语的一种特殊形式。如例(11)"总共刻着'树华'两个字",脱离语境说,"树华"是一个名词,但以"字"为单位来计数,是并列使用的两个字。又如:

(36)西山一窟鬼各放一个,组起来(一共)是"恭祝郭二姑娘多福多寿"十个大字。(金庸《神雕侠侣》第36回)

上例的"名₁"是个较为复杂的动宾结构。但是,以"字"为单位来计数,"恭祝郭二姑娘多福多寿"却是并列的十个字。

[C]"名₁"用复数人称代词。

如果数量框架中宾语部分的"名₁"是用并列名词指人,那么,

往往可以替换为"我们"、"你们"、"他们"之类代词,从而成为"人称代词+数量名"。例如:

(37)当时,天下武功登峰造极的共有东邪、西毒、南帝、北丐、中神通五位高人。

→当时,天下武功登峰造极的共有东邪、西毒、南帝、北丐、中神通他们五位高人。

→当时,天下武功登峰造极的共有他们五位高人。

这类"人称代词+数量名"的结构,往往有歧义。比如"他们五位高人",既可能是领属关系的结构,等于说"属于他们的五位高人"或者"他们之中的五位高人";又可能是复指关系的结构,等于说"他们"即"五位高人",或者"五位高人"即"他们"。但是,这类结构只要进入具体语境,受到特定句域的管控,歧义就会被排除。上例中的"他们五位高人",只能是复指结构。

前面的举例中,例(14)之后列举同类现象时,列出了"人称代词+数量名"的结构:这间小房子一共关了我们五个"反动学术权威"。|一共就来了你们三个老家伙?——由于含义明显,一般人都会认为"我们五个反动学术权威"和"你们三个老家伙"是复指结构。何况,这一点还可以通过把代词替换为并列名词来证明:

(38)这间小房子一共关了王教授、李教授、孙教授、赵教授和我五个"反动学术权威"。

(39)一共就来了老王头、老孙头和你三个老家伙?

陆先生文章列出了很多例子,其中有:一共罢了他们五个人|一共逮了他们五个人|一共扣留了他们三个人|一共捆了他们五个人|一共选了他们三个人。陆先生是从领属性关系的角度来举出这些例子的。然而,这五个句子都有歧义。以"一共选了他们三

个人"来说,固然可以在甲特定句域中表示"一共选了他们之中的三个人"的意思,是领属关系的结构,但还可以在乙特定句域中表示"一共选了老李、老王、老赵他们三个人"的意思,却应该是复指关系的结构。

构成复指结构的"名$_1$",也可以是人称代词"我"带"等",即"我等"。这是一种书面语用法,在近代白话小说中,或者在模仿近代白话写法的作品中,可以看到用例。如:

(40)天下诸侯首领,(一共)是我等四人,闻贤伯过恶多端,全无大臣体面,……(《封神演义》第十回)

(41)你(一共)踢倒我等五人,盗去经书,这般大胆!(金庸《天龙八部》第十八章)

顺带指出:出现在"共……多少……"框架中的复指结构,其"名$_1$"既可指人,也可指物。这跟陆先生讨论"非给予义"双宾结构时所涉及的现象一致。比如,陆先生文章中有这样的例子:一共俘虏了敌人五个连|一共拿了小王五个苹果|一共请了清华十位专家|一共杀了齐国十万人。——前两例名$_1$指人,后两例名$_1$指物。陆先生说的"名$_1$(指人与事)",应该是"名$_1$(指人与事物)"的意思。

(三)数量框架的归纳和描写

需要归纳和描写出来的数量框架,仅仅罗列"共"类词,还不能全面覆盖所有同类现象。

大多数时候,"总共/一共"跟多于"一"的数量词呼应使用。说"我一共吃了他三个苹果",很顺;说"我一共吃了他一个苹果",恐怕不怎么行,即使能行,也需提供这样那样特定的语境。陆先生所举的例子没有一个用"一",显然是选例时迁就了"总共/一共"。

当然,"总共/一共"不一定总是排斥"一(量)"。二者同现,主要有以下两种情况:第一,"一(量)"所包括的事物是多个体的,每个个体都是动词的受事。比如,"我一共吃了他一袋子苹果"或者"我一共吃了他一挂香蕉"。第二,"一(量)"所指的事物是可分割开的,分割后每一块都可以成为动词的受事。比如,"我和小李一共吃了他一个大西瓜"或者"我和小李一共吃了他一条大鲤鱼"。假若有这么个说法:"这些天,我病了,什么都不想吃。可是,今天上午,似乎出现了奇迹,我总共吃了他一个苹果。"这里的"我总共吃了他一个苹果"可以成立,是因为苹果被切成了小片,而且是有所间断地被吃掉的。

多个体或被分割为若干部分,这是"共"起来的基础。"一(量)"所指的事物如果不是多个体的和可分割开的,恐怕极难跟"总共/一共"呼应使用。比方,可以说"这伙土匪一共杀了他三个儿子",但不能说"这伙土匪一共杀了他一个儿子"。又如"斩断自己一条手臂"(金庸《神雕侠侣》第27回),这里不能加上"总共/一共"。这就是说,"总共/一共"和"一(量)"有不能同现的时候。明确这一点很重要,因为,"这伙土匪杀了他三个儿子"和"这伙土匪杀了他一个儿子"肯定同构,而"总共/一共……多少……"的框架却不能全面适用于它们。

为了使所设定的归总性数量框架能全面覆盖同类事实,最好描写出两个框架:

[A]"总共/一共……多少……";

[B]"只/就……多少……"。

前者如"一共吃了他三个苹果",后者如"只吃了他一个苹果"。这样,既能适应"两个"以上的情况,又能适应"一个"之类的所有情况;既能适应"多"的情况,又能适应"少"的情况。为了表述的实际需要,A框架和B框架还可以结合使用,形成"总共只/就……多少……"的复合形式,既表"共",又表"少"。如:"一共只吃了他两个苹果"。

跟"只/就"作用相当的,还有"才/仅仅/不过"。一旦增加"只/就……多少……"之类的框架,牵涉到的复指结构就会更多。范晓《介宾短语·复指短语·固定短语》举过这个例子:

(42)去串门,家里只留下小芹一个人。(赵树理《小二黑结婚》)

这里用了"只……一个……","小芹一个人"肯定是复指结构。同类现象:

(43)(说是同学会,其实也只有四个人,)只有苏若水一个女性。(肖达《春来江水绿如蓝》,《中篇小说选刊》2005年第5期133页)

(44)正是天网恢恢,臭尿就只淋了东邪西毒二人。(金庸《射雕英雄传》第十九回)

"苏若水一个女性"和"东邪西毒二人"都肯定是复指结构。前者不具备"共"的条件,一般不会说"一共只有苏若水一个女性";后者具备"共"的条件,可以说成"一共就只淋了东邪西毒二人"。跟后者同类的现象,比如前面举过的例(4)(5)。又如:

(45)山上(总共)只剩下匪徒司令部的匪首和他们的家属以及护兵马弁等三十几个人,在瞭望他们徒子徒孙的威力。(曲波《林海雪原》第二八章)

(46)天下武学高明之士,自王重阳一死,(总共)就只剩下他与你二人,……(金庸《射雕英雄传》第十五回)

四　结语

本文所要表述的主要意思,可以概括为以下两点。

(一)"一共……多少……"框架跟"双宾"没有必然联系,对于认定"双宾",这一框架不足为据。

"一共……多少……"框架的容纳面,大于"给义双宾＋取义双名＋取义之外非给义双名"。即:其容纳面中,包含有复指结构,以及其他情况。本文指出这一框架可以容纳复指结构,例证充足,无可辩驳。有时还可见到"一共选了他们三个人"之类歧义现象,它们在特定句管控中有时是"取义双名",有时是复指结构,这正好表明了这一框架可以容纳异质结构,不应等同混淆。至于"其他情况",例如上面举过的"那家伙一共被剁了右脚、右手和左手三个指头"。尽管其中出现了"一共……三个……"的框架,但宾语既不是双宾结构,也不是复指结构,而是并列结构。又如:这帮刽子手,一共杀害了李铭员老师、谭东学老师和我们一班十多个同学。|我数了数,今天来的客人一共有周书记、孙副省长和章王李赵魏五位厅长。——上例,宾语也有三个并列项。前一例,动词用"杀害了",宾语中的第三并列项是领属性结构;后一例,动词用"有",宾语中的第三并列项是复指结构。

提出用"一共……多少……"框架来规约"双宾",是想在给义"双宾"和取义"双名"之间找到共同的语表形式,从而使取义"双名"得到作为"双宾"的有力证据。这一努力,十分可贵。但是,这意味着存在这么一条推理公式:凡是能进入"一共……多少……"框架的都是"双宾",X 能进入"一共……多少……"框架,因此 X

是"双宾"。这也就意味着通过检验语言事实会得到这么个结论：凡是能进入"一共……多少……"框架的都是"双宾"，一部分复指结构能进入"一共……多少……"框架，因此一部分复指结构是"双宾"。可见，结论不准确，论证不成功。

（二）取义"双宾"是不是真正的"双宾"，学界一直有不同看法。既然使用"一共……多少……"框架不是形成"双宾"的充要条件，那么，别说缺乏肯定内涵与外延的非给义"双宾"，即使是取义"双宾"，其双宾性质也需再作探讨。这样，不同看法的争论，又回归到了原来的起点上。笔者在自己的论著中，总是严格地把双宾语限制在"典型双宾"的范围之中。为了调和两种意见，笔者以为，取义"双宾"可以看作"准双宾"，但也只能看作"准双宾"。

一方面，可以看作"准双宾"。由给义双宾，通过相似点，引出取义"双宾"，这反映思维上的关联性，可以接受。但是，相似并不等于就是，因此需要用"准"字，认为是"准双宾"。

另一方面，只能看作"准双宾"。"准双宾"，毕竟不是"典型双宾"。"典型双宾"所具备的基本特点，或者说所具备的区别性特征，"准双宾"并不具有。

首先，典型双宾的"名$_1$"和"名$_2$"可以离析。即二者可以离析开来，分别同动词形成动宾关系，分别连着动词单说。比如"（一共）送了他三件礼品"，可以说成"送了他"和"（一共）送了三件礼品"。这很像连动式，连动项能够分别连着主语单说，比如"他上街买菜"，可以说成"他上街"和"他买菜"。"准双宾"不能这么办。

其次，典型双宾的"名$_1$"和"名$_2$"可以直接组合，不必出现数量词，但不能加上"的"字。比如："（他）送了我一张邮票"，可以减去数量词，说成"（他）送了我邮票"，但不能加上"的"，说成"（他）送了我的一张邮票"。相反,准双宾必须出现数量词,而且可以加上"的"字。比如:"(他)偷了我一张邮票"(朱德熙先生用例),如果说成"(他)偷了我邮票",便不再被认为是双宾,而被认为是定名结构;如果说成"(他)偷了我的一张邮票",也不再被认为是双宾,而被认为是定名结构。

第三,由于典型双宾的"名$_1$"和"名$_2$"分别跟动词发生动宾关系,二者之间并不存在偏正、并列之类结构关联,并不接受偏正、并列之类结构组合的规约,因此,二者可以调换位置,调换位置以后仍然是双宾,只不过调换前是"指人宾语·指物宾语",调换后成了"指物宾语·指人宾语"。这一点,在方言里得到了足够的证明。翻看黄伯荣主编《汉语方言语法类编》,可以见到许多事实:"指物宾语·指人宾语"的位序,见于河南、湖北、湖南、广东、江苏、甘肃、宁夏等等省份的方言说法里。比如河南罗山话:给一本书他。(=给他一本书。)|给一个馍我。(=给我一个馍。)特别值得注意的是,甘肃临夏话的双宾句,大都把双宾前置,而前置的两个受事的先后位置也是自由的。如:我你钱(哈)给了。(指人宾语·指物宾语)(=我给了你钱了。)|你东西我还给!(指物宾语·指人宾语)(=你把东西还给我!=你还给我东西!)可知,把研究视野扩大到方言,会看到方言现象并不支持把"准双宾"和"典型双宾"等同对待。

采用"准双宾"的说法,其实是想提出,不必在归属问题上花太多的精力去进行争论。不管是看成"双宾"还是看成"定名",都有各自的理据。观察问题有不同的角度,从甲角度看,会认为是 A,从乙角度看,会认为是 B。正如存现句句首的处所词,是主语还是状语,再争下去,已经没有太大的意义。关键是,要弄清楚语言事实的语法面貌。一方面,要知道准双宾跟典型双宾有瓜葛,但它不等同于典型双宾;另一方面,要知道准双宾跟定名结构割不断,但当这种结构出现在宾语位置上的时候,毕竟有其特殊性。

附记:本文初稿写完后,曾通过电子邮件发给陆俭明先生,请陆先生过目。陆先生打来电话,跟笔者讨论了一些问题。本文的修改稿,是在听取了陆先生意见之后完成的。本文写作过程中,邵敬敏先生向笔者提了很好的建议。谨向陆先生和邵先生表示由衷的谢意。

主要参考文献

范　晓　《介宾短语·复指短语·固定短语》,人民教育出版社 1990 年。
黎锦熙　《新著国语文法》校订本,商务印书馆 1955 年。
陆俭明　《再谈"吃了他三个苹果"一类结构的性质》,《中国语文》2002 年第 4 期。
黄伯荣主编　《汉语方言语法类编》,青岛出版社 1996 年。
吕叔湘　《中国文法要略》合订本,商务印书馆 1956 年。
──────《语法学习》,中国青年出版社 1953 年。
孙玄常　《宾语和补语》,新知识出版社 1957 年。
邢福义　《汉语语法学》,东北师范大学出版社 1996 年。
──────《汉语语法三百问》,商务印书馆 2002 年。
叶南薰　《复说和插说》,新知识出版社 1958 年。
张志公主编　《初级中学课本汉语》第四册,人民教育出版社 1956 年。
──────《汉语知识》第二版,人民教育出版社 1979 年。
朱德熙　《语法讲义》,商务印书馆 1982 年。

(原载《语言研究》2006 年第 3 期)

短语问题二论

本文分三个部分讨论短语问题：1)短语的组装。先谈短语的临时组装特点，然后从不同类别看短语的临时组装性。2)短语的界域。先从跟合成词的区别上看短语的界域，然后从跟小句的关系上看短语的界域。3)结束语。谨以这篇文章，献给王均先生八十华诞。

一 短语的组装

(一)临时组装

跟词相比较，对于小句的构造来说，绝大多数的短语都是语言运用中临时组装而成的单位，而词则是备用性单位。

凡是词，都是定型的，客观存在的，可以脱离具体句子而形成词汇系统的单位。正因如此，可以被编成词典，可以作词频统计，可以成为词汇学的研究对象。词的备用性，就表现在它们独立地存在于句子之外，需要时就使用到句子之内。在我国，影响最大的词典是《现代汉语词典》。这是一部以记录普通话语汇为主的中型词典，所收条目共约五万六千余条，大部分是典型的词。不管是不是典型的词，所收条目全都为了"备用"。造句时，如果有的地方不知道该用哪个词，便可以翻阅《现代汉语词典》，查查那里头所"备用"的词。在《汉语水平等级标准和等级大纲》(试行)一书中,有个《词汇等级大纲》。此大纲把所选收的现代汉语的 8000 词分为四个等级:①甲级词,即最常用词,1011 个;②乙级词,即常用词,2017 个;③丙级词,即次常用词,2040 个;④丁级词,即普通词,3000 个。甲级词,单音节的有"白、抱、比、的、和"等等,双音节的有"安静、帮助、操场、当然、但是"等等,三音节的有"办公室、图书馆、文学家、自行车"等等;乙级词,单音节的有"猜、答、肥、哼、为"等等,双音节的有"饼干、达到、繁荣、尽管、连忙"等等,三音节的有"礼拜天、摩托车、乒乓球、热水瓶"等等。编写此大纲,是为了帮助外国留学生更加有效地学习和使用现代汉语。大纲中分级罗列现代汉语词汇,鲜明地反映了各个等级的词的备用性。

　　作为比词大的语法单位,在绝大多数情况下,短语是备用单位的组装,或者说,是随句临时组装而成的单位。究竟如何组装,采取什么样的构成方式,完全取决于意旨表述的实际需要。比如,我们可以说"王均先生"、"王均这位先生",也可以说"王均教授"、"王均这位教授",还可以说"语言学教授王均先生"、"王均这位语言学教授"。"王均""先生""教授""这""位""语言学",都是词,都是作为备用单位被收入了词典的。("王均"是个人名字。著名人物的个人名字才会被收入普通词典或专业性词典。如翻看《中国大百科全书》语言文字卷的"内容索引",可以看到"王均"。不过,即使是极为普通的人,他的名字也会在特定范围内被收入了"人脑词典"的。)至于"王均先生""王均这位先生""王均教授""王均这位教授"等,显然都是由备用单位临时组装而成的,本身并不定型,都不成为可以进入词典的、"备用"的单位。

　　关于短语的临时组装性,通过对实际语言现象的观察,可以加

深认识。笔者写过一篇散文《根在黄流》,下面是末尾的两个自然段:

> 一方水土滋润一方人。我 1952 年离开黄流,当时十七岁,还是个少年。时间过去了四十多年,可是,夜里做梦,还常常梦见在家乡玩耍,而且梦里的我竟仍然是个少年!
>
> 我人在武汉,可我的文化素养的根仍然扎在黄流——我的家乡!
>
> (《海南日报》1996 年 6 月 3 日)

从上面的例子可以看到:首先,充当小句的短语不可能是备用单位。比方,"我 1952 年离开黄流","当时十七岁","时间过去了四十多年","我的文化素养的根仍然扎在黄流",诸如此类如果都是备用单位,备用单位岂不是无法计数的? 其次,充当小句内部构件的短语,哪怕是比较短小的,如"一方人""离开黄流""梦里的我""在武汉",同样也不可能是备用单位。只有"一方水土"和"文化素养"两个,稳定性似乎强一点,但还是很难进入一般的词典的。因此,说到底,还是一个个的词,如"水土""滋润""人""我""年""离开""夜里""家乡""玩耍""少年""武汉""文化""素养"等等,才是上例所引话语的备用单位。

应该指出:短语中的定型短语,比方专名、成语、惯用语,它们从意义到形式都经常整体使用,已经进入词汇单位的行列,因而具有备用性。但是,跟自由短语相比较,它们所占的比重显然是很小的。

(二)从不同类别看短语的临时组装性

短语可以从不同角度分类。

首先,据结构成分之间语义关系是否明显,短语可以分为关系类短语和标志类短语。关系类短语是结构成分之间有明显语义关系的短语,又可以分为成分配对式和依次排列式两类。前者主要包括主谓短语、动宾短语、定心短语、状心短语和心补短语,后者主要包括联合短语和同位短语。标志类短语是结构成分之间语义关系比较模糊,只从语表上找出标志的短语。这类短语的命名,有的利用前标志,即利用前面一个结构成分作为标志;有的利用后标志,即利用后面一个结构成分作为标志;有的利用双标志,即同时利用前后两个结构成分作为标志。这类短语包括:能愿短语(前一个结构成分是能愿动词)、"的"字短语(后一个结构成分是"的"字)、介词短语(前一个结构成分是介词)、方位短语(后一个结构成分是方位词)、趋向短语(后一个结构成分是趋向动词)、比况短语(后一个结构成分是比况助词)、数量短语(即数量词,前后两个结构成分分别是数词和量词)等等。

各个标志类短语,关系上的模糊程度并不相同。有的,说不上结构成分之间有什么语义关系。如"的"字结构和比况短语,"的"和"似的"跟前面的结构成分之间说不上有什么语义关系。有的,结构成分之间最多只能认为存在某种"准关系"。如介词短语,介词和后边的结构成分之间很像有动宾关系,但实际上并不是动宾关系,最多只能认为存在可以称之为介宾关系的准动宾关系。有的,结构成分之间的关系不够明确,不好认定。如能愿短语,前边的能愿动词和后边的谓词或谓词结构之间既像是状心关系,又像是动宾关系。比方"能VP",一方面,"能"的作用在于辅助表意,在"只有答应我的要求,我才能跟你走"或者"这么做准能行"这样的语法环境中,"能"可以不要("只有答应我的要求,我才跟你走"|"这么做准行"),分析为状语更加合理;但是,另一方面,"能VP"

通常可以跟许多动宾结构一样采用"能不能 VP""能 VP 不能"的提问方式(能不能跟你走？能跟你走不能?)，因而又似乎很像是动宾关系。把这两个方面综合起来看，可以认为能愿短语是介于状心短语和动宾短语之间的一种特殊短语。由于能愿动词本身不表示行为动作，而后边的包含行为动词的谓词结构又可以很长，分析句子时，可以将能愿短语作为状心短语来处理。不过，这毕竟只是简单化的处理办法，能愿短语毕竟不同于状心短语。

不管是标志类短语还是关系类短语，它们本身都是一种结构。正因如此，既可以把关系类的主谓短语、动宾短语等叫做主谓结构、动宾结构……，也可以把标志类的介词短语、方位短语等叫做介词结构、方位结构……。

第二，根据能否充当句子成分，短语可以分为成分短语和非成分短语。一般的短语都是成分短语。它们一进入句子，便成为这样那样的成分。少数短语是非成分短语。它们通常用来作为句间关系词语，如"换句话说"、"否则的话"等等。非成分短语是一些虚化了的短语，数量不多，但是作为篇章语法的重要建构因素，其语法作用不可忽视。

第三，成分短语还可以从整体功能的角度进行分类。分类的结果，得到名词短语、动词短语和形容词短语。一般地说，名词短语由名词和名词构成，或者以名词为主体构件，语法功能大体相当于名词；动词短语由动词和动词构成，或者以动词为主体构件，语法功能大体相当于动词；形容词短语由形容词和形容词构成，或者以形容词为主体构件，语法功能大体相当于形容词。

不管从哪个分类的角度看，自由短语的临时组装性都是明显的。比方，"报考音乐学院"，从语义关系的明显程度看，是动宾短语;从能否充当句子成分看,是成分短语;从整体功能看,是动词短语。又比方,"总起来说",从语义关系的明显程度看,是连动短语;从能否充当句子成分看,是关联性非成分短语;从整体功能看,是动词短语。"报考音乐学院"也好,"总起来说"也好,都不定型,从实际需要出发,还可以改说成"报考美术学院""考取音乐学院""归总起来说""总起来看"等等。

二　短语的界域

(一)从跟合成词的区别看短语的界域

短语和词的基本区别,可以从以下三个方面来观察。

1. 单位的大小。——短语大于词。一个短语,起码包含两个词。从理论上说,一个短语所包含的词的数量可以是无限的,这取决于人们表述意旨的需要。在实际语言运用中,有的短语所包含的词可以多达数十个。例如:

无限突出的政治工作、高于一切而不断深入的毛著学习运动、永不休止而不断加强的革命大批判运动等等所要求领导干部必备的文化水平和理论水平他十分缺乏。(戴昭铭《大漠孤烟》88页,华艺出版社2001)

这是一个句子。减去这个句子的语气语调,剩下的就是一个短语,即主谓短语。这个短语,包含了四十一个词。

2. 音节的长短。——短语的音节一般多于词的音节。大多数的词是两个音节。最少的,一个音节;最多的,一般不超过三个音节。比方,三个音节的"解放军"、"冲锋枪"和"游泳池"是词,四个音节的"解放大军"、"冲锋部队"和"游泳场所"便成了短语。四个音节的词也有,不过,它们是词的特殊表现形态,如象声形式"叮叮咚咚"、重叠形式"漂漂亮亮"之类。短语的音节,从少的方面说,不能是一个,至少得两个,跟词有所不同;从多的方面说,基本上不受控制,可以是十几个、几十个甚至上百个,更不同于词。当然,所谓不受控制是理论上的,在使用上,究竟用多少个音节,得符合意旨表述的要求。

3. 层次的多少。——短语的结构层次多于词的结构层次。由于词的音节一般不超过三个,合成词在结构上一般最多只有两个层次,包含两种关系;而短语,由于其长度不受严格控制,它在结构上自然可以形成多个层次,包含多种关系。以三个音节的定心式合成词来说,第一个层次的关系是定心,第二个层次的关系就只能是联合、动宾、动补、主谓等关系之中的一种,不能兼容;定心式短语就不同,它可以在定心关系之内,层层包容其他关系。比如:

看到歹徒打伤旅客的列车员

这个短语就层层包容了以下多种关系:①定心("看到歹徒打伤旅客的列车员"),②动宾("看到歹徒打伤旅客"),③主谓("歹徒打伤旅客"),④动宾("打伤旅客"),⑤心补("打伤")。可以说,短语可以同时包容小句所能包容的任何结构关系,而合成词则只是有限地而且只能有选择地反映小句的某些结构关系。

总之,短语是单位大于词、音节长于词、层次多于词的语法单位。

需要注意的是,尽管典型的短语和典型的合成词有着明显的区别,但短语和合成词之间并没有严格的界线,无法一刀两断。在这个问题上,要有正确的思想方法。假若在客观实际中甲乙两种事物之间的界限本来并非一清二楚,研究工作者就只能采取科学的态度,实事求是地采取对策。比方说,中年和老年自然是有区别的,但二者的绝对界限在哪里,实在没法划定;又比方说,秃头与非秃头自然是有区别的,但二者的明确界限在哪里,这就很难认定。研究工作,不应在绝对化思想方法的导引下做徒劳无功的努力。

短语和合成词纠缠不清之处,主要表现在双音节和三音节的现象上面。由于这种纠缠不清是不以人们意志为转移的客观事实,在语法分析中要确定一个单位是词还是短语,就只好人为地做出带有偏向性的规定。即:

第一,按常用标准处理无争议现象。比方:两个音节的单位,如果明显是两个词,确认为短语,如"好人""很香""不去""是的"等等;三个或三个以上音节的单位,如果明显不成为短语,确认为一个词,如"解放军""冲锋枪""运动会""金钱豹""印度尼西亚"等等。

第二,用"音节基准"处理"两难"现象。从汉语发展上看,现代汉语的词倾向于双音节化。根据这一倾向,在"两难"情况下可以以两个音节作为"定词基准"。比方:"两难"的两个音节单位划归合成词,"两难"的三个音节单位划归短语。如两个音节的"猪肉""猫肉""鼠肉"都判定为词,三个音节的"野猪肉""野猫肉""老鼠肉"都判定为短语。

"两难"情况下根据两个音节圈进来的词,是"非严格意义上的词"。比如"河里"、"树下"之类,明显是"单音名词+单音方位词"。因为它们是两个音节,所以语法书上通常都处理为词,但已经不是严格意义上的词。要是上了三个音节,如"大河里""河里头""槐树下"、"树下面",就得判定为短语了。

第三,有的单位,通常用作词,但在语言运用中有时被插入别的语言成分。对于这样的情况,可以把"本来形式"判定为词,把

"扩展形式"判定为短语。比如"鞠躬、洗澡、散步",这是本来形式,它们都是词;"鞠了一个躬、洗了一个澡、散了一会儿步",这是临时性扩展形式,它们都是短语。

第四,尽管可以根据两个音节和三个音节来划开"两难"现象中的词和短语,但仍然存在问题。因为到底是否"两难",可以见仁见智,处理起具体现象来就会出现分歧。有个折中的办法,这就是:用"短语词"这个术语来帮助解释一部分事实。比方:两个音节的,如果觉得不大像短语,但又不大像典型的词,可以认为是"短语词",如"据说、按理、不成"等等;三个音节的,如果觉得不大像词,但又不大像一般的短语,也可以认为是"短语词",如"禁得住、禁不住、差点儿、差不多、来不及、了不起"等等。当然,不管用什么办法来解释有关事实,处理上出现分歧总是在所难免的。在各持己见的情况下,可以认为各种处理都对,而各种处理都不影响对构成成分之间的关系的认识。比如"差点儿",甲判定为词,乙判定为短语,丙判定为短语词,这没什么关系,因为不同的判定并不影响对这个语法单位本身所包含的心补关系的认识。

(二)从跟小句的关系看短语的界域

从总体上看,在汉语语法系统中,短语实际上从属于小句,为小句所控管。这可以从三个方面来观察。

第一,短语的具体组合,为造句的具体需要所决定。

如上所说,绝大多数的短语都是自由短语,具有组合的临时性和可变性。这取决于小句表述意旨的临时需要,相当灵活。请注意下面例子中的"跑钱""跑票""跑官":

他这几天要跑钱。(哪有心思跟你们聊天!)

他这几天要跑票。(哪有心思跟你们聊天!)

他这几天要跑官。(哪有心思跟你们聊天!)

单独地说"跑钱""跑票""跑官",听起来也许不知所云,但出现在"他这几天要 X"的小句之中,它们的意思就比较明确了。"跑钱",为弄到钱而奔跑;"跑票",为弄到票(车票/机票/戏票)而奔跑;"跑官",为弄到官职而奔跑。

"跑+NP"是动宾短语。造句的意旨不同,这一动宾短语的具体组造也不同。除了"跑钱""跑票""跑官",还可以有其他许许多多:他这几天要跑执照。|他这几天要跑刊号。|他这几天要跑房子。|他这几天要跑家具。|他这几天要跑上海。|他这几天要跑医院。|他这几天要跑幼儿园。|他这几天要跑派出所。|他这几天要跑冰箱彩电。|他这几天要跑电脑打印机。

怎样组造短语,起主导作用的是造句需要。或者换句话说:短语的组造,以小句的组造为前提。这是"语"从属于"句"的一个表现。

第二,短语的结构类型,为小句的结构类型所包容。

就短语的"动宾""主谓""定心""状心""心补"等等结构类型而言,没有一种不在小句结构类型的包容之中。因此,分析小句,可以得到短语结构的所有类型;分析短语,却得不到小句结构的所有类型。

小句所包含的基本结构类型,自然是"动宾""主谓""定心""状心""心补"等等。从小句中离析出这些结构类型,便得到短语的结构类型。汉语语法著作,有的列举短语结构类型少一些,有的列举短语结构类型多一些。不管是少是多,多到什么程度,在小句中全都可以找到。

第三,短语的语义内涵,为小句的结构格局所显示。

a. 小心,这根线跑电!

　　b. 我这几天要跑电!供电局的关系能不理顺?

"跑电"只有一种结构关系(动宾),但有两种语义内涵。前一例,主语是"这根线"。跑电,即走电/漏电。后一例,主语是"我"。跑电,即为弄到电而奔跑,跟"跑钱"同构。

　　a. 我们下午学习文件。

　　b. 我们下午领学习文件。

"学习文件"有两种结构关系,因而有两种语义内涵。前一例,被安置在谓语部分,是动宾结构,表示行为:学习→文件。后一例,被安置作为"领"的宾语,是定心结构,表示事物:学习(的)文件。

　　a. 解放军围剿土匪的部队。

　　b. 解放军派来了围剿土匪的部队。

"围剿土匪的部队"有两种不同的组织层次,代表两种不同的结构关系和语义内涵。前一例,被安置在谓语部分,其组织层次为:围剿→[土匪(的)部队]。这是动宾结构。后一例,被安置作为"派来了"的宾语,其组织层次为:[围剿→土匪](的)部队。这是定心结构。

短语进入小句,其语义内涵的显示受到小句结构格局的规约,这也表明小句在跟短语的相互关系中起着主导的作用。

由于短语从属于小句,反过来说,短语的任何结构关系都为小句所包容。小句,除了短语所具有的结构关系之外,还具备句子特有而短语没有的多种因素,即"句子特有因素"。从小句减去句子特有诸因素,才可以得到这样那样的短语。

句子特有诸因素,主要包括以下五种:

第一,句子语气——从小句得出短语,首先要减去句子语气。

这里有两个前提:首先,假设小句的直接构件是短语。如果小句的直接构件是词,减去小句语气之后得出的自然不会是短语。其次,假设构件语法单位和句子语气是可以分离的。就实际情况而言,一个构件语法单位(不管是短语还是词)只要单独从口头上念出来,就会带上某种语气。一般是陈述语气。所谓减去句子语气,是从理论上说的。当我们把某语法单位作为一个短语来分析的时候,我们已经撇开了这个短语念出来时所带的语气。

第二,复句关系词语——从小句得出短语,第二个要减去的因素是典型的复句关系词语。小句和小句联结成为复句,有时使用复句关系词语。结果是,复句关系词语往往为小句所夹带。下面是使用了典型复句关系词语的例子:

(1)我决定委屈儿子,<u>因为</u>我伴同他的时日还长。(初中《语文》第1册)

(2)<u>如果</u>掌鼓得响<u>些</u>,有可能听到五六响。(初中《语文》第1册)

(3)汗<u>虽然</u>出了不少,心里还是不舒畅。(初中《语文》第3册)

前一例,第一小句(分句)带有"因为";中间一例,第一小句(分句)带有"如果";后一例,第一小句(分句)带有"虽然"。在减去句子语气的同时减去这些关系词语,剩下"我决定委屈儿子"、"我伴同他的时日还长"、"掌鼓得响些"、"有可能听到五六响"、"汗出了不少"、"心里还是不舒畅",才得出短语。除了第四个是连动短语,其他都是主谓短语。

复句关系词语有时也用在单句的两个成分之间。例如:

(4)<u>只有</u>这种知识,这种意志,<u>才</u>是世界上最可宝贵的财

产。(初中《语文》第6册)

(5)<u>无论</u>什么东西,什么时候,都不能使时钟为之动情或感到可贵。(高中《语文》第2册)

首先减去句子语气,再减去"只有"和"无论",才得出"这种知识,这种意志,才是世界上最可宝贵的财产"和"什么东西,什么时候,都不能使时钟为之动情或感到可贵"。它们都是主谓短语。

第三,语用成分——从小句得出短语,第三个要减去的因素是小句中的语用成分。小句语用成分有两类:

一类是独立成分,包括呼语、感叹语和各种各样的插说成分。如:你这种人,老兄,实在没出息!|你这种人,哼哼,实在没出息!|你这种人,依我看,实在没出息!|你这种人,总而言之,实在没出息!——减去句子语气,并且减去"老兄""哼哼""依我看""总而言之",得出"你这种人实在没出息",这才是主谓短语。

另一类是外位成分。如:这碗酒,你把它喝下去!|我实在拿他没办法,这个死不要脸的人!——"这碗酒"是前外位成分,"这个死不要脸的人"是后外位成分。减去外位成分的办法有二:一是直接删除,二是让外位成分把句中的"它""他"之类替换出来。在减去句子语气之后再减去外位成分,得出"你把它喝下去"、"你把这碗酒喝下去"、"我实在拿他没办法"、"我实在拿这个死不要脸的人没办法",这才是主谓短语。

带语用成分的结构,一般都被排除在短语之外。这样可以将麻烦问题放到句子结构的分析中去解决,避免短语问题的复杂化。然而,这么做,恰恰反映了小句问题可以包容短语问题的事实。

第四,成分逆置现象——从小句中得出短语,第四个要减去的因素是句子中成分逆置的现象。相对待的两个成分,比方主语和谓语、状语和心语,通常按前主后谓、前状后心的次序顺置。由于语用的需要,把主语放到谓语后边,把状语放到心语后边,这是逆置。例如:

(6)多么好,生活!(柯岩《奇异的书简》)

(7)祝福吧,为那些平凡的妻子和母亲。(艾之明《火种》)

逆置现象,短语里不存在。上面的小句,减去句子语气,并且减去逆置现象,得出"生活多么好"和"为那些平凡的妻子和母亲祝福",这才成为主谓短语和状心短语。

第五,成分共用法所造成的特殊状况——从小句中得出短语,第五个要减去的因素是成分共用法所造成的特殊状况。成分共用法,是指甲成分和乙成分共用于丙成分的一种句法。这种句法大量进入现代汉语书面语,并且得到发展,跟"五四"以后翻译外语作品有关。从语用上说,这是一种可以增强语言表达的凝练性的有用句法;从结构上看,这一句法造成了许多特殊状况,有的突破了短语的通常建立的模式。比如:

(8)同伴劝我甚至要推我下水。(李明《那一个夏天》)

(9)马克思主义看重理论,正是,也仅仅是,因为它能够指导行动。(毛泽东《实践论》)

前一例的"劝我甚至要推我下水"="劝我下水+甚至要推我下水"。即表意上包含两个兼语结构。后一例的"正是,也仅仅是,因为它能够指导行动"="正是因为它能够指导行动+也仅仅是因为它能够指导行动"。即表意上包含两个判断式动宾结构。问题在于:作为成分共用现象,"劝我甚至要推我下水"也好,"正是,也仅仅是,因为它能够指导行动"也好,如果作为短语来分析,都难于断定其结构关系。

成分共用法是值得作专题研究的一种句法。这种句法所造成的特殊状况超越了通常罗列的短语覆盖面,宜于放在小句句式分析中作深入的发掘。小句分析可以涵盖短语分析,短语分析却不能代替小句分析,这也说明小句对短语具有包容性。

总之,短语反映小句的基本结构关系,但它从属于小句,是减去句子特有诸因素之后才能得到的语法单位。

三 结束语

从组装和界域两个角度了解短语,有助于深化对汉语语法以小句为中枢这一特点的认识。就问题阐述的深度而言,本文只是粗线条地表明了笔者的见解;然而,就感情因素来说,用这篇文章献给王均先生的八十华诞,却能表达笔者对王先生的一片心意。

我跟王先生有"亦师亦友"的情谊。首先是"师"。早在青年时代,我就购买了先生和罗常培大师合著的《普通语音学纲要》,认真地拜读了这部著作。"文革"后,有机会直接跟先生交往,更有幸多次得到先生在学术上的当面指点。因此,对我来说,先生是名副其实的老师。其次是"友"。作为后辈,我实在不敢把先生当"友",而作为前辈,先生却是把我当成了忘年之交的。最难忘的,是1993至1995那三年的春天。1993年3月,全国政协第8届第1次会议期间,我和先生在京丰宾馆同住一间宿舍;1994年和1995年3月,全国政协第8届第2、3次会议期间,我和先生在香山饭店同住一间宿舍。那些日子,我们几乎是形影不离。宿舍里,散步时,天南地北,学问生活,无话不谈,没有丝毫"代沟"。先生的广博知识、长者风范和人格魅力,使我深受感染。现在,在先生八十华诞之际,我在武汉的桂子山上,向先生鞠躬拜寿。我深信:好人一生平安! 好人长寿百岁!

主要参考文献

邢福义 《汉语语法学》,东北师范大学出版社 1997 年。
李芳杰 《小句中枢说与句型研究和教学》,《世界汉语教学》2001 年第 3 期。

(原载《江汉大学学报》2002 年第 3 期)

处理好词典编纂中结论与事实的关系

所谓"结论",指词典对词的义项所作的归纳和解释、对词的语法性质所作的断定等等;所谓"事实",指社会语言运用中各个方面的实际情况。所谓处理好结论与事实的关系,是说:词典上所作的结论,完全符合客观实际,或者比较贴近客观实际。

一

《现代汉语词典》第5版,在原来的基础上作了重要的修改,解决了不少难题。这使得《现代汉语词典》进一步提高了在辞书界和在读者心目中的权威地位。

说个事实。近年来,有个问题一直让大家感到困惑。这就是:作为姓氏的"肖"和"萧",应该怎么看待,应该怎么处理?是以肖覆盖萧,还是以萧覆盖肖?比如:

(1)萧华是中国人民解放军著名高级将领。1916年生,江西兴国人。……萧华文武兼备,才华出众,著有《怎样进行战时政治工作》《长征组歌》《铁流之歌》等名篇。(news.enorth.com.cn/system/2005/10/11/001136800.shtml-34k-2005年10月20日)

(2)肖华逝世后,肖华的妻子王新兰及肖华的五个儿女均依法享有《长征组歌》歌词著作权中的财产权利……(www. gmw. cn/01gmrb/2005-10/21/content_320172. htm-18k-2005年10月20日)

这是最近从网上摘引的两个例子。前一例出现两次"萧华",后一例出现三次"肖华"。"萧华"和"肖华",实际上是同一个人。假如这位将军还活着,给他办身份证时,他的姓氏是取萧舍肖,还是取肖舍萧?这可不是个小问题。甲给乙汇款,如果身份证上有一个字跟汇款单上的不相同,乙是取不到款的!

麻烦的是,就客观实际的情况而言,二者的取舍,各有一股很大的语用势力予以支持。一方面,许多汉语言文字工作者偏向于取萧舍肖。比如,《现代汉语规范词典》不收"肖 Xiāo",并且明确表态:"(Xiāo)萧……不能简化为'肖'。"另一方面,党和国家的重要文件里,一律取肖舍萧。中国共产党中央委员名单中,全国人大代表和全国政协委员的名单中,全都用"肖",没有一个人是姓萧的。由于中央如此,地方各级党和政府部门也都如此。

在《现代汉语词典》第5版之前,除了《现代汉语规范词典》态度明确,其他词典的表述都是比较含糊的。比如,《新华词典》2001年修订版:"肖②Xiāo 姓。有些姓萧的人将自己的姓写作肖。""萧 Xiāo①草名。蒿子的一种。②冷落、衰败、没有生气的样子。"这部词典在解释"萧"时,未提"萧"是姓氏。又如,《现代汉语词典》2002年增补本:"肖 Xiāo 姓('萧'俗作肖)。""萧(Xiāo)②姓。"这类解释,让读者难以断定:能登大雅之堂的,到底是"肖"还是"萧"?"肖"和"萧",到底是什么关系?

《现代汉语词典》第5版,对《现代汉语词典》2002年增补本的解释作了修改。即："(Xiāo)肖［名］姓。""萧(Xiāo)②［名］姓。(近年也有俗写作'肖'的。)"这样的解释,既明确,又有弹性。首先是明确:"肖"和"萧"都是姓;其次是有弹性,能顺应未来可能有的变动情况。一方面,既然二者都是姓,那么,在确认某人姓氏的时候,根据户口簿和身份证,凡是用"肖"字的人就姓肖,用"萧"字的人就姓萧;另一方面,既然存在把"萧"俗写作"肖"的现象,那么,从发展上看,在中国的人口中,姓肖的人将会多于姓萧的人。

比较地说,从中央到地方的党政军各部门的用法,影响更为深远,已经形成了不可改变的事实。因此,《现代汉语词典》第5版的解释,更贴近实际。

二

任何词典都不可能完美无缺。《现代汉语词典》第5版,自然还有这样那样的问题可以讨论。

说个事实。汉语的词类问题,因为太复杂太麻烦,几十年来,词典的词类标注问题一直被挂了起来。现在,中国迅速跨进信息化时代,由于中文信息处理的需要,这一问题想回避也无法回避了。只要是参加中文信息处理方面的会议,在听有关学者介绍某个语料库建设的时候,总会听到"我们标注了词类"这样的语句。在现代化的时代大背景下,词典中的词类标注问题也被催促着非要解决不可,因此新出的词典,一般也都标上了词类。这显然是一大进步。然而,大家都标注了词类,是否意味着复杂问题都变得简单了,麻烦问题都变得不麻烦了呢?恐怕不是。

以"一定"这个词来说,《现代汉语词典》第5版这么解释:

【一定】①[形]属性词。规定的;确定的:要按~的程序进行操作。②[形]属性词。固定不变;必然:文章的深浅跟篇幅的长短没有~的联系。③[副]表示坚决或确定;必定:~要努力工作|这半天还不回来,~是没赶上火车。④[形]属性词。特定的:~的文化是~社会的政治和经济的反映。⑤[形]属性词。相当的:我们的工作已经取得了~的成绩|这篇论文具有~水平。

其中,词性和义项的排列次序,①②为形容词,③为副词,④⑤为形容词。在词性的认定上,《现代汉语规范词典》有基本相同的解说。即:"【一定】①[形]适当的;某种程度的▷种子在~的条件下才发芽|有~的提高。②[形]特定的▷~的社会形态反映~的生产关系。③[形]规定的;确定的▷律诗、绝句都有~字数|结果怎样还不~。④[副]表示态度坚决或必定如此▷~要挽回不良影响|孩子回来就不高兴,~是没有考好。"稍有不同的是:《现代汉语规范词典》只列出四个义项,而且先形后副:①②③为形容词,④为副词。《现代汉语词典》第5版之所以出现"形—副—形"的排法,是由于承袭了原来的次序。查2002年增补本可知,除了加上词类标注,并且换掉部分例句,义项与解说没有变化。

《现代汉语词典》第5版也好,《现代汉语规范词典》也好,对"一定"的词性认定标准是相同的:作状语的,标为副词;作定语(或述语)的,标为形容词。可疑的是,见于状语位置的"一定",是否只能是副词?请看下面的例子:

(3)不是叫你论谁的官大哩,官大也不一定是走资派,官小也不一定不是走资派,……(刘震云《故乡天下黄花》)

(4)你的感觉不一定不对,他现在不愿在家里住,也常常不在公司。(王海《牵手》)

(5)操场当然是露天的,露天的地方不一定不安全。(津子围《小温的雨天》)

上例的"一定"出现在了"不 X 不 VP"的结构框架之中,VP 可以是动词、动词结构或形容词。这里的"一定"不可能是副词,因为副词没有这样的语法特征。上网查看,可以见到许多同类例子。例如:

(6)我相信你不想骂人的,但是你不骂,别人不一定不骂,我是做了精神准备的。(bbs. people. com. cn/bbs/ ReadFile?whichfile=316429&typeid=18-21k-)

(7)其实卓越网搬离中关村的时候就已经说过了:"离开中关村不一定不赚钱。"(tech. tom. com/2223/200452-97020. html-31k-)

(8)说话少的孩子,智力不一定不高,满周岁的孩子不会说话也不用着急。(lianzai. china. com/books/html/784/4012/36044. html-7k-)

以上三例,VP 分别为动词、动词结构和形容词。

事实表明:要么,状语位置上的"一定"不是副词,而是别类的词;要么,状语位置上的"一定"有一部分是副词,有一部分不是副词。如何做结论才准确,有必要重视语言事实的挖掘,进行细致的分析和深入的研究。

三

为了《现代汉语词典》权威性的进一步加强,希望广开"群策群力"的渠道。

《现代汉语词典》的编纂班子历来很强。但是,编词典极难,要面临的问题非常之多,包括学术性问题和非纯学术问题。编写班子的成员不管学问怎么好,对古今中外、天上地下、四面八方的"事实"的了解,肯定都是有局限的,因此,有所缺漏,有所不周,完全正常。比方新词新义,社会变化越急剧,就会出现得越多。词典中必须不断增加新词新义,才能使得词典的更新尽可能跟时代的发展同步。但是,做好这一工作,必须以"普查"之所得为基础,仅靠编写班子的十几个人、几十个人,要想做到相对详尽,是会力不从心的。

说个事实。"教师教育"这个词语,已经使用好几年。特别是,在全国的师范院校里,已经成了特别常用的带有"主题词"性质的词语。2004年12月25日,在我们华中师范大学,在第九次党代会上,党委书记所作的报告就是:《立足新世纪 明确新任务 为建设教师教育特色鲜明的综合性研究型大学而努力奋斗》。上网查看,可以见到许多使用这一词语的例子。略举几例:

(9)我国教师教育取得长足进展。在我国第十八个教师节即将到来之际,记者从教育部了解到,……(www.edu.cn/20020917/3068525.shtml-10k-2005年10月19日)

(10)今天,教育部在京召开教师教育课程改革研讨会,召集国内著名专家和学者研究探讨教师教育课程改革总体思路和实施方案。(www.zju.edu.cn/zdxw/jd/read.php?recid=13479-7k-2005年10月19日)

(11)教育部将认真贯彻落实《2005年教师教育工作会议》精神,进一步加强和改革教师教育,……(news.xinhuanet.com/edu/2005-04/28/content_2887326.htm-43k-)

什么是"教师教育"？这个词语跟"师范教育"有什么联系和区别？没有谁作过解释。我想，《现汉》第 5 版既然能收"基础教育"（631 页）、"教育改造"（691 页）等四个音节的词语，那么，"教师教育"这个词语在选收时是不能漏掉的，将来是应该补上去的。如果不收这个词语，就显得不够贴近当前教育界的实际了。

作为中国最重要的一部现代汉语中型词典，《现代汉语词典》的权威地位早已为国内外汉语词典使用者所公认。但是，越是权威的词典，使用者对它的期望值就越高。也许可以走走"群众路线"，广开"群策群力"的渠道，定时和不定时地邀请编写班子成员之外的人士也来参加对《现代汉语词典》的修改。具体做法，可以多种多样。其中一个做法，是按词典的编排顺序，一两个部分、一两个部分或者两三个部分、两三个部分地举行系列性学术研讨会，比方，第一次会议集中讨论 AB 两部分所收的词语，第二次会议集中讨论 CDE 三部分所收的词语。研讨会每年举行一次，或者隔年举行一次，每次会议都让编写组内外的专家有机会比较充分地交换意见。这是"一口一口"地"吃掉"的策略和战术，定能取得较为理想的效果。如果商务印书馆和社会科学院语言研究所能够出面组织这样的研讨会，坚持十年八年，一二十年，有步骤分先后地对《现代汉语词典》进行不断的修改，相信结论与事实的关系一定会处理得更好，《现代汉语词典》一定会显示出更加强大的生命力。

主要参考文献

中国社会科学院语言研究所词典编辑室编　《现代汉语词典》第 5 版，商务印书馆 2005 年。

中国社会科学院语言研究所词典编辑室编　《现代汉语词典》2002 年增补

本,商务印书馆 2002 年。

李行健主编 《现代汉语规范词典》,外语教学与研究出版社、语文出版社 2004 年。

商务印书馆辞书研究中心修订 《新华词典》2001 年修订版,商务印书馆 2001 年。

邢福义 《词类辨难》(修订本),商务印书馆 2003 年。

(原载《语言文字应用》2006 年第 1 期)

新词语的监测与搜获

——一个汉语本体研究者的思考

本文所说的"新词语",既包括采用新语表形式的词语,也包括增加了新义项的词语。

本文从汉语本体研究的角度,就如何监测与搜获新词语的问题提出若干思考意见。包括三个部分:1)从"粉丝"说起;2)关于跟踪相对新词语的问题;3)新词语监测工程及其实施方略。

在中文信息处理中,在新词语的监测与搜获问题上,必须同时依靠两支队伍,一支是从事计算机信息处理的学者,一支是从事汉语本体研究的学者。诚然,汉语研究者不懂或基本不懂相关工程技术问题,但是,可以从本体研究的角度提出意见。没有这方面的意见和由此而引得的相关成果,极难取得理想的成效。

一 从"粉丝"说起

近来,媒体上流行"粉丝"一词,大意是"迷",有"狂热的迷恋者、狂热的崇拜者"之类意思。比如"足球粉丝、姚明的粉丝"等等。

"粉丝"来自英语的"fans"(s 是表示复数的词尾)。网上,有文章指出这个词的音译"流程":这不是普通话的音译,而是粤语的音译。(media. gxnews. com. cn/static/ 20060410/newgx443a1d69-584289. html-34k-)

从句子格局中的使用情况看,"粉丝"有所"汉化"。比方说,"fans"一定是复数,而"粉丝"却既可指复数,也可指单数,有时就有"粉丝们"的说法。如:粉丝们,大家畅所欲言啊。(www. douban. com/group/10459/-13k-)再比方说,"粉丝"可以充当各种句子成分,而且可以跟"腐竹"连用组成并列结构。如:尚爷向腐竹粉丝们致意!(fangqianwuhou. blog. hexun. com/3371807_d. html-17k-)

上海市实施《中华人民共和国国家通用语言文字法》办法(2005年12月29日上海市第十二届人大常务委员会第二十五次会议通过)明确规定:"国家机关公文、教科书不得使用不符合现代汉语词汇和语法规范的网络语汇。""新闻报道除需要外,不得使用不符合现代汉语词汇和语法规范的网络语汇。"网上,讨论"粉丝"的使用时,有人指出了这一点。(culture. people. com. cn/GB/22219/4152836. html-51k-)这是正确的。不过,也有人提出了自己的见解:"粉丝"并非网络语言,是群众创造而在传媒上普遍使用的。这个词现在谁都懂,也用得很顺。(media. gxnews. com. cn/static/ 20060410/newgx443a1d69-584289. html-34k-)这个意见也不应否定。在非严肃场合,为了轻松有趣之类的表述需要而用一用,恐怕禁止不了。在《楚天都市报》上,我就多次见到,好像没什么不好。比如:众多热情的中国留学生和华侨成了中国队忠实的"粉丝"。比赛即将开始,记者登上看台,迎面撞见一个脸上绘有中国国旗的外国小伙子,……(《洋"粉丝"的中国缘》,《楚天都市报》2006年5月17日19版)有的时候,使用"粉丝"甚至还可以取得意想不到的效果。请看这个例子:

妻有一手祖传的粉丝绝活。……今年年初,妻所在的公司搞改制,妻内退回家。……我鼓励她道:"你不是有做粉丝的绝活吗?干脆就开个粉丝小吃店吧,生意一定会好!"……儿子从工艺店里取回定做的"粉丝沙龙"的店牌……"粉丝沙龙"一开张,生意就出奇地火爆。一天晚上,……突然进来十多个学生模样的男孩女孩,恳求我们第二天不对外营业,他们愿意出高价钱包店搞聚会。……原来,他们是某歌星的铁杆"粉丝"呢!那次聚会相当成功,他们都认为这是历次聚会中最有创意的一次。接着,又有不少球星"粉丝"、影星"粉丝"们慕名来我们店搞聚会。此"粉丝"招来彼"粉丝",妻乐得合不拢嘴,儿子不无得意地说:"这店名没有取错吧!"(明伟方《粉丝沙龙》,《楚天都市报》2006年5月17日55版)

此"粉丝"非彼"粉丝",然而此"粉丝"却引来了那么多的彼"粉丝"!语言的力量,实在不可低估。网络语言追求新怪,这反映社会发展的一个小侧面。这个例子说明,新怪的东西具有刺激性,凭借其新怪的引力,有的时候还能够起到对社会发展有所刺激的作用。

到目前为止,新词语的监测与搜获,主要靠人工操作,然后在人工操作的基础上再作技术性处理。这样得到的新词语,不可能全面,更不可能知道所得新词语最早是在什么时候、什么地方出现的。比如现在我们知道"粉丝"这个词有新义,凭的是人脑感知,而不是通过计算机程序的监测来搜获。怎样才能把新词语从浩瀚无边的语言资源中筛滤出来,并且弄清楚它们的初始出现时间和场所,这是一个极为重大又极为复杂的科研课题。

二　关于跟踪相对新词语的问题

新词语具有时间性。表示人工流产的"人流",在 20 世纪 50 年代初期是新词,到全国性计划生育年代就只能说是相对新词。表示经商意思的"下海",在 20 世纪改革开放初期是新词,到现在也只能说是相对新词了。各种《新词新语词典》中的新词语,其实都是"相对新词语",都是跟旧词语或原有词语相对而言的。那些"相对新词语"一旦被收入词典,对于更新的词语来说,便成了"相对旧词语"。

近两年,教育部在全国范围内组建"国家语言资源监测与研究中心"。2004 年,语言文字信息管理司同北京语言大学合作共建平面媒体语言资源监测与研究分中心;到 2005 年,又同华中师范大学、中国传媒大学、厦门大学、暨南大学等高校以及广电总局合作共建网络媒体、有声媒体、教育教材、海外华人社区 4 个语言资源监测与研究分中心。2005 年 10 月,语言文字信息管理司在华中师范大学召开了语言资源监测与研究中心第一次工作会议,部署了中心建设、成果发布等工作,5 个分中心的主要负责人全都到会。今后,将以"中国语言生活绿皮书"的形式,每年向社会发布研究成果,其中有一个内容,便是对新词新语进行监测的结果。这是一项令人鼓舞的宏大工程,如果能够得到理想的结果,便能够清楚显示每个新词语的来龙去脉,便意味着建立起了高精密度的"新词语档案馆和监测台"。

2005 年 2 月 3 日,教育部在华中师范大学设立的"国家语言资源监测与研究中心网络媒体研究分中心"正式挂牌。之前,这个研究分中心的基本成员、计算机科学系的教授和研究生们已经做了大量的工作;之后,在明确的目标指引下,又取得了许多可贵的成果。2006年5月29日,《华中师大报》发表《网络媒体语言分中心研究成果 高校BBS语料库受社会关注》的报道,其中写道:"(2006年)5月22日,教育部、国家语委在北京召开了2005年语言生活状况新闻发布会,我校网络媒体语言分中心的大规模网络用语调查工作引起了与会代表和社会媒体的广泛关注。其建构的2005年高校BBS语料库,包括了清华大学、南京大学、中山大学、浙江大学、华中科技大学、四川大学、南开大学等7所高校2005年BBS话题类语料,共6万多个文本,1亿多个字符。对7所高校BBS用字情况调查显示,目前BBS汉字使用数量为9793个,比平面媒体汉字使用数多出1568个。BBS上标点及其他符号的使用率达到了55.07%,高于汉字的使用率。同时,中心建立了网络用语词表,统计了它们的出现频率。"(按:BBS 为 Bulletin Board System 的缩写,指公告板系统,也称电子公告板。)2006年6月3日,《楚天都市报》发表《高校BBS上特殊符号超过汉字》,其中写道:"昨日,华中师大国家语言资源监测与研究中心网络媒体分中心透露,该中心调查分析发现,大学生在BBS(公告留言板)上交流,运用特殊语言符号的次数已高于汉字。"

社会的广泛关注,说明研究工作取得了很好的成绩。应该感谢从事这项研究的计算机信息处理工作者们所作的努力。与此同时,我们也深深感到,这项研究向汉语学者提出了要求,希望汉语学者参与和配合。从新词语监测与获取看,上述报道的内容并没有直接地正面触及。报道中,"运用特殊语言符号的次数已高于汉字"这一结论特别引人注意,人们可能会怀着好奇的心理,提出这样那样的问题,比如:这个重要判断是怎么得出来的?统计的范围限定在什么圈子里?统计的方式方法是什么?不过,无论如何,都跟新词语问题不存在因果关联。至于"建立了网络用语词表,统计了它们的出现频率",应该是跟新词语有关的,但是,所说的"词表"到底能对新词语的监测起到什么样的作用,还应作进一步的探讨。

目前,对新词语进行监测,基本上是限于跟踪"相对新词语"。即以已经掌握的新词语为出发点,跟踪它们的使用情况。就网络用语说,于根元主编《中国网络语言词典》(中国经济出版社2001年6月)共收录网络词语1305条,跟原词语或旧词语相比较,都是相对新词语,其例句源自报刊、文艺作品、广播电视节目和网络。"跟踪"过程,大体有三步:第一,以《中国网络语言词典》所收的词语为基础,加上通过互联网搜罗到的若干新词,大约共有一千五百多个词语,制成一个"词表"。第二,选择几个高校的有关网站,限定一个范围,一年一年地录下它们的网页,建成语料库,语料库中的字次每年大约有几十亿。第三,根据词表上包括"美眉"、"恐龙"、GG(哥哥)、JJ(姐姐)、596(我走了)、9958(救救我吧)等等在内的词语,对所建语料库进行搜索,了解这些特殊词语在某一年的出现与使用的状况。由于词表中的词语不会年年全部出现,搜索之所得肯定少于词表所收的数量。比如词表上"相对新词语"有一千多个,对所建2005年语料库进行搜索的结果,却可能只得到七八百个。

这么做可以让人们从不同侧面了解到词表上相对新词语的使用状况,好处自然是多方面的。但问题在于,语言事实年年有变化,未知意义上的新词语年年有增加。根据相对新词语去跟踪,永远只知道相对新词语的活动情况,却永远不知道出现了什么更新的词语。打个比方：只根据开列出来的一个名单，去跟踪某类人士的发明创造情况，自然是一种研究，而且是一种很有意义的研究；但是，假若要不断发现新出现的做出了重大贡献的人士，那么，根据已有的名单是无法做到的。再打个比方：只根据公安部门掌握的窃贼名单，去跟踪这些窃贼的作案情况，自然可以对他们的一举一动做到心中有数，在加强社会治安上大有好处；但是，仅仅这么做，对名单之外的窃贼就一无所知，这不能不说是有关部门的工作缺乏良好的机制。

跟踪相对新词语，与搜索发现更新的词语，是两回事。只跟踪相对新词语，这是落后于现实的做法。这么做，不管已经拥有多大的语料库，语料库里已经具备多强大的功能，都无法达到国家对语言资源中新词语的涌现进行监测的目的。

三 新词语监测工程及其实施方略

要监测到每年在什么时候什么地方出现什么新词语，必须具备一个充足而必要的条件。这就是：建制出一套"获取新词语的多功能筛滤网"。这套筛滤网涉及面很大，覆盖面很广。其功能，从性质上分，有三大方面。

(一)对原有词语的筛滤

公式 I：词语－〈筛减〉原有词语＝〈得出〉包含新词语现象

原有词语，简称原词，指旧词语和相对旧词语，包括已为汉语辞书列为条目的全部词语。为此，必须制造出一张能够筛减掉全部原有词语的大网。有了这张网，才可以筛滤掉原有词语，剩下来的才有可能是包含新词语的现象。这张网的建制，前提是拥有一部"原词大全",穷尽地录入了各类字词典已列为词条的词语。在这部"原词大全"里,从古至今所有的汉语字词典,包括一般性的和专业性的,也包括海内的和海外的,它们所列出的字词语,应有尽有。

(二)对原词之外非新现象的筛滤

公式Ⅱ:词语-〈筛减〉原有词语-〈再筛减〉原词之外非新词语现象=〈得出〉新词语

如果说对原有词语的筛滤,需要制造出一张能够筛减掉全部原有词语的大网,那么,对原词之外非新现象的筛滤,便需要制造出几张能够筛下原词之外所有非新现象的大网。原词之外的非新词语现象,主要有以下几种。

1. 姓名与含姓氏称谓。姓名,例如"赵钢、张岗同"等等;含姓氏称谓,例如"老赵、小张、赵大叔、张阿姨、赵处长、张经理"等等。原有词语中,会有"鲁迅、孙中山、毛泽东、毛主席",但不会有一般人的姓名和对一般人的含姓氏称谓。因此,要获得新词语,必须建制一张姓名与含姓氏称谓筛滤网,以便筛去这些词语。

2. 自由小句。自由小句是跟定型小句相对的概念,定型小句可能作为熟语成了"原有词语",比如"人定胜天"、"鬼迷心窍"。自由小句是根据交际需要组织而成的自由实体,既不属于原有词语,也不属于姓名与含姓氏称谓。大多数新词语,两个音节;但是,语言事实告诉我们,有的新词语,诸如"教师教育"之类,是四个音节。因此监测对象的长度,起码要长到四个音节,即可以定为2—4音节。比如:"你来",两个音节;"你慢走",三个音节,"你别生气",四个音节。只有建制出一张2—4音节自由小句筛滤网,新词语的搜索范围才能进一步缩小。

3. 跨层次片段。指的是跨越两个词语的不成词语的片段。比如:"古圣先贤把什税一当作最理想的境界。"(节于今《建设创新型语言学》,《古汉语研究》2006年第1期)假若让计算机对这句话进行切分,切分的结果成为"古|圣先贤|把什税|一当作|最理想|的境界",怎么办?这就必须研究怎样才能让计算机具有正确分词的智能,建制出一张可以排除不正确切分现象的筛滤网。只有这样,对于新词语的搜索,才能更进一步收缩到无疑义的范围之内。

(三)对原有词语原有义项的筛滤

公式Ⅲ:词语－〈筛减〉(原有词语＋原词语外非新现象)－〈再筛减〉原词语所有原义项＝〈得出〉词语新义项

满足了公式Ⅱ,只能得到新词语,却得不到原有词语的新义项。比如"粉丝",这是一个原有形式,却有了新的意义。又如"海量"一词,《现代汉语词典》从试用本(1973年)到2002年增订本,都是列出两个义项:【海量】①敬辞,宽宏的度量:对不住的地方,望您~包涵。②指很大的酒量:您是~,不妨多喝几杯。到2005年出版的第5版,除了标注为名词,还增加了一个义项:③泛指极大的数量:~存储|~信息。

词语在形式上有"相对新词",在语义上也有"相对新义"。"粉丝"也好,"海量"也好,它们的新义一旦被总结出来了,也就成为"相对新义"了。那么,其他原有词语如果生发出新义项,怎样才能通过计算机对语言资源的监测来获取?这又需要建制出一张可以排除原有词语原有义项的筛滤网。只有这样,在筛滤减除原有义项之后,才有可能知道哪些词语增加了什么样的新义项。

以上所说的这套筛滤网,包括三大类的五大张,一张比一张难于制作。筛滤网的制作,每一张都起码需要 5—10 年的时间。只有广泛组织人力,联合攻关,分工合击,才有可能成功。参与筛滤网制作的人员,必须包括汉语本体研究工作者和计算机信息处理研究工作者,缺少哪一方面都不行。这套筛滤网的研究工作任务,大约 70% 属于本体研究方面。如果没有高水平的本体研究,根本不可能完成。汉语本体研究工作者应当在这方面多下工夫,多做贡献。

四　结束语

时代在呼唤跟中文信息处理密切结合的汉语本体研究。

作为一个汉语本体研究工作者,深知难免会说外行话。写作本文,一方面是想表明,面对社会的发展和时代的需求,思考思考有关的问题,提出个人的认识和意见,这是自己应尽的一份责任;另一方面是想说明,假如大家都行动起来,多出一些主意,多提一些方案,经过实践的冶炼,外行话必能逐步减少,汉语本体研究和计算机信息处理研究两方面力量的靠拢必能越来越近,宏伟计划的实施也因而必能越来越接近目标;再一方面,也就是更重要的一个方面,是想吁请教育部语信司把这一工程当作我国语言学界的一个"三峡工程",制定出一个长远规划,在全国范围内组织人马分期逐步实施。相信通过这一工程的实施,既能产出价值难以估量的成果,又能造就一大批符合时代需求的新型研究人才。

主要参考文献

于根元主编 《中国网络语言词典》,中国经济出版社 2001 年。
中国社会科学院语言研究所词典编辑室编 《现代汉语词典》试用本,商务印书馆 1973 年;《现代汉语词典》修订本,商务印书馆 1994 年;《现代汉语词典》增订本,商务印书馆 2002 年;《现代汉语词典》第 5 版,商务印书馆 2005 年。

(原载《语文研究》2007 年第 2 期)

说"生、死"与"前"的组合

○ 前言

"生、死"可以分别跟"前"组合,成为"生前"和"死前",二者同义。例如:

(1)俺兄弟生前说,别为他难受……(冯德英《迎春花》)

(2)他死前曾对我说,要求批准他为共产党员。(李晓明、韩安庆《平原枪声》)

前一例是"生前说",后一例是"死前说",其中的"生前"和"死前"可以互换:

(3)俺兄弟死前说,别为他难受……

(4)他生前曾对我说,要求批准他为共产党员。

一般情况下,说一个人"生前"怎么样或"死前"怎么样,这个人都已经去世。但是,在特定语境中,特别是在假设性句法环境中,所说的人也可以是活着的。例如:

(5)假如,我牺牲了,假如,党审查我生前的一举一动,像个共产主义战士,够个党中央和毛主席忠实的警卫员,那么,我这一生便没有虚度;虽死也身心愉快。(杜鹏程《保卫延安》)

(6)初时他尚想倘若败在师父手下,自己死了固不足惜,

但盈盈也必为他所杀,而且盈盈出言伤他,死前定遭惨酷折磨,是以奋力酣斗,一番心意,全是为了回护盈盈。(金庸《笑傲江湖》)

前一例用"生前"。"我"提出一个有关自己的假设,"我"自然是活着的。后一例用"死前",说的是令狐冲通过假设对盈盈的生死情况进行推测,而查看小说可以知道,事实上盈盈活着。

吕叔湘先生写《说"胜"和"败"》,在举出"中国女篮大败朝鲜队"和"中国女篮大胜朝鲜队"之类例子之后说:"'胜'和'败'是公认的一对反义词,怎么这里变成同义词了呢?"比照吕先生的话,也可以这么说:"'生'和'死'是公认的一对反义词,怎么组合成'生前'和'死前'之后变成同义词语了呢?"有人甚至颇感奇怪地问:"死前"等于"死之前",这好理解;"生前"不等于"生之前",这是怎么回事?

本文结合句法环境的管控,从不同角度对"生前"和"死前"这两个同中有异的组合进行观察。

一 语法单位

"生前"和"死前"属于不同级别的语法单位,"生前"是典型的合成词,而"死前"在严格意义上却是一个短语。它们的组造理据有所不同。

作为短语,"死前"的语义是组合的,即"死+前";其组造理据,是对"前"的直接定位,即"死之前"。作为合成词,"生前"的语义则是融合的,表示的是"活着的时候";其组造理据,是对"前"的反转定位,即绕了一个弯子,以反义的"死"作为定位点,由死到生地表述概念,等于说"死前之生(活着)时"。正因如此,"生前—死前"的对立,跟"来前—去前"、"睡前—醒前"等并不相同。

语言是一个系统。在语言系统中使用的"死前"和"生前",不是孤立的现象。比如"城外、市外"同"郊外、野外","城外、市外"是严格意义上的短语,意为城之外、市之外;"郊外、野外"是典型合成词,不是郊之外、野之外,而是城市之外的郊区、城市之外的野地。"城外"和"市外"是用"城"和"市"对"外"直接定位;而"郊外"和"野外"则是定位于人们聚居的热闹区"城"、"市",对"郊"、"野"进行反转定位。

近似的例子,还有"地上"和"天上"。"地上"是严格意义上的短语,意为地面之上;"天上"是典型合成词,不是天之上,而是天空。人们以衣食住行离不开的"地"为定位点,地面之上就会直接叫"地上",这是直接定位;对于高高在上的"天",人们往往会潜意识地加上"上"字,叫"天上",这实际上是由地到天地进行反转定位。

凡是直接定位的组合,都有反义说法。如:"死前—死后","城外—城内","市外—市内","地上—地下(地上有树木,地下有矿藏)"。凡是反转定位的组合,都没有反义说法。如:"生前"没有"生后"的反义说法,"郊外、野外"没有"郊内、野内"的反义说法,"天上"没有"天下"的反义说法("天下太平、打天下"之类中的"天下",不跟"天上"构成反义关系)。"地上"和"地下"有时同义(一个苹果掉到了地上=一个苹果掉到了地下),但这里的"地下"是反转定位的组合,即以高高在上的"天"作为定位点,给"地"加上"下"字,实际上还是地面之上。

"生前"和"死前"是典型的同义词语,"城外、市外"和"郊外、野外"只能说是意义接近的词语,"地上"和"天上"连意义接近都谈不上,但是,它们的组造理据是相同的。

一般的词典不收短语。因此,从词典里可以查到合成词"生前"、"郊外"、"野外"和"天上",却很难查到严格意义上的短语"死前"、"城外"、"市外"和"地上"。由于同样的原因,一般的词典里自然也查不到短语"来前"和"去前"、"睡前"和"醒前"。

二 表义倾向

"生前"和"死前"都指活着的时段,但从表义上看,二者存在细微差别。

第一,就所指时段的长短而言,"生前"可以包括活着的所有时间,"死前"可以只指临近死亡的极短时刻。比较:

(7)李先生<u>生前</u>同事、学生及亲朋友好,如参加告别仪式,请准时前往。(讣告)

(8)<u>死前</u>那一刹那,她微微地露出了笑容。

"生前亲朋友好",包括儿童时代、上小学时期的所有熟人,不能说成"死前亲朋友好";"死前那一刹那",时间极短,不能说成"生前那一刹那"。再比较:

(9)他<u>生前</u>很痛苦。

(10)他<u>死前</u>很痛苦。

前一例,时间可以很长,偏指生命历程中跟命运相关的心灵上的痛苦;后一例,时间一定很短,偏指死亡过程中跟病伤相关的肉体上的痛苦。

从行为的延续情况来看,作为时段偏长的"生前",可以跟活着时延续多年的多次性行为相联系;作为时段偏短的"死前",可以只跟活着时迅速完成的一次性行为相联系。

先看"生前"的例子:

(11)……特别是三中全会以后,出现了毛泽东同志<u>生前多年</u>盼望实现的生动活泼的政治局面。(《邓小平文选》第二卷)

(12)杜平<u>生前</u>和他在一起的那<u>许许多多</u>的生活场景一齐出现在他的眼前,……(李晓明、韩安庆《平原枪声》)

前一例用了"多年",隐含有"多次"的意思;后一例用了"许许多多",隐含有"多年"的意思。如果把这两例的"生前"换为"死前",都不合适。

再看"死前"的例子:

(13)武藏<u>死前</u>喝了酒,一定是酒后一时胡涂,自杀了。(李晓明、韩安庆《平原枪声》)

(14)这年冬天,老弟熬病熬到了头,<u>死前</u>对李芙蓉说:"我不怪你,我们李家究竟八字不硬。"(陈世旭《将军镇》)

前一例是说武藏自杀前喝过一次酒,后一例是说"老弟"临终时对李芙蓉讲过那么一句话。如果把这两例的"死前"换为"生前",或者不怎么顺当,或者会改变原意。

上面说过,"生前"和"死前"在特定语境中可以用来指活着的人。但是,二者仍然有行为的长期多次与短时少量的区别。例如:

(15)我<u>生前</u>有人养老,我有什么不放心的啊!

(16)我<u>死前</u>,真想看看春哥一眼啊!

第二,就表述者的心理偏重点而言,用"生前"进行表述,说的是一个人的正常性经历;用"死前"进行表述,着重强调发生有关情况时一个人的生命状况已不正常。比较：

(17)西湖大姐的丈夫遗下了一笔钱财,他生前用老婆和女儿的名义存了好几处银行。(陈世旭《将军镇》)

(18)你爹死前在天津存着三百块现洋,我知道他把它取回来了,……(李晓明、韩安庆《平原枪声》)

这两例,讲的都是把钱存入银行。前一例用"生前",偏向于强调那是在生命状况正常时做的事,当时身体可能很健康；后一例用"死前",则偏向于强调那是在生命状况不正常时做的事,当时已有死的迹象、预感或征兆了。

在句子的词语完全相同的情况下,变换使用"生"和"死",可以看到二者表述心理上偏重点的不同。例如：

(19)崇祯的生母姓刘,生前地位很低,……(姚雪垠《李自成》第一卷)

(20)崇祯的生母姓刘,死前地位很低,……

前一句,是说在宫中的地位一直很低；后一句,是指靠近死亡的那个时间里地位很低,不排除以前曾经显赫过。又如：

(21)关于领导方法的原则,杜平同志生前已经对你讲的很多了。(李晓明、韩安庆《平原枪声》)

(22)关于领导方法的原则,杜平同志死前已经对你讲的很多了。

同是"对你",前一句指正常情况下多年的启发教育,后一句指靠近死亡那个时间里的反复叮咛。

"死前"是不是根本不能跟表示较长时段的词语连用呢？也不是。不过,总会有个限度。看例子：

(23)舅舅在死前几个月,就送我去投师学艺。(姚雪垠

《李自成》第二卷)

(24)后来崇祯因想着他母亲在死前两年中长斋念佛,又命画师另画一幅遗容,……(姚雪垠《李自成》第一卷)

"几个月",特别是"两年",跟咽气前的短暂时间相比较,不能说不长,然而,还是强调了临死,指明了生命状况已不正常。再说,"死前"的时段长度总是有限的,除非是百岁老人,否则,就一般情况而言,恐怕不会有"死前十年长斋念佛"的说法。

第三,就跟人和事物的关系而言,"生前"可以用来述说一个人的人生经历,"死前"却可以用于不存在人生经历问题的人和动物。例如:

(25)我尽力尊重他的遗愿,不去歌颂他生前的工作,不公布他的工作单位和职务。(初中《语文》第四册)

(26)听人说她生前是不规矩的。(高中《语文》第四册)

上例的"生前",或者涵盖一个人一生的业绩,或者涵盖一个人一贯的生活作风,都不能替换为"死前"。又如:

(27)那婴儿死前动过手术。

(28)那匹老马死前显得可怜巴巴的。

一个一岁半岁的幼儿没有"经历",因而幼儿死了可以说"死前"怎么样,却不好用"生前";马、牛、羊、狗、猫是动物,没有"人生"经历,因而动物死了可以说"死前"怎么样,却不好用"生前"。

三 跟介词的配搭

在跟介词配搭上,"生前"和"死前"的情况有所不同。

"生前"和"死前"的前头都可以用介词"在"。例如:

(29)他在生前没有把过去良好的作风,比如说民主集中制、群众路线,很好地贯彻下去,没有制定也没有形成良好的制度。(《邓小平文选》第二卷)

(30)那个小窗户像是变成了万宝洞,竟能使她看到似乎在生前已经不能看到了的人。(李晓明、韩安庆《平原枪声》)

(31)他在死前确实有过悔改的表示。

(32)那个让她牵肠挂肚的人,她真希望在死前能看上一眼。

前两例是"在生前",后两例是"在死前"。

但是,跟时段之短相配合,只有"死前"的前头才可以出现介词"临"。例如:

(33)潜斋临死前特意嘱咐留交给他,不可随便泄露天机。(姚雪垠《李自成》第二卷)

(34)这是敌人临死前的挣扎,是狗急了跳墙。(冯德英《苦菜花》)

(35)建梅那欢乐的笑容,关切的眼光,还有她那临死前被敌人残害的形象,却老在他眼前晃动。(李晓明、韩安庆《平原枪声》)

上例都是"临死前"。在结构层次上,"临死前"是"〈临死〉前",而不是"〈临〉死前"。即"临"先跟"死"组合,然后一起跟"前"组合。"生前"前头不能出现"临"。假设在某个特定场合,一位老人这么叮咛孕妇:"一定要保护好孩子,临生前千万别胡乱吃药!"其中的"临生前"一般要说成"临产前",不过,即使能那么说,"生"也不是"活着"的意思,而是"生下来"的意思,因此跟本文讨论的"生前"无关。

有时,"临死前"前边还可以出现"在":

(36)他要是胆敢在临死前骂出一声就多砍十刀,骂十声多砍一百刀。(姚雪垠《李自成》第二卷)

这时,结构层次是:"在|〈临死〉前"。

四 语用价值

"生前"和"死前"的使用,从语用价值的角度看,也存在细微差别。

第一,"生前"是文雅说法,表示对死者的尊重;"死前"是白俗说法,带有随便述说的口气。比较:

(37)这位老将军生前几个月里老在念叨这件事。

(38)这位老将军死前几个月里老在念叨这件事。

前一例用"生前",口气尊重;后一例用"死前",是一般性地述说死者的情况,显得较为粗俗。再比较:

(39)这是方志敏同志生前从狱中用米汤写给鲁迅先生的一封信。(初中《语文》第二册)

(40)据了解,郭某现年32岁,湖北省黄石市人,2002年初来津,在某大酒店坐台,死前曾多次向别人炫耀自己有存款。(常健等《三陪女劫杀三陪女》,《楚天都市报》2002年7月14日5版)

撇开时间长短的因素不讲,前一例不一定不能用"死前",但是对于方志敏同志来说,用"生前"更合适;后一例不一定不能用"生前",但是,述说对象是一个三陪女,用"死前"更适当。

对于同一件事,在造句词语完全相同的情况下,"生前"和"死

"前"的选用首先取决于说话人的心理因素。对自己尊敬的人,不会用"死前"把话说得那么随随便便;对自己厌恶的人,不会用"生前"把话说得那么文雅郑重。另外,也取决于说话人的文化程度。一个没有什么文化程度的人,说话白俗,不会使用文雅词语,即使谈及父母伯叔,也可能用"死前"。

第二,在生与死对比着说的时候,出于变换词面的需要,如果后边出现"死"字,前面要用"生前"。例如:

(41)因为这是老孙<u>生前</u>的愿望、死后的遗言。(鹏程《保卫延安》)

(42)<u>生前</u>名满天下,死后名垂千古,……(姚雪垠《李自成》第一卷)

(43)他<u>生前</u>自己也承认有错误,他说过,我死后如果能够得到三分错误、七分功劳的评价就满意了。(《邓小平文选》第三卷)

上例是"生前"和"死后"对比着说。以前一例来说,不会说成:因为这是老孙死前的愿望、死后的遗言。又如:

(44)我爹爹妈妈<u>生前</u>遭人折磨侮辱,又死得这等惨,……(金庸《笑傲江湖》)

(45)这些财主羔子,<u>生前</u>糟蹋得还嫌不够,死了还把好东西带进土!(冯德英《迎春花》)

上例是"生前"和"死/死了"对比着说。以前一例来说,不会说成:我爹爹妈妈死前遭人折磨侮辱,又死得这等惨。

常有"死者生前"的说法。在这样的四字格里,为了避免用字的重复,不管是什么身份的人,都不会说成"死者死前"。例如:

(46)黄冈市公安局刑侦技术队从死者<u>生前</u>食用的鸡蛋炒

饭和胃内容物中检出同样的鼠药"毒鼠强"成分,……(麦芒等《家庭暴力引发悲剧》,《楚天都市报》2002年7月22日19版)

(47)死亡时间推断为10月29日晚10时30分至次日凌晨1时30分之间,死者生前与他人有过性行为。(张志奇等《一起"杀妻"冤案引人深思》,《楚天都市报》2002年12月9日)

五　古代使用情况

"生前"和"死前"共时使用,有所分工,自古有之。例如:

(48)生前酒伴闲,愁醉闲多少。(杜牧《独酌》)

(49)人生百岁中,孰肯死前足。(澹交《效古》)

笔者通过电脑语料库对古文和古诗作了大面积的检索,获得了两点鲜明的认识:

第一,"生前"和"死前"的同与异,跟现代汉语里的情况没有什么区别。比方,从语用价值上说,为了变异词面的需要,如果跟"死、死后"对举使用,便要求用"生前"。例如:

(50)努力前程是帝乡,生前免向胡中死。(刘商《胡笳十八拍·第十七拍》)

(51)夫人病时不肯别,死后留得生前恩。(白居易《李夫人》)

(52)生前不忍别,死后向谁宣。(王维《哭祖六自虚》)

(53)生前妒歌舞,死后同灰尘。(祖咏《古意二首》)

(54)生前卖卜居三蜀,死后驰名遍大唐。(郑遨《哭张道古》)

第二,"生前"的使用频率大大高于"死前","生前"和"死前"的比例为4∶1。这在一定程度上决定于人文背景。古人迷信,古文古诗中用"生前",许多时候是从死后的阴间回溯人物的阳世生活情况,这类例子不少。现代人一般不再讲说阴间的事,这类例子自然基本消失了。例如:

(55)小侄生前,不听好言,不信有阴间地府,妄作妄行。(凌濛初《初刻拍案惊奇》卷三十七)

(56)但闻室中笑语,亮气高声,宛若生前。(《聊斋志异·陆判》)

(57)冥王以妾生前无罪,死犹不忘经咒,俾生王家。(《聊斋志异·杜四娘》)

(58)贵家委禽,女辄不欲,怪问之,具述生前约。(《聊斋志异·鲁公女》)

(59)以生前抛弃字纸过多,罚作瞽。(《聊斋志异·司文郎》)

六 结束语

(一)"生前"和"死前"同义。但"生前"是典型的合成词,而"死前"却是严格意义上的短语。这说明,辨析同义现象,有时有必要突破"词"对"词"的界限。

(二)作为同义词语,"生前"和"死前"都指活着的时候,既可以就死去的人而言,也可以就活着的人而言。它们的细微差异,表现在组造理据有所不同、表义倾向有所不同、跟介词配搭的情况有所不同、语用价值有所不同等方面。

(三)"生前"和"死前"共时使用,自古有之。由于古代文化背景的关系,古代作品中"生前"的使用频率大大高于"死前"。

(四)对"生前"和"死前"的语义进行辨析,不能离开句法管控和话语场景。汉语的词汇词义的分析研究,应该同语法语用的分析与研究结合起来。孤立的词汇词义层面的分析,只能获得最基本的了解;衔接上语法语用的分析,才有可能获得深入而全面的认识。

(五)2001年5月,储泽祥教授在跟笔者谈心时提到"生前"和"死前"。后来,这两个词语老在脑子中相互纠缠,无法排除,于是收集材料,不断梳理,写成本文。提到这一点,是想特别说明,本文的题目是从泽祥那里得到的。

主要参考文献

吕叔湘 《说"胜"和"败"》,《中国语文》1987年第1期。
中国社科院语言研究所词典编辑室编 《现代汉语词典》修订本,商务印书馆 1998年。
储泽祥 《现代汉语方所系统研究》,华中师范大学出版社1997年。
邢福义 《"最"义级层的多个体涵量》,《中国语文》2000年第1期。

(原载《中国语文》2003年第3期,略有修改。)

承赐型"被"字句

本文讨论承赐型"被"字句。所谓"承赐",即接受赐予。一般"被"字句为遭受型,基本表义倾向为拂意;本文讨论的承赐型"被"字句,为适应特定语用要求而使用,基本表义倾向为称心。

承赐型"被"字句是"被"字句中相对独立的一个类型,在形式上使用了特定的动词,构成了特定的格局。这类"被"字句自古有之,但到现当代才发展定型。

本文包括五个部分:1. 代表格式;2. B式核心动词的多样性;3. 格式的相关情况;4. 源流辨;5. 结束语。

一 代表格式

承赐型"被"字句有三个代表格式:①"S 被(X)授予 Y";②"S 被(X)评为 Y";③"S 被(X)列入 Y"。

1.1 A式:"S 被(X)授予 Y"

这一格式,核心动词用"授予"。例如:

(1)邹仁鋆……1989 年被授予"全国先进工作者"称号。(《中国人民政治协商会议第八届全国委员会委员名录》[以下简称《委员名录》]210 页,文化教育出版社 1994)

(2)昨晚,包括皇马六星罗纳尔多、齐达内、劳尔、卡洛斯、

菲戈和贝克汉姆在内的30名皇马成员,被授予昆明市的"荣誉市民"。(《武汉晚报》2003年7月29日A22版)

(3)"功勋飞行员"广州军区空军副参谋长岳喜翠28日在京被授予人民解放军空军少将军衔,成为我军第一位女飞行员将军。(《楚天金报》2003年7月29日10版)

(4)范氏梅芳最近刚刚被授予了一项奖学金,可以前往英国攻读工商管理。(《武汉晚报》2003年8月14日A19版)

不管是谁,不管被授予什么称号、头衔、证书、奖状、奖章、奖金,都是称心如意的。如果有必要,"被"字后边可以出现名词性施事成分X,说成"S被X授予Y"。例如:

(5)丁石孙……被日本创价大学和美国那布拉斯加大学分别授予名誉博士学位。(《委员名录》48页)

(6)1982年(韩德培)被美国密苏里州堪萨市市长授予"荣誉市民"称号。(《湖北省社会科学界名人》第1卷494页,湖北人民出版社1992)

(7)今年7月23日,他因在科学界的出色造诣和贡献,被布什总统授予美国公民最高奖章——"总统自由勋章"。(信莲《美国"氢弹之父"走完非凡一生》,《楚天都市报》2003年9月11日)

(8)因在1961年社会主义建设事业中有显著的贡献,(廖序东)被徐州市人民政府授予奖状。(《人淡如菊——记语言学家廖序东》335页,南京大学出版社2002)

同"授予"相当的,还有"赐予"。比如,"被授予×××勋章",也可以说成"被赐予×××勋章"。不过,现代汉语语料中没有见到这一说法。这可能跟"赐予"一词文言色彩较重,现代人已不大使用有关。

1.2 B式:"S 被(X)评为 Y"

这一格式,核心动词用"V 为"。最有代表性的是"评为"。"评为"使用频率很高,比用"授予"更为常见。例如:

(9)朱铭……1991 年被评为山东省科技拔尖人才。(《委员名录》52 页)

(10)其父也得遂大志被评为一级教师。(方方《白雾》)

(11)倔强的性格使我努力学习,终于被评为优秀少先队员。(《作文练习材料》,初中《语文》第四册)

(12)听了老校长的话,我想,怪不得我们学校年年被评为卫生先进单位呢。(《阅读》,小学《语文》第六册)

如果有必要,"被"字后边同样可以出现名词性施事成分。例如:

(13)张伯勤……1992 年被北京市总工会评为"爱国立功标兵"。(《委员名录》494 页)

(14)1989 年(廖序东)又被江苏省教委评为优秀研究生导师。(《人淡如菊——记语言学家廖序东》11 页)

(15)1981 年(孙叔平)被国务院学位委员会评为中国哲学专业博士生导师。(《中国社会科学家自述》41 页,上海教育出版社 1997)

(16)……《步进驱动系统的最佳控制》,1987 年被湖南省自动化学会评为一等优秀论文。(《委员名录》51 页)

能够进入"V 为"的动词较多,后面另用一小节来描述。

1.3 C式:"S 被(X)列入 Y"

这一格式,核心动词用"V 入"。最有代表性的是"列入"。

"列入"的使用频率也比较高。例如:

(17)刘诗白……被列入美国传记研究所《国际名人录》。(《委员名录》53页)

(18)张厚粲……1990年被列入英国剑桥传记中心"世界妇女名人录"。(《委员名录》58页)

"被"字和"列入"之间同样可以出现名词性施事成分。例如:

(19)谢联辉……被英国传记中心列入《国际知识分子名人录》。(《委员名录》372页)

(20)蒋守规……1992年被美国国际名人传记所列入《杰出领导名人录》。(《委员名录》403页)

同"列入"相当或相近的,还有"收入、录入、选入、写入"等。例如:

(21)近两年来,他的小传被收入《中国现代文学作者笔名录》等书目中。(《湖北省社会科学界名人》第1卷21页)

(22)(杨隽)1994年被国际学术机构录入《现代俄语学世界名人录》。(《湖北专家大词典》258页)

(23)(苏文芳)1988年加入九三学社,1989年被选入支委任组织委员。(《携手奋进 共绘宏图》219页)

(24)(王善序)主要论著……已被写入部颁技术规范和有关设计计算手册中。(《湖北专家大词典》80页)

二　B式核心动词的多样性

B式的核心动词,即"被V为"中的V,具有多样性。按表义的偏重点,大体可以分为以下四组。

2.1 "评选"组

主要使用"评为"和"选为"。"评为"重在评,"选为"重在"选"。上文已经列举出"评为"的用例。"选为"也有相当高的使用频率,例如:

(25)1925年尾,恽代英和我及其他四人被选为左派国民党上海市党部的代表,赴广州出席国民党第二次全国代表大会。……我又参加了第一次中华全国文学艺术工作者代表大会,被选为全国文联副主席,中国文学工作者协会(后改名为中国作家协会)主席。(茅盾《自传》,初中《语文》第六册)

(26)1954年至"文化大革命"前,冰心曾被选为一至四届全国人民代表大会代表,……1978年她被选为五届人大代表、五届政协常委。(《冰心传略》,初中《语文》第六册)

(27)弟弟写的作文如果被选为北海道的代表,就能参加全国的作文比赛。(栗良平《一碗阳春面》,高中《语文》第三册)

"评为"和"选为"组合,便成为"评选为"。例如:

(28)侯义斌……1993年被美国传记研究所评选为"全世界5000著名人物"。(《委员名录》300页)

跟"评选"相通或相近的,还有其他一些动词。

"定为、指定为"等,接近于"评为"。例如:

(29)于洋……1959年被文化部定为全国廿二大名星之一。(《委员名录》223页)

(30)李同生……1991年被指定为全国首批继承名老中医药专家学术经验的指导老师。(《委员名录》430页)

"推选为、推举为、选拔为、提名为"等,相当于或大体相当于"选为"。例如:

(31)(1989年吕叔湘)在中国职业教育社第六届理事会第一次全体会议上,被推选为名誉理事之一。(《吕叔湘全集》第19卷742页,辽宁教育出版社2002)

(32)白嘉轩被推举为学董,鹿子霖被推为学监。(陈忠实《白鹿原》)

(33)几个月以前,我被提名为独立党的纽约州州长候选人,与斯图阿特·伍德福先生和约翰·霍夫曼先生竞选。(《竞选州长》,初中《语文》第六册)

2.2 "表彰"组

"表彰"重在褒扬和赞誉。有时直接用"表彰为":

(34)开会时发言积极,也被表彰为"会议积极分子"。(李佩甫《羊的门》)

(35)郝振堃……1991年被中共中央组织部表彰为"优秀领导干部"。(《委员名录》161页)

有时用"誉为":

(36)王菊珍……被国际同行誉为"钨大国的钨大姐"。(《委员名录》522页)

(37)世界卫生组织宣布硒被誉为"抗癌之王"。(《武汉晚报》2003年8月13日A18版标题)

有时用"公认为",有"赞誉为"的意思:

(38)周培源……被世界公认为湍流模式理论的奠基人。(《委员名录》134页)

2.3 "聘任"组

"聘"重在聘请,"任"重在"任命"。

有时说成"聘为"或"聘请为"。例如:

(39)1955年,(黎锦熙)被聘为中国科学院哲学社会科学第一届学部委员。(《黎锦熙选集》10页,东北师范大学出版社2001)

(40)(吕叔湘1991年)被国家语委聘为编辑系列高级职称评审委员会委员。(《吕叔湘全集》第19卷747页)

(41)张永珍……1992年被国务院港澳办公室新华社香港分社聘请为香港事务顾问。(《委员名录》503页)

有时说成"任命为"。例如:

(42)黄敬也在这次调整中意外地受到了起用,被任命为市委常委、市委副书记。(季宇《最后期限》,《中篇小说选刊》2003年第3期108页)

(43)果不其然,一星期后副县长被任命为正县长。(方方《白雾》)

(44)后来又传闻朱先生凭一张嘴,一句话,就解除了从甘肃反扑过来的二十万清军,朱先生因此被张总督任命为第一高参。(陈忠实《白鹿原》)

"聘为"和"任为"组合,便成为"聘任为"。例如:

(45)李天庆……1988年被聘任为澳门东亚大学(后改为澳门大学)副校长。(《委员名录》516页)

跟"聘任为"之类比较接近或有所接近的有"宣布为、批准为、接纳为"等。例如:

(46)黑娃被宣布为筹备处主任。(陈忠实《白鹿原》)

(47)鹿兆海即将出院的时候,学校的那位英文教员来看望他时正式通知他:"你被接纳为中共党员了。"(陈忠实《白鹿原》)

2.4 "称呼"组

一般说成"称为"。例如:

(48)更光荣的是被称为纺毛突击手、纺纱突击手。(吴伯箫《记一辆纺车》,初中《语文》第四册)

"称为"不仅用于人,更多时候用于各种事物。例如:

(49)中外驰名的最大类书《永乐大典》,被称为世界最大的百科全书进入《吉尼斯世界纪录大全》,是明永乐年间分韵编的。(戚志芬《自学的好帮手——工具书》,初中《语文》第五册)

(50)书目历来受到人们的重视,被称为读书治学的门径和打开知识宝库的钥匙。(王绪芳《找书的金钥匙——书目》,初中《语文》第五册)

上例用于书籍书目。又如:

(51)碑子栽在白鹿村的祠堂院子里,从此白鹿村也被人称为仁义庄。(陈忠实《白鹿原》)

(52)地中海沿岸被称为西方文明的摇篮。(竺可桢《向沙漠进军》,初中《语文》第三册)

(53)钱塘江大潮,自古以来被称为"天下奇观"。(赵宗成、朱明元《喜看今日钱塘潮》,小学《语文》第七册)

上例用于地点或某个地点的景观。

"称为"有时也说成"称做"。例如:

(54)"悬棺"是中国古代有些民族将棺材置于悬崖洞穴中

的一种奇特安葬方式,被称做中国的千古之谜,世界文化史上的一大奇观。(陈汉元《从宜宾到重庆》,初中《语文》第三册)

"命名为、取名为"若用于"被"字句,也表示一种"称呼"关系。例如:

(55)经上级有关部门批准,小镇现在真的被命名为"将军镇"了。(陈世旭《将军镇》)

(56)蔡振兴……其所创办的华夏信息服务公司被中共巩义市委、市政府命名为"乡镇百家先进企业"。(《委员名录》202页)

"称为"和"誉为"相结合,便成为"称誉为"。例如:

(57)人们纷纷谴责袭击者,对这位被联合国秘书长安南称誉为"杰出的属于全人类的公务员"表示哀悼。(《楚天都市报》2003年8月21日19版)

三 格式的相关情况

3.1 三式的联系与区别

ABC 三式,以接受赐予为语义基本点,在表意上存在明显的联系。比较:

她被授予"当代杰出女性"称号。

她被评为"当代杰出女性"。

她被列入《当代杰出女性》。

"授予"和"列入"以"评"为先行条件。先有评议,"授予"称号才有基础;先有社会评价,"列入"传记才有依据。

三式的区别在于:A 式"被授予",是一种以下对上的承赐关系，庄重严肃；其宾语部分，出现"称号、职称、军衔"之类名词。B式"被评为"，基本上也是以下对上，但有时可能只是某个集体的一般性评比活动，不那么郑重；其宾语部分，不出现"称号、职称、军衔"之类名词。C式"被列入"，通常不是以下对上的关系，而是某人或某物由某个编辑单位给予某种荣誉；其宾语部分，出现"传记、名人录"之类名词。

至于B式内部的各种情况，同样既有联系，也有区别。比较：

他被评为"工程头号指挥员"。

他被选为"工程头号指挥员"。

他被表彰为"工程头号指挥员"。

他被聘为"工程头号指挥员"。

他被任命为"工程头号指挥员"。

他被称为"工程头号指挥员"。

上例除了核心动词，其他词语完全相同。比较可知：一方面，对于"他"和"工程头号指挥员"的联系来说，"评为"、"选为"、"表彰为"、"聘为"、"任命为"、"称为"存在相通之处。另一方面，由于核心动词不同，适应的范围自然也不一样。比方，"评为"和"称为"，"评为"用于作为社会行为的有意识评选活动，而"称为"则是人与人或人与物之间的命名行为。尽管甲被称为乙实际上也是一种"评"，不过，不属于由上而下的有组织的行政活动。又如，可以说"他被选为班长"，不能说"他被评为班长"，可以说"她被称为当代穆桂英"，不能说"她被聘为当代穆桂英"或"她被任命为当代穆桂英"。

3.2 三式的实际运用

在语言的实际运用中，承赐型"被"字句并不总是那么单纯、那么规整,有时会有所变异。主要有以下情况。

(一)换词使用、联结使用或交替使用。例如:

(58)他原本是县农企局的一个副局长,不知怎么<u>被</u>谭成伟看上了,<u>提拔</u>成了副县长。(季宇《最后期限》,《中篇小说选刊》2003年第3期107页)

(59)谢雨辰……1982年<u>被推举列入</u>《台湾电影电视名人录》。(《委员名录》259页)

(60)昨日上午,中宣部、中华全国新闻工作者协会在人民大会堂举行"全国新闻界抗击非典宣传工作"表彰大会。……湖北日报编辑部<u>被授予</u>"全国新闻界抗击非典新闻宣传先进集体"荣誉称号;记者张洁<u>被评为</u>"全国新闻界抗击非典新闻宣传优秀记者";由胡思勇、刘章西撰写的《抗疫时评》和《楚天都市报》记者张仕武、左砚文、宋效忠采写的《生命重于泰山》<u>被评为</u>"全国新闻界抗击非典优秀新闻作品"。(《楚天都市报》2003年7月24日2版,记者张左)

前一例是B式的换词使用。把"提拔为"说成"提拔成",口语化强些,特别是,接着上文的"看上了",后边说"提拔成了"更顺畅。"提拔成了"能说,"提拔为了"是不能说的。

中间一例是B式和C式的联结使用。说成"被推举列入",既有"推举(为)",又有"列入",这是加强语义表述准确性的需要。

后一例是A式和B式的交替使用。说成"被授予……被评为……被评为……",这既是语义表述的需要,也是修辞上变换词面的需要。如果全用B式,说成"被评为……被评为……被评为……",显得较为平板。

(二) 说法变化而语意隐含。

某个特定的说法,词面上不显示为某一格式,但隐含着某一格式的语意。这一状况,主要与 B 式"V 为"相关。例如:

(61) 他刚被提拔,总是很兴奋,干什么都是一阵风。(王跃文《朝夕之间》,《小说月报》2003 年第 5 期 23 页)

(62) 原检察厅厅长马玉龙临危受命,被派往华江出任市委代书记;……(季宇《最后期限》,《中篇小说选刊》2003 年第 3 期 108 页)

(63) 我们就是要建立这样一套制度,使那些有专业知识的、年富力强的人,被选拔到能够发挥他们才干的工作岗位上来。(邓小平《高级干部要带头发扬党的优良传统》,《邓小平文选》第二卷)

前一例,隐含上文已经存在的一个叙述:他(关隐达)已经被提拔为县委书记。中间一例,等于说:被任命为市委代书记。后一例,等于说:被选拔为在合适岗位上发挥才干的干部。再如:

(64) 那一年,镇上应届的学生没有一个被大学录取。(陈世旭《将军镇》)

(65) 这种罕见的豁达被当作慈心善举在村民中受到赞颂。(陈忠实《白鹿原》)

前一例,等于说:被录取为某大学学生;后一例,等于说:被赞颂为慈心善举。

以上各例,都隐含 B 式"V 为"的意思。

(三) 进入小句,充当定语。

有时,"S 被(X)Y"整个儿进入"是"字小句,充当宾语部分里"理由、原因、根据、通知"之类的定语。这里的 S,代表被动对象。例如:

(66)这正是军民能够打成一片的理由,也正是我们军队之所以被称为人民子弟兵的理由。(邓小平《太行区的经济建设》,《邓小平文选》第一卷)

上例,"我们军队(之所以)被称为人民子弟兵"充当"理由"的定语。承赐型的三个格式,都能这么办。如:

  这就是黎明先生被授予杰出科学家称号的正式通知。(A式)
  这就是黎明先生被评为杰出科学家的正式通知。(B式)
  这就是黎明先生被列入杰出科学家名录的正式通知。(C式)

有时,S成为"是"字小句中宾语部分的中心语,"被(X)Y"充当S的定语。例如:

(67)这次海市蜃楼发生在被称为人间仙境的蓬莱阁对面海域。(《作文训练》,初中《语文》第三册)

(68)在大青山脚下,只有一个古迹是永远不会废弃的,那就是被称为青冢的昭君墓。(翦伯赞《内蒙访古》,高中《语文》第三册)

这两例,"被称为人间仙境"和"被称为青冢"分别充当"蓬莱阁"和"昭君墓"的定语。作为中心语,"蓬莱阁"和"昭君墓"是由表示被动对象的主语转化而成的。即:蓬莱阁被称为人间仙境→被称人间仙境的蓬莱阁丨昭君墓被称为青冢→被称为青冢的昭君墓。承赐型的三个格式,都能这么办。如:

  这就是被授予杰出科学家称号的黎明先生。(A式)
  这就是被评为杰出科学家的黎明先生。(B式)
  这就是被列入杰出科学家名录的黎明先生。(C式)

3.3 三个格式与称心如意

ABC 三式同称心如意的联系,在程度上略有不同。大体说,可以表述为:

$$A 式 > B 式 > C 式$$

(一)关于 A 式

A 式"被授予",总是表示称心如意。

有时,在列举中显示了荣誉级别的高低对比,但并不存在称心与拂意的区别。比方:"那一年,我被授予全国劳动模范称号,我妻子也被授予全国卫生系统劳动模范称号。"我和妻子都高兴,都感到光荣。又如:

(69)张勇……1988 年被授予少将军衔。1991 年被授予中将军衔。(《委员名录》548 页)

"少将"不如"中将"级别高,但被授予少将军衔和中将军衔都是愉快的。介绍某个人的情况,即使说他"被授予中校军衔",说的也是愉快的事。

有时,在"被授予"前边加上"仅仅"表示不满意,但不能说明"被授予"跟称心不存在联系。比如:"仅仅被授予中校军衔,仅仅被授予中将军衔,仅仅被授予大将军衔",如此等等,都只反映个人的私欲得不到满足,"仅仅"只是一种外加的强性认定。"被授予元帅军衔",就不能说成"仅仅被授予元帅军衔",因为再没有比元帅更高的军衔。

(二)关于 B 式

B 式"被评为",一般都是表示称心如意。

之所以说"一般",是因为特殊场合中,有时也可能表示拂意。比如,20 世纪 60 年代"大跃进"期间,高等学校的教师经常进行评

比活动,人们交谈时可以这么说:

(70)他被评为火箭。我被评为蜗牛!

被评为火箭者高兴,被评为蜗牛者自然懊丧。

B式里,核心动词不同,跟称心的联系也不一样。比如"誉为"和"称为","誉为"是"誉",因此总是称心;"称为"只是"称",尽管往往称心如意,有时却是中性的,甚至可能是拂意的。例如:

(71)那还不能被称为"戈壁",那在普通地图上,还不过是无名的小点,但是人类的肉眼已经不能望到它的边际,……(茅盾《风景谈》,高中《语文》第二册)

(72)此外,许多鱼类由于结成大群游动时也会发出声音来,这被称为"动水力学声音"。(《鱼类的声音》,高中《语文》第五册)

上例的"被称为戈壁"、"被称为动水力学声音",无所谓称心拂意。又如:

(73)中国一向被称为一盘散沙,但是自从我们党成为执政党,成为全国团结的核心力量,四分五裂、各霸一方的局面就结束了。(邓小平《目前的形势和任务》,《邓小平文选》第二卷)

(74)你们不了解我们心灵的变化,我们被称为抱大的一代,你们没有责任吗?(丁榕《理解,应该是双向的》,初中《语文》第五册)

(75)况且我们还要穿越南极大陆一块被称为"不可接近地区"的地域。(秦大河《科学探险的壮举》,初中《语文》第五册)

上例显然偏向于拂意。

(三)关于 C 式

C 式"被列入",大多数情况下可能表示称心,有时可能表示拂意。这要看"列入"的宾语之所指。如果宾语指不好的事物,自然是拂意的。比如:

(76)就在那一次发言之后,我被列入了右派分子的名单。

3.4 三个格式的否定说法

ABC 三式都有否定说法。即是在"被"字前头,加上"不、没、未"之类词语。例如:

当年他被授予中将军衔 → 当年他未被授予中将军衔
今年他被评为三好学生 → 今年他没被评为三好学生
他因此被列入英模名录 → 他因此不被列入英模名录

凡是表示称心的承赐式,其否定说法一定表示拂意。再看下面的例子:

(77)我一定用实际行动积极争取及早加入共青团,请考验,请批准。如果我被批准了,我决心遵守团章,执行团的决议,遵守团的纪律,履行团员义务,参加团的工作,做名副其实的共青团员,处处起模范作用,为"四化"贡献力量;如果我一时未被批准,决不灰心,要接受考验,继续创造条件争取。(《申请书》,初中《语文》第三册)

上例讲是否被批准为共青团员。"被批准",称心;"未被批准",不如愿。

当然,如果承赐式说的是拂意的事,否定式便会表示称心。例如:

(78)那一次发言之后,我整天提心吊胆,亏得有一位人事干部帮我说话,才没被列入右派分子的名单。

四 源流辨

按通常的推断,"被"字句用于称心,可能是在现代汉语里发展起来的欧化说法。比如饶长溶(1990)指出:"有些'被'字式表示为非不如意的用法,可能是受印欧语和翻译作品的影响,近些年来有越来越扩大的趋势,甚至有些人有时直将'被'字式当作单纯表被动的格式来使用。"(84页)这一推断,有待于做进一步的观察和验证。

4.1 古代已有雏形

承赐型"被"字句,其实是从古代发展而来的。

(一)古代典籍中已有"S 被(X)V 为 Y"的形式。例如:

(79)及琼被选为鳌屋令,卿犹言相中不见,……(《魏书·寇讚传》)

(80)国人迎泥孰于焉耆而立之,是为咄陆可汗。……既被推为可汗,遣使诣阙请降。(《旧唐书·列传第一百四十四下》)

(81)时敦被征为秘书监,以寇难路险,轻骑归洛阳,委弃公主。(《晋书·列传第四十六》)

上例都是以"V 为"充任核心动词的 B 式。如果有表述的需要,"被"字后边、核心动词前头也可以出现名词性施事成分 X。例如:

(82)行至庐江,太守胡孟康被丞相召为军谘祭酒。(《晋书·列传第四十》)

(83)后与王珣俱被桓温辟为掾,并礼重之。(《晋书·列传第四十九》)

由于古今语汇语义系统的更迭,古书中的"S 被(X)选为/推为/征为/召为/辟为 Y"在内容上跟现代汉语并不相同,但它们的语法结构和语义关系却是一致的。

近代汉语作品中,也可以看到同类的说法。例如:

(84)小人杀的好牲口,挑筋剔骨,开剥推剥,只此被人唤做操刀鬼曹正。(《水浒传》第1回)

"唤做"相当于"称为"。"被人唤做操刀鬼曹正",在情绪偏向上可以看作中性;但如果说成"被唤做及时雨宋江",便偏向称心。

(二)古代典籍中也有跟"S 被(X)V 为 Y"语义相关的形式。例如:

(85)世宗时,中尉崔遏、黄门郎崔季舒俱被任用。(《北齐书·列传第十》)

(86)世宗入辅京室,崔暹、崔季舒、崔昂等并被任使,张亮、张徽纂并高祖所待遇,然委任皆出元康之下。(《北齐书·列传第十六》)

(87)时宇文述方被任遇,和倾心附之,又以发武陵公元胄罪,拜代州刺史。(《旧唐书·列传第九》)

上例的核心动词"任用、任使、任遇"都包含"任"字。采用"被任用"之类说法,尽管不出现"为"字,但后边可以接上或者勉强接上"被任用为"之类说法。因此,还是属于 B 式。比方,前一例可以说成"中尉崔遏、黄门郎崔季舒俱被任用,分别被任用为……"。后两例类推。

以上用例,都表示称心。正因如此,如果"被"字前边出现否定词,便会表示拂意。例如:

(88)大业末,李密略地荥、汴,亮杖策从之,未被任用。

(《旧唐书·列传第十九》)

(三)古代典籍中还可以见到其他许多"承赐"义"被"字句。所谓"其他",指的是不带"为"字或不能转化为带上"为"字的现象。从核心动词的构成看,大体有两种情况。

第一,核心动词为"X遇"的。"遇"是"相待、接待"的意思。

a. 有时用"礼遇"。例如:

(89)琡宿有能名,深被礼遇,军国之事,多所闻知。(《北齐书·列传第十八》)

(90)思廉以籓邸之旧,深被礼遇,政有得失,常遣密奏之,思廉亦直言无隐。(《旧唐书·列传第二十三》)

"被"字后边可以出现名词性施事成分X:

(91)性强正亮直,虽被温礼遇,至于辩论,每不阿屈,故荣任不至。(《晋书·列传第六十二》)

b. 有时用"宠遇"。例如:

(92)泽因被宠遇。(《北齐书·帝纪第六》)

(93)甚被宠遇,生毗陵悼王轨、惠帝、秦献王柬,平阳、新丰、阳平公主。(《晋书·列传第一》)

c. 有时用"优遇、赏遇、恩遇、知遇"等等。例如:

(94)崇自表曰:"臣兄统以先父之恩,早被优遇,出入清显,历位尽勤。"(《晋书·列传第三》)

(95)后被赏遇,赐名敬宣,位至侍中开府。(《颜氏家训》)

(96)知节既领其一,甚被恩遇。(《旧唐书·列传第十八》)

(97)元既早被高祖知遇,兼其母兄在东,尝有思归之志,恒遣表疏,与高祖阴相往来。(《北齐书·列传第十九》)

第二,核心动词不包含语素"遇",但表示"宠爱、褒赏"等意义。这类表示称心的"被"字句,虽然不好划归"被 V 为"的形式,但从语义的联系上看,还是属于接受赐予的范畴。例如:

(98)而浚早慧,后更被宠。(《北齐书·列传第二》)

(99)帝果悦,立为弘德夫人,进左昭仪,大被宠爱。(《北齐书·列传第一》)

(100)隐之清操不渝,屡被褒饰,致事及于身没,常蒙优锡显赠,廉士以为荣。(《晋书·列传第六十》)

(101)会皇孙载诞,太子宴宾客,抱于坐中献《嫡皇孙颂》,深被嗟赏。(《旧唐书·列传第一百四十》)

(102)及高贵乡公讲《尚书》,冲执经亲授,与侍中郑小同俱被赏赐。(《晋书·列传第三》)

(103)敦平后,周颛、戴若思等皆被显赠,惟协以出奔不在其例。(《晋书·列传第三十七》)

(104)关东之地,百物阜殷,从军之徒,尤被优养。(《旧唐书·列传第八十九》)

事实表明,在古代,就已有了"被"字句称心意象的发展基础,并且已经出现了承赐型"被"字句的雏形。

4.2 现代形成模式

诚然,不能说"被"字句的表示称心是到了现代,由于大量接触了印欧语才产生;然而,承赐型"被"字句的发展成型,却可以说是现代的事。所谓"成型",指的是形成特定模式。其表象,便是以三个格式为基干,形成了一个具有较强系统性的被动称心表述的网络。其结果,不仅内涵上存在特定语义的规约,而且外延上得到了形式上的圈定(尽管这种圈定不可能有绝对的界限),使得"被"字句中出现了一个较为特殊的承赐型,有如一个小"独立王国"。如果说,一提到一般"被"字句,人们会更多地想到不幸苦恼,那么,一提到承赐型"被"字句,人们便会更多地想到称心如意。二者的文化取值有所不同。前者指一般性的天灾人祸,而后者则指社会活动中带有荣誉性的授受行为。

促成承赐型"被"字句在现代汉语语法系统中的发展成型,主要有三个方面的因素。

(一)社会发展的因素。

王力《汉语语法史》其实已经涉及承赐型"被"字句。王先生认为"被"字句是个表示不幸、不愉快的格式,但他也承认不是所有"被"字句都这样。他指出:"我们也曾根据《世说新语》全书做过一次统计,全书的被动式共二十七个,其中就有十九个是表示不幸或者不愉快的事情。"(284 页)又指出:"再说,就大多数的'例外'看来,似乎还是有规律可寻的。它们所表示的绝大多数是关于在上的恩宠,如《世说新语》的'被举'、'被知遇'、'被礼遇'等。"(285 页)应该指出:第一,在二十七个例子中,有八个例外,占将近三分之一,比例不小;第二,王先生所说的"规律",是"它们所表示的绝大多数是关于在上的恩宠",这已经涉及了"承赐"的内容;第三,王先生用了"似乎"一词,表明王先生未作明确认定。这是实事求是的。无论如何,"承赐"说法的形式在古代毕竟并未形成系统,王先生只是从语义上做了笼统的解说,这如实地反映了古代的状况。

现代汉语里承赐型"被"字句的使用,首先决定于社会发展的语用需要。现代,特别是中华人民共和国成立以后,尤其是近三十年来,伴随着政治、经济、科教、文化、军事等等方面的飞速发展,评优授奖活动日益增多,于是,承赐型"被"字句的使用愈发频繁。比方,20世纪末期,常见"被授予跨世纪人才称号"、"被评为跨世纪人才"和"被列入跨世纪人才培养计划"之类说法。这类带有强烈时代感的当今社会用语,不可能见于古代。据笔者的观察,凡是名人传记、名人介绍之类,只要是涉及近二三十年的事,一定会出现承赐型"被"字句,有的甚至出现相当多。

(二)使用者的心理因素。

现代汉语里承赐型"被"字句的使用,其次决定于使用者心理上的荣誉感。

"被"字本来跟不幸苦恼相联系。那么,承赐型的称心如意有没有可能是不幸苦恼的一种延伸,实际上依然从属于不幸苦恼?王力《汉语语法史》曾推测道:"我们可以这样假设:在上古封建社会里,一般人以为在上者的恩宠是和灾祸一样不可抗拒的,所以要用被动式。这只是一个假设。"(285页)这里,王先生把恩宠同灾祸联系了起来,认为古人心理上把恩宠看成了灾祸。正如王先生所说,这只是假设。古人的心理状态,我们不敢贸然断定,然而,今人使用承赐型"被"字句的心理状态,绝对不是那样。

当今社会,一个人写自传,提到自己某年某月被授予国家级大奖,或者自己某年某月被评为科学院院士,或者自己的事迹某年某月被编选入名人大典,一定是怀着成就感写下的一行行文字,反映出经过艰苦奋斗和多年追求之后得到回报的喜悦。看两个实际用例:

> (105)这下子可不得了,工作队宣布我是疯狂攻击毛泽东思想的急先锋,批了十几场,狼狈不堪。……1987年,得到北大哲学系主任黄枬森教授的推荐,<u>被</u>聘为北京大学兼职教授,合作培养我国第一位以毛泽东哲学思想为研究方向的博士

生。(《刘嵘》,见《中国社会科学家自述》17页)

(106)八十年代,华东师大中国教育史博士学科点成为全国的重点,我<u>被</u>评为"主要学术带头人"和全国优秀教师。有《述怀》一首:人民育我我育人,日月不淹四十春。鬓染疏霜心未老,胸怀四则思无垠。深铭修己贵崇德,时颂善歌使继声。珍重师生多互勉,新程万里共长征。(《张瑞璠》,见《中国社会科学家自述》484页)

《中国社会科学家自述》一书,国务院学位委员会办公室编,载有我国450多位社会科学家的自述。这些学者,都是1990年之前得到国务院学位委员会批准的博士生导师。前一例,见于刘嵘先生(1920年生,中山大学教授)的自述。经过了"批了十几场,狼狈不堪"的岁月,在67岁的时候"被聘为"北京大学兼职教授,对刘先生来说,绝对是感到庆幸和自慰的事。后一例,是张瑞璠先生(1919年生,华东师范大学教授)自述的最后一段。20世纪80年代,张先生就被评为全国重点博士点的主要学术带头人和全国优秀教师,这使他深深体味到了他的人生价值。他特别写了《述怀》一首,足以证明这一点。

可见,现代的承赐型"被"字句所表示的称心如意,跟"灾祸"感绝对没有任何牵连。

(三)语言自身的因素。

现代汉语里承赐型"被"字句的使用,还决定于语言发展的内因。

从词汇的角度说,表示遭受的"被"字本然地跟不幸烦恼的事相联系。为什么其中会有一小部分用于称心,而且会形成以表示称心为基本倾向的承赐型呢?从语言自身的因素看,是因为语法的发展有自己独立的轨道。汉语语法重句法,句子的表意受到句法的管控。这里,需要特别注意"主语规约"的决定性作用。

所谓"主语规约",是说:作为起词的主语,管控着后续语句的配置。表述者针对表述主脑进行叙写,形成顺势而下的语流。在这种情况下,表述者不再关心被字句表意上的如意不如意。比如:

他因为……而被……

在这个格式里,"他"是充当主语的起词,被确定为表述的主脑。后边,不管添上拂意的内容,还是添上称心的内容,都很自然:

他因为参与抢劫而被判处有期徒刑十年

他因为成果获奖而被评为科研希望之星

上面多次引用了《中国人民政治协商会议第八届全国委员会委员名录》的例子。作为"委员名录",是分别以一个个委员作为表述主脑来介绍的。正因如此,承赐型"被"字句用得特别多。再看这个例子:

(107)阎达五 1929 年 1 月 14 日生于山西祁县。1949 年 3 月肄业于私立北平华北文法学院经济系。1954 年毕业于中国人民大学马克思列宁主义夜大学。……1990 年被吸收为日本国际会计研究会荣誉会员。(《中国社会科学家自述》305 页)

上例是在阎达五教授自述前边编者所加的"按注"性简介。编者介绍阎达五教授,从出生时间写起,顺叙下来,最后用了一个"被"字句。这一句,如果不用"被",说成"1990 年吸收为日本国际会计研究会荣誉会员",意思不怎么完整;如果改用主动式,说成"1990 年日本国际会计研究会吸收(他)为荣誉会员",又好像拐了一个弯子,不那么顺畅。

如此看来,承赐型"被"字句的使用,既有客观实际的使用需要,更有语言自身的内因。这就是说,"被"字一旦入句,一旦构成"被"字句,就会被语法化,就会在语法发展的轨道上演化,从而偏离或脱离词汇上"被"字的本然意义。

五 结束语

通过以上的分析可以知道:

第一,"被"字句中,有承赐型一小类,在情绪倾向上表示称心。

第二,承赐型"被"字句以"被授予""被 V 为""被 V 入"为基本形式标志。

第三,承赐型"被"字句与古代用法存在渊源关系,其发展既取决于社会、心理方面的需要,又受到"主语规约"句法机制的管束,跟现代翻译印欧语言没有必然的联系。

必须进一步指出的是:除了承赐型,在一般"被"字句中,表示称心的为数已经很少。然而,不是绝对没有。这说明,承赐型"被"字句和一般"被"字句尽管情绪倾向上形成对立,但二者之间并不存在绝对固定的界限。例如:

(108)也不知他说了什么,华森·普德里被他逗得开怀大笑。(戴雁军《非常案件》,《中篇小说选刊》2003 年第 3 期 139 页)

(109)孝文孝武念书写仿很用功,人也很灵聪,背书流利得一个栗子也不磕巴,照影格描写的大字满纸都被徐先生画上了红圈儿。(陈忠实《白鹿原》)

李临定(1986)指出:"在现代汉语里表示褒义的'被'字句的确

在扩大,像'他被评为劳动模范'、'他被大家选为生产队长'、'弟弟被批准入团了'这样的句子都是常见的。"这里说的是承赐型"被"字句。李先生又指出:"表示心理状态或抽象意义的褒义动词,也进入'被'字句。如:是由于同情而产生爱,也由于被同情而产生爱(冯德英)|在他们那里,我第一次感觉到医生是被人需要的,被人爱的(曹禺)。"(223—224页)这里说的便是一般"被"字句了。

那么,是不是承赐型"被"字句才跟古代用法相联系,一般表示称心的"被"字句则属于"欧化"用法呢?恐怕也不是这样。查近代白话作品里的"被"字句,可以看到这样的例子:

(110)这样现成的韵被你得了,只是不犯着替他们颂圣去。(《红楼梦》第76回)

(111)这件兵器,乃锟钢抟炼的,被我将还丹点成,养就一身灵气,善能变化,水火不侵,又能套诸物;一名金钢琢,又名金钢套。(《西游记》第6回)

(112)却才被夜游神一阵神风,把我送将进来,他说我三年水灾该满,着我来拜谒师父。(《西游记》第37回)

这三例,不属于承赐型,但是它们或者说得了个好韵,或者说得了件好兵器,或者说得了次好机会,说的都是称心如意的事。

北京师范学院中文系汉语教研组编著《五四以来汉语书面语言的变迁和发展》一书,没有提到"被"字句由拂意到称心的发展,这是正确的。

主要参考文献

饶长溶 《把字句·被字句》,人民教育出版社1990年。
王　力 《汉语发展史》,商务印书馆1989年。

陈复华主编 《古代汉语词典》,商务印书馆 1998 年。
李临定 《现代汉语句型》,商务印书馆 1986 年。
邢福义 《说"句管控"》,《方言》2001 年第 2 期。
北京师范学院中文系汉语教研组编著 《五四以来汉语书面语言的变迁和发展》,商务印书馆 1959 年。

(原载《语言研究》2004 第 1 期)

连词"为此"论说

现代汉语中"为此"有介词短语和连词两种用法。上古时期,"为此"最初用作动词短语,后来出现了介词短语的用法。唐宋时期,一部分介词短语开始向连词虚化,元明清时期它已经虚化为一个连词。语义特征和句法环境是促使"为此"语法化的两个重要因素。总的看来,"为此"在现代汉语中的连词地位比较弱小,不过它的语法化程度已有所发展。

本文包括四个部分:1)从现代汉语平面考察"为此"的使用;2)从历史纵线观测"为此"的连词化;3)从两方面事实评说"为此"的连词地位;4)结束语。

一 从现代汉语平面考察"为此"的使用

1.1 "为此"的两种用法

"为此"有"语"和"词"两种用法。

1.1.1 作介词短语使用。这时为"语"。例如:

(1)政治上须使指挥员、战斗员们认识从游击队到正规军提高一步的必要性,鼓励大家为此而努力,并以政治工作去保障之。(毛泽东《抗日游击战争的战略问题》,《毛泽东选集》第二卷)

(2)我知道为此要付出一些代价,要牺牲许多世俗的享乐。(路遥《你怎么也想不到》)

上例"为此"是介词短语,"为"是介词,"此"是代词。

1.1.2 作连词使用。这时为"词"。例如:

(3)假如敌人聪明些从我的来路上去搜,杨同志必然遭到不幸,为此,我瞅个空子,拼命去夺一个坏蛋的枪,逼的他不得不朝天开火。(李英儒《野火春风斗古城》)

(4)由于中东地区形势紧张,为此,日本国内外投资家大量买进日元,使得日元汇率上涨。(《人民日报》2002年4月11日)

上例的"为此"是连词,意思是"因为这个",大致相当于因果联系中表示结果的"因此"。

"为此"的连词用法,有的学者已经注意到了。比如,张玉金主编《古今汉语虚词大辞典》(1995),解释"为此"时所列义项中有一项为"连词",指出这个连词"连接两个分句或两个句子表示因果关系。可译为'因此'"。所举的例子中,有这么一个:说也奇怪,这年虽然小有溃烂,却是一个窟窿也没有出过。为此,黄大户家甚为喜欢。(《老残游记》第一回)又如,俞光中、植田均(1999),也把一部分"为此"作为因果关系连词来处理。

1.2 连词"为此"的两种用法

作为连词的"为此",又有两种用法。

1.2.1 单独使用。从总体上看,单独使用的现象占绝对多数。例如:

(5)这个矿地处深山,交通不便,为此,他们买回四部汽车,无论集体还是个人,只要捎个口信或打个电话,就派车把

煤送到家门口,群众都愿意买他们的煤。(《人民日报》1983年2月6日)

(6)想到这些,我心里感到很惭愧,为此,就把《铁道队》的写作停下,已写出的那一部分稿子,虽然还没刊登完,也停止连载了。(刘知侠《〈铁道游击队〉创作经过》)

上例的"为此"都是单独使用。

1.2.2 与原因标记搭配使用。有的时候,"为此"与原因标记"由于"同现,形成"由于 p,为此 q"的格式;或者,"为此"与原因标记"因为"同现,形成"因为 p,为此 q"的格式。这是"为此"成为连词的重要形式表现。比如,上面的例(4),出现了"由于……为此……"。再如:

(7)可是由于她胆怯恐怖得厉害,话说的含糊得使母亲听不懂,也无从知道她的心事,为此,杏莉母亲也得不到什么。(冯德英《苦菜花》)

(8)因为教员签订教学合同也得交论文,为此,难免也有人求助于论文公司。(《人民日报》1981年1月26日)

从"由于/因为 p,为此 q"所关联的前后小句看,主要有两种情况:

其一,前后小句之间具有直接的因果关系。这时,原因分句包含一个或一个以上的小句。例如:

(9)由于前3个国家一直被美国定性为"无赖国家",为此印度十分不满。(《人民日报》2001年4月2日)

(10)由于中埃合作和中非合作是涉及多个领域的综合性工程,为此,我们目前正在认真扎实地做好各项准备工作,……(《人民日报》2002年1月16日)

(11) <u>由于</u>政府的目标是既要减少交通拥挤,又要减少车辆对环境的污染,<u>为此</u>,政府还做出规定,从今年 7 月开始,所有销售的新轿车必须配有催化转化装置,就这一样,购车者又需要开支 1200 美元。(《长江日报》1992 年 7 月 2 日)

上面前两例的原因分句由一个小句充当。后一例中的"由于"后边有两个小句,形成两个分句。这两个分句之间是并列关系,它们共同表示原因,跟"为此"后边的分句直接产生因果联系。

其二,前后小句之间是间接的因果关系。这时,原因分句包含两个或几个小句。如:

(12)由于超导物质处于超导状态的临界温度都很低(一般都在-243℃以下),所以要把它大量用于像输送电力这样的生产实际不大可能,为此人们开始寻找处于"高温"甚至室温的超导体。(《物理学网络课程》第 11 章第 8 节,见 http://www.nuist.edu.cn/courses/wlx/)

上例复句总共包含了三个小句。"由于"分句首先与"所以"分句构成直接的因果关系,然后再与"为此"分句构成因果关系。从语义关系来看,"由于"分句和"为此"分句之间不是直接的因果关系,而是一种间接的因果关系。

二 从历史纵线观测"为此"的连词化

2.1 连词"为此"连词化的过程

"为此"的连词化与"为"有着密切的关系。"为"最初是一个动词,先秦时代已经虚化为介词了(王力 1989)。因此,在先秦时期"为此"既可以作动词短语使用又可以作介词短语使用。

用作动词短语的,例如:

(13)恐宗庙之不扫除,社稷之不血食,敢问为此若何?(《国语·齐语》)

(14)孰为此者?天地。(《老子》二十三章)

用作介词短语的,例如:

(15)梁丙曰:甚矣哉,子之为此来也!(《春秋左氏传·昭公三年》)

(16)伯尊曰:"君为此召我也,为之奈何?"(《春秋穀梁传·成公》)

随着时间的推移,"为此"的动词短语用法逐渐减少,而介词短语用法逐渐增多。与此同时,一部分介词短语开始向连词虚化。根据掌握的情况,"为此"的连词用法大约开始见于唐代,后来不断出现。例如:

(17)桀纣幽厉,亦皆丧亡,朕为此不得不惧。(王方庆《魏郑公谏录》卷四)

(18)臣每见虞南说,祖浚作舍人时,大欲记录,但隋主意不在此,每须书、手、纸、笔所司多不即供,为此,私将笔抄录,非唯经乱零落,当时亦不悉具。(同上)

(19)游人未应返,为此始思乡。(王维《听宫莺》)

(20)昨吊徐五死,今送刘三葬。终日不得闲,为此心凄怆。(《寒山子诗集》卷三)

以上几个例子均出自唐代作品,这是我们见到的"为此"作为连词的较早用法,据此推测它的连词用法可能是在唐代出现的。例句中的"为此"都位于两个分句或句子之间,并且前后的句子之间具有因果联系。在这种句法环境下,"为此"已经具备连词的语法功能与特点。

元明清时期的作品中,"为此"的连词用法越来越多。这一时期,"为此"基本上完成了由介词短语向连词的语法化过程。例如:

(21)只因他第一夜,如此作乔,恁般推阻,<u>为此</u>我故意要难他转来。(《醒世恒言》一十九卷)

(22)疑是上天凶星思凡下界,<u>为此</u>老孙特来启奏,伏乞天尊垂慈洞鉴……(《西游记》第51回)

(23)秦安道:"只因天保将军被新文礼引到庆坠山中烧死了,新文礼又来冲营,<u>为此</u>众位老爷一齐出战,在那里厮杀。"(《说唐》三十六回)

"为此"属于因果连词,它所关联的分句在语义上具有因果逻辑关系。位于"为此"前面的分句表示事件的原因,后面的分句表示事件的结果。表示原因的分句可以是一个,也可以是多个。例如:

(24)(一头假哭,一头分说道:)"实不知是我家老儿,只认是贼,<u>为此</u>不问事由杀了。"(《初刻拍案惊奇》卷十三)

上面这个复句包括三个分句,前两个分句并列表示原因,最后一个分句表示结果,三个分句共同组成一个因果关系复句。

"为此"在向连词虚化的同时,仍然保留了它的介词短语用法。并且介词短语的"为此"使用频率不低,这两种用法有长期共存的趋势。"为此"的虚化轨迹可以描述如下:

为此: 动词短语 → 介词短语 → 连词 / 介词短语

在"为此"的整个虚化过程,介词短语的出现促使它最终实现了向连词的虚化。"为此"由介词短语虚化为连词的过程中,经历了一个重要的中间环节,即它的句法位置处于主语与谓语之间。先看三个例子:

(25)吏散重门印不开,玉琴招鹤舞裴回。野人为此多东望,云雨仍从海上来。(鲍溶《寄海陵韩长官》)

(26)王宰问其缘故,王妈妈乃将妖狐前后事细说。又道:"汝兄为此气成病症,尚未能愈。"(冯梦龙《醒世恒言》卷六)

(27)此纸非凡笔,乃唐朝侍郎白香山手迹也,全经一卷,在吾寺中,海内知名。吾师为此近日被一个狠官人拿去,强逼要献,几丧性命,没奈何只得献出。(凌濛初《二刻拍案惊奇》卷一)

上例中,"为此"均处于句子的主谓之间,从句法特征来看,它们更似一个介词短语,"为"是"因为"的意思,"此"复指前面的内容。不过,例句里面的"为此"一旦位置前移到主语之前,就可以摇身一变,成为一个连词,关联前后的分句或句子。从上述三个例子看,"为此"前移至主语前面,在句法上是合理的,语义上也是顺畅的。类似的例子还有很多,此不赘述。"为此"从主谓之间逃离出来,句法位置前移,带来的一个重要的结果是大大加快了其虚化的进程。等到"为此"的连词用法越来越成熟的时候,它仍然可以以连词的身份返回这个位置。现代汉语连词"因此"的句法位置就是最好的证明。在位置前移的过程中,"为此"有时候还会在句群中以下列形式出现:

(28)这样妇人,若留着他,到底是个是非堆。为此,今日将他发还娘家,任从别嫁。(凌濛初《初刻拍案惊奇》卷二十)

(29)宫保说:"很好。你明天就去探探口气,你就同了他来见我一见。"为此,兄弟今日特来与阁下商议,可否今日同到里面见官保一见?(刘鹗《老残游记》第三回)

上例中,"为此"处于句子之间,且后面有一个逗号隔开。这种句法位置上,"为此"在语音和语气上有一个较长的停顿,形式上更加自由,这是它的连词用法趋向成熟的表现。

2.2 促使"为此"连词化的两个重要因素

促使"为此"用作连词,有两个重要因素。

2.2.1 语义特征。这是内部因素。

词汇的语义特征,是实词虚化的一个前提条件。"为此"的连词化,与介词"为"有着密切的联系。"为"在先秦时期就具有了"由于这个原因"的意思(参看王力1989),这为这个词语向因果连词虚化奠定了语义基础。

在古代,介词"为"的语义可以概括为三种(以下三个例子引自《古代汉语虚词词典》594页):

第一,表示动作行为的对象。如:

(30)蒙公为秦击走匈奴,若鸷鸟之追群雀。(《盐铁论·伐功》)

第二,表示目的。如:

(31)今子弟远劳于外,人主为之夙夜不宁。(《盐铁论·忧边》)

第三,表示原因。如:

(32)天行有常,不为尧存,不为桀亡。(《荀子·天论》)

"为"与"此"结合使用时,"此"多用于指原因和目的。表示原因的"为此",等于说"因为这个",这个结构本身就包含了一个原因标记，具备向因果连词虚化的语义基础。而表示目的的"为此"，也有虚化为因果连词的可能，因为从语义的逻辑基础来看，目的关系本身就包含在广义的因果关系中（参看邢福义 2001）。从各种语义之间的内在关系来看，原因和目的是相互渗透的。杨伯峻(1981)指出，表原因和表目的很难区别，因为动机和目的是相关联的(大意)。所以，"为此"由目的意义向原因意义转化也具备语义基础。

2.2.2 句法环境。这是外部因素。

句法环境在词语虚化的过程中起了重要的作用。诱发"为此"向连词虚化的句法环境主要有两个：一是所处的句法位置，即"为此"所处的句法位置必须是在两个句子之间；二是前后句子的语义关系，即两个句子在语义上具有因果联系。

促使"为此"虚化的第一个句法条件，在上古就已出现。例如：

(33)王使庆谓臣："不利于国，且我夏(忧)之。"臣<u>为此</u>无敢去之。(《战国纵横家书》苏秦使韩山献书燕王章)

(34)夫怯夫操利剑，击则不能断，刺则不能入，及至勇武攘卷一捣，则摺肋伤干，<u>为此</u>弃干将、镆邪而以手战，则悖矣。(《淮南子·修务训》)

前一例，"为此"位于主语之后，这个条件虽然不是虚化的最好条件，但是它与所需要的句法条件已经非常接近。因为，最后一个分句如果承前省略主语，就可以形成两个分句一前一后的格式。在古代汉语里，省略主语的现象是非常普遍的。后一例，"为此"直接位于两个分句之间，在这种格式下，它很容易向连词虚化。

"为此"要获得第二个句法环境也不难。在事物的各种关系中，因果关系是最基本的关系之一，许多事件都与广义的因果关系有密切的联系。推断句、假设句、条件句、目的句等等,尽管它们的关系标志有所不同,但是基本构成材料之间都具有因果关系(参看邢福义 2002)。不仅如此,许多表示连贯关系的事件也可以向因果事件转化。可见,因果关系广泛地存在于多种语义类型的句子里。这样一来,"为此"就很容易获得语法化所需要的句法环境,从而顺利地完成从介词短语向连词的语法化过程。

"为此"虚化为连词后,随着使用频率的增加,它的句法位置更为机动灵活。它不仅可以用在复句的分句与分句之间,而且可以用在句群的甲句子(包括单句和复句)与乙句子(包括单句和复句)之间。例如:

(35)惟有宝莲寺与他处不同,时常建造殿宇楼阁,并不启口向人募化。为此远近士庶都道此寺和尚善良,分外敬重,反肯施舍,比募缘的倒胜数倍。(《醒世恒言》第三十九卷)

(36)俺杨国用自从遇贾半仙,算了一卦,道我有一百日血光之灾,只除千里之外可躲。为此辞别了父亲,出外躲灾避难,因而做些买卖。(《盆儿鬼》第一折)

这两例都是由两个复句构成的句群,"为此"用在第二个复句的句首,居于前后两个复句之间。"为此"出现的语法位置有所变动,语法功能也相应有所扩大,即:不仅能够关联因果复句,而且还能关联因果句群。

在实际的语言材料中,少数的"为此"出现在主语和谓语之间。这并没有影响它的连词地位。请看:

(37)缘第一船新罗水手及梢功下船未来,诸船为此拘留,不得进发。(《入唐求法巡礼行记》卷一)

(38)我知道今儿咱们里头大排筵宴,热闹非常,二爷为此

才躲了出来的。(《红楼梦》第 43 回)

这两例,"为此"分别位于结果分句的主语和谓语之间。它们仍然是连词。

可见,在虚化为一个连词之后,"为此"句法位置比原来更加灵活了。这从侧面反映了它连词的语法地位在不断地得到巩固和加强。"为此"句法位置的灵活性反过来又提升了它的句法功能。

三 从两方面事实评说"为此"的连词地位

3.1 现代汉语里,连词"为此"处于十分弱小的地位。这是一个方面的事实。

"因此"和"为此"结构相同,连词化的过程也非常类似。"因此"最初也是动词短语,后来出现了介词短语的用法,再后来虚化成了连词。"因此"完成连词化的时间,比"为此"略早。这个形式,在中古时期开始出现放在结果分句之前的用法,到了唐五代完全凝定成为表示结果的连词(周刚 2002)。进入现代汉语之后,连词"因此"成了一个强势词,使用频率很高,"为此"根本无法比拟。

"为此"之所以弱小,主要原因有二。

其一,在古代汉语里,"为"有表示原因的连词用法;到了现代汉语里,"为"的连词用法基本消失。查《古代汉语词典》,可以看到这样的解释:"为,因为。连词。"举例是:"为其老,强忍,下取履。"查《现代汉语词典》(第 5 版)和《现代汉语规范词典》,都不见解释为连词的义项。正因如此,在现代人的脑海词典中,已经不把"为"和"因"等同看待了。

其二,与上一原因相联系,"为此"属书面语,老百姓口头上不

会说。查找连词"为此",在政论文中较易见到。比如:

(39)现在的任务,是在全国范围内恢复孙中山先生的三民主义的革命精神,据以定出一定的政纲和政策,并真正而不二心地、切实而不敷衍地、迅速而不推延地实行起来,这在中国共产党方面真是日夜馨香祷祝之的。<u>为此</u>,共产党在卢沟桥事变之后,提出了抗日救国的十大纲领。(毛泽东《国共合作成立后的迫切任务》,《毛泽东选集》第二卷)

(40)进行这种斗争,不能采取过去搞政治运动的办法,而要遵循社会主义法制的原则。<u>为此</u>,除党内要发布有关的指示以外,建议人大常委会、国务院发布有关的条例、法令。(邓小平《贯彻调整方针,保证安定团结》,《邓小平文选》第二卷)

文学作品中当然也可以见到连词"为此",上面已经举过一些例子。但是,无论如何,仍然带有古味,不是口语。

3.2 现代汉语里,连词"为此"确实存在,而且在语法化的程度上有所发展。这是另一个方面的事实。

所谓"在语法化的程度上有所发展",指的是出现了"由于 p,为此 q"和"因为 p,为此 q"的格式。这类前呼后应格式的出现,促进了"为此"的连词化进程,进一步确定了"为此"的连词地位。上面已经举了一些例子,下面再举几个:

(41)<u>由于</u> Google 并不出售其搜索产品(它只从其搜索广告业务中获取收入),<u>为此</u>微软不能像当年对待 Netscape 公司一样来对付 Google。

(http://www.8ctv.net/Article/seoyanjiu/sousuoxinwen/200612/4074.html)

(42)<u>由于</u>所有支持 Vista 的产品都应取得 Windows Vista

Logo 认证,为此,微软还通过首次在台举行的 Windows Vista 硬认识证大会,以协助加快系统及周边产品制造商可以在台取得认证。

(http://digi.it.sohu.com/20061110/n246307502.shtml)

这两例是"由于 p,为此 q"。

(43)因为他们必须排除这些基因片断既不是细菌感染的,也不是其他生物的,为此他们必须检索大量的文献资料。(《人民日报》1995 年 8 月 14 日)

(44)因为中国承诺在"2008 年奥运会前提供 3G 服务",为此多家咨询机构预测,3G 测试放号结束后,将在 2007 年初正式发放 3G 牌照。

(http://info.feno.cn/2006/130101/c000027129.shtml)

这两例是"因为 p,为此 q"。

"由于/因为 p,为此 q"的配对格式,别说文言文里没有,近代白话作品里也没有。我们有一个近代白话作品小语料库,包括《水浒》《西游记》《红楼梦》《儿女英雄传》等等 44 部作品,共 2194216 句。搜查结果,"由于 p,为此 q"或"因为 p,为此 q"的配对格式皆为 0。显然,这样的配对格式是到了现代汉语里才出现的。

"因此"的情况跟"为此"相同。在现代汉语里,"由于/因为 p,因此 q"的格式并不罕见。例如:

(45)可是由于几天来群众的辛勤劳动,成绩十分可观,因此生产委员会频频要求剑波再开一趟车,剑波也就迎合了群众"过个快乐年"的心理。(曲波《林海雪原》)

(46)因为刘大姐这个人使她感到了和林红相处时同样的兴奋和幸福,因此她忍不住要把心里的情感写一写。(杨沫

《青春之歌》)

但是,跟"由于/因为 p,为此 q"一样,在上述近代白话作品小语料库里,"由于/因为 p,因此 q"的用例一个也没有。由此可见,作为因果联系中的结果标志,"为此"的使用频率尽管很低,无法同"因此"相提并论,但在语法适应能力上,却跟上了"因此"。

四 结束语

是事实,就得承认。承认"为此"的连词地位,对汉语复句关系的判断有重要的意义,可以促进汉语的复句与篇章研究,在汉语词性切分与标注中,在对外汉语教学中,也有应用价值。

标注词类的《现代汉语词典》第 5 版,没有把"为此"作为词条收入。这是可以理解的。一部中型词典,不能要求收词收得特别全。不过,应该一提的是,同是中型词典,早出版一年的《现代汉语规范词典》收了"为此"。该词典为"为此"单立词条,明确指出是"连词",并且解释道:"表示下文说及的行为是出于上文的原因。"所举的例子是:"下岗职工创业需要资金支持,为此,信用社推出小额联保贷款。"仅就这一点而言,《现代汉语规范词典》对语言事实的敏感和把握,值得赞赏。

主要参考文献

《古代汉语词典》编写组 《古代汉语词典》,商务印书馆 1998 年。
侯学超 《现代汉语虚词词典》,北京大学出版社 1998 年。
李行健主编 《现代汉语规范词典》,外语教学与研究出版社、语文出版社 2004 年。
王 力 《汉语语法史》,商务印书馆 1989 年。

邢福义 《汉语复句研究》,商务印书馆2001年。
——— 《汉语语法三百问》,商务印书馆2002年。
杨伯峻 《古汉语虚词》,中华书局1981年。
俞光中、植田均 《近代汉语语法研究》,学林出版社1999年。
张　斌 《现代汉语虚词词典》,商务印书馆2001年。
张玉金主编 《古今汉语虚词大辞典》,辽宁人民出版社1995年。
中国社会科学院语言研究所词典编辑室编 《现代汉语词典》,商务印书馆2005年。
中国社会科学院语言研究所古代汉语研究室编 《古代汉语虚词词典》,商务印书馆1999年。
周　刚 《连词与相关问题》,安徽教育出版社2002年。

(原载《世界汉语教学》2007年第2期,略有改动。与姚双云合作。)

"人定胜天"的古代原本用法与现代通常用法[①]

本文讨论"人定胜天"的古代原本用法和现代通常用法,包括五个部分:一为一次小调查,这是引言;二为古代原本用法;三为现代通常用法;四为两种用法的比较;五为笔者的几点议论。笔者认为,语言历史发展表明,"人定胜天"已经先后出现了两种很不相同的用法。兼顾古今汉语的词典,"人定胜天"词条下面应立两个义项。对"胜"和"定"的解释,两个义项应有所不同。

一 一次小调查

"人定胜天"表示的是什么意思?其结构关系如何分析?笔者作过一次小调查。具体要求是:请用单竖线"|"把"人定胜天"这个小句的主语部分和谓语部分隔开,然后,在下面注明"主、谓、宾、定、状、补"之类句子成分的名称。接受调查者共 30 人。结果,得到下面的数据。

分析一,单竖线划在"人"和"定胜天"之间,共 28 人,占总人数

[①] 本文曾在 2007 年第四届汉语语法国际研讨会(西宁)上宣读。本文的一部分,曾以"'人定胜天'一语话今古"为题,在《光明日报》2007 年 7 月 19 日发表,大约占了两千多字的篇幅。特此说明。

的 93..3%。即：

<u>人</u>|<u>定</u>.　<u>天</u>。
主　　　　谓
　.状　动　宾

分析二，单竖线划在"人定"和"胜天"之间，共 2 人，占总人数的 6.7%。即：

<u>人　定</u>|<u>胜　天</u>
主　　　　谓
定　心　动　宾

作图表示：

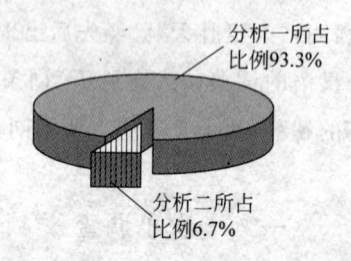

　　　　　　　　　　分析一所占
　　　　　　　　　　比例93.3%

　　　　　　　分析二所占
　　　　　　　比例6.7%

上面的"分析一"和"分析二"，按数量多少排列其次序。接受调查者都是高层次或较高层次的知识分子，具有汉语语法分析方面的知识。如果不要求使用主语、谓语这类概念，向一般群众调查他们对这一词语的理解，他们的回答肯定都是"分析一"所表示的意思。

二　古代原本用法

古代原本用法，"人定胜天"的意思是"分析二"。这一点，凡是涉及古代汉语的词典，以及各种成语词典，都作了解释。举三部辞书为例。

一为《辞海》。这部辞书解释道:人定胜天 人定,犹言人谋,谓人的意志和力量可以战胜自然。刘过《襄阳歌》:"人定兮胜天,半壁久无胡日月。"刘祁《归潜志》十二:"人定亦能胜天。"按《逸周书·文传》:"人强胜天"亦此意。又作"人众胜天",见《史记·伍子胥列传》。(缩印本306页)

二为罗竹风主编《汉语大词典》。这部辞书解释道:人定胜天 人力可以战胜自然。宋刘过《襄阳歌》:"人定兮胜天,半壁久无胡日月。"清蒲松龄《聊斋志异·萧七》:"登门就之,或人定胜天,不可知。"……(第一卷1044页)

三为朱祖延主编《汉语成语大词典》。这部辞书解释道:人定胜天 天:泛指大自然。人的意志和力量可以战胜自然。语本《逸周书·文传》:"人强胜天。"(941页)

综合观察这三部辞书的解释,可以知道:第一,"人定"和"胜天"之间可以出现把二者隔开的语言成分,包括"兮、亦能"等。第二,学者们把"人定"看作一个结构单位,往往用"人谋、人强、人众"等来训释。可见,"人定"首先发生组合关系,然后才跟"胜天"发生组合关系。再看两个实际用例:

(1)人定者胜天,天定亦能胜人,惟元帅察之。(元·脱脱等《宋史·卷三百七十一 列传第一百三十》)

(2)语云:天定胜人,人定亦能胜天。(徐枕亚《玉梨魂·第十四章孽媒》)

第一例,先用"人定胜天",后用"天定胜人","人定"和"胜天"之间出现了"者","天定"和"胜人"之间出现了"亦能"。第二例,先用"天定胜人",后用"人定胜天","人定"和"胜天"之间出现了"亦能"。

三　现代通常用法

现代通常用法,"人定胜天"的意思是"分析一"。这一用法的产生和流行,有其外因和内因。

一方面,受到社会发展的影响,这是外因。到底在什么时候开始使用,现在还无法确认。可以肯定的是,在强调战天斗地的火热年代,特别是"大跃进"时期,这一用法成了一种"指导思想",被广泛应用。下面的例子,正是历史的记录:

(3)如今的年轻人已很难想象那个时代人们的激情以及由此而产生的力量。……那是一种<u>人定胜天</u>的豪情壮志,一种信仰的力量;那是一种自觉的奉献,一种快乐的劳动。(bbs. hj. cn/TopicOther. asp?t＝5&BoardID＝154&id＝24459-24k-)

另一方面,受到语言本身演化的影响,这是内因。时代的发展,引发人们对语言理解的变化,人们不会固守古人的原本用法。今天,当说"人定胜天"的时候,人们大都会根据对"定"、对"胜"的最熟悉的用法来理解。查看书面语料,在现代文学作品中,常常见到这样的用法;在重要的政论文著作中,也常常见到这样的用法。例如:

(4)他不止一次表示对毛泽东靠地图指挥打出一个铁桶江山的无限钦佩,并由此多次强调要发挥人的主观能动性和<u>人定胜天</u>的传统思想。(柳建伟《突出重围》)

(5)精卫填海、愚公移山的传说,大禹治水的故事,表达了远古时代中国人民改造自然、<u>人定胜天</u>的顽强奋斗精神。(江泽民《把三峡工程建成世界一流工程》,《江泽民文选》第二卷)不仅是大陆作家,台湾作家的作品中,也可以见到这样的用法。例如:

(6)独眼怪人……忽然舒展两臂,重重一击,道:"<u>人定胜天</u>,老夫倒要不惜试它一试。"……他顿了一顿,又道:"老夫此举,乃是与天争胜。究竟能否人可胜天,尚在未定之数。……"(卧龙生《天香飘》第四十三章,江苏文艺出版社1994年版835页)

卧龙生的《天香飘》,最早于1961年由春秋出版社出版,当是写于20世纪50年代末期或60年代初期。上例中,前边用"人定胜天",后边用"人可胜天",二者同义,中间还有"与天争胜"的解释。

语言是文化的载体,是社会发展的记录,社会发展的脚步会在语言里留下脚印。最具权威性的《现代汉语词典》,从1973年试用本到2005年的第5版,都把"人定胜天"解释为"人力能够战胜自然","人/定/胜/天"分别同"人力/能够/战胜/自然"相对应。这是对现代通常用法的如实总结和肯定。一开始便参与和领导这部词典编纂工作的学者,比如丁声树先生和吕叔湘先生,都是饱学之士,他们不会不知道古代原本用法,但是作为现代汉语中型词典,他们只在其中提了现代通常用法。

四　两种用法的比较

(一)观点取向的比较

古代原本用法和现代通常用法在对事物的认识和表述上有不

同的观点取向。

作为一种表述方式,古代原本用法可以称之为客观理性式。即客观地看待和评价"人"与"天"之间的强弱关系,认为二者孰强孰弱可以相互转化,说话人头脑冷静,富于理性。古文根底深厚的现代人,有时也会在这个意义上使用。例如:

(7)只知道人定胜天,而不知道天定胜人,同样是错误的。(徐特立《怎样发展我们的自然科学》,罗竹风主编《汉语大词典》用例)

相对地,作为一种表述方式,现代通常用法可以称之为主观意志式。即强调人的主观能动作用,激励人们凭借自己的力量去改变不利于己的现实,说话人豪情满怀,富于情绪。《人民日报》发表过一篇《人定胜天——记河北省人民的抗旱斗争》的文章,其中写道:

(8)"天大旱,人大干,夺取丰收不靠天"的豪迈声音,时时鼓舞着我们,使我们强烈地感到,有了党的领导,群众发动起来了,自然灾害再猖狂,也一定能够战胜它。(《人民日报》1975年12月23日)

文章以"人定胜天"为正题,提出"天大旱,人大干",断言"自然灾害再猖狂,也一定能够战胜它"。当然,主观意志式毕竟反映的是人的主观愿望,并不等于就是事实。如果头脑发热,认为一定会这样,那就会带来不良的后果。下面的例子,反映了冷静而又深刻的反思:

(9)在"人定胜天"的思想指导下,在不断增加的人口要吃饭的压力下,人们无视自然规律,上演了一幕幕的人进湖退、围湖垦田。(《人民日报》2002年9月10日)

(10) 为了显示"人定胜天","人有多大胆,地有多大产",人们竟相把数"作"大,越大越好。(《人民日报》2001年2月1日)

(11) 我们曾经一度过高估计人类征服自然的能力,相信"人定胜天"。(《人民日报》2001年9月10日)

总之,两种表述方式各有其语用价值。客观理性式,适合在对事物进行冷静分析时使用;主观意志式,适合在鼓舞人们排除万难去夺取胜利时使用。对于带有主观意愿或情感的说法,应该明确其特定作用和局限性,不要用客观理性的标准来对待。"事在人为、心想事成、百年偕老、万寿无疆"等等,也是如此。

(二)词义状态的比较

古代原本用法和现代通常用法在词义状态上也有不同的理解选择。这表现在"胜"和"定"这两个词的含义上面。

首先是"胜"。几乎所有的词典,包括涉及古代汉语的词典,都把"胜"解释为"战胜"。主观意志式的"胜"肯定是"战胜",反映的是人们战而胜之的决心;但对于客观理性式来说,却较难解释"天定胜人",因为客观事物按其自身规律运动和发展,不存在天对人发起意愿性挑战的问题。因此,最好把理性式中的"胜"解释为"胜于、胜过"。柳宗元:"人胜天,则善者行。"(《答刘禹锡天伦书》)陈光磊等编著《中国古代名句辞典》解释道:"人胜天:人力胜过天力。"(上海辞书出版社1986年7月,877页)这里解释"胜",用了"胜过",很恰当。其次是"定"。主观意志式的"定"是"必定",用作副词;客观理性式的"定"肯定不是副词,应该怎么解释?这要考虑两个方面:一方面,所作的解释对"人"和"天"都说得通;另一方面,所作的解释是不是"定"字本身的含义。有的词典用"人众"来解释"人定",但如果"人定"等于"人众","天定"便等于"天众",这不好理解,何况"定"字本身的含义并不等于"众"。许多词典用"人谋"来解释"人定",由于古人认为天有意志,因此也能说"天谋",但"谋"并不是"定"字本身的含义。有的词典用"人强胜天"来解释"人定胜天",特别是《汉语大字典》,"定"字条的第一大项(《广韵》徒径切,去径定,耕部)列出 24 个义项,其中第 14 个义项针对"人定胜天"的"定",解释为:"犹'强'。"尽管"强"的解释对"人"和"天"都说得通,"人强胜天"和"天强胜人"都能说,但"强"只是"定"的结果,仍然不是"定"字本身的直接含义。从最基本的含义看,"定"即"安/安定"。宗福邦等主编《故训汇纂》,"定"字条下共列训释 84 条,1—5 都是"安"(564 页);上述《汉语大字典》的 24 个义项中,第一项便是"安定"(918 页)。"人安定",意味着众人和顺协调,因而能够充分地发挥强大的潜能和力量;"天安定",意味着大自然风调雨顺,因而同样能够充分地发挥强大的潜能和力量。正因如此,人有可能胜过天,天也有可能胜过人。如果用"安定"来解释"人定胜天"和"天定胜人"中的"定",也许更符合事物的辩证关系。

(三)句法关系的比较

古代原本用法和现代通常用法在句法关系上表现出更加明显的不同。二者第一层次的切分,假若用 abcd 代表这个小句的四个字,那么,古代原本用法是 ab/cd,而现代通常用法却是 a/bcd。

现代通常用法的句法关系,表现为上述的分析一,即"主|状动宾",这容易确认。古代原本用法的句法关系,是否就是表现为分析二"定心|动宾"呢?这就有一些问题可以引起讨论了。

首先,"人定"(或"天定")是否就是"定语+中心词"的关系?

如果认为"人定"和"人的意志和力量"互等,它便是定名结构,自然是"定语+中心词"。然而,"定"本身应该是个谓词。有点像形容词,但更像是动词。既然是"名词'人'+谓词'定'",是否可以判定为主谓结构呢?这不是不能考虑的一种分析。

其次,"人定"和"胜天"(或"天定"和"胜人")之间,是否只能分析为"主语+谓语"的关系?

如果确认"人定"是个定心结构,自然只能认为它是"胜天"的主语。但是,如果认为是主谓结构,它同"胜天"之间的句法关系就可能有两种。其一,还是主谓关系,即主谓结构作"胜天"的主语。其二,是否可能是别的关系?因为,前后两部分之间存在一种假设性条件关系,等于说"只要……就……":"人定胜天"等于说"人只要安定了,就会胜于天";倒过来讲,"天定胜人"等于说"天只要安定了,就会胜于人"。这样,就像是个紧缩句了。

总而言之,作为现代通常用法的"人定胜天",结构关系单纯,容易确认;而作为古代原本用法的"人定胜天",结构关系到底如何分析,却有可以存疑的问题。

五 几点议论

(一)语言历史发展表明,"人定胜天"已经先后出现了两种很不相同的用法。兼顾古今汉语的词典,"人定胜天"词条下面应立两个义项。对"胜"和"定"的解释,两个义项应有所不同。

(二)"人定胜天"这个小句是个成语。在从古至今的历史纵线上,成语的用法有所发展,这是相当常见的现象。不过,更常见的情况是意义上的演变,不大涉及语法关系的演变问题。比方"陈陈相因",原指仓库里的米一年接一年地累积,如《史记·平准书》:"太仓之粟,陈陈相因。"现在,则指沿袭老一套,因循守旧。(参看马国凡《成语》146页)又比方"钩心斗角",原本是形容建筑物的结构错综复杂,技术精巧细致,是褒义成语。钩心,指建筑物中许多结构都能够围绕着一个"中心";斗角,指四周远离中心的部分也都斗合得非常精确。现在,这个成语是指怀着狡猾的用心,以种种手段对付别人,有贬义,与本义已经毫不相干。(参看史式《汉语成语研究》230页)

(三)成语用法的发展,有时会牵动语法关系的变化。不过,有的情况并不典型。比方"望洋兴叹","望洋"是个联绵词,表示仰视的样子,还有"盳洋"、"望羊"、"望佯"、"望阳"的写法,原本不是"望着海洋"的意思。(参看北大中文论坛,www.pkucn.com/archiver/?tid-132436.html-11k-)但是,到现代,人们往往活用"望洋兴叹"这一成语。例如:

(12)仅以新益大厦的租金远不能满足还款需要,受害者们<u>望楼兴叹</u>!(《人民日报》2006年1月6日)

(13)投名师大家学书更是<u>望门兴叹</u>。(《人民日报》2006年3月19日)

(14)遇到干旱,河水又无法引到山上浇地,村民只能<u>望河兴叹</u>。(《人民日报》2006年6月13日)

这么使用"望X兴叹",显然有其心理基础,即内心里把"望洋"当成了动宾结构"望着海洋"。这就改变了联绵词"望洋"的原本结构关系了。当然,这毕竟只是活用,人们往往特意加上引号。例如:

(15)若集中办学,则学生上学路途遥远艰险,只能"望学兴叹"。(《人民日报》2006年2月19日)

(16)一些大城市商品房价格始终在高位运行,工薪阶层

只能"望房兴叹"。(《人民日报》2006年3月9日)

(17)贫困户还是没钱买牛羊或是苗木,又拿不出像样的东西去银行抵押,依然是"望棚兴叹"。(《人民日报》2006年3月13日)

(18)面对数以万计从天而降的候鸟,人类自感束手无策,只能望"天"兴叹!(《人民日报》2006年2月13日)

以上"望X兴叹",或者四个字一起加了引号,或者X加了引号。这表明,这样的用法,属于修辞现象,尚未进入词汇层面。

(四)按语法结构关系来看词语的组合,在分析一中,"人定胜天"四个字是"1+3",而在分析二中,"人定胜天"四个字却是"2+2",然而,不管是分析一还是分析二,读起来都是"人定⌣胜天"。这是因为,语法结构与音读停顿不是一回事。四字成语,包括"1+3"结构的成语,都会读成"ab⌣cd"。比如"词不达意"、"高不可攀":"词不⌣达意"、"高不⌣可攀"。即使不是成语的四字小句,也是如此。比如:"人不犯我,我不犯人,人若犯我,我必犯人。"念起来每个小句都是"2+2":"人不⌣犯我,我不⌣犯人,人若⌣犯我,我必⌣犯人。"这是为了满足节律美感的需求。如果按语法结构,每个小句都念成"1+3":"人⌣不犯我,我⌣不犯人,人⌣若犯我,我⌣必犯人。"这就要引起哄堂大笑了。

(五)由于理解上的变化而引发了语法结构的变动,"人定胜天"特别具有典型性。这类小句或词语,包括成语,到底还有哪些,一共有多少,各自的具体情况如何,很值得作深入的专题研究。须要顺带指出的是:"人定胜天"中的"人定",并未成为汉语的一个具有固定性的组合单位,没有"词化"。有的词典收入了"人定"的词条,但表示的是"夜深人静时"的意思。比如白居易《人定》:"<u>人定</u>

月胧明,香消枕簟清。"又如王建《寄杨十二秘书》:"<u>人定</u>犹行背街鼓,月高还去打僧房。"

主要参考文献

陈光磊等编著 《中国古代名句辞典》,上海辞书出版社 1986 年。
辞海编辑委员会编 《辞海》,上海辞书出版社 1980 年。
汉语大字典编辑委员会编 《汉语大字典》,湖北辞书出版社、四川辞书出版社 1987 年。
李行健主编 《现代汉语规范词典》,外语教学与研究出版社、语文出版社 2004 年。
李行健主编 《现代汉语成语规范词典》,长春出版社 2000 年。
罗竹风主编 《汉语大词典》,汉语大词典出版社 2001 年。
马国凡 《成语》,内蒙古人民出版社 1978 年。
商务印书馆辞书研究中心修订 《新华成语词典》,商务印书馆 2002 年。
商务印书馆辞书研究中心修订 《新华词典》修订本,商务印书馆 2001 年。
史 式 《汉语成语研究》,四川人民出版社 1979 年。
中国社会科学院语言研究所词典编辑室编 《现代汉语词典》(试用本),商务印书馆 1973 年;《现代汉语词典》第 5 版,商务印书馆 2005 年。
朱祖延主编 《汉语成语大词典》,河南人民出版社 1985 年。
宗福邦等主编 《故训汇纂》,商务印书馆 2003 年。

(原载《山西大学学报》2008 年第 1 期)

"救火"一词说古道今

"救命"是命被救,等于说挽救生命;"救火"不是火被救。就词语结构成分之间的关系而言,"救命、救人"这一类型更为多见,比方"买菜、卖花、送信、取款"等等都是。然而,"救火"说法自古有之。这个语言形式,最早见于相传为春秋时左丘明所著的《国语》。如:"于是吕甥、冀芮畏偪,悔纳文公,谋作乱,将以己丑焚公宫,公出救火而遂杀之。"题目中的"一词",是个笼统说法。严格地讲,"救火"应称为"词语"。因为,即使现代汉语里已经成了一个词,但在古代,特别是在初始出现的时候,应是一个短语。

现代汉语里,"救火"相当常用。有意思的是,火与水都能成灾,但现代人只说"救火",没听到过有说"救水"的。查现当代作品,看不到"救水";查明清时代的作品,也看不到"救水"。《现代汉语词典》里,只有"救火"的词条,没有"救水"的词条。这是为什么?想来应跟"人力可控"的语义特征有关。在一般情况下,在一定范围内燃烧起来的火是人力可控的,因此可以说"灭火",也可以说"救火",而就生活中通常情况来说,突然汹涌而至的大水人力很难管控,因此,既不能说"灭水",也不能说"救水"。

然而,对于语言的使用状况,不能下绝对化的结论。查古代典籍,也可以看到"救水"说法,尽管很少。情况有二:其一,反映一种迷信的习俗。罗竹风主编《汉语大词典》既收了"救火"的词条,也收了"救水"的词条。对于"救水",该词典解释道:古代迷信,遇水灾时,必击鼓祈祷,激发阳气以救治,称"救水"。《穀梁传·庄公二十五年》:"救日以鼓兵,救水以鼓众。"范宁注:"救水以鼓众者,皆所以发阳也。"明杨慎《秋大水鼓用牲于社于门》:"日之食人力不可救也,鼓以充阳也。水之灾,人力可救也,鼓庸愈哉!"(第五卷452—453页,汉语大词典出版社2001)其二,跟"救火"用法基本相同,即通过导水疏水救人救物。这一点,《汉语大词典》没有提及。例如:"至于期日之夜,赵氏杀其守堤之吏而决其水灌知伯军。知伯军救水而乱,韩、魏翼而击之,襄子将卒犯其前,大败知伯之军而擒知伯。"(《韩非子》)其他书中,比如《战国策》、《淮南子》和《资治通鉴》,也有对这一事件的叙述,也都出现了"救水"。值得注意的是,前面我们说,对于汹涌而至的大水,人力难控,这是就生活中突发的一般情况来说的,而杨慎《秋大水鼓用牲于社于门》中"水之灾,人力可救也",却是就有组织有领导地开展群体性救灾活动来说的,二者并不矛盾。《韩非子》等书中的"救水",可以看作反映群体救治水患的特定用法。在今天,假设在一栋大楼里,某个房间忽然水管破裂,造成水淹事故,是否可能有人会扒在窗口"救水啊救水啊"地大声呼叫呢?既然古代曾经有过这种说法,现在由于情急而不假思索地脱口而出,不是完全没有可能。尽管通常大家都不这么说,但作为偶发性的说法,似应用特殊眼光看待,思考其偶发的原因,不必简单化地认定为"病句"。

"救火"的意思是"灭火"。从动词和宾语的关系看,"灭火"中"火"是"灭"的对象,"救火"中"火"却不是"救"的对象。正如"恢复体力"和"恢复疲劳","体力"是"恢复"的对象,"疲劳"却不是"恢复"的对象。然而,从使用频率看,"救火"的频率要高于"灭火"。

《三国志》里,"救火"出现5次,"灭火"只出现1次,《三国演义》里,"救火"出现9次,"灭火"却未出现。我们有一个近代白话作品小语料库,包括《水浒》《西游记》《红楼梦》《儿女英雄传》等等44部作品,搜查可知,用"救火"的有62句,用"灭火"的只有14句。我们又有一个现当代作品小语料库,基本上包括了"五四"以来到现在的著名作品,搜查可知,用"救火"的有78句,用"灭火"的只有42句。究其原因,"救火"强调"救",是通过灭火以救人救物,目的性更强,积极意义更大。

从使用场合看,"救火"和"灭火"有时语用价值有所不同。《三国志》:"众人以为救火者必无罪,皆附左;王以为不救火者非助乱,救火乃实贼也。"这里用"救火"。这是一个灭火以救人救物的语境,若把"救火"换成"灭火",不能显豁地表达意思。《三国志》:"臣闻扬汤止沸,不如灭火去薪,溃痈虽痛,胜于养肉,及溺呼船,悔之无及。"这里用"灭火"。"灭火"与"去薪"连用,若说成"救火去薪",便不顺畅妥帖。情况相似的,是"救生"和"救死"。如果说,"救火"和"灭火"都是使火灭,那么,"救生"和"救死"则都是使人活。它们也有不同的语用价值,往往适用于不同语境。王朔《浮出海面》:"我拐进浓荫蔽日的浴场路,穿着泳装的少女仨仨俩俩吮着冰糕来回溜达,挎着救生圈的孩子成群结队光着脚丫打闹跑过。"老舍《集外》:"海中人已不多,剩下零散的人头,与救生船上的红旗,一块上下摆动,……"这里用"救生"。"救生圈、救生船",若说成"救死圈、救死船",便不吉祥,不会有人乐意使用。然而,并非什么时候都是"救生"才合适。毛泽东《蒋介石政府已处在全民的包围中》:"其结果,就是极端的通货膨胀,空前的物价高涨,民族工商业日益破产,劳动群众和公教人员的生活日益恶化。这种情形,迫使各阶层人民不得不团结起来为救死而斗争。"这里用了"救死",强调了挽救民族的灭亡。若说成"救生",便不能凸显原意。王朔《你非俗人》:"一个救死扶伤的医生怎么能怕自己传染上疾病?"这里用了"救死扶伤"。这个说法,由于"死"和"伤"照应使用,如果说成"救生扶伤",语句便会失去协调感。

末了,还应该指出,"救火"除了"灭火"的含义,古代还有一个用法,即作为萤火虫的别名。这见于李时珍《本草纲目·虫三·萤火》,请参看罗竹风主编《汉语大词典》(第五卷453页)。"语言是文化的符号,文化是语言的管轨。"(邢福义主编《文化语言学》修订本第一版序,湖北教育出版社2000)把古今语言现象联系起来观察词语的使用,有助于更好地了解我国语言的丰富灵活,更好地了解我国语言的文化含量。

(原载《光明日报》2007年2月1日)

漫话"有所不为"

"有所不为"最早见于《论语》中孔子的一个论断:不得中行而与之,必也狂狷乎! 狂者进取,狷者有所不为也。(《论语》卷七子路第十三)对于孔子的话,孟子这么引述和评议:"孔子'不得中道而与之,必也狂獧乎! 狂者进取,獧者有所不为也'。孔子岂不欲中道哉? 不可必得,故思其次也。"(《孟子》卷十四尽心章句下)孔子所说的"中行",孟子引述为"中道"。"獧"为"狷"之异体字,音juàn。根据张岱年主编《孔子大辞典》的解释,所谓"中行",指能履行中正之道者;所谓"狂狷",是孔子对仅次于中道之士者的称谓。(上海辞书出版社 1993 年 11 月,189—191 页)朱熹指出:狂者,志极高而行不掩。狷者,知未及而守有余。盖圣人本欲得中道之人而教之,然既不可得,而徒得谨厚之人,则未必能自振拔而有为也。故不若得此狂狷之人,犹可因其志节,而激厉裁抑之以进于道,非与其终于此而已也。(《论语集注》卷七子路第十三)朱熹还称赞"狂狷"是有"筋骨",有"节操"之士,人须有些狂狷,方可望。(《朱子语类》卷四十三)用浅白的话来讲,孔子的基本意思也许可以大体概括为:教育和培养学生,极难得到合乎理想的中道之士,既然如此,就必须重视狂狷之士,他们或者勇于进取,或者善于有所不为,都是可堪造就的人才。

孟子不仅引述孔子的话,还对有关思想作了发挥。比如:人有

不为也,而后可以有为。(《孟子·离娄下》)|人皆有所不为,达之于其所为,义也。(《孟子·尽心下》)孟子把"有所不为"从教育范畴扩张开去,使之对人类行为具有更大的覆盖面了。宋·陈亮《酌古论·先主》:"当理而后进,审势而后动,有所不为,为无不成,是以英雄之主常无敌于天下。"毛泽东《统一战线中的独立自主问题》:"'有所不为,而后可以有为',正是这种情形。……让了前者就得了后者,消极的步骤达到了积极的目的。"诸如此类的论述,都是结合具体的人或事,对"有所不为"所作的具体阐释。

如果把"有所不为"概括成为句法格式,便是"有所不X",其中的 X 代表动词。所用的动词,多为单音节。在语意表达上,"有所不X"可以分为两大类。

第一大类,意向选择用法。审时度势,决定取舍,选择重要的事情去做,而不做或暂时不做某些事情。比如上举"有所不为"各例。又如:然则有所不为,亦将有所必为者矣;既云进取,亦将有所不取者矣。(《后汉书》卷八十一)这个例子,明晰地凸显了"有所不为"和"有所不取"的选择性。人的行为,分两个层次:其一是非为不可的,其二是可为可不为的。"有所不为、有所不取"之类,指的是后者,而不是前者。打个通俗的比方:凡人都必须吃喝拉撒,哪一项都不能有所不为;人的嘴巴既要吃饭也要说话,哪一方面都不能缺少。至于一个人、一个单位以至一个国家,为了更好地发展自己,自然不能不选择最重要的事情去做。假设某个人说他要"有所不为",另一个人辩驳说:"不对!你能只吃喝不拉撒吗?或者,你能只拉撒不吃喝吗?"这种辩驳,混淆了两个不同层次的命题,因此是软弱可笑的。同类的例子,比如:故君子之於爵禄也,有所辞,有所不辞。(王充《论衡》刺孟篇第三十)|然子于父命,亦有所从有所不

从。(李大师、李延寿《南史》卷四十九列传第三十九)《孙子兵法》中,更出现了同类例子的连续使用:圮地无舍,衢地合交,绝地无留,围地则谋,死地则战,途<u>有所不</u>由,军<u>有所不</u>击,城<u>有所不</u>攻,地<u>有所不</u>争,君命<u>有所不</u>受。(孙武《孙子兵法》九变篇第八)这种意向选择用法,肯定形式和否定形式"有所X有所不X"相互依存,形成一个选择性聚合:说"有所X"的时候,隐含着"有所不X"的意思;反之,说"有所不X"的时候,隐含着"有所X"的意思。

第二大类,据实表述用法。根据所见所闻所想所愿,陈述某件事情。不存在选择什么不选择什么的意向性内容,"有所X"和"有所不X"二者不形成一个选择性聚合。以"有所X"来说。2008年降临前夕,国家主席胡锦涛以"共同推进人类和平与发展的崇高事业"为题,发表了振奋人心的新年贺词,其中有这么个表述:"努力使全体人民学有所教、劳有所得、病有所医、老有所养、住有所居,促进社会和谐"。显然,"(学)有所教、(劳)有所得、(病)有所医、(老)有所养、(住)有所居"等,表达的是对全体人民的关怀,不存在相对而言的"有所不教、有所不得、有所不医、有所不养、有所不居"这样的语言现象。再以"有所不X"来说。请看例子:恐因一时喜怒,处置<u>有所不</u>当,卿等即当执奏,毋为面从,成朕之失。(《金史》卷七本纪第七世宗中)|将来闹出点子事情来,……就是于贵领事亦<u>有所不</u>利。(李宝嘉《官场现形记》第53回)|不过这和一般军事学上所说的"闪击战"<u>有所不</u>同。(刘流《烈火金刚》第二十四回)这三个例子,分别见于文言文、近代白话作品和现当代小说,其中的"有所不当、有所不利、有所不同",都不隐含相对比而存在的"有所当、有所利、有所同"。这类用法,出现频率最高的是"有所不知",古今屡见不鲜。例如,子路问于孔子曰:"鲁大夫练而杖,礼也?"孔

子曰:"吾不知也。"子路出,谓子贡曰:"吾以为夫子无所不知,夫子亦徒有所不知也。"(《孔子家语·曲礼子夏问》)这里的"有所不知"并不表示跟"有所知"形成两个选择项的意思,而是说,孔子并非什么都知道,有些事情他也不知道。再补充分别见于近代白话作品和现当代小说的两个例子:二位老先生有所不知,这口猪原是舍下的!(吴敬梓《儒林外史》第4回)|大哥有所不知,这些人太可恶了,只要有人能教训他们,再怎么着也不算过分。(安安《春毒》第十二章)

语句的运用,受到特定语境的制约。意向选择用法和据实表述用法,不能只凭"有所不 X"的字面形式来确定。比如同是"有所不忍":人皆有所不忍,达之于其所忍,仁也。(《孟子》卷十四尽心章句下)|这样好像诅咒母亲的死,她心里有所不忍。(苏雪林《棘心》第十二章)根据上下文可知,前一例的"有所不忍"是意向选择用法,后一例的"有所不忍"是据实表述用法。

应该注意:意向选择用法,除了"有所不为"之类的单用,还有三种连用模式。

其一,肯定形式和否定形式直接连用,即"有所 X + 有所不 X"。比如上面例子中出现的"有所辞有所不辞"、"有所从有所不从"。然而,查古代典籍,尽管可以见到"人有不为也,而后可以有为"、"人皆有所不为,达之于其所为"之类前后对照的用法,却未见"有所为有所不为"。看来,"有所为有所不为"的连用,是语句经过发展演变之后出自现代人的手笔。至于开始于什么时候,出现在什么人笔下,笔者不知,有待进一步考察。可以肯定的是,我国进入新时期以来,这一用法越来越多见。比如:这里,全线出击,一视同仁是不行的,而要"有所为,有所不为"。(《人民日报》1989 年 5

月15日)查看《江泽民文选》,这一用法出现了15次。略举两例:搞军队现代化,一定要分清主次先后、轻重缓急,<u>有所为有所不为</u>。(《实现国防和军队现代化建设跨世纪发展的战略目标》)|要按照<u>有所为有所不为</u>的方针,统筹安排,有计划有步骤地进行开发,防止刮风,防止一哄而起。(《不失时机地实施西部大开发战略》)

其二,先说一个"有所为有所不为",以此为基点,再说一个引发出来的"有所X有所不X"。比如"有所为有所不为,有所赶有所不赶"。《江泽民文选》中,两次出现了这样的连用。例如:按照<u>有所为有所不为、有所赶有所不赶</u>的方针,集中力量发展我们自己的"杀手锏"武器装备,以增强我军打赢高技术战争的物质技术基础。(《通报中央政治局常委"三讲"情况的讲话》)这是一种从概括到具体地推衍递接的句法模式,在发展"杀手锏"武器装备问题上,把"有所为有所不为"具体衍化为"有所赶有所不赶",从而使所要表达的意思不仅更加清楚明确,而且得到了突出强调,语言也显得活泼有变化。

其三,以"有所不为"为基点,略作点评,再引出一个较为具体的"有所不X",又略作点评。例如:<u>有所不为</u>,为无不果。<u>有所不学</u>,学无不成。(王安石《祭沈文通文》)这仍然是一种从概括到具体地推衍递接的句法模式,只是有所扩展。从"有所不为"到"有所不学",由于分别加上四字点评,形成了四字格的二次连用,既增强了音律美,内容上又富于说理性。如果说,较为概括的"有所不为"是审时度势,不做或暂时不做某些事情,那么,套用到做学问上,便成为较为具体的"有所不学"。所谓"不学",不是抛损基础的不学,不是随意取舍的不学,不是没有进退的不学,而是为了学有所成、学有所长、学有所专,为了凸显优势和形成自己的特色。王安石的话,十分精彩。

两千年来,"有所为有所不为"的思想常用常新。《江泽民文选》里不止一次提到这是治国治军的原则和方针。胡锦涛还把这一思想同科学发展观联系了起来。比如,人民网曾以"落实科学发展观 发挥科技第一生产力作用"为题,作过报道:"胡锦涛强调,要实现全面建设小康社会的宏伟目标,必须牢固树立和全面落实科学发展观,切实抓好发展这个党执政兴国的第一要务,大力实施科教兴国战略,增强自主创新能力,进一步发挥科学技术第一生产力的重要作用。""发展基础科学研究,要从国家长远发展需要出发,坚持有所为有所不为,尊重规律,突出重点,……取得突破,攀登世界科学高峰。"在国学宝库中,"有所不为"显然是最为闪光的体现事物发展辩证法的语句之一。

(原载《光明日报》2008年1月14日,略有增补。)

"×以上"纵横谈

"×以上"是一个重要的段位表示法。这一表示法,以×为定位起点,划出一个往上延伸的级度段,形成了相对固定的语法格式。从文言到白话,从上古到今天,这一格式的使用屡见不鲜,而且在现当代有了新的值得重视的发展。

一

让我们提三个问题,从三个角度观察古人笔下的这一表示法。

问题一:这一表示法中,充当定位起点的词语是一些什么样的词语?观察可知,凡是用来作为定位起点的词语,全都具有级度性,即代表在特定时空序列中某个可以往上升高的级度。从语言形式上看,可以分为两类。第一类,是包含数字的词语。用来表示段位起点的数量或次序。比如:庚午,诏诸士卒年六十以上罢归于家。(《晋书》帝纪第三)|度可得谷二百万石以上。(《史记》卷二十九)例中"年六十、二百万石"表示统数。又如:郡国被灾什四以上,毋收田租。(《汉书》卷十)|秋分后,在日法四分之三以上者,进一日。(《金史》卷二十二)例中"什四(十分之四)、四分之三"表示分数。再如:文武官五品以上给楼船。(《北史》卷一十二)|大率去南极二十度以上,其星皆见。(《旧唐书》卷三十九)例中"五品、二十

度"表示高低次序。第二类,是表示具有等级属性的名词语。有的表示官职或者社会地位。比如:县令以上,加导斧车。(《后汉书》舆服志第二十九)|庶人以上,莫不蒸尝。(《晋书》志第八)例中"县令"为官职,"庶人"为社会地位。有的表示以某一名物为代表的时空位置。比如:盖唐、虞以上,事难该悉。(《北史》卷四十七)|修身以上,明明德之事也。(《大学章句集注》序)例中"唐、虞"为时间位置,"修身"为空间位置。诚然,凡是不具有级度性语义特征的词语,不可能成为定位起点。比如"湖光山色",不能说成"湖光以上、山色以上"。

问题二:这一表示法中,"以上"是否包括作为定位起点的"×"?换句话说,"以上"是包括"×",还是排除"×"?观察可知,古人使用的"×以上"是一种包括式,而不是排除式。有的时候,可以意会。举个容易理解的例子:他的官虽是知府,只有道台以上的官请他吃饭,他或者还肯赏光。(李宝嘉《官场现形记》第 32 回)论官职,道台高于府台,"道台以上"肯定包括道台。有的时候,还可以通过一些特定形式去理解。比方,在×前边加"自"。如:爵自二级以上,有刑罪则贬。(《商君书·境内》)|自公主、封君以上皆带绶,以彩组为绶带,各如其绶色,金辟邪首为带玦。(《晋书》志第十三)例中,自×以上等于说自×起,自然包括×在内。跟"自"同义的,还有"由"和"从"。如:由士以上则必以礼乐节之,众庶百姓则必以法数制之。(《荀子·富国》)|从士以上皆羞利而不与民争业,乐分施而耻积藏。(《荀子·大略》)

问题三:这一表示法中,往上延展的级度段有没有终止点?或者说,是否"封顶"?观察可知,就"×以上"本身而言,是起点明确,终点模糊的。比方"年六十以上","上"到多少岁,并不限定。有的自然可以意会,比方"侍郎以上",肯定不会"上"到包括皇帝在内。

不过,这只是靠知识来推断,格式本身并不提供有关信息。那么,如果需要"封顶",怎么办?古人采用了以下办法。首先,是"×以上"后边加"至"或"至於",形成"×以上至Y"之类格式。例如:女子年十五以上至三十不嫁,五算。(《汉书》卷二)|士大夫以上至於公侯,莫不以仁厚知能尽官职。(《荀子·荣辱》)其次,是"×以上"前后加"自……至"之类,形成"自×以上至Y"之类格式。例如:自二千石夫人以上至皇后,皆以蚕衣为朝服。(《后汉书》志第三十)|自佐史以上至于大吏皆权臣之党。(《汉书》卷六十)再次,是用"以下"对照限定,形成"×以上Y以下"或"Y以下×以上"的格式。例如:调诸路猛安谋克军年二十以上、五十以下者,皆籍之,虽亲老丁多亦不许留侍。(《金史》本纪第五)|四品以下五品以上,令预前一日赴南都署表。(《北史》卷三十九)此外,还有一个办法,就是在"×以上"后边指明数量范围,从而使"以上"受到了明确的限定。例如:于是大定百官,置太师、丞相,自大司马以上七公,位皆上公,绿缥绶,远游冠。(《晋书》载记第二)|凡鸿水渊薮,自三百仞以上,二亿三万三千五百五十里,有九渊。(《淮南子·地形训》)

二

了解过去,可以更好地认识现状。在现代汉语里,"×以上"这一古老格式不仅继承下来了,而且有所发展了。引起发展的动因,是这一格式在含义上有时可能导致歧解。这需要把"×以上"和"×以下"联系起来加以讲说。如果说,"×以上"是以×为定位起点,划出一个往上延伸的级度段,那么,"×以下"便是以×为定位起点,划出一个往下延伸的级度段。跟"×以上"是包括式一样,在古人笔下,"×以下"也是包括式。例如:自诸侯王以下莫不震恐肃敬。(《汉书》卷四)这里用了"自",肯定包括诸侯王。又如:九十以上、七岁以下,虽有死罪,不加刑。(《旧唐书》卷五十四)凭理性意会,"九十以上"肯定包括九十,"七岁以下"肯定包括七岁。然而,有一种特殊情况,这就是:"×以上"和"×以下"同现,×所指相同。比如:中人以上,可以语上也;中人以下,不可以语上也。(《论语·雍也》)如初数以下者,加减损益,因循前率;如初数以上,则反其衰,归于后率云。(《旧唐书》卷三十八)上例出现了"中人以上"和"中人以下","初数以下"和"初数以上"。对于这类×所指相同的用法,人们会提出疑问:如果恰好就是"中人",恰好就是"初数",怎么归划?

其实,按古人的理解,在"×以上"和"×以下"对举使用的情况下,"以上"用于包括,"以下"用于排除。如上例,"中人以上"包括中人,"中人以下"排除中人;"初数以下"排除初数,"初数以上"包括初数。然而,这毕竟只是一种心理认同的朴素说法。假若有人硬要较劲,打起官司,光靠朴素的认同感是不行的。说个小故事。甲方跟乙方买货,合同上写了"货到全交款"。乙方给甲方发了一部分货物之后便向甲方要钱,但甲方一个钱也不给。乙方的理解是"货到,全交款",甲方的理解却是"货到全,交款"。于是打起了官司,最后法院只好这么判决:乙方给了甲方多少货物,甲方就给乙方多少钱。这件事,见于《语文建设》上发表的一篇短文。

为了文字表达的精确,今人在"×以上"的使用上动了不少脑筋,作过这样那样的尝试,先后出现了三个新兴格式。其一,"×或×以上"。例如:今年的试题以 1977 年入学的高等学校本科的优秀学生为对象,试题的难度是以这批优秀学生能取得及格或及格以上的成绩为准。(《人民日报》1981 年 6 月 16 日)这里,用"及格或及格以上"。其二,"×及其以上"。例如:凡总投资在1000万元及其以上的,要报国家计委(技改项目报国务院生产办公室)备案,……(《人民日报》1991年8月30日)这里,用"1000万元及其以上"。其三,"×及以上"。例如:地震使四川、甘肃、陕西和重庆共有23个地市、110个县的供电受到影响。35千伏及以上变电站受损247座,10千伏及以上线路受损1643条。(《人民日报》2008年5月26日)这里用"35千伏及以上"和"10千伏及以上"。

这三个格式有一个共同点,这就是:它们都首先明确肯定包括×,然后再明确肯定包括比×更高的级度。形式上,连词"或、及"之类的添加嵌入,标明了格式的双层并合性。于是,含义确定,不再存在两解的可能。如果起个名目,它们可以叫做严密式。至于这三个格式的语用效应,比较地说,第三个格式最为简练。第一个格式,需要重复使用充当×的词语,有时会显得冗赘。比如说"35千伏及以上",要比说"35千伏或35千伏以上"方便顺口。第二个格式,也嫌比第三个格式多了一个"其"字。正因如此,近年来第三个格式的使用频率越来越高。

三

那么,新兴格式产生了,传统格式是否会消失呢?不会。语法格式的发展,往往是累积性的,而不是取代性的。传统的"×以上"包括式和新兴的以"×及以上"为代表的严密式,不管是现在和将来,都会由于具体场合的不同需求而被选用。在需要精确描述的场合,人们会使用"×及以上"严密式。请看这个例子:海外应聘者……一般应在国外获得助理教授及以上职位或其他相应职位。

(《人民日报海外版》2008年6月27日)这里用"助理教授及以上职位"。如果说成"助理教授以上职位",那么那些身在海外的助理教授们就会嘀咕:自己到底是否符合条件?可见加个"及"字十分必要。不过,话说转来,"×及以上"毕竟属于书面语说法,并不口语化,因此,在一般的场合,在意思不会受到误解的情况下,人们还是会继续使用传统的"×以上"包括式的。比如:当今世界存在的主要宗教,佛教、犹太教有两千年以上的历史,……(江泽民《论宗教问题》)这是个政论文作品中的例子,其中用"两千年以上",意思已够清楚,如果说成"两千年及以上",反而别扭。再比如:本人愿如此服务五十年以上。(方方《桃花灿烂》)这是个文学作品中的例子,其中用"五十年以上",符合说话口气,如果说成"五十年及以上",便太不自然了。总之,新兴的严密式和传统的包括式会共存共处,各自发挥自己的作用。这一点,符合汉语朝着表现力越来越强的方向不断发展的总趋势。

末了,需要补说一点。古代经典著作中,有的句子可能会出现不同的解释。例如,子曰:自行束脩以上,吾未尝无诲焉。(《论语》述而第七)束脩即一束干肉,每束十条,是古代读书者入学敬师的礼物。按一般的理解,孔子是说,不管是谁,只要自愿将十条干肉这样的薄礼送他,他就不会不尽心施教。这具体反映了他"有教无类"的思想。不过,也有别的说法。张岱年主编《孔子大辞典》特别指出:又有"束发修饰"说,认为达到束发修饰这样年龄(十五岁)以上者,"吾未尝无诲焉"(见《后汉书·延笃传》引郑玄注)。这恐不合孔子原意。(257页)

(原载《光明日报》2008年9月1日,略有增补。)

"起去"的普方古检视

〇 导言

0.1 趋向动词有三组:第一组是"来、去";第二组是"上、下、进、出、回、过、开、起";第三组是两组单音趋向动词的复合,如:上+来→上来|上+去→上去。

问题是:"上、下、进、出、回、过、开",都能分别跟"来"和"去"复合;"起",行不行?

0.2 差不多所有的现代汉语教材,都认为可以说"起来",但不能说"起去"。比如黄伯荣先生主编的《现代汉语》(1997),列举复合趋向动词时说"限于下列这些"(15页):

  上来 下来 进来 出来 回来 开来 过来 起来
  上去 下去 进去 出去 回去 开去 过去

其中缺"起去"。

0.3 刘月华等先生撰写的《实用现代汉语语法》(1983)指出:"应注意'起'、'开'不能与'去'构成趋向补语。"(345页)意思很明白,"V 起去"和"V 开去"不能成立。至于"起去"能否独用,没有交代。

过了15年,刘月华先生主编的《趋向补语通释》(1998)出版。这部书专门讨论趋向补语,分小节论说充当补语的"上来"、"上去"、"下来"、"下去"、"进来"、"进去"、"出来"、"出去"、"回来"、"回去"、"过来"、"过去"、"起来"、"开来"、"开去",其中有了"开去",但仍然没有"起去"。

0.4 承蒙张振兴先生提醒,丁声树等著《现代汉语语法讲话》(1961)是同时承认"起来"和"起去"的。(57 页)进一步查考可知,作为《现代汉语语法讲话》的前身,在《中国语文》上连载的《语法讲话》里讨论"补语"时,就已同时列出了"起来"和"起去"。(1953)另外,洪心衡先生的《能愿动词、趋向动词、判断词》(1957)指出:"'起去、开来、开去'和'上来、上去'等有些不同,不单独作谓语,单独作谓语就表示另外的意思,如'车开去了'。而且它们组合的动词也有限,只有'打开来、分开来、拉开去、抓起去'等。"(21 页)洪先生的意思很明白,"起去"不能成立,但"V 起去"有时能成立。"抓起去"就是"V 起去",其中的"起去"做补语。

刘先生主持的两部著作,比丁著和洪著晚出版很多年,不知是没注意到丁著和洪著,还是不同意丁著和洪著的说法。不过,无论情况如何,都反映了一个事实:大多数人认为"起去"不能说。有的人,认为勉强可以做补语,但根本不能做谓语;有的人,认为根本不能做补语。

0.5 笔者一向以为"起去"能说。既能独用,也能做补语。1980 年,由湖北人民出版社出版《现代汉语语法知识》,在讲复合趋向动词时,同时列举出"起来"和"起去"。后来,主编由高等教育出版社出版的两套《现代汉语》,一套本科用,一套专科用,也肯定了"起去"。然而,这凭的只是个人的语感和逻辑推理,因此一直想通过"普—方—古"大三角的检视,寻求实据。现在,要特别感谢现代科技。电脑的使用,使笔者有可能对现代和古代的作品进行了大幅度的搜索。另一方面,笔者又考虑了"整体汉语"的大局,从方言的角度作了一些调查研究的工作。于是,便写成了这篇文章。这实际上是一篇对"起去"的考察与思考的报告。全文包括四大部分:前三大部分从"普—方—古"大三角上分别对"起去"进行检视;第四部分,提出几点思考。文章末尾有个后缀。

一 "普"角检视

"普"是以北京话为突出代表的普通话的简称,指现代汉语共同语的语法事实。这实际上是一个模糊概念,很难给出明确的界定。本文进行"普"角检视,根据的是现当代作家作品。当然,现当代各个作家的作品里会掺杂这样那样的方言因素或文言因素,但总的说来,它们都能在全国通行,都能为全国东西南北中的人们所理解和接受。

1.1 "起去"独用

所谓"独用",跟附着在动词后边充当补语相对而言。单独出现,或单独充当谓语中心,固然是独用;出现于"起去+VP"连动结构,充当第一个谓语中心词,也是独用。例如:

(1)他深恨孙传庭,……喝道:"起去!"(姚雪垠《李自成》第一卷第18章)

(2)羊圈靠西第三根柱子上头,我还给你藏着一副羊下水哩,你起去拿。(张贤亮《绿化树》三十五)

前一例"起去"单独使用,后一例"起去"和"拿"构成连动结构。观察可知:

第一,"起去"常用于祈使。如上面两例。再看姚雪垠《李自成》中的几个例子：

(3)大约每边脸打到十下，……方听见皇后轻声说："起去！"(第二卷第34章)

(4)今日本督师宁可挥泪斩将，决不使国法与军威稍受损害。诸君起去！(第二卷第22章)

(5)你如此执拗，着实可恼！好吧，等打了黄道周、叶廷秀之后，再容你说。暂且起去！(第二卷第32章)

(6)听了洪承畴的话，他沉默片刻，说道："好吧，姑准卿奏，饶了他这一次。起去吧。"(第一卷第31章)

前一例，只出现"起去"；中间两例，"起去"前边分别加上主语(第二人称)和状语；后一例，"起去"后边带上语气词"吧"。

第二，"起去"也用于叙述性话语。这种情况，从姚雪垠《李自成》中也可以见到不少。例如：

(7)等洪承畴谢恩起去，崇祯向旁瞟一眼，吩咐说："叫孙传庭回来！"(第一卷第31章)

(8)众文武叩头起去，退回朝班。(第二卷第32章)

第三，有的时候，"起去"充当"X＋VP"连动结构的前一部分。这一句式，可以用于祈使，也可以用于叙述。比如，上例张贤亮作品中的"你起去拿"是祈使，下面张贤亮同一作品中的这个例子便是叙述：

(9)"那好呀，"她又朝我做了个鬼脸，"等会儿我起去拿。"(张贤亮《绿化树》三十五)

值得注意：

A.有的"起去"包含在叙述句之中，但实质上相当于祈使。例如：

(10)崇祯无可奈何地摇摇头,叫曹化淳起去。(姚雪垠《李自成》第二卷第31章)

B.叙述句中的"起去",可以受"不"字或"不"字结构的修饰,形成否定结构。例如:

(11)臣话未说完,死不起去。(姚雪垠《李自成》第二卷第32章)

(12)他看见黄道周不肯起去,便接着训斥说:……(姚雪垠《李自成》第二卷第32章)

C.有时"起去"的"起",是个动词,表示把收藏或嵌入的东西弄出来的意思。这样的"起去",是"动词＋补语"的结构,实际上等于说"起起去"。例如:

(13)大河套里有好多好多的鱼,老初家的鱼帘子给人起去了。(周立波《暴风骤雨》四)

(14)你们把金银、粮食、衣裳都起去了,只剩下点样子,这不是刨了瓢子,剩下皮给咱?(周立波《暴风骤雨》十)

1.2 "V起去"

"V起去"的使用频率,要略高于独用的"起去"。例如:

(15)她不再哭,也不多说话,而只把眼中这点光一会儿放射出来,一会儿又收起去;存储了一会儿再放射出来。(老舍《四世同堂》第一部惶惑十八)

(16)……把一口袋谷子装到这副蒸笼样子的家伙里,把绳子一拉吊起去,一个人随手扶住口袋,谷子便漏到口袋里来。(赵树理《三里湾》二十二)

(17)第一次挑起去的还没有落地,第二次便又挑起,横着看起来,飞到空中的谷秆好像一排雁儿一个接一个连续着往

下落。(赵树理《三里湾》十七)

以上三例,分别使用了"收起去"、"吊起去"和"挑起去"。

观察可知:

第一,"V起去"既可以用于祈使,也可以用于陈述。如果有必要,还可以出现在疑问句和感叹句之中。例如:

(18)雷石柱命令二愣:"把武二娃架起去!"(马烽、西戎《吕梁英雄传》第27回)

(19)孟二愣连忙又把武二娃架起去,翻墙跳进院里,……(马烽、西戎《吕梁英雄传》第27回)

前一例是祈使句,后一例是陈述句。如果说成:"把他架起去?"这便成为疑问句。如果说成:"哎呀,真的又架起去了!"这便带上了感叹的语气。

同形的"V起去",由于在不同场合接受不同的句管控,可能意义相同,也可能意义不同。如上面两例的"架起去",都见于马烽、西戎《吕梁英雄传》,它们意义相同,所指事物都是被处置的。又如:

(20)况且刘四的话是那么难听,仿佛他办寿,他们就得老鼠似的都藏起去。(老舍《骆驼祥子》十三)

(21)决没想到老头子会这么坚决,这么毒辣,把财产都变成现钱,偷偷的藏起去!(老舍《骆驼祥子》十七)

这两例都见于老舍《骆驼祥子》,它们意义不同:前一例,"藏起去"属人自身的行为,是自动;后一例,"藏起去"属对钱予以处置的行为,是他动。

第二,"V起去"中的V,可以是形容词"高"。例如:

(22)那里的对岸,不是也有厚薄和这边差不多的一段薄

石岸又高起去了吗?那也叫"龙脖上"。(赵树理《三里湾》十五)

"高+起去",是形容词的动态化用法。"高"的后边可以出现"了"。比较:

(23)她的嗓门又高起去,街上的冷静使她的声音显着特别的清亮,使祥子特别的难堪。(老舍《骆驼祥子》九)

(24)她的声音又高了起去。(老舍《骆驼祥子》九)

这两例同见于《骆驼祥子》。前一例是"高起去",后一例是"高了起去"。

第三,"V起去"可以跟后边的VP一起构成连动结构,即:"V起去+VP"。例如:

(25)黑娃看见她省去了条盘,双手托着走来了,黑娃连忙站起去接。(陈忠实《白鹿原》第九章)

(26)于是,他慌忙转过身来,站起去扶她,他说:"干啥,这是干啥?起来……"(李佩甫《羊的门》二)

前一例是"站起去+接",后一例是"站起去+扶她"。

1.3 现象评点

上面所举的例子,引自20世纪30年代到90年代出版的现当代作品:老舍《骆驼祥子》,30年代;老舍《四世同堂》,40年代;马烽、西戎《吕梁英雄传》,40年代;赵树理《三里湾》,50年代;姚雪垠《李自成》第一、二卷,60和70年代;张贤亮《绿化树》,80年代;陈忠实《白鹿原》,90年代;李佩甫《羊的门》,90年代。其中,李佩甫《羊的门》是1999年出版的。另外,后边将要提到的梁斌《红旗谱》,是50年代作品。可知,在时间纵线上,从30、40、50、60、70、80到90年代,"起去"的出现没有断过线。

二 "方"角检视

"方"是方言的简称,指现代汉语里的方言事实。"起去"是不是方言说法?这需要对"方"角进行检视。

2.1 五位学者的回答

笔者问过武汉人吴振国博士、湖北随县人刘兴策教授、湖北大冶人汪国胜博士和湖北英山人陈淑梅女士,又请教过原籍为台中的美国夏威夷大学李英哲教授。五位语言学家都肯定,他们的方言里说"起去"。

他们的方言,分别属于西南官话(吴、刘),赣方言(汪),江淮方言(陈),闽方言(李)。专门研究方言的陈淑梅女士,还特别强调:整个鄂东方言里都说"起去"。

2.2 一个句子的调查

笔者又在语言学系的部分本科生和研究生中,用一个句子,作过书面调查。这个句子是:"孩子他爹,院子里好像有什么动静,你快点起去看看!"要求:"这个句子,你家乡话里怎么说?请写在下面,并请说明你的姓名和你的家乡(省—市/县—乡/村)。"笔者希望,通过这个句子,看看不同地方的人对其中几个词语有何反应:①"孩子他爹",②"院子里",③"什么",④"动静",⑤"起去"。至于用这个句子进行调查的焦点是"起去",这一意图并未告诉调查对象。结果,看到了以下种种"译法":

A. 湖北省的

(27)×××(直呼其名,下同),院子里好像有人,你快起去瞄一下。(余敏,武汉市)

(28)×××,院子里头好像有动静咧,你快点起去看一下!(毕晟,武汉市)

(29)×××,院子里好像有么事在响,你快点起去看一哈!(聂小丽,武汉市蔡甸区)

(30)×××,院子里好像有点儿动静儿哟,你快点儿起去看会儿。(周卫华,宜昌市)

(31)×××,院子里头好像有么事在响,你快起去看哈子。(李琼,湖北省荆州市)

(32)×××,外边是么子响呀,你快低嘎起来(去)看哈儿去。(姚蓉蓉,沙市市)

(33)×××,院子里好像有响声,你快点起去看看!(宁旭辉,湖北省钟祥市柴湖镇)

(34)老头子,院子里好像有啥响动,你快点儿起去看看!(周毕吉,湖北丹江口市浪河镇土门沟村)

(35)×××,场坎里就像有么子响动,你赶忙起去看看!(张良斌,湖北恩施市盛家坎乡洞河村)

(36)欸,你听,外边好像有么东西搞的动,你快起去看一哈!(刘碧涛,湖北省监利县周沟乡赵港村)

(37)×××,院子的好像有么在搞得响,你快起去看下子!(吴为成,湖北大冶市金斗镇水口村罗家山湾)

B.非湖北省的

(38)俺,那么院(的)了和那有什么动静儿样,你快地起去看看!(李江珠,山东省莱阳市)

(39)×××,院院儿头像有哈子在响,你起去看一哈!(兰燕妮,四川省内江市隆昌县石燕镇)

(40)娃儿他爹,院子里好像有啥子在响,你快点起去看一哈!(喻小辉,重庆市南岸区)

(41)伢崽他爷,地坪里做咯有么里响动,你快咨起去看看!(胡爱东,湖南省岳阳市平江县沛乡渡头村)

(42)伢儿他爷,外间像有么子响动,你快点起去看看哒!(朱英姿,湖南省安化县城)

(43)唉,院子里好像有么子声响,你快点起去看一下!(胡清国,江西省瑞昌县武山铜矿)

(44)伢仔渠爷,坪里好像有什在响,汝快些起去看一下!(许慧,江西省黎川县宏村镇)

从上可知:

第一,"孩子他爹"为零。"娃儿他爹"(重庆喻小辉)、"伢崽他爷"(湖南岳阳胡爱东)、"伢儿他爷"(湖南朱英姿)有点近似,但毕竟不同。这不奇怪,"孩子他爹"是地方性很强的方言说法。查陈章太、李行健主编《普通话基础方言基本词汇集》,所列93个地点,只有山东利津,称丈夫为"孩子他爹"。(语文出版社,第3卷2356页)

第二,"什么"为零。这是因为,"什么"这个普通话里的疑问代词,方言里往往换用"么子、么事、啥"等说法。

第三,"动静"很少。这是因为,"动静"一词书面语色彩较浓,一般群众的口头上不怎么使用。

第四,"院子里"偏少。这是因为,"院子里"一词有特指性,指房屋前后用墙或栅栏围起来的空地里。好些地方的农村建筑,有坪无墙,自然没有院子里的说法。

第五,"起去"可以在不同方言说法的框架中出现。比方,既可以出现于"欸,你听,外边好像有么东西搞的动,你快起去看一哈!"

(湖北监利刘碧涛),也可以出现于"伢儿他爷,外间像有么子响动,你快点起去看看哒!"(湖南安化朱英姿),也可以出现于"伢崽他爷,地坪里做咯有么里响动,你快吝起去看看!"(湖南省岳阳胡爱东)。胡爱东还特别解释道:"起去",一定是指离开说话人所在地点,跟"来"相反,可以确定。

当代文学作品中,可以见到这样的例子:

(45)大贵……伸手一摸,笼子不见了。立时……跑到屋里去叫二贵:"二贵!二贵!忙起去看看,怎么笼子不见了?"(梁斌《红旗谱》十二)

"忙……看看"即"赶快……看看",是个方言说法的祈使句框架,"起来"出现在了这个方言框架之中。作家梁斌是河北蠡县人。可以推想,河北蠡县人在说地方话时,只要有表述的需要,就会很自然地用上"起去"。

2.3 现象评点

仅仅根据以上的枚举性调查材料,便可以知道,从河北、山东到湖北、四川,到湖南、江西,一直到台中,都有"起去"的说法。尽管方音有所不同,但作为词汇单位和语法单位,这个词在各地是一致的。由此可以得出结论,"起去"不是某种方言所特有的现象;又由此可以得出结论,"起去"的使用,得到了"整体汉语"的支持。

三 "古"角检视

"古"是古代近代汉语的简称,指汉语里跟现代相对的古代近代的语法事实。"起去"在近代古代汉语里有没有出现,情况如何?这又需要把视线转向"古"角,进行检视。

3.1 "起去"独用

近代白话作品里,"起去"也可以独用,情况跟现当代作品相似。

第一,用于祈使。例如:

(46)凤姐……说着,喝声"起去!"(《红楼梦》第67回)

(47)门子喝声:"起去!"(冯梦龙《喻世明言》第10卷)

上例"起去"单独构成一个祈使句。书面上,"起去"有时跟别的词语连说。这跟标点有关,实质上还是单独表示祈使。例如:

(48)判官喝令起去,上前引着太宗,从金桥而过。(《西游记》第10回)

(49)人马过东平府,进清河县,县官黑压压跪于道旁迎接,左右喝叱起去。(《金瓶梅》第62回)

"起去"前边可以出现第二人称的主语:

(50)既是恁说,你起去,我去叫丫鬟熬下粥等你吃。(《金瓶梅》第67回)

(51)祖师道:"你等起去。"(《西游记》第2回)

"起去"前边可以出现状语:

(52)你且起去,还叫人去请了杨古月来看看,好再吃药。(西周生《醒世姻缘传》第2回)

(53)今日是个望日,主人公要出去行香,主人婆要参神拜佛,且别挺着脚睡觉,早些起去。(西周生《醒世姻缘传》第91回)

"起去"后边可以带上语气词"罢":

(54)没脸的,起去罢!(《红楼梦》第93回)

(55)足足跪了有半个钟头,新太太才冷笑道:"起去罢,少

奶奶！不要折了我这当奴才的！"（吴趼人《二十年目睹之怪现状》第 103 回）

第二，用于叙述性话语。例如：

(56) 吴教授道："姐姐，我先起去。"（冯梦龙《警世通言》第 14 卷）

(57) 西门庆道："拿衣我穿，等我起去。"（《金瓶梅》第 30 回）

(58) 李瓶儿见秋千起去了，嘘的上面怪叫道："不好了，姐夫你也来送我送儿。"（《金瓶梅》第 25 回）

(59) 苟才听说，又回身向继之汩汩而谈，直谈到将近断黑时，方才起去。（吴趼人《二十年目睹之怪现状》第 95 回）

第三，充当"X＋VP"连动结构的前一部分。整个结构或者用于叙述，或者用于祈使。例如：

(60) 他睡不着，巴得天明，起去问他。（《水浒传》第 73 回）

(61) 我们起去对母亲说去。（《西游记》第 13 回）

(62) 就地上踏一片云，起去赶那黄衣女子。（冯梦龙《警世通言》第 39 卷）

上三例用于叙述，下三例用于祈使：

(63) 到了二更天气，狄宾梁从睡梦中被一人推醒，说道："快起去看火！"（西周生《醒世姻缘传》第 48 回）

(64) 哥哥，狗子叫得一声，便不叫了，却不作怪！莫不有甚做不是的在这里？起去看一看。（冯梦龙《醒世恒言》第 14 卷）

(65) 浑家道："天色雨下，怕有做不是的。（你）起去看一

看,放心。"押番真个起来看。(冯梦龙《警世通言》第 20 卷)

值得注意:

A. 跟现当代作品里的情况一样,有的"起去"包含在叙述句之中,但实质上相当于祈使。例如:

(66)宝玉忙把袭人扶起来,叹了一声,在床上坐下,叫众人起去,……(《红楼梦》第 31 回)

(67)大人跟前的戈什喊一声"起去",所有的兵丁,齐齐答应一声"嗻"!(李宝嘉《官场现形记》第 6 回)

(68)少奶奶教训过就是了,饶了他们叫起去罢,叫他们下回不要做就是了。(吴趼人《二十年目睹之怪现状》第 95 回)

B. 跟现当代作品里的情况一样,叙述句中的"起去",可以受"不"字等的否定修饰。例如:

(69)却才狗子大叫一声便不叫了,莫不有贼?你不起去,我自起去看一看。(冯梦龙《醒世恒言》第 14 卷)

(70)我要不起去,一个家没颜落色的。(西周生《醒世姻缘传》第 3 回)

C. 如果在语体上向文言考察,还可以看到,清人蒲松龄的文言小说集《聊斋志异》中也有"起去":

(71)妻止之曰:"度鬼非君所可与力也。"乃起去。(《聊斋志异·张阿端》)

D. 如果在时间上向中古上古考察,还可以看到《世说新语》、《后汉书》和《汉书》中也有"起去":

(72)钟(钟士季)起去,康(嵇康)曰:"何所闻而来何所见而去?"(《世说新语》简傲第 24)

(73)(刘恭)惶恐起去。(《后汉书·刘玄刘盆子列传

第一》)

(74)上起去,罢酒。(《汉书·张陈王周传第十》)

《汉书》为东汉班固所撰,《后汉书》为南朝宋人范晔所撰,《世说新语》为南朝宋人刘义庆所撰。

3.2 "V起去"

近代白话作品里,"V起去"的使用频率比现当代还要高。观察可知:

第一,"V起去"有时见于祈使句,后边往往出现"罢"。例如:

(75)平儿,来!把你的收起去,等不够了,我替你添上。(《红楼梦》第43回)

(76)黛玉道:"我懒待吃,拿了搁起去罢。"(《红楼梦》第82回)

第二,"V起去"有时用于叙述性话语。在不同的句法结构中,有主动态、被动态、处置态、使动态等的区别。例如:

(77)却放了一个风火炮,直飞起去,正打在敌楼角上,……(《水浒传》第112回)

(78)那老儿答应着,站起去了。(文康《儿女英雄传》第12回)

上例出现"飞起去""站起去"。这是主动态的。又如:

(79)宋四公恰待说,被赵正拖起去,……(冯梦龙《喻世明言》第36卷)

(80)众神、八戒、沙僧不解其意,被他抛起去,又都装在里面,只是走了行者。(《西游记》第65回)

上例出现"拖起去""抛起去"。这是被动态的。又如:

(81)如来将金钵盂撇起去,正盖着那蜂儿,落下来。(《西

游记》第 58 回)

(82)武松……望空只一掷,掷起去离地一丈来高。(《水浒传》第 28 回)

上例出现"撇起去""掷起去"。这是处置态的。又如:

(83)今日房下说:"你辛苦了,大睡回起去。"(《金瓶梅》第 67 回)

这一例相当特殊。等于说:大睡一场,使精神回转到原来的样子。

第三,"V"和"起去"之间,可以嵌入"不",表示否定;也可以嵌入"了",表示实现。例如:

(84)独有宝玉的美人放不起去。(《红楼梦》第 70 回)

(85)只是小的睡着了,不知几时走了起去,以后又不知怎么样死了,其实一些也不知情。(凌濛初《二刻拍案惊奇》卷 17)

前一例是"V 不起去",后一例是"V 了起去"。偶尔还看到"V 了"和"起去"之间出现宾语,形成"V 了-O 起去"的现象:

(86)两个因按在一处夺瓜子儿嗑,不防火盆上坐着一锡瓶酒,推倒了,那火烘烘望上腾起来,溅了一地灰起去。(《金瓶梅》第 46 回)

第四,"V 起去"有时跟后边的 VP 一起构成连动结构,即:"V 起去+VP"。例如:

(87)今日哪吒拿起去射了一箭,只射到髑髅山白骨洞有一石矶娘娘的门人,名曰碧云童子……(《封神演义》第 12 回)

(88)慌的老早爬起去做甚么?(《金瓶梅》第 67 回)

第五,"V 起去"中间嵌入"将"字。动词和趋向动词之间加

"将"字,是近代汉语里的普遍现象。这决定了"起去"在近代汉语里使用范围大于现代汉语,使用频率高于现代汉语。例如:

(89)那火炮飞将起去,震的天崩地动,岳撼山摇。(《水浒传》第117回)

(90)他的真身出一个神,纵云头跳将起去,……(《西游记》第29回)

上例是主动态的,下例是非主动态的:

(91)楼上见布中已重,知是有人,扯将起去。(凌濛初《二刻拍案惊奇》卷35)

(92)行者忍不住焦躁,把金箍棒丢将起去,喝声"变!"(《西游记》第50回)

有时,"V将起去"里,"将"字后边还出现宾语,形成"V将O起去"的格式。例如:

(93)皇甫松去衣架上取下一条绦来,把妮子缚了两只手,掉过屋梁去,……吊将妮子起去。(冯梦龙《喻世明言》第35卷)

3.3 现象评点

《红楼梦》、《水浒传》、《警世通言》、《喻世明言》、《西游记》、《金瓶梅》、《醒世姻缘传》、《二十年目睹之怪现状》、《官场现形记》、《二刻拍案惊奇》、《聊斋志异》、《世说新语》、《后汉书》和《汉书》等作品,以及下面将要引例的《飞龙全传》、《荡寇志》和《儿女英雄传》,都使用了"起去"。此外,笔者查到使用"起去"的近代作品,还有好些本。

值得特别指出,人民教育出版社编辑出版的高中《语文》第四册,有一篇课文中有这么一句:

(94)秋公慌忙跳起去取水,心下又转道:"如何有这样妙法？莫不是见我哭泣,故意取笑？"(《灌园叟晚逢仙女》)

这篇课文摘引自冯梦龙《醒世恒言》。其中的"跳起去",对于现当代中学语文老师和中学生们来说,他们绝对不会感到不能接受。

四　三点思考

4.1　话语场境的条件共容

话语场境千变万化。不同的话语场境,为语句的组造提供不同的容纳条件。考察和揭示语法事实及其规律,不可忽视不易信手拈来的隐蔽现象,以免以偏概全。

"起去"说法的成立,依赖于特定的话语场境。比如,甲乙两人一起躺在床上,甲对乙说:"起去！爬起去！你躺在这里我心烦！"诚然,"起去"和"起来"的对立和换用,是由于说话人所处位置的参照点有所不同。观察文学作品中在一些怪异的话语场境使用"起去",可以得到很好的印证。比方,《水浒》里写公孙胜作法,将麈尾化为飞鸟:

(95)公孙胜左手仗剑,右手把麈尾望空一掷,那麈尾在空中打个滚,化成鸿雁般一只鸟飞起去。(《水浒传》第96回)

在这样的场境中,不能说"飞起来",只能说"飞起去"。因为,飞的方向是背着观看的人群的。

《西游记》里,"起去"出现31次,其中独用的4次,做补语的27次。如下表:

独用	起去 4
V 起去	跳起去 5,飞起去 2,飘起去 1,撒起去 1,长起去 1
V 将起去	跳将起去 11,飞将起去 1,迭将起去 1,丢将起去 1,抛将起去 1,摄将起去 1,撒将起去 1

把"跳起去"和"跳将起去"加在一起,《西游记》里做"跳"补语的"起去"就有 16 次之多。这不奇怪。孙悟空们是"人",但又不是一般的人。他们的跳,往往是跳往空中,其趋向是往上背对着观看者的。因此,一般场境中的"跳起来",在孙悟空们的活动场境中,就得说"跳起去"。其他的"飞起去|飘起去|撒起去|长起去|迭将起去|丢将起去|抛将起去|摄将起去"等等,全都是"地对空"活动,用"起去"要比用"起来"更为准确。

4.2 语义关系的句管控

特定的句管控,会使词语入句之后产生特定的语义关系。独立于句子之外,"起去"就是"起+去";一进入句子,"起去"除了本身的语义,还会附加这样那样的语义。

(一)"起"和"去"

"起去"语义的附加性变化,受到句域的管控。句域,篇章上表现为一串句子的联结,是话语场境的具体化。看两个例子:

(96)匡胤一脚踏住,……呵呵大笑道:"……后次若再欺生,定当打死。"说罢,喝声:"<u>起去</u>!"母夜叉爬将起来,……两个丫环搀了便走。(东隅逸士《飞龙全传》186 页,宝文堂书局 1982)

(97)蔡京代天宣旨发放,当驾官高喝"<u>起去</u>"。二十万天兵齐呼"万岁",震天震地的一声,一齐立起。卤簿仪仗分头撒

去。各营兵马倒卷下去,各归本营。(俞万春《荡寇志》13页,人民文学出版社1985)

通过句子的串结可以知道:前一例,"起去"针对踏在脚下的人,是要听话者爬起来滚开去的意思;后一例,"起去"针对跪着的人,是要听话者立起来退下去的意思。

(二)"V"和"起去"

"V起去"语义的附加性变化,受到两个方面的管控。

其一,是句域管控。这涉及话语场境中趋向关系的参照点。比如同是"拉":

拉起去$_1$——甲命令乙拉物,甲在低处起点,乙在高处终点。等于说:拉上去。

拉起去$_2$——人拉物,物在下,终点在上,拉者居中。等于说:扯起来,再拉上去。

有时,趋向关系的参照点可能是心理上的。比如,《红楼梦》和《四世同堂》里都有"收起去",也可以说成"收起来"。用"去"和用"来",反映的只是说话人心理上向背关系的参照点有所不同。

其二,是句法管控。涉及因素较多。可能涉及小句中"V起去"和主语的关系,如例(20)(21)的"主语+藏起去"。又可能涉及句子组造中动词的配置。"V起去"的V是常项,"起去"是变项。什么动词跟"起去"相配,这往往会决定两个结构相互间表意的差异。比如"飞"和"拖":

飞起去——等于说:V起来,冲上去。

拖起去——等于说:V起来,使离去。

"起去"有时表示具体趋向,有时表示抽象趋势,这也取决于不同的V。例如:

跳起去——起去,具体趋向,由低向高。

藏起去——起去,抽象趋势,无所谓低和高。

4.3 匀整系统的总体趋同

现代汉语语法系统中,有许许多多大小不同级别的子系统。不管处在哪个级别之上,对于一个相对匀整的子系统来说,在最基本的形式或构造上会总体趋同。

比如"三身代词"系统:我→我们;你→你们,您→〈您们〉;他→他们,她→她们,它→它们。语言运用的实际表明,"三身"代词系统中"您们"的缺位,已经逐渐地在一定范围内和一定程度上得到填补。这一填补,很大程度上源于语用心理,也得到方言现象的支持。(参看邢福义1996)

再如"有没有 X"句式系统:

有没有 NP?

有没有 VP?

有没有 AP?

有没有 NV?

"有没有"后边,可能出现四种语言成分:NP(名),VP(动),AP(形),NV(名动)。"有没有 NP",如:有没有什么事?|"有没有 AP",如:有没有那么严重?|"有没有 NV",如:有没有人反对?至于"有没有 VP",原来已有一种说法:"(差距)有没有扩大?"表示"是不是有所 VP"的意思;近年来,吸收了南方方言里的一种说法:"有没有看见?"表示"是否 VP 了/过"等意思。于是,完成了"有没有 X"句式系统的趋同(参看邢福义1992)

从语言事实的进一步发展看:

[正反问]有没有问题?

　　　　　　［回答］没有问题。/有问题。

　　　　　　　　［是非问］没有问题吗？/有问题吗？

　　　［正反问］有没有这么高？

　　　　　　［回答］没有这么高。/有这么高。

　　　　　　　　［是非问］没有这么高吗？/有这么高吗？

　　　［正反问］有没有人反对？

　　　　　　［回答］没有人反对。/有人反对。

　　　　　　　　［是非问］没有人反对吗？/有人反对吗？

　　　［正反问］〈有没有看见？〉

　　　　　　［回答］没有看见。/〈有看见。〉

　　　　　　　　［是非问］没有看见吗？/〈有看见吗？〉

　　"有没有看见？""有看见。""有看见吗？"都是南方方言的说法。在问句与答句的构成上，南方方言是总体趋同的；而普通话，却只吸收了前一种说法，尚未吸收后两种说法。将来，会不会后两种说法也吸收，从而在普通话里也实现总体趋同，笔者以为，这不是没有可能的。当然，这要"等着瞧"。

　　回到"起去"这一形式的讨论。从理论上讲，在那么严整的复合趋向动词系统里，不可能保留"起去"的缺位。那么，这个缺位是怎么填补的呢？

　　本文第二部分，已经证明"起去"不是某个方言所独有；《骆驼祥子》和《四世同堂》，《红楼梦》和《儿女英雄传》，也能证明"起去"不是方言的说法；《汉书》和《后汉书》，更可以证明"起去"古已有之。由此看来，一个趋于匀整的系统中，空缺的填补有不同线路。

　　如果说，"您们"的填补是由于语用心理的需要，"有没有 VP"的填补是由于吸收了方言用法，那么，"起去"的使用便是为了适应于话语场境的变换。所有这些,都反映了现代汉语语法系统的一种匀整倾向。

五　后缀

5.1　本文从普方古三大角度上,用实例证明了"起去"和"V起去"都能说。"V起去"实例中,V包括了"站、飞、飘、长、回、跳、爬、走、吊、挑、架、藏、收、搁、拖、抛、丢、掷、撤、拿、扯、放、溯"等动词,还有形容词"高"。"说有易,说无难。"这是一句经典性的话。研究现代汉语语法,不能只看大路边的显眼现象。

5.2　近代白话作品中,有"V将起去"的格式。《西游记》里,"跳起去"5次,"跳将起去"却11次。此外还有"飞将起去、迭将起去、丢将起去、抛将起去、摄将起去、撒将起去"。"动词+将+趋向动词",是古白话中普遍存在的现象;到现代,这一格式全部消失,"动词+将+起去"自然也随之消失。这是一种类型学现象,不足为怪。

5.3　跟"起来"相比较,"起去"的使用频率自然是很小的。但是,"多少"和"有无"不是一回事。如果跟已为黄伯荣(1997)和刘月华(1998)所承认的"开去"相比较,下面两个数字也许有参考价值:a.《骆驼祥子》里,"起去"有4例,"开去"没有。b.《红楼梦》里,"起去"有8例,"开去"只有1例:那婆子指与地方,便乐得走开去歇息。(第41回)起码可以这么说:承认"开去"而否认"起去",是不公平的。

5.4　"起去"不是某个方言独有的现象,然而,从方言的角度进行检视,有助于认识的深化。在笔者看来,属于方言的现象固然需要进行方言研究,即使不属于方言的现象,研究研究方言问题也会大有好处。

5.5 最后,需要特别提到"起去"和"北京话"的关系,求教于方家。

朱德熙先生在《语法讲义》里讨论"趋向补语"时指出:"北京话里没有跟'起来''开来'相配的'起去''开去'。"(128页)朱先生说的是"北京话里"。笔者不是北京人,尽管本文已经从不同角度证明了"起去"可以成立,却不敢咬定北京话里有"起去"。然而,起码有几个问题值得思考:第一,在北京工作多年的人,并不就是北京人。而老舍是地道北京人,他的《骆驼祥子》和《四世同堂》中出现"起去",如何解释?第二,文康的《儿女英雄传》,袁行霈(1999)指出:"此书尤为擅长的则是它纯熟、流利的北京口语。"又指出:"《儿女英雄传》开创了地道的京味……成为京味小说的滥觞。"《儿女英雄传》中出现"起去",如何解释?第三,如果说《骆驼祥子》、《四世同堂》和《红楼梦》、《儿女英雄传》里的"起去"都是从方言里来的,这就需要"寻根"。既然"起去"不是某个方言所独有的现象,那么,它的方言的"根",到底在哪里呢?

主要参考文献

黄伯荣主编 《现代汉语》(增订二版),高等教育出版社1997年。
刘月华等 《实用现代汉语语法》,外语教学与研究出版社1983年。
刘月华主编 《趋向补语通释》,北京语言文化大学出版社1998年。
中国科学院语言研究所语法小组 《语法讲话(八)》,《中国语文》1953年第3期。
丁声树等 《现代汉语语法讲话》,商务印书馆1961年。
洪心衡 《能愿动词、趋向动词、判断词》,新知识出版社1957年。

张振兴　《方言研究与对外汉语教学》,《语言教学与研究》1999年第4期。
朱德熙　《语法讲义》,商务印书馆1982年。
袁行霈　《中国文学史》第四卷,高等教育出版社1999年。
邢福义　《说"您们"》,《方言》1996年第2期。
──── 　《语法问题发掘集》,湖北教育出版社1992年。

　　　　（原载《方言》2002年第2期。为了印刷的方便,略
　　去了用国际音标注明的"起去"中"去"的方音。）

"起去"的语法化与相关问题

○ 前言

0.1 笔者的《"起去"的普方古检视》一文,从"普方古"大三角上检视"起去",肯定"起去"的存在;这篇《"起去"的语法化与相关问题》,把"普方古"大三角检视和"表里值"小三角检视结合起来,探讨如何对待做补语的"起去"和单用的"起去",如何看待"起去"同北京话与方言的关系。全文分三个部分展开:1)结构配置的语法化;2)语义内涵的语法化;3)方言佐证和通语问题。

0.2 跟对"起去"持否定态度的众多论著相反,在目前所看到的文献中,中国科学院语言研究所语法小组的《语法讲话》是最早肯定"起去"可以成立的论著。《语法讲话(八)》发表在《中国语文》1953年第3期,其中在讨论补语问题时同时列出了"起来"和"起去"。后来,根据《语法讲话》修订而成的由丁声树、吕叔湘、李荣等先生署名的《现代汉语语法讲话》,1961年由商务印书馆出版,完全保留了同时承认"起来"和"起去"的意见。《现代汉语语法讲话》是一部公认的权威著作,只是由于它出版时全国正在推行"暂拟汉语教学语法系统",因而它的重要意见往往被人们所忽视。①

0.3 《现代汉语语法讲话》对"起去"的肯定,不仅从事实上正视了这一罕见事实的存在,而且从理论上维护了现代汉语趋向动词系统的匀整性,具有十分重要的意义。不过,这部著作所作的肯定又是有限度的。这就是,认为"起去"只能做补语,不能单用。(57—58页)这样,我们就面临一个问题:能不能认为做补语的"起去"才是趋向动词,单用的不是?换句话说,能不能把单用的"起去"从现代汉语趋向动词系统中剔除出去?为了回答这个问题,有必要弄清"起去"的语法化状况。同时,讨论由此而引发的通语问题。

0.4 所谓"起去"的语法化,表现为两个方面:一方面,是结构配置的语法化;另一方面,是语义内涵的语法化。这两个方面相互联系,但重点有所不同。

一 结构配置的语法化

1.0 从单用到做补语,这是"起去"结构配置语法化的一个过程。

1.1 单用

"起去"单用,最早见于两千多年前西汉司马迁的《史记》。有1例:

(1)歌数阕,戚夫人嘘唏流涕。上起去,罢酒。竟不易太子者,留侯本招此四人之力也。(《史记·留侯世家第二十五》)

西汉刘向的《新序》,东汉班固的《汉书》,叙述同一事实时,基本上搬用司马迁的句子,只是个别字略有不同:

(2)歌数阕,戚夫人欷歔流涕。上起去,罢酒。竟不易太子者,留侯召四人之谋也。(《新序·卷第十善谋下》)

(3)歌数阕,戚夫人歔欷流涕。上起去,罢酒。竟不易太子者,良本招此四人之力也。(《汉书·张陈王周传第十》)

后来,南朝宋人范晔《后汉书》和南朝宋人刘义庆《世说新语》也用了"起去":

(4)(刘恭)惶恐起去。(《后汉书·刘玄刘盆子列传第一》)

(5)钟(钟士季)起去,康(嵇康)曰:"何所闻而来何所见而去?"(《世说新语·简傲第二十四》)

再后来,唐诗中也可以看到"起去":

(6)暂语船樯还起去,穿花落水益沾巾。(杜甫《燕子来舟中作》)

(7)方来寻熟侣,起去恨惊凫。(薛能《申湖》)

1.2 做补语

"起去"做补语,时间上晚得多,在三百多年前的《水浒传》中才开始看到。

包括《水浒》在内的明清白话作品里,"起去"做补语的现象比较多见。有两个格式:"V 起去"和"V 将起去"。如可以说"跳起去、飞起去、扯起去",也可以说"跳将起去(《西游记》)、飞将起去(《水浒传》)、扯将起去(凌濛初《二刻拍案惊奇》)"。《西游记》里,"V 起去"出现 10 次,"V 将起去"出现 17 次。"将"字,明显成了"起去"做补语的一个语法标志。

到现代,"动—趋"之间的"将"字已经类型性地一概脱落,但是,不管情况如何,"起去"一旦在动补结构中充当补语,其语法化的进程便到达了一个新的阶段,其趋向动词的身份已经不容置疑。例如:眼中这点光一会儿放射出来,一会儿又收起去(老舍《四世同

堂》)|她的嗓门又高起去(老舍《骆驼祥子》)。这里的"起去",毫无疑问是趋向动词。

1.3 单用和做补语

"起去"从单用到做补语,两种现象的出现不是取代关系,而是累积关系。就是说,后者并未取代前者,"起去"并未消失。例如:

(8)祖师道:"你等起去。"(《西游记》第2回)

(9)既是恁说,你起去,我去叫丫鬟熬下粥等你吃。(《金瓶梅》第67回)

(10)凤姐……说着,喝声"起去!"(《红楼梦》第67回)

以上是近代汉语中的例子。再看现代汉语中的例子:

(11)他深恨孙传庭,……喝道:"起去!"(姚雪垠《李自成》第一卷第18章)

(12)二贵!二贵!忙起去看看,怎么笼子不见了?(梁斌《红旗谱》十二)

(13)"那好呀,"她又朝我做了个鬼脸,"等会儿我起去拿。"(张贤亮《绿化树》三十五)

既有做补语的"起去",又有单用的"起去",同一个语言运用系统中便出现二者共存的局面。有的作品里,两种说法都使用。比如:《西游记》里"起去"出现31次,其中独用的4次,做补语的27次;《封神演义》里"起去"出现9次,其中独用的7次,做补语的2次;《喻世名言》里"起去"出现3次,其中独用的1次,做补语的2次;《红楼梦》里"起去"出现8次,其中独用的3次,做补语的5次。

观察可知:

第一,"V起去"和"起去"相对比而存在,二者存在内在的联系。

由于受到语言运用系统的整体规约,说"起去",实际上前边留有一个动词的空位。即:"起去"="∅起去"。当叫某人"起去"的时候,实际上相当于"站起去、坐起去、爬起去"等等。这一点,在二者相对比而连续使用的时候,看得更为清楚。例如:

(14)起去,爬起去,你躺在我身边我心烦!

(15)起去了,起去了,巨龙风筝也飘起去了!

上例都是先说"起去",然后在前头强调地补说一个动词。如果只承认"爬起去""飘起去"中的"起去"是趋向动词,而不承认前边出现的"起去"是趋向动词,这是很困难的。因为二者在语义上具有同一性,在结构上具有可变换性。要么不承认"V起去"中的"起去"是趋向动词,否则,也得承认"∅起去"中的"起去"是趋向动词。

第二,即使是单用的"起去",由于适应白话语体的表述需要,"起去"更多地出现在了特定的句法框架之中。比如:

A. 出现于连动结构,充当前一部分:

(16)他睡不着,巴得天明,起去问他。(《水浒传》第73回)

(17)就地上踏一片云,起去赶那黄衣女子。(冯梦龙《警世通言》第39卷)

(18)羊圈靠西第三根柱子上头,我还给你藏着一副羊下水哩,你起去拿。(张贤亮《绿化树》三十五)

B. 出现于兼语结构,充当后一部分:

(19)宝玉……叹了一声,在床上坐下,叫众人起去,……(《红楼梦》第31回)

(20)崇祯无可奈何地摇摇头,叫曹化淳起去。(姚雪垠

《李自成》第二卷第31章)

C. 前加时间词语：

(21)……且别挺着脚睡觉,早些起去。(西周生《醒世姻缘传》第91回)

(22)……直谈到将近断黑时,方才起去。(吴趼人《二十年目睹之怪现状》第95回)

(23)好吧,等打了黄道周、叶廷秀之后,再容你说。暂且起去!姚雪垠《李自成》第二卷第32章)

D. 后加语气助词"罢/吧"：

(24)没脸的,起去罢!(《红楼梦》第93回)

(25)起去罢,少奶奶! 不要折了我这当奴才的!(吴趼人《二十年目睹之怪现状》第103回)

(26)好吧,姑准卿奏,饶了他这一次。起去吧。(姚雪垠《李自成》第一卷第31章)

E. 受否定词语修饰：

(27)……莫不有贼? 你不起去,我自起去看一看。(冯梦龙《醒世恒言》第14卷)

(28)我要不起去,一个家没颜落色的。(西周生《醒世姻缘传》第3回)

(29)臣话未说完,死不起去。(姚雪垠《李自成》第二卷第32章)

(30)他看见黄道周不肯起去,便接着训斥说:……(姚雪垠《李自成》第二卷第32章)

近现代汉语中诸如此类的语法框架,在不同程度上加强了"起去"语法作用的整体性,使之在小句里成了结合较紧的趋向单位。

二　语义内涵的语法化

2.0　"起去"从表示实义到表义弱化,是语义内涵语法化的一个过程。

2.1　单纯表示实义

初始阶段单用的"起去",单纯表示实义。这种"起去","起"和"去"都表示实义,等于说"起而去"。[②]

具体点说,在语义关系上,这种"起去"是"起"和"去"的实义加合。"起"表示由下而上,"去"表示背移而去。"起"和"去"都由人物主动施行,而"去"的移动有某个目的地,或者指动作者需要回转的原位置,或者指动作者需要前往的新位置。从"起"到"去",两个趋向性行为先后紧接,近似"连动"关系。上面所举《史记》《汉书》《后汉书》《世说新语》中的例子,全都如此。

2.2　表义情况复杂化

从近代到现代,在结构配置语法化的同时,"起去"的表义也不再那么单纯。

(一)关于单用的"起去"

一方面,单用的"起去"有的明显表示实义。例如:

(31)众文武叩头起去,退回朝班。(姚雪垠《李自成》第2卷第31章)

(32)羊圈靠西第三根柱子上头,我还给你藏着一副羊下水哩,你起去拿。(张贤亮《绿化树》三十五)

前一例,主语是施事,"起去"是先"起",然后"去","去"的目的地是"朝班"这个原位置。后一例,主语也是施事,"起去"也是先

"起",然后"去","去"的目的地是"羊圈靠西第三根柱子"那个地方。

另一方面,单用"起去"的表义有所弱化。

首先,有时"起去"表示浑然一体的动态。

这是用于物件时出现的情况。所谓用于物件,指"起去"不是由人物发出的行为,而是受人操纵的无生命物件的动向。例如:

(33)这一个钢刀起去似寒冰,那一个棒举红飞惊紫电……(《封神演义》第36回)

上例等于说:"钢刀一掠"。

这类用例并不多见,但可以类推。比如可以说:"他的剑术,出神入化。刹那间,剑光起去,人头落地!"等于说:剑光一起,人头落地。

这样的"起去",从语义内涵上看,尽管仍然可以理解为"起而去",但它表示的是眨眼间的动态,凝合性很强。说"你起去",如果离析为"你起"和"你去",比较自由;说"钢刀起去",如果离析为"钢刀起"和"钢刀去",就很勉强了。这就是说,用表示具体行为的"起而去"来测试,"钢刀起去"中的"起去"人们已经感到没有那么"具体"了。

其次,有时"去"义弱化,"起去"等于"起身"。

这是在特定场合的一种用法。所谓特定场合,指重在表达"离床、离位、离地"之类愿望的场合。比如:

(34)我都卧床好几天了,无论如何得起去了。

(35)我都卧床好几天了,再不起去,就会有人嚼舌头了!

这样的"起去",行为仍然由人物主动施行,但"起去"只相当于"起身"。在语义内涵上,"去"已经不再代表一个有目标、有过程的行为;在作用上,"去"已经成了帮助表示背离性趋向的一个附着成分。因此,这里的"起去"成了近似"动补"的结构,而不是表示"起而去"的近似"连动"的结构。

"去"义弱化,导致"起去"的动补化。"起去"可以嵌入"不",说成"起不去",这就是一个证明。比较:

(36)我的腿坐麻了,想起去,可怎么也起不去。

(37)他的腿坐麻了,想起来,可怎么也起不来。

这里的"起不去"和"起不来"都等于说"起不了"。"不去"也好,"不来"也好,都是明显的补语;其中的"去"和"来",都是补语里语义较虚的一个结构成分。

(二)关于做补语的"起去"

做补语的"起去",同样存在"实义－弱化"的错综复杂状态。粗线条地讲,主要情况有三。

第一,"起去"实义,"V起去"可以看作人物3动作。

具体点说,"V起去"可以理解为:先V,随之起,随之去。例如:一走近,那小鸟便飞起去,站在树枝上对着我吱吱地叫。——在结构配置上,"飞起去"是"飞|起去",但在语义内涵上,可以理解为:小鸟既"飞",又"起",又"去"。这就是所谓"人物3动作"。

第二,"去"义弱化,"V起去"可以看作人物2动作。

具体点说,"V起去"可以理解为:先V,随之起〈去〉。例如:(酒席上,客人来敬酒,坐着的父亲对坐着的儿子恼火地说:)站起去!客人给你敬酒,你就坐着不动?——"站起去"只能理解为"人物2动作",等于说"你站－你起去",不等于说"你站－你起－你去"。"站"是向上运动的行为动词,"起去"是向上运动的趋向动词;其中的"去",只是一个表示背移趋向的附着成分。

第三,"起去"全弱化,"V起去"可以看作人物1动作。

具体点说,"V起去"只能理解为:V+起去趋向。例如:客人要来了,你赶快把这些乱七八糟的东西<u>收起去</u>!——"收起去"结合成一个整体,不能说成"你收一这些东西起一这些东西去",也不能说成"你收一这些东西起去"。"收"是个趋向不定的行为,或者说,是个跟往上运动趋向没有肯定联系的行为;"起去"只表示十分抽象的背移性趋向,整个儿是附着成分。"收起去"也可以说成"收起来"。这时,"起去"和"起来"只是在"移开"和"移拢"的抽象趋向上使人感到有不同意味。<u>搁起去</u>(《红楼梦》)、<u>藏起去</u>(《骆驼祥子》)等,情况相同。

2.3 表义的虚实与趋向动词的判别

《现代汉语语法讲话》认为"起去"只能做补语,大概有两个原因。其一,可能是由于当时没有通过电脑大量检索语料的方便,只看到《骆驼祥子》中"V起去"的用例。(《现代汉语语法讲话》是很重视《骆驼祥子》中的语言现象的。)其二,可能是认为古书中的"起去"表示"起而去"的实在意义,不成为趋向动词。

然而,在近现代汉语的趋向动词系统中,由于虚实同在,相互牵连,表示实义已不成为判定趋向动词的充足理由。一来,做补语的"起去",肯定都是趋向动词,但其中有的就表示实义;二来,就单用的"起去"而言,有的表示实义,有的表义弱化,很难分割。

如果说,本文上一部分是立足于结构互制的角度,证明不应把单用的"起去"从近现代汉语趋向动词系统中割离;那么,这一部分便是立足于涵义互制的角度,证明不能把实义的"起去"从近现代汉语趋向动词系统中割离。

三 方言佐证和通语问题

3.0 通过方言佐证和通语问题的讨论,可以帮助我们深化对"起去"的认识。

3.1 方言佐证

陕西户县方言中,"上来、上去、下来、下去、进来、进去、出来、出去、回来、回去、过来、过去"也好,"起来、起去"也好,都是常用的趋向动词。户县人说"起去",说话人和听话人都坐着或躺(睡)着。如:你起去,起去做饭去。|叫娃起去背书去。

户县方言中的"来"和"去",可以复用为"来来"和"去去"。一般出于中老年人之口。"来来"和"去去",第一个音节语义轻,第二个音节语义重;第一个音节多数地方轻读,第二个音节调值有变化,但各乡镇读法不尽相同。"去去"语义中含对听话人不满的因素;"来来"无不满语义。

"来来"和"去去"可以跟"上/下"类单音趋向动词组合,成为"Q来来/Q去去"。如:上来来|上去去|回来来|回去去。"来来"和"去去"也可以跟一般单音动词组合,成为"V来来/V去去"。如:(我把钱寻不来咧,你搭伙给我)寻来来|(娃吃饭时间还不见的,你去)寻去去|(你想借钱,来寻你妗子)借来来|(你没钱盖房,出去)借去去。

"起"属于"上/下"类单音趋向动词,它们也可以进入"Q来来/Q去去"的格式,即可以组合成为"起来来"和"起去去"。例如:

(38)小王,起来来,咱俩逛街走(去吧)。

(39)娃,起来来,起来吃饭!

(40)你放快(赶快)起去去!

(41)你还不起去去,他都候你一会咧(好久了)。

以上是方言学家孙立新先生给笔者提供的有关事实。孙先生是陕西户县人,2001年9月,他给笔者提供了一页纸手写的材料;2002年11月,他又给笔者寄来约二千字的书面材料。实在感谢孙先生的帮助。他所提供的事实中有不少信息,涉及语音、语义和语法,涉及语表、语里和语值。特别值得注意的是:

第一,陕西户县话里有同"起来"相配的"起去"。二者在表示面移和背移的趋向上存在微妙差异。

第二,"起来"和"起去"的后边可以再出现"来"、"去",说成"起来来"、"起去去"。后一个"来、去",比前一个"来、去"语意要重。

第三,"起去"入句之后,由于受到特定的句管控,可以多方面帮助我们求证其趋向动词的身份:

首先,既然"你起去"可以说成"你起去去","你起来"可以说成"你起来来",这就说明"起去"和"起来"在句法组织中有相同的活动能力,它们是等价的。

其次,既然有"起去去"的说法,而且前一个"去"语意较轻,这就说明其组合应该是"起去|去"。由于后面出现另一个"去",前面的"起去"明显成了一个趋向动词。

再次,同"起去去"的情况相类似,既然有"起去……去"的形式(起去背书去|起去,起去做饭去),这就说明其组合应该是"起去|……去"。由于后面出现另一个"去",前面的"起去"也明显成了一个趋向动词。

很明显,不仅做补语的"起去"可以看作一个趋向动词,独用的"起去"户县人也把它当作一个趋向动词来使用。

上述方言佐证,启示我们进行两点思考:

第一,"起去"跟其他趋向动词的类同性如何?

现代汉语的趋向动词是一个系统。如果把"起去"放到整个系统中去考察,可以进一步看到,所有趋向动词的情况是基本相同的。

以"上去"来说:

A. 单用

(42)他在山上等你,你快上去!

(43)他在山上等你,你快上去找他!

(44)我知道他在山上等我,可我偏不上去(找他)!

(45)他官运好,很快就会上去的!

(46)什么官运不官运,有大人物作梗,他上不去的!

B. 做补语

(47)他在山上等你,你快把车子开上去!

(48)他在山上等你,你快把车子开上去找他!

(49)我知道他在山上等我,可我的车子开不上去!

(50)他官运好,很快就会升上去的!

(51)什么官运不官运,有大人物作梗,他升不上去的!

上面的"上去",有的单用,有的做补语;有的表示实义,有的表义有所弱化;有的后边不出现连动项,有的出现;有的不跟"不"组合,有的加上或嵌入"不"。无论情况如何,用来检测"起去",没有什么不同的反应。

既然这样,现代汉语趋向动词系统能够混沌地容纳"上去"和

"出去、回去、过去"等等,"起去"为什么不能被容纳呢?反过来说,有什么理由把"起去"割离出去呢?

第二,如何分析"V起去V"?

如果把行为活动由甲地到乙地的趋向距离叫做"趋距",那么,"V起去V"实际上有两种情况:

A."去"义弱化,无趋距。这时,"V起去V"即"V起去|V"。例如:

(52)他忽然发觉张主任已经站到了身旁,连忙<u>站起去</u>跟张主任敬酒。

张主任就站在身旁,"去"的趋距为零。"站起去跟张主任敬酒",是"站起去|跟张主任敬酒",而不是"站起|去跟张主任敬酒"。

B."去"表实义,有趋距。这时,"V起去V"等于说"V起去去V",即"V起去|去V"。例如:

(53)他忽然发觉张主任已经走到了门口,连忙<u>站起去</u>扶着张主任进门。

门口和他所坐的地方有一段距离,"去"的活动有趋距。"站起去扶着张主任进门",等于说"站起去|去扶着张主任进门"。

上面说过,"起去"实际上等于"∅起去";这里,还应该明确,"起去"有时实际上等于"起去∅",即相当于"起去去"。比较:

(54)你<u>起去</u>,去看看什么人在敲门!

(55)你<u>起去</u>看看什么人在敲门!

前一例,由于后边又出现了"去",前边的"起去"只相当于"起身";后一例,从"起"的地点到"看"的地点有距离,"起去"便等于"起去去"。

其实,"起来"也有同样的情况。比如:

(56)妈妈:大通,天亮了,快起来!

(57)老师:大通,黑板上这道填空题,你起来填填看!

前一例"起来"只相当于"起身(起床)";后一例"起来"则相当于"起身(离座位)然后过来",等于说"起来来"。

语言运用中,语法形式的同音融合现象并不罕见。说"给 N",等于说"给给 N",便是典型的现象。

3.2 通语问题

讨论"起去",很自然地牵涉到通语问题。

首先,需要谈谈"起去"与北京话。

朱德熙先生肯定北京话里没有"起去"的说法。20 年前,《语法讲义》就指出:"北京话里没有跟'起来''开来'相配的'起去''开去'。"(128 页,商务印书馆 1982)

"开去"已为许多著作所肯定,这里不讨论。至于"起去",起码可以提出三点疑问:

A. 老舍是地道北京人。在《我怎样写〈骆驼祥子〉》中,他写道:"调动口语,给平易的文学添上些亲切,新鲜,恰当,活泼的味儿。因此,《骆驼祥子》可以朗读。它的语言是活的。"(《老舍谈创作》47 页,上海文艺出版社 1982)。所谓"调动口语",当然是北京口语。那么调动活的北京口语的《骆驼祥子》,还有《四世同堂》,都出现"起去",如何解释?

B. 文康的《儿女英雄传》,袁行霈(1999)指出:"此书尤为擅长的则是它纯熟、流利的北京口语。"又指出:"《儿女英雄传》开创了地道的京味……成为京味小说的滥觞。"(《中国文学史》第四卷,高等教育出版社 1999)《儿女英雄传》中出现"起去",如何解释?

C. 如果说《骆驼祥子》、《四世同堂》、《儿女英雄传》和《红楼梦》里的"起去"都是从方言里来的,这就需要"寻根"。它的方言的"根",到底在哪里?换句话说,它是哪个方言的说法?

其次,需要谈谈"起去"与方言。

事实上,我们无法肯定"起去"属于哪个方言。

假设有个罪犯做下了一个血案,据录音,他说话中出现了"起去"。如果是"起去去",自然大体能断定他是陕西户县一带的人;然而如果是"收起去",或单用"起去",就不能据此而断定他可能是什么地方人。因为,"起去"自古有之,而且,至今在东西南北中的众多方言里存活。它并不属于某个特定的方言。

再次,需要谈谈"起去"与通语。

既不能肯定"起去"属北京话,又不能肯定"起去"属哪个方言,那么,这个"起去"在汉语里不就悬空了吗?问题在于,这么个前提是否正确:所有的汉语事实,要么是北京话,要么是方言。换言之,所有汉语事实,如果不是北京话,便是方言;如果不是方言,便是北京话。

能不能下这样的结论呢?回答是否定的。因为:

来自北京话的说法＋来自方言的说法≠通语的全部说法
来自北京话的说法＋来自方言的说法＜通语的全部说法

方言是地域性话语,北京话也是地域性话语,而有的汉语事实,可以是超地域性话语的通语。两种情况,特别值得注意:

A. 有的超地域通语,限于在书面语中使用。比方"由于"这个连词,方言里没有,北京话口头上也不使用。老舍《骆驼祥子》和《茶馆》里都见不到。在汉语书面语发展过程中,文言文向白话文演化,词的双音节化的总趋势,使得单音节的"由"演化成了双音节的"由于"。但是,这个"由于"基本上止步于书面语,没有进入包括北京话在内的地域性口语。

B. 有的超地域通语,从古至今都存在,但人们一般不说,只在适应特定的表述需要时才偶尔使用。比如"起去",就是这样的通语现象。就现代而言,因为"超地域",它可以见于北京人老舍的笔下,也可以在说不同方言的人的口头上出现;因为"偶尔使用",它容易被遗忘,不仔细观察,很难发现。然而,无论如何,当我们看到这样的句子,我们既不能说其中的"起去"是方言说法,更不能说是不规范的说法:

(58)况且刘四的话是那么难听,仿佛他办寿,他们就得老鼠似的都藏起去。(老舍《骆驼祥子》十三)

(59)臣话未说完,死不起去。(姚雪垠《李自成》第二卷第32章)

再次,需要谈谈通语形式的使用。

通语形式的使用,有多种途径和理据。"起去"的使用,最重要的理据是特定话语场境的特定表述需要,具有特定的语用价值。

笔者《"起去"的普方古检视》一文中曾提到《水浒传》中的"那麈尾……化成鸿雁般一只鸟飞起去",又提到《西游记》里孙悟空们的"跳起去",指出这种"地对空"活动,用"起去"要比用"起来"更为准确。再看这两个例子:

(60)第一次挑起去的还没有落地,第二次便又挑起,横着看起来,飞到空中的谷秆好像一排雁儿一个接一个连续着往下落。(赵树理《三里湾》十七)

(61)民兵们抬头一看,见院墙有丈数高,后门倒关着,雷石柱叫武二娃站在二愣肩上架起去。武二娃爬上墙头,……看到这个情形,只好下来,民兵们气得唉声叹气。……等了有几袋烟工夫,……后院却鸦雀无声了。孟二愣连忙又把武二娃架起去,翻墙跳进院里,开了后门,又把通前院的小门关了。(马烽、西戎《吕梁英雄传》第 27 回)

结合上例的话语场景来比较"起来"和"起去"的选用,可以明显感觉到:前一例,"挑起去→落(下来)"比"挑起来→落(下来)"更能准确地反映人们的趋向感;后一例,"架起去→(跳)下来→又架起去"比"架起来→(跳)下来→又架起来"更能准确地反映人们的趋向感。可知,在特定场合,在表述"起去-落下-再起去-再落下"的起伏式情景时,"起去"具有"起来"所不可取代的语用价值。

当然,"起去"毕竟罕见。但是,跟"开去"相比较,其活动能力稍强。比方,作为趋向动词,"起去"可以说"不肯起去、死不起去、起不去","开去"却没有这样的用法。"起去"也好,"开去"也好,不忽视这样的"弱小"成员的存在,有利于全面地认识具有匀整性的现代汉语趋向动词系统。至于方言里可能有特殊用法,例如,陕西户县话说"起去去"与"起来来",这正是方言有自己个性的地方,正是方言语法有特殊的研究价值的地方。

四 结语

4.1 古代汉语里,"起去"的原始含义是"起而去",就人而言,许多时候表示"起身离去",应为短语。可是,到了近现代,情况复杂了起来:有时固然表示实义,有时却在不同程度上语义有所弱化。

4.2 做补语,是"起去"成为趋向动词的重要语法依据。但是,单用的"起去"和做补语的"起去"已经在一个系统中共存,不可割离。首先,表示实义不是割离"起去"的标准,因为做补语的"起去"有的也表示实义;其次,"起去"和"V起去"相对比而存在,"起去"即"∅起去"。

4.3 "V起去"有时相当于"V起去去",因此,说"V起去V",有时等于说"V起去去V",即"V起去|去V"。这一点,陕西户县方言的"起去去",便是有力的佐证。

4.4 "起去"是自古有之而现在还偶尔使用的通语说法。在某种特定情况下使用"起去",可以取得不同于"起来"的语用价值。

附注:

①《现代汉语语法讲话》中同时提到"起来"和"起去",是张振兴先生提醒笔者的。

②2002年4月,在评审国家社科基金课题期间,曾就"起去"的语义问题跟杨荣祥博士交换过意见,荣祥博士提到了"起而去"。

主要参考文献

中国科学院语言研究所语法小组 《语法讲话(八)》,《中国语文》1953年第3期。
丁声树等 《现代汉语语法讲话》,商务印书馆1961年。
吕叔湘主编 《现代汉语八百词》,商务印书馆1980年。
杨伯峻 《中国文法语文通解》,商务印书馆1956年。
朱德熙 《语法讲义》,商务印书馆1982年。
刘月华主编 《趋向补语通释》,北京语言文化大学出版社1998年。
邢福义 《"起去"的普方古检视》,《方言》2002年第2期。
——— 《有关"起去"的两点补说》,《方言》2002年第3期。
——— 《"由于"句的语义偏向辨》,《中国语文》2002年第4期。

(原载《方言》2003年第3期,略有改动。)

《西游记》中的"起去"与相关问题思辨

近代白话作品中,《西游记》是使用"起去"最多的一部作品。共见 32 次。笔者(2003)曾说"《西游记》里'起去'出现 31 次",统计有误。

本文描述《西游记》这部专书中使用"起去"的事实,观察其存在状况,在此基础上,用较大的篇幅讨论相关的六个问题。全文分三个部分展开:1)《西游记》趋向动词系统中"起去"的配置;2)《西游记》趋向动词系统中"起去"的合群;3)相关问题思辨。文章末尾有个简短结语。

专题考察《西游记》中的"起去",观测其使用情况,然后从不同角度讨论相关的问题,对于了解趋向动词系统中这个弱势成员来说,可以起到深化认识的作用。

一 《西游记》趋向动词系统中"起去"的配置

所谓"配置",指句法结构上的配置状态。《西游记》中的"起去",入句以后呈现三种配置状态:一为独用;二为直接后附;三为隔将后附。

(一)独用

独立占据动词位置,充当述语。例子共见 4 次。按出现先后的顺序,罗列如下:

(1)祖师道:"你等<u>起去</u>。"(第 2 回)

(2)判官喝令<u>起去</u>,上前引着太宗,从金桥而过。(第 10 回)

(3)我们<u>起去</u>对母亲说去。(第 13 回)

(4)行者道:"遭开山,不打你。"喝声:"<u>起去</u>!"(第 33 回)

上例的"起去",不管是否跟别的词语连用,就句法地位而言,都独自充当了述语。

(二)直接后附

直接出现在动词后边,做补语,形成"V 起去"。例子共见 11 次。例如:

(5)好猴王,将身一纵,<u>跳起去</u>,一路筋斗,直至北下观看,……(第 2 回)

(6)大圣见了,搜的一翅<u>飞起去</u>,变作一只大鹚老,冲天而去。(第 6 回)

(7)原来那个假身本是毫毛变的,却就<u>飘起去</u>,无影无形。(第 49 回)

(8)如来将金钵盂<u>撇起去</u>,正盖着那蜂儿,落下来。(第 58 回)

(9)众神、八戒、沙僧不解其意,被他<u>抛起去</u>,又都装在里面,……(第 65 回)

(10)那瓶紧靠着身,也就<u>长起去</u>,他把身子往下一小,那瓶儿也就小下来了。(第 75 回)

上例出现了"跳起去"、"飞起去"、"飘起去"、"撇起去"、"抛起去"和"长起去"。其中,"跳起去"出现 5 次,除了第 2 回,还有第 22 回、35 回、75 回和 88 回;"飞起去"出现 2 次,除了第 6 回,还有第 82 回。"飘起去"等各出现 1 次。

(三)隔将后附

仍然是出现在动词后边,做补语,但动词和"起去"之间嵌入"将"字,形成"V 将起去"。例子共见 17 次。例如:

(11)孙行者一筋斗跳将起去,……(第 17 回)

(12)要一百张桌子,五十张作一禅台,一张一张迭将起去,……(第 46 回)

(13)行者忍不住焦躁,把金箍棒丢将起去,喝声"变!"(第 50 回)

(14)这太子又弄出降妖法力,将六般兵器抛将起去。(第 51 回)

(15)呼的一声,把个长老摄将起去,飘飘荡荡,不知摄去何所。(第 64 回)

(16)那妖精幌的一声,把搭包儿撒将起去。(第 66 回)

(17)那些怪见呆子凶猛,一个个现了本象,飞将起去,叫声:"变!"(第 72 回)

上例出现了"跳将起去"、"迭将起去"、"丢将起去"、"抛将起去"、"摄将起去"、"撒将起去"和"飞将起去"。其中,"跳将起去"出现 11 次,除了第 17 回,还有第 25 回、29 回、30 回 a、30 回 b、35 回 a、35 回 b、35 回 c、40 回、44 回和 75 回。"迭将起去"等各出现 1 次。

二 《西游记》趋向动词系统中"起去"的合群

所谓"合群",指甲成员同乙丙丁等成员存在诸多共同点,彼此能和谐共处,不相互抵牾。在《西游记》的趋向动词系统中,"起去"相当合群。

(一)从三种配置状态,看"起去"的合群

在构成上,《西游记》的趋向动词系统是一个相当匀整的方阵,跟现代汉语基本相同。如下表:

	上	下	进	出	回	过	起	开
来	上来	下来	进来	出来	回来	过来	起来	开来
去	上去	下去	进去	出去	回去	过去	起去	开去

所列各词,全经核实,并非主观推断。

其中的"起去",按三种配置状况一一检验查证,可以清楚看到,它在《西游记》的整个趋向动词系统中,跟其他双音节趋向动词具有高度的一致性。如下表:

	独用	直接后附	隔将后附		独用	直接后附	隔将后附
上来	+	+	+	回来	+	+	+
上去	+	+	+	回去	+	+	+
下来	+	+	+	过来	+	+	+
下去	+	+	+	过去	+	+	+
进来	+	+	+	起来	+	+	+
进去	+	+	+	起去	+	+	+
出来	+	+	+	开来	−	+	−
出去	+	+	+	开去	−	+	−

上表显示,"起去"在群体中相当和谐。倒是"开来、开去"不怎么合群,后面再略加述说。

(二)从三种松紧倾向,看"起去"的合群

形式上的三种配置状态,决定了双音趋向动词 AB 在结合上的三种松紧倾向:一为可离析,二为通常可离析,三为不可离析。按这三种松紧倾向,把"起去"放到《西游记》的整个趋向动词系统中去勘比,又可以进一步了解到,"起去"跟其他双音节趋向动词具有高度的一致性。

1. 可离析

指 AB 之间可以插入一个名词,组结程度不紧。独用式,反映这一倾向。如"上来、上去"等→"上 X 来、上 X 去"等。

查《西游记》,可以看到:上山来(第 8 回)|上天去(第 3 回)|下山来(第 8 回)|下山去(第 14 回)|进里边来(第 36 回)|进他洞去(第 21 回)|出林来(第 26 回)|出门去(第 3 回)|回灌江口来(第 6 回)|回家去(第 67 回)|过船来(第 53 回)|过河去(第 49 回)。

也有"起 X 去"。例如:

(18)老孙独力扶持,有何不可!已选明日<u>起身去</u>矣。(第 57 回)

反而未见"起 X 来"。然而,不是不能说。证据之一,可以见到 7 例"V 起身来",其中有的若省去 V,仍能成立,而且基本意思不变。如:三藏一见,连忙跳<u>起身来</u>,合掌当胸道……(第 27 回)→三藏一见,连忙<u>起身来</u>,合掌当胸道……。证据之二,别的近代白话作品中可以见到"起 X 来"。例如,凌濛初《初刻拍案惊奇》:将至天明,就<u>起身来</u>,辞了崔生,闪将进去。(卷 23)|士真刚<u>起身来</u>,便问

道……(卷 30)《水浒传》:高俅便<u>起身来</u>,脱了衣裳,要与燕青厮扑。(第 80 回)｜正要灭高俅的嘴,都<u>起身来</u>道:"好,好!……"(第 80 回)

2. 通常可离析

指 AB 之间通常可以插入一个名词,结合程度不太紧。直接后附式,反映这一倾向。如"V 上来、V 上去"等→"V 上 X 来、V 上 X 去"等。

查《西游记》,可以看到:跳上岸来(第 1 回),搬上船去(第 8 回),跳下树来(第 1 回),反下天宫去(第 4 回),走进你家门来(第 28 回),捉进洞去(第 29 回),走出天门来(第 5 回),打出天门去(第 4 回),讨回音来(第 70 回),闪回洞去(第 17 回),取过大棋来(第 9 回),跑过涧去(第 41 回),放起火来(第 2 回)。

《西游记》里,不仅有"(V 起来→)V 起 X 来","也有(V 起去→)V 起 X 去"。上面已经举了"跳起身来"(第 27 回)的例子。又如:

(19)那怪接水在手,<u>纵起身来</u>,……将一口水望唐僧喷去,叫声:"变!"(第 30 回)

(20)若知是我小和尚来啊,他连夜就<u>搬起身去</u>了!(第 74 回)

前一例出现了"V 起 X 来",后一例出现了"V 起 X 去"。

3. 不可离析

指 AB 之间不能插入名词,结合程度甚紧。隔将后附式,反映这一倾向。这一形式,绝对不能离析。如"V 将上来、V 将上去"等→ *"V 将上 X 来、V 将上 X 去"等。

查《西游记》,可以看到:推将上来(30 回)｜撺将上去(第 24

回)|剥将下来(第20回)|钻将下去(第15回)|撞将进来(第34回)|扛将进去(第13回)|走将出来(第5回)|喷将出去(第3回)|哄将回来(第42回)|捉将回去(第30回)|抓将过来(第30回)|递将过去(第66回)。但是,没有发现一例"V+将+趋向A⟨X⟩B",即没有一例是趋向AB之间出现名词的。

由于受到趋向动词系统的严格规约,"V将起来"也好,"V将起去"也好,都不可能出现离析形式。比方,有"爬将起来(第32回)、飞将起去(第72回)"的说法,但不会有"爬将起身来、飞将起身去"的说法。

三 相关问题思辨

(一)如何判定"起去"的能否成立?

研究问题,可以依据这样那样的理论,使用这样那样的方法。但是,检验其结论是否准确,都只能以是否符合客观事实作为唯一标准。

对"起去"的使用,研究者们所持的基本态度不外乎两种:其一,否定。或者认定趋向动词系统中根本没有"起去";或者认定"起去"是不规范的说法。其二,肯定。认为存在便是事实,是事实便有其合理性,便应该予以承认。两种态度,反映两种不同的语用观。

本文之所以专题述说《西游记》中的"起去",以此作为进一步讨论的基础,就因为,32次的使用,足够证明了"起去"的存在,起码,足够证明了"起去"在《西游记》中的历史性存在。如果采取否定的态度,就得认为那32次使用全是病例,这绝对不是大多数人所能认同的。何况,"株连"起来,打击面便会超越《西游记》。比方,除了笔者(2002,2003)所举的例子,翻看金庸《鹿鼎记》,可以见到"起去"(第四十七回),上网查看,可以见到"(这些钱你)拿起去"(凤凰网2004年2月18日)。这类例子,不能无视其存在,更不能一看到就判定为不规范的说法。

(二)如何观测"起去"的语法化级度?

"起去"的语法化级度,不能脱离趋向动词系统来孤立评说。

一个语法形式,由 A_1 发展为 A_2,要经历一定时段的历时演变。从共时的平面看,一旦出现 A_2,既可能是 A_1 消失、A_2 存在,更可能是 A_2 与 A_1 累积共处,同时使用,相互间由于渊源关系而存在微妙纠结。《西游记》中的趋向动词,属于后一情况。"起去"这个形式,从《史记》时代到《西游记》时代,自然会有一个语法化的历程,不过,本文只讨论它在共时平面中的使用。

研究《西游记》的趋向动词系统,观察参与建构这个系统的除开"开来、开去"的各个成员,包括"起去",要看到以下两点。

第一,在相互关系上,共时使用的"独用式"、"直接后附式"和"隔将后附式"并不存在固定的界限,三者有时可以相互变易。例如:

(21)若饶了这个和尚,诚然是劳而无功也,我还下去戏他一戏。(第27回)

→……我还跳下去戏他一戏。

→……我还跳将下去戏他一戏。

(22)八戒却才跳将上来,现了本相,……(第72回)

→八戒却才跳上来,现了本相。

→八戒却才上来,现了本相。

上例表明：独用的"下去"，不一定不能说成"V下去"或"V将下去"；反过来看，隔将后附的"V将上来"，不一定不能说成"V上来"或"上来"。又如：

(23)沙僧闻言，也纵云跳将起去。（第29回）

→沙僧闻言，也纵云跳起去。

→沙僧闻言，也纵云起去。

上例是：V将起去→V起去→起去。这意味着也可以是：起去→V起去→V将起去。

第二，在词语接纳上，共时使用的"独用式"、"直接后附式"和"隔将后附式"并不存在厚此薄彼的倾向。特别是，作为趋向动词语法化的高级度形式，"隔将后附式"对所有的趋向动词一视同仁。比如"V将起来"和"V将起去"：

(24)行者一骨鲁跳将起来，……（第17回）

(25)孙行者一筋斗跳将起去，……（第17回）

这两例见于同一回，说的是同一人物的同一动作。"跳"字后边都出现"将"字，但充当补语的趋向动词分别选用了"起来"和"起去"。

"起来"是趋向动词系统中的超强势成员。《西游记》里，"起来"共出现228次，其中独用为73次，"V起来"为106次，"V将起来"为49次。作为趋向动词系统中超弱势成员的"起去"，在出现的总次数上，不到"起来"的七分之一，然而，仅就"隔将后附"这一语法化的高级度形式看，却有三点值得注意。第一，把"起来"和"起去"分别开来看，"起来"隔将后附的次数，不到"起来"独用和直接后附次数总和的三分之一，而"起去"隔将后附的次数，却多于"起去"独用和直接后附次数的总和。第二，把"起来"和"起去"联系起来看,"起去"隔将后附有17次,跟"起来"隔将后附49次相比,达到了三分之一强。第三,仅就使用频率很高的动词"跳"来说,"跳将起去"出现11次,"跳将起来"也出现11次(见17回、25回、29回、30回a、30回b、35回a、35回b、35回c、40回、44回、75回),二者出现次数相等。可见,尽管"起去"处于绝对的弱势,但就《西游记》而言,"起去"的语法化级度跟包括"起来"在内的其他趋向动词处于同一水平线上,在语法化的进程上,在表示"趋向"语义的范围之内,它跟其他趋向动词是同步的。

(三)如何看待趋向动词向准时态助词的发展?

有几个趋向动词,有向准时态助词发展的表现。所谓几个,比较典型的实际上是三个:一为"(V/A)起来",表示兴发态;二为"(V/A)下来",表示垂临态;三为"(V/A)下去",表示延展态。笔者(1994)作过阐述。之所以称之为准时态助词,是因为它们起到时态助词的作用,但"趋向"的意味没有完全消失。

《西游记》里,只见到表示兴发态的"(V/A)起来"。例如:

(26)孙大圣见了,不敢进去,只在二门外件着脸,脱脱的哭起来。(第34回)

(27)我这祷祝是教你体好生之德,为良善之人,你怎么就认真起来?(第56回)

《红楼梦》里,"(V/A)起来"、"(V/A)下来"、"(V/A)下去"都可以见到。例如:

(28)如今自然是你们拉硬屎,不肯去亲近他,故疏远起来。(第6回)

(29)谁知凤姐……亏虚下来,一月之后,复添了下红之症。(《红楼梦》第55回)

(30)羞的那婆子又恨又气,只得忍耐下去。(《红楼梦》第58回)

到现代汉语里,"(V/A)起来"、"(V/A)下来"、"(V/A)下去"都已普遍使用。以老舍《四世同堂》来说,例如:

(31)及至听到他的言论,她立刻兴奋起来。(第一部§07)

(32)他的心立时静下来。(第一部§12)

(33)假若事情缓和下去,……他们就必定愿意把学业结束了,……(第一部§06)

有学者认为,趋向动词语法化要经历三个阶段,第三个阶段是成为"体标记",即本文所说的发展成为准时态助词。所作的推理,可以归纳为:只有达到了第三个阶段的,才算完成语法化。"起来"达到第三个阶段,因而语法化得到完成;"起去"没有达到第三个阶段,因而语法化没有完成。问题在于,推理过程中只挑出了一个"起来",而一个"起来"却并不等同于整个趋向动词系统。稍稍检测即可知道,大多数的趋向动词,比如"进来、进去、出来、出去、回来、回去、过来、过去",都没有时态化的用法。有时在作用上似乎跟时态有关,但也只是有所"沾边"。"起去"也是如此。如果用时态化用法作为完成语法化历程的标准来证明"起去"没有完成语法化,那么,必然会引出一个结论:"进来、进去、出来、出去、回来、回去、过来、过去"等都没有完成语法化。这样的证明,对于认识趋向动词系统的基本状况来讲,意义不大。

其实,"第三个阶段"应看作是趋向动词中少数几个词向时态助词系统的延展,不应用来作为趋向动词是否完成语法化的判定标准。"起来"是一个超强势趋向动词,它在语法化历程中走得特别远,跨出了趋向动词系统的基本界域;"起去"是一个超弱势趋向动词,它在语法化历程中走得没有那么远,而且走得蹒蹒跚跚。这才是事实。

(四)如何评估"起去"的罕见?

"起去"确实罕见,而且罕见到难以寻觅的地步。但是,它的使用,并非"孤证"。

首先,并非在《西游记》中才可以见到"起去"。比方,《水浒传》里可以见到 7 例(第 1、1、73、96、112、117、120 回),《红楼梦》里可以见到 9 例(第 31、43、57、70、82、85、89、92、93 回)。这就是说,"起去"的使用不是属于个别人的个别现象。

其次,《西游记》趋向动词系统中的"起去",并非弱势成员中最弱的成员。观察第一部分表 2 可知,"开来、开去"不能独用,也未见到隔将后附的用例;能够直接后附,但例子少于"V 起去"。例如:长老到重梁之上,取下一个小匣儿,打开来,……(第 8 回)|三藏道:"陛下,打开来看就是。"(第 46 回)|那个使将来,寻蛇拨草,这个丢开去,扑鹞分松。(第 8 回)|小姐将从婢打发开去,问道:……(第 8 回)——"V 开来"共见 3 例,都是"打开来",上面举了两例;"V 开去"共见 2 例,上面都已列举。比较可知,特别弱的成员,还不是"起去",而是"开来"和"开去"。

再次,《西游记》中为"起去"所后附的动词,有一定的开放性,并不限于个别动词。具体点说:"V 起去"和"V 将起去"两式中都见到的,有"跳"、"飞"、"撇"、"抛";只见于"V 起去"的,有"飘"和"长"(它们应该也能见于"V 将起去");只见于"V 将起去"的,有"迭"、"丢"和"摄"(它们应该也能见于"V 起去")。总之带"起去"补语的动词,一共见到了"跳、飞、撇、抛、飘、长、迭、丢、摄"等 9 个。如果把视线转向别的白话作品,还可以看到:《水浒传》中有"掷起去"(第1回),《红楼梦》中有"收起去"(第43回)、"搁起去"(第82回),凌濛初《二刻拍案惊奇》中有"扯将起去"(卷35),冯梦龙《喻世明言》中有"吊将(妮子)起去"(第35卷)。带补语"起去"的动词,又多了"掷、收、搁、扯、吊"等5个。诚然,在"V起去"或"V将起去"的形式中,V是为适应表达的需要而选用的,它同"起去"的组合还是较为自由灵活的。

任何一个系统或群体,其成员的强弱态势都不会完全等同。强者也好,弱者也好,都具有不可否认的成员资格。"起去"不管如何罕见,不管处于怎样弱势地位,都有其研究价值。

(五)如何看待"起去"的历史和现状?

对待"起去"的存在,也许还可以采取一个折中性说法,承认其历史,否认其现实,即认为这个词在历史上的确存在过,但到现代,已经退出了历史,即使有,也只是历史陈迹。这样的论断,跟事实不符。

毋庸讳言,现代汉语里,"起去"的使用比《西游记》时代更为罕见,一般情况下人们已经不说。但是,事实表明,"起去"仍然具有生命力,并非历史化石。上面说到"V起去"中V有一定灵活性。如果把视线再转向现代作品,还可以看到:老舍《骆驼祥子》中有"藏起去"(十三),老舍《四世同堂》中有"收藏起去"(第二部§41)、"拉起去"(第一部§33)、"卷起去"(第三部§79),马烽、西戎《吕梁英雄传》中有"架起去"(第27回),赵树理《三里湾》中有"挑起去"(十七)、"高起去"(十五)。带补语"起去"的动词,又多了"藏、收藏、拉、卷、架、挑"等6个,而且还有一个是形容词"高"。这是"V起去"具有滋生力的明证。

在现代作家中,使用"起去"最多的是老舍。从20世纪20年代的《二马》(1929)，到 30 年代的《猫城记》(1932)、《断魂枪》(1935)、《骆驼祥子》(1936)，再到 40 年代的《四世同堂》(1944—1948)，都可以见到"起去"。《四世同堂》用得最多，共见 21 次。其他作家作品中的用例可参看笔者(2002,2003)。到了 21 世纪，"起去"的使用依然在弱势状态下延续。上网搜索，这是查证的简便办法。笔者 2005 年 4 月 26 日上网(http://www.google.com)查看，见到了一些例子。略举几例：

(34)我高高<u>跳起去</u>抓那梧桐树干，她静静地捡起面前的叶子夹在书里，只露出小小的叶尖。有时我希望风再大些，在我跳起的时候可以把我也吹到她的脚边，让她轻轻<u>拾起去</u>作她那本心爱的书的书签。(《初恋故事》，www.rongshuxia.com 2001.06.28)

(35)才得风筝<u>放起去</u>，西北悬天起怪风，鼓断了风筝绳。(《中国民歌》，中国网 www.china.org.cn 2003 年 11 月 1 日)

(36)他伸出手晃晃，看到手上的金戒指引起我俩的注意后马上得意的把手<u>揣了起去</u>。(《长大不慢》，新浪网 www.bookreg.sina.com.cn)

(37)当黄灯<u>亮起去</u>，您应该做好准备去更换机油了，如果当红灯亮起时，机油位置已经达到极限，需要马上停车熄火，避免发动机受到不必要的损害，原地等待拖车的救援。(《心脏的血液——发动机机油的检测与保养》，www.pcauto.com.cn,0503/237967)

(38)该公司信誉极差，本人深受其害，对客户的承诺如同放屁，……有同感的朋友，咱们<u>联合起去</u>告他丫的！(《二手房业主论坛——搜房》，www.tjbbs.soufun.com)

以上例子,都属于现今群众的语言运用。带"起去"补语的 V,跟上文列举的例子相比较,又多出了动词"拾、放、揣"和"联合",还多出了形容词"亮"。而且,后两例中的"亮起去"和"联合起去",相当于"亮起来"和"联合起来",有近似表示时态的作用。笔者相信,"起去"不仅现在仍然活着,并未成为历史化石,而且将来也不会绝迹,永远不会彻底退出历史。这是因为,有的时候,人们会根据自己的"认知",从自己的大脑词典中挑选出"起去",来满足自己的表述需要。

顺带指出:从《西游记》时代到现在,带"起去"的 V,上文已经罗列出了动词"跳、飞、撇、抛、飘、长、迭、丢、摄、掷、收、搁、扯、吊、藏、收藏、拉、卷、架、挑、拾、放、联合",以及形容词"高、亮"。今后,不管什么时候,只要上网查看,肯定还会发现新的例子。

再顺带指出:到了现代汉语,嵌入在"动—趋"之间的"将"字一概脱落,作为趋向动词语法化的高级度形式,"隔将后附式"自然也基本隐退。能不能说,"将"字的脱落意味着趋向动词语法化进程的倒退呢?不能这么看。这涉及对不同时代语法系统的整体认识,对不同时代趋向动词系统的类型性总体评估。事实上,趋向动词语法化的高级度形式还有一个"隔了后附式",如"装了进去"(《西游记》第 66 回)。"了"字后边的双音趋向动词,不再能离析。这一形式,《西游记》中所见不多,但现代作品中就很多了。以"起来"和"起去"的使用来说,老舍作品中不仅有"V 了起来",也有"V 了起去"。例如:

(39)想到骆驼与洋车的关系,他的精神壮了起来,……(《骆驼祥子》三)

(40)她的声音又高了起去。(老舍《骆驼祥子》九)

这里的"高了起去",有近似表示时态的作用。上面例(36)也出现了"揣了起去"。可知,即使到现代,在"隔了后附式"这一语法化的高级度上,"起去"仍然跟"起来"等双音节趋向动词同步。

(六)如何"认知"老舍笔下的"起去"?

研究语法,人们常常提到"认知"。这里应该指出,语言研究者固然有"认知",语言运用者肯定也有"认知"。不同的语言运用者,由于对所表述的事物或行为有不同的"认知",他们从自己大脑词典中选用词语时就可能会有富于个性的选择。比方,绝大多数人不会挑选"起去",因此"起去"很难见到;但有的人对"起去"的作用却有特殊的感觉和领悟,因此便会选用,因此我们便能看到了《西游记》和《四世同堂》中较多使用"起去"这样的事实。

用纯正北京话写作的老舍,居然几十年连续使用"起去"而不辍,有学者对此感到不好解释。有学者曾经提到,老舍作品中使用"起去",可能是受到西南官话的影响。然而,老舍并没有去过成都、重庆等等地方,更没有在那些地方生活过!其实,道理很简单:"起去"存活在老舍的大脑词典里,由于表述特定"认知"的需要,在人们通常会选用"V起来"时,他却较多地选择了"V起去"。请观察两对例子。

第一,"藏起来"和"藏起去"。老舍更喜欢用"藏起去"。《四世同堂》里"藏起去"使用10次,"藏起来"却只使用3次。例如:

(41)平常你们都很爱国,赶到炮声一响,你们就都<u>藏起去</u>!(第一部§08)

(42)没有钱,只有一身破裤褂,逃走不易,<u>藏起来</u>又怕连累人,……(第一部§11)

前一例用"藏起去",见于第一部§08。还有9例,分别见于第一部§13、第一部§18、第一部§29、第二部§35、第二部§41、第二部§50、第二部§51、第二部§55、第三部§86。后一例用"藏起来",见于第一部§08。还有2例,分别见于第二部§41、第三部§69。

第二,"收起来"和"收起去"。老舍更喜欢用"收起去"。《四世同堂》里"收起去"使用6次,"收起来"却只使用1次。例如:

(43)于是,把目前伤心的事都赶紧<u>收起去</u>,……(第二部§80)

(44)于是,他把后悔<u>收起来</u>,……(第一部§18)

前一例用"收起去",还有5例,分别见第一部§17、第一部§26、第二部§50、第二部§59、第三部§80。后一例用"收起来",见于第一部§18。《四世同堂》中仅见这一例。

顺便指出,"飞起来"和"飞起去",出现次数相同,都是2次。即:

(45)为了爱情,哪一个年轻的姑娘都希望自己能<u>飞起去</u>一次。(第一部§31)

(46)……他恨不能一伸胳臂就<u>飞起去</u>,飞到城墙那边。(第二部§66)

(47)两只黑鸦在不远的坟头上落着,<u>飞起来</u>,又落下。(第三部§78)

(48)坟头上的一对乌鸦又<u>飞起来</u>,哀叫了两声,再落下。(第三部§78)

前两例用了"飞起去",后两例用了"飞起来"。

观察可知,作为一位公认的语言大师,老舍选用"起去"相当讲究,不是随意拈来,而是经过推敲斟酌。看两个例子:

(49)星露出一两个来,又忽然的藏起去。(第二部§51)

(50)他的家便是老鼠的洞,有危险便藏起去,危险过去再跑出来;……(第一部§29)

前一例是"露出来"和"藏起去"对比使用,后一例是"藏起去"和"跑出来"对比使用。如果改"起去"为"起来",说成"露出来,又藏起来","藏起来,再跑出来",都没有原句好,因为前后两个"来"字重复。再看一个例子:

(51)她不再哭,也不多说话,而只把眼中这点光一会儿放射出来,一会儿又收起去;存储了一会儿再放射出来。(第一部§17)

上例"收起去"用在前后两个"放射出来"之间,对比使用。如果改"起去"为"起来",说成"放射出来,又收起来,再放射出来",前后三个"来"字重复,用词上显然没有原句讲究。

可见,"起去"是有其特定的语用价值的。"萝卜白菜,各有所爱。"老舍有时爱用"起去",反映了他的语言风格。在这位语言大师的脑子中,"起去"已经不是存在不存在的问题,而是什么时候需要选用的问题了。"认知"了老舍笔下的"起去",也就可以知道,《西游记》以及《红楼梦》《三里湾》《吕梁英雄传》等等作品中的例子也好,上一部分举出的最近在网上看到的例子也好,在使用上都存在着同样的理据。

四　简短结语

《西游记》语法体系中的趋向动词系统,接纳了"起去",这是历史性客观存在。《西游记》的趋向动词系统中,存在强势成员和弱势成员,但弱势成员"起去"跟强势成员"上去、下去、进去、过去"等相比较,尽管数量上有差异,在语法化级度上,从可以用来勘比的三种结构形式看,却并不存在级差,这也是历史性客观存在。

趋向动词系统中,"起来"和"下来、下去"有准时态助词用法,但是大多数成员并没有这一用法。"起来"并不等同于整个趋向动词系统;在有没有准时态助词用法这一点上,大多数趋向动词跟"起去"没有区别。仅仅根据"起来"一个词的情况,提出凡是没有准时态助词用法的趋向动词都未完成语法化的结论,会引发诸多疑问。

从《西游记》时代的"起去"到现代汉语的"起去",出现了一些变化。作为一个超弱势趋向动词,"起去"在现代汉语里的使用频率很低很低。但是,它并未彻底退出历史,它存活在少数语言使用者的大脑词典之中。有人有时选用"起去",是基于特定的"认知",认为可以满足某种语用需要。老舍使用"起去"较多,在一定程度上反映老舍的语言风格。

主要参考文献

丁声树等　《现代汉语语法讲话》,商务印书馆 1961 年。
江蓝生　《跨层非短语结构"的话"的词汇化》,《中国语文》2004 年第 5 期。
王灿龙　《"起去"的语法化未完成及其认知动因》,《世界汉语教学》2004 年第 3 期。
邢福义　《形容词动态化的趋向态模式》,《湖北大学学报》1994 年第 5 期。
——　《"起去"的普方古检视》,《方言》2002 年第 2 期。
——　《"起去"的语法化与相关问题》,《方言》2003 年第 3 期。
颜景常　《〈西游记〉中淮海话色彩述要》,见胡竹安等编《近代汉语研究》,商务印书馆 1992 年。

(原载《古汉语研究》2005 年第 3 期)

新加坡华语使用中源方言
的潜性影响

新加坡的语言社会中,广泛通行华语。在使用华语的时候,可以看到源方言的潜在影响。这种源方言最主要的是来自汉语的闽南话。这里首先说明一下源方言的含义。如果一个人在某种方言地域环境中成长,从小就自然掌握某种方言,那么,对于这个人来说,原貌方言一般称之为母方言;如果一个人生活在某种方言地域环境之外,通过祖辈父辈的承传而习得某种方言,那么,对于这个人来说,原貌方言本文称之为源方言。今天的新加坡华人,脱离具体的方言地域环境一般都已有两三代、三四代,他们所说的方言,实际上都是源方言的一种承传性延续。

2001年至今,笔者应聘担任新加坡教育部中小学华文教材的顾问。在审读教材初稿的过程中,发现不少很有启示性的、也许应该从"源方言"的角度来解释的语言现象。本文集中讨论一个现象,这就是句子中如何准确使用表示时间上具有连贯关系的副词"才"。全文包括四个部分:1)问题讨论;2)格式和检验;3)相关问题辨析;4)结语。

一　问题讨论

先看两个例子：

(1)最好先写文章,然后<u>才</u>为文章拟题。

(2)教师可以让学生和旁边的同学先练习,(然后)<u>才</u>在全班面前说出这一段话语。

例(1)见于课文后边的作业(初稿),是对学生提出要求;例(2)见于"教师手册"(初稿),是对教师提出要求。这两例的"才",按普通话的用法,都应改用"再":最好先写文章,然后<u>再</u>为文章拟题。│教师可以让学生和旁边的同学先练习,(然后)<u>再</u>在全班面前说出这一段话语。

在普通话里,一般不会出现这种以"才"充"再"的现象。按理说,新加坡华语也不应该出现这一类的现象。出现了这种现象,是跟新加坡华语所受到的源方言的潜性影响有很大关系的。这里需要回答以下几个问题。

(一)这种以"才"充"再"的现象,受到什么源方言的潜性影响?

从新加坡华人的实际情况看,应该可以肯定,这个源方言就是闽语,特别是闽南方言。

《现代汉语词典》可以代表普通话语词意义和用法的基本面貌。2002年增补本解释副词"才",共列6个义项。其中,跟行为连贯语义相关的有两个义项。即:A.表示只有在某种条件下然后怎样(前面常常用"只有、必须"或含有这类意思)。如:只有依靠群众,<u>才</u>能把工作做好。(义项3)B.表示发生新情况,本来并不如此。如:经他解释之后,我<u>才</u>明白是怎么回事。(义项4)《现代汉语方言大词典》可以代表多数方言语词意义和用法的基本面貌。这部方言大词典,共收 42 处方言。没有把"才"列为词条来解释的共有 22 处:成都,洛阳,银川,太原,绩溪,丹阳,崇明,上海,杭州,宁波,温州,长沙,黎川,于都,梅县,南宁,广州,东莞,建瓯,厦门,雷州,海口。这些地方,有的是编写者没有收录这个条目,不见得方言里就没有这个说法;有的有这个说法,可能用的是另外的字眼,情况不一。把"才"列为词条来解释的只有 20 处:哈尔滨,济南,牟平,徐州,扬州,南京,武汉,贵阳,柳州,西安,西宁,乌鲁木齐,万荣,忻州,苏州,金华,娄底,南昌,萍乡,福州。但是,其中跟行为连贯语义无关的又有 12 处:哈尔滨,济南,徐州,柳州,西宁,万荣,忻州,苏州,金华,娄底,萍乡,福州。这就是说,在 42 处方言中,34 处或者没有普通话的那类"才",或者用的是另外的字眼。总起来说,把"才"列为条目,同时又具有行为连贯语义的是 18 种。没有把"才"列为条目,或虽然列为条目,但跟行为连贯语义无关的有 34 种。

谢世涯(1994)指出:"新加坡自 1819 年莱佛士登陆以来,随着福建、广东和广西等南方省份人口的逐年移居新加坡,南方方言一直是华人社会的通用语言,直到 1920 年以前,新加坡的华文学校,都是以方言作为教学媒介语的。"周清海、周长楫(1998)指出:"新加坡闽南话是新加坡华人中使用人数最多的一个方言。"承李彦溪先生告知:"新加坡的华人中,祖籍是福建、海南、潮汕、雷州的大约占了百分之八十。"(电子邮件 2004 年 7 月 28 日 11:46)李彦溪先生是新加坡华文教师总会会长,新加坡中小学华文教材编写组成员。

在上列 34 种方言中,建瓯方言、厦门方言、雷州方言、海口方言和福州方言都是闽方言。其中,建瓯、厦门和福州在福建省,雷州在广东省,海口在海南省。关于海口方言,《现代汉语方言大词典》中的"四十二处方言概况"中未提跟闽语的关系,但中国社会科学院和澳大利亚人文科学院合编的《中国语言地图集》B12 图指出海南闽语命名为"琼文区",其中包括海口方言。梁明江(1994)又说:"海南方言是现代汉语中闽南方言的一个分支。……海南方言可分为琼文话、海口话、定安话、琼海话、万陵话、琼南话、海北话七个小区。"(7 页)至于潮汕方言,可能因为它跟厦门方言很接近,《现代汉语方言大词典》没有单立,但《中国语言地图集》B12 介绍闽语,闽南区下面有潮汕片,包括潮州、汕头等十二县市。

(二)新加坡华语使用中以"才"充"再"的现象是怎样受到源方言影响的?

方言区的人,如果原貌方言的"才"用法跟普通话相同,他们所用的"才"自然不会出现跟普通话相异的情况;反之,如果原貌方言的"才"用法跟普通话不同,或者本方言中没有同类"才",那么就有可能出现跟普通话相异的情况了。新加坡华语使用中出现这种现象,跟语言运用者在相关问题上存在有源方言影响的因素有关。

凡是介绍闽方言的词典,大都没有列出"才"。笔者特地请教过张振兴先生:"《厦门方言词典》为什么不收关联副词'才'?"张先生肯定地回答:"是因为没有这种'才'。"张先生的意思是,在厦门方言里,表示动作连贯的副词不用"才"。福州方言也一样。在《福州方言词典》里,尽管列出"才",但也不作为关联副词,而是指"才能"的"才",如"有才|多才多艺"。为了进一步了解这个问题,笔者再次请教了张先生,还专门请教了厦门大学的周长楫先生。张先生说:在闽南话里,不管是已然的未然的,表示动作连贯的副词只

有一个,而不像普通话一样分别"才"和"再"(2005年3月9日电子邮件)。周先生举厦门话为例,说普通话的"才"和"再",厦门话都说"则"[tsia?],证实了张先生的说法(2005年3月12日电子邮件)。例如:

　　A. 我本来不知影,汝讲我则知影。(我本来不知道,你说了我才知道)

　　B. 手抱婴孩儿,则知爸母时。(当你抱着婴儿的时候,你才会懂得父母的养育之恩)

　　C. 先买肉则去买豆腐。(先买肉再去买豆腐)

　　D. 若无来则拍电话问伊。(如果没来再打电话问他)

以上四句话,厦门人用普通话来说,用"则"的地方习惯上都说成"才":先买肉才去买豆腐｜如果没来才打电话问他。

显然,源方言为闽语的新加坡华人,对"才"的使用偶尔出现偏离状况,不足为怪。

(三)这种以"才"充"再"的现象,可以引发什么样的思考?

出生于闽语地区而在国内工作的人士,包括一些普通话说得不错的人,在说普通话时,以"才"充"再"的失误并不罕见。因为大家虽然通过上学和工作已经习得了作为共同语的普通话,但方言的潜在影响有时是根深蒂固的。新加坡华人缺少这种习得环境,以"才"充"再"的现象就更为常见了。这跟学问素养的高低没有必然的联系。新加坡华文教材的初稿执笔者,不管属于小学部分的还是中学部分的,都是水平很高、驾驭华语华文能力很强的学者。不仅如此,他们特别认真,遣词造句时总是下工夫斟酌,并且经常查阅中国出版的权威性词典。但是,有关的词典并不能满足他们的需求。

针对源方言的潜性影响,从"世界华语"或"华语世界"的视野上研究方言和共同语的关系,观察、发现和考虑哪些问题必须解决,是值得重视的一个研究课题。我们的辞书,我们的语法教本,应该在为大家提供足够的较为实用的知识上做更多的努力。

二 格式和检验

普通话里,表示一般的先后连贯关系时,若需要在"才"和"再"之间进行选择,那么,只要是表示未然行为的,就必须选择"再"。可以列出三个格式:

格式一:最好〈/可以/应该/打算〉先怎么样,〈然后〉X 怎么样。

格式二:最好〈/可以/应该/打算〉等到什么时候,X 怎么样。

格式三:最好〈/可以/应该/打算〉在什么时候之后,X 怎么样。

这三个格式是用"再"的语法环境,"最好〈/可以/应该/打算〉"之类是表示未然行为的形式标志。如果用了这类形式标志,或者是隐含这类形式标志(可以补出),那么,能进入 X 位置的就是"再",而不是"才"。比如,例(1)"最好先写文章,然后 X 为文章拟题",例(2)"教师可以让学生和旁边的同学先练习,X 在全班面前说出这一段话语",出现了"最好"和"可以",作为关联副词的 X 应该是"再"。

下面,分别用三个格式对新加坡华语中所见到的现象进行检验。

(一)关于格式一

格式一见于未然性先后连贯的两个行为。这是先说甲行为,然后再说乙行为,一般表现为复句。例如:

(3)你应该先了解情况,<u>才</u>做出决定。(见教师手册初稿)

(4)让学生和旁边的同学一起讨论答案,<u>才</u>向全班同学报告答案。(见教师手册初稿)

(5)第一堂讲创作的基本知识,第二堂<u>才</u>让学生创作(写他人)。(见教师手册初稿)

前一例出现了"应该",后两例可以在前头加上"最好、可以"之类。三例里的"才"都应改为"再"。

下面的用例,情况复杂了一点,但还是属于未然性连贯复句:

(6)我们做完了作业,要再检查一遍,<u>才</u>交给老师。(见课文初稿)

(7)弟弟在鸟笼里放了一些玉米,目的是要引小鸟跳进鸟笼,然后<u>才</u>把笼门关上。(见课文初稿)

这两例都有三个分句,但用"才"关联的是第二分句和第三分句。前一例第二分句开头"要"相当于"应该",后一例第二分句开头的"要"相当于"打算、想"。两例里的"才"都应改为"再"。顺带指出:前一例的原句,第二分句里已经用了"再",第三分句里很自然就用了"才";修改后,第三分句的"才"成了"再",第二分句的"再"就要去掉。

下面的用例,情况稍为特殊,也还是属于未然性连贯复句:

(8)我每天先准备好食物才去做工,只须请她给孩子吃就行了。(见课文初稿)

(9)既然看法有分歧,那就留待下回<u>才</u>来解决。(见课文

初稿)

特殊之处在于:其中一个分句是未然性连贯复句的紧缩。前一例,第一分句已经紧缩,等于说"我(可以/打算)每天先准备好食物,(然后)才去做工",可以加上"可以、打算"之类。后一例,第二分句已经紧缩,等于说"那就(最好/可以)留待下回,(然后)才来解决",可以加上"最好、可以"之类。两例里的"才"都应改为"再"。

(二)关于格式二

格式二见于"等+时间名词"后边续上某个行为。一般是在一个小句中,先说一个时间,然后再说将要出现的一个行为。例如:

(10)(你现在要进城,先对个对子。我出上联,你对下联,如果对不出,)就等明天清晨才进城吧。(见课文初稿)

(11)(看样子,你是对不出下联了。怎么样,)还是等明天才进城吧?(见课文初稿)

这两例,"等明天清晨进城"和"等明天进城"说的都是未然的事,都可以加上"最好、只好、只能"之类词语。其中的"才",都应改为"再"。

如果省去"等"字,行为前边就只出现一个表示未来时间的词语。例如:

(12)你明天才吃吧!(见课文初稿)

(13)(夜深了,白老三只好先睡下,)第二天才打算。(见课文初稿)

前一例等于说"等到明天",后一例等于说"等到第二天"。两例的"才",都应改为"再"。

(三)关于格式三

格式三见于"在……之后"后边续上某个行为。也是在一个小

句中,先说一个时间,然后再说将要出现的一个行为。例如:

(14)让学生看一遍之后才从提供的三个答案中选出正确的一个。(见课文初稿)

(15)这篇文章经过大家的斟酌后才寄到报社去。(大家先自己看看,准备一下意见。)(见课文初稿)

前一例,用"看一遍之后";后一例,用"经过大家的斟酌后",等于说"在经过大家的斟酌之后"。说的都是未然的事,都可以加上"最好、应该"之类词语。其中的"才",都应改为"再"。

有时,可以隐含"在……之后"。例如:

(16)妈妈要弟弟戴上帽子才出门。(见课文初稿)

上例等于说"妈妈要弟弟在戴上帽子之后……",其中的"才"应改为"再"。

三 相关问题辨析

表述时间上的先后连贯,"才"和"再"一般分别表示已然和未然,这一基本分工可以从文学作品中得到大量语言事实的印证。比较下面三组例子。

A组:例句见于马烽、西戎《吕梁英雄传》

(17)孙生旺先让刘三丑到庙外放哨,然后才说道:"我看是退地退露了消息。"

(18)要先了解一下杜玉贵对日本人的认识,看他的思想变了没有,然后再谈参加工作的话。

B组:例句见于李晓明、韩安庆《平原枪声》

(19)到了吉祥镇,杨百顺命令把吉官起的房子团团围住,上房压了顶,然后*才*叫门。

(20)先到肖家镇看看,顺便把那里的情况了解了解,然后*再*到县委去。

C组:例句见于姚雪垠《李自成》第二卷

(21)丁夫人又行了一拜三叩头的常朝礼,由皇后吩咐赐座、赐茶,然后*才*开始闲谈家常。

(22)闯王决定赶到清风垭打尖,然后*再*走。

ABC三组例子,第一句,说的都是已经成为事实的行为,用"才";第二句,说的都是尚未成为事实的行为,用"再"。

但是,"才、再"同"已然、未然"的关系和区别,并不总是那么单一,不能绝对化地一刀切。以下两点,需要提出,加以辨析。

(一)有时,表示未然的先后行为,也可以用"才"。这有两种情况。

第一,述说某人准备怎么办,涉及行为先后时可以用"才"。例如:

(23)(陆清丝毫也听不进去,但是他装出一副完全理解的面孔,硬着头皮听完了黄以声对时局的分析,)他希望用自己的姿态,换取黄将军对他的好感,然后*才*提出他想了解的问题……(罗广斌、杨益言《红岩》)

上例"提出他想了解的问题"是未然的事,却用了"才"。这类例子,说的是某人希望、打算或计划怎么样。同类的例子:

(24)我打算给女儿一个惊喜,让她抱着我又蹦又笑,然后*才*去上学。

(25)她计划,穿过草滩,一直走到湖边,找到一块好草地,然后*才*坐下来拉起小提琴。

换一个角度说,由于希望、打算或计划的事毕竟也是未然的事,因而当然也可以用"再";他希望用自己的姿态,换取黄将军对他的好感,然后再提出他想了解的问题。｜我打算给女儿一个惊喜,让她抱着我又蹦又笑,然后再去上学。｜她计划,穿过草滩,一直走到湖边,找到一块好草地,然后再坐下来拉起小提琴。不过,比较而言,用"才",重在表示行为往后延续;用"再",重在表示补加新的行为。

第二,在"只有先 A,然后才 B"句式中,必须用"才"。例如:

(26)只有自己首先不动摇,然后才能帮助动摇的人,克服人家的不动摇。(刘少奇《论党内斗争》)

上例既出现了表示时间的"首先……然后……",又出现了表示必要条件的"只有……才能……"。一旦前分句出现"只有、必须"之类词语,"才"的后边出现"能、会、肯、敢"之类词语,便明确强调,先出现的行为是条件,后出现的行为是受制于该条件的结果。这里的"才",不能改成"再"。同类现象:

(27)我们首先要自己坚定信心,然后才能教育和团结群众提高信心。(《邓小平文选》第二卷)

(28)(如果有人送点什么吃的给他,)他总要工作人员先送给毛主席和我父亲一些,然后自己才肯吃。(初中《语文》第六册)

(29)首先要求大家团结起来,把问题研究清楚,思想上认识一致,然后才有可能,也才有力量向资方提出交涉,解决这个问题。(周而复《上海的早晨》)

上例前头尽管未出现"只有",但"才"的后边出现了表示有所断定的"能"、"肯"和"有可能、有力量"。

如果脱离"只有……(X)能……"框架的制约,"才"和"再"有时可以互换。这时,二者有所纠缠。比较:

(30)先交款,然后<u>才</u>供货。

(31)先交款,然后<u>再</u>供货。

细加审察,可以知道,二者表达的偏重点有所不同。前一例用"才",偏重于强调条件。前头可以添加"只有","才"后可以出现"能"类词语:→只有先交款,然后才能供货。后一例用"再",偏重于强调连贯。对于后分句的行为来说,前分句的行为有时可能恰好是严格意义上的条件,但有时也可能不是。这一点,从后分句可以改换说法得到证明。比如:→先交款,然后再吃个便饭。→先交款,然后再到招待所去睡觉。→先交款,然后再出去逛逛街。→先交款,然后再赶今晚的火车回家去。从总体上看,不管情况如何,用"再"还是重在把行为分个先后。再看这个例子:

(32)吃饭?睡觉?逛街?先交款<u>再</u>说!

这里用"再",意味着"吃饭、睡觉、逛街"都是以后的事。上例就不能改说成:*吃饭?睡觉?逛街?先交款才说!

(二)有时,即使是表示已然的先后行为,也可以用"再"。这也有两种情况。

第一,在叙述连续出现多项行为的过程中,用"再"表示补加。例如:

(33)喝完了水,成岗的脑子十分清醒,没有丝毫睡意,他望了望寝室后面那扇熟悉的储藏室的小门,站起身来,走到门边,开了锁,扭着把手,推开小门,扭亮储藏室里的电灯。又转身出来灭了床边的台灯,然后<u>再</u>走进储藏室;关上小门,从里边锁上暗锁。(罗广斌、杨益言《红岩》)

上例说的是已然事实。先出现"喝完了水"、"望了望"、"站起身"、"走到门边"、"开了锁"、"扭着把手"、"推开小门"、"扭亮储藏室里的电灯"、"转身出来灭了床边的台灯"等行为,然后说"再……"。同类的例子:

(34)他先把车子停在路边,到超市买了好些食品,然后<u>再</u>转进电影院,看了一场电影。

(35)总经理拿起李工程师的情况报告,很认真地一页页翻看,又很认真地签上了自己的意见,然后<u>再</u>递给小李,让她赶快打印出来。

第二,在叙述惯常性行为的过程中,用"再"表示补加。所谓"惯常",即一向如此,常常如此。例如:

(36)要在平日,袁天成只好低下头不吭声,让他一个人骂得没有劲了自动走开,然后<u>再</u>继续做自己的活,(不过这一次恰碰上天成老汉也闷着一肚子气,所以冷冷地反问了她一句:"我又犯了什么罪了吗?")(赵树理《三里湾》)

(37)每个晚上,他都得秘密地也是不知疲倦地坐在房间里,轻轻地打开收音机,让来自解放区的广播,从嘈杂的干扰中传播过来,紧张地听着,紧张地记录下,然后<u>再</u>将记录稿用毛笔端正地抄写一遍。(罗广斌、杨益言《红岩》)

这两例,说的也是事实,"平日""每个晚上"表明是惯常性行为。前一例,先出现"低下头"、"不吭声"、"让他一个人骂"等行为,然后说"再……";后一例,先出现"坐在房间里"、"打开收音机"、"紧张地听着"、"紧张地记录下"等行为,然后说"再……"。

这样的用法,也可以类推,而且可以只有两个分句。例如:

(38)她从来都是先听听助手的意见,然后<u>再</u>决定怎么办。

由于说的是已然的事,因而当然也可以用"才"。换句话说,以上语法境域,"再"和"才"都可以用。细微差别在于,用"再",重在行为有所补加;用"才",重在行为稍后延续。再看这个例子:

(39)她利索地解下缠着的布带,把木盒放在矮凳上,然后把伤腿搁在木盒上,<u>再</u>用葛布罩着,闷住药气。(罗旋《红线记》)

上例先叙说"解下"、"放"、"搁"等行为,然后补说"再……"的行为,特别强调了行为的补加。这里用"再",比用"才"更顺畅。

四 结语

新加坡中小学华语教材有好些种,分四个组负责编写。一个组负责"小学高级华文教材"和"小学华文教材";另一个组负责中学的"普通学术课程"、"普通(工艺)课程"和"快捷课程";第三个组负责中学的"华文B课程";还有一个组负责"中学高级华文"。每一种教材,都包括不同年级的课文、作业和教师手册。承李彦溪先生告知:"新加坡教育部教材编写组目前共有24位同事,祖籍是福建的共有19位,占百分之79.2。"(电子邮件2004年7月28日11:46)在笔者审读过的新加坡华文教材初稿中,多数地方分清了"才"与"再"。不过,以"才"充"再"的现象,却在四个组负责编写出的教材初稿里都有出现。重复里头有规律。显然,这不是个别学者偶发性的语言行为,不是一般意义上的语言规范现象,而是值得探究和总结的属于社会语言学的语用问题。

本文只讨论一个"才"字,但讨论的既是词汇问题,更是语法问题。针对源方言的潜性影响,从"世界华语"的角度研究方言和共同语的关系,考虑如何解决哪些必须解决的问题,考虑词典和语法教材提供的知识是否够用,都不是小问题。

主要参考文献

陈章太、李如龙 《论闽方言的一致性》,见《中国语言学报》第 1 期,商务印书馆 1983 年。

李荣主编 《现代汉语方言大词典》(综合本),江苏教育出版社 2002 年。

李行健主编 《现代汉语规范词典》,外语教学与研究出版社、语文出版社 2004 年。

梁东汉、林伦伦、朱永锴编 《第二届学术研讨会议文集》,暨南大学出版社 1992 年。

梁明江 《海南方言说要》,海南出版社 1994 年。

谢世涯 《新加坡华语运动的成就与反思》,第四届华语文教学研讨会(台北·1994 年),见 www.huayuqiao.org/articles/xieshiya/Simplified/2_XinJiaPoHuaYuYunDong.htm。

中国社会科学院和澳大利亚人文科学院合编 《中国语言地图集》,联合国教科文组织赞助的国际哲学与人文科学院理事会推荐出版,Longman 朗文,香港 1987 年。

中国社会科学院语言研究所词典编辑室编,《现代汉语词典》(增补本),商务印书馆 2002 年。

周清海、周长楫 《新加坡闽南话与华语》,新加坡《联合早报》副刊 1998 年 10 月 20 日。

(原载《方言》2005 年第 2 期)

测估词语＋反义 AA

本文对"测估词语＋反义 AA"的句法结构进行考察，讨论其中"反义 AA"的语法性质。讨论范围，涉及"手指大小/手指般大小/像手指般大小"、"手指粗细/手指般粗细/像手指般粗细"等现象。"测估词语"，指用来测估度量的词语，包括"（一个）手指、八十公分"等；"反义 AA"，指两个单音反义形容词的组结形式，包括"大小、粗细、长短、高矮"等。

本文讨论的"测估词语＋反义 AA"，可以说成"测估词语＋强态 A"。二者基本同义。比如：一个拳头大小→一个拳头大｜八十公分长短→八十公分长。为了方便，下面把"测估词语＋反义 AA"句法结构简称为"测估 AA"。

40 年前，笔者在《中国语文》1965 年第 1 期上发表过《谈"数量结构＋形容词"》一文，讲的是"一丈高、八丈远、八公斤重"之类现象。那篇文章的原稿里，曾提到"一丈高矮"之类现象，编辑部在关于稿件修改的来信中指出"高矮"之类应该是名词，建议删去有关内容，笔者接受了编辑部的意见。其实，当时就依稀感到，"一丈高矮"之类和"一丈高"之类的确有所不同，但很难说其中的"高矮"之类就是名词。现在，在经过了多年的反复观察和思考之后，再把这类现象提出来讨论。本文的结论是："测估 AA"中的 AA，是形容词性的形式。

一 "测估 AA"的两个构件

"测估 AA"由两个构件组成:一为测估词语,二为反义 AA。

(一)测估词语

测估词语有的重在测定度量,有的重在估拟度量。

测定性度量词语,用数量词语表示,其中的量词是度量衡单位。例如"一百平米大小、八九寸长短"。有时也用"量词+助词"的结构表示,如"尺把长短"。

估拟性度量词语,主要用代表特定事物的名词语表示,如"手指大小、拳头大小、鸡蛋大小"等等。有时,为了凸显其估拟关系,名词语前后出现"像"、"一般"之类,如"手指般大小、像拳头大小、像鸡蛋一般大小"等等。

(二)反义 AA

前加测估词语的反义 AA,相关事物具有可视性和可估性,是看得见摸得着并且可以同时从正反两面进行估量的事物。不跟可视事物相联系的反义 AA,很难在前边加上度量词语,比如"强弱、好坏、香臭、饱饿、贵贱、甜苦、咸淡"等等;不跟可估事物相联系的反义 AA,即使可视,也很难在前边加上度量词语,比如"新旧、红白、美丑、胖瘦、快慢"等等。

前加测估词语的反义 AA,不是一个双音节形容词,而是两个单音形容词的反义组结形式,可算短语词,是介于词和短语之间的语法单位。之所以肯定它不是一个形容词,是由于作为一个语法单位,它在语法功能上不可能是一个形容词。比方,如果是双音节形容词,便能够接受副词的修饰,而它却不行。比如"高大"和"矮小"分别是一个形容词,可以说成"不高大、很高大","不矮小、很矮小",但是,"大小"和"高矮"不能说成"不大小、很大小","不高矮、很高矮"。从这一点看,笔者 1965 年文章的初稿中,把二者放在一起来讨论,的确不够科学。

二 "测估 AA"的句法位置

(一)谓语位置

"测估 AA",有时见于谓语位置。例如:

(1)可可树不高,树干<u>环握粗细</u>,分枝处齐肩。(《人民日报》1993 年 12 月 17 日)

(2)像体<u>四米高矮</u>,整身坐踞,峨冠阔袍、宽袖端笏,虽已古石鳞峋,但仪态轩昂、气宇儒雅,令观者景仰。(《人民日报》2002 年 8 月 15 日)

(3)只见号称"国老"的甘草一点儿不"显赫",<u>尺余高低</u>,<u>主干竹筷粗细</u>,斜出的许多细枝两侧密密排列着椭圆的叶片儿,圆蓬蓬的,充满生机。(《人民日报》1996 年 12 月 21 日)

前一例,"树干"是主语,"环握粗细"是谓语。中间一例,"像体"是主语,"四米高矮"是谓语。后一例,"号称'国老'的甘草"是主语,"尺余高低"是谓语;"主干"是主语,"竹筷粗细"是谓语。

(二)定语位置

"测估 AA",经常见于定语位置。

句子结构中,定语位置的分布有以下三种情况。

1.分布在主语部分。即"测估 AA"用在主语部分的中心语前边,做定语。如:

(4)脸盆大小的花生饼,可以时不时掰下一块哄孩子,……(刘震云《故乡天下黄花》)

(5)茶碗大小一缕阳光从墙窟窿里射进来,立刻看见灰尘弥漫。(雪克《战斗的青春》)

(6)筷子粗细的雨条密密麻麻挂满在窗前,天空却似乎开朗了一些了。(茅盾《子夜》)

(7)说着他扳开一个阀门,小碗粗细的水柱急涌而出。(《人民日报》2000年6月18日)

2.分布在宾语部分。即"测估AA"用在宾语部分的中心语前边,做定语。如:

(8)张无忌又要了两根尺许长短的竹筒,一枝竹棒,放在一旁。(金庸《倚天屠龙记》)

(9)他这才从背后拿出那只吹成胡萝卜大小的气球来……(魏润身《挠攘》)

(10)掏出口袋里预备好的手指头粗细的麻绳,打了活结,往汤富海头上一套,……(周而复《上海的早晨》)

(11)工农的差别不大,只有一张纸头厚薄的差别。(白桦《淡出》)

3.分布在"把"字结构、"用"字结构里。即"测估AA"及其中心语用作介词"把/用"的后置成分。如:

(12)他竖起了三寸高的孝帏,又把那些火柴盒子大小的乌木双靠椅子都换上了白缎子的小椅披;他一项一项布置,实在比他经营那火柴厂要热心得多,而且更加有计划!(茅盾《子夜》)

(13)……土著居民喜用一根筷子粗细的树枝在嘴里捅来

捅去。(《人民日报》1991年6月16日)

(14)北方乡村多产毛竹,丐帮弟子,便用碗口般粗细的毛竹子,在这片稻田上,搭起了一圈四方竹棚。(古龙《武林外史》)

(三)宾语补语位置

1. 先说宾语位置。

宾语位置上的"测估AA",带宾动词语主要有三个形式。

其一,动词"有"。例如:

(15)这些叶子有葵叶大小,又绿又肥,把办公室罩进绿荫里。(王小波《白银时代》)

(16)这一掠之势,至少也有四五丈远近!(古龙《绝代双骄》)

这里的"有",表示达到一定数量或某种程度,带有测估意味。"有"的前边,有时出现副词"只"。例如:

(17)最后头顶上的蓝天只有手帕大小,……(王朔《玩儿的就是心跳》)

(18)上下相隔,也只有十三四丈高低,不难扑落。(诸葛青云《霹雳蔷薇》第十六章)

其二,动词"是"。例如:

(19)叫来瓦工把这仓库也断成一个个小间牢房,都是双人床大小。(冯骥才《一百个人的十年》)

(20)那少年和少女都穿淡绿缎子的皮袄,少女颈中挂着一串明珠,每粒珠子都是一般的小指头大小,发出淡淡光晕。(金庸《神雕侠侣》)

有时,"有+测估AA"和"是+测估AA"前后并见。例如:

(21)起初,我写出的字有蚊子大小,后来是蚂蚁大小,然后是跳蚤大小,再以后,我自己都看不到了。(王小波《白银时代》)

其三,动词语"V到(了)"。例如:

(22)果然不到月余,左核全消,右核则消到豌豆大小。(苏雪林《棘心》)

上例"豌豆大小"可以分析为"消到"的宾语,当然,还可以有另一种分析,即把"到豌豆大小"分析为"消"的补语,这里不讨论。

2.再说补语位置。

补语位置上的"测估 AA",以前边用"得"作为语法标志。例如:

(23)穷酸老人哼了一声,又闭起眼睛,但别人的眼睛此刻却个个都睁得有如铜铃般大小,个个都在望着朱七七。(古龙《武林外史》)

上例可以减缩为:眼睛个个睁得铜铃大小。

(24)顷刻间大杆子脖子上只剩下一张头皮,那头皮又像泄气的皮球一样立即收缩,缩得只有拳头大小,贴在脖子上。(戴厚英《流泪的淮河》)

上例可以减缩为:那头皮又立即收缩,缩得拳头大小。

三 测估词语的扩展形式

测估词语的扩展形式,由测估本体词语和测估辅助词语二者组合而成。在测估词语的扩展形式中,测估本体词语只能是名词语。测估辅助词语,有的是前辅助,如"像、如、跟"等,有的是后辅助,如"一般、一样"等。用来测估的数量词语,如"一百米"之类,不能带上"像……一般"之类构成测估词语的扩展形式。

下面是测估词语扩展形式的三种状态。

(一)前测估辅助词语+测估本体词语。即"像(/如/跟)+名词语"。例如:

(25)陌生人立刻把破棉裤撕开一个小口子,掏出来像枣子大小的一个东西,递给了高夫人。(姚雪垠《李自成》第一卷)

(26)许多游人,特别是青年男女,一手拿着一根根长短不一的如擀面杖粗细的竹筒饭,另一手拿着油黄欲滴的烤鸡腿,津津有味地吃着。(《人民日报》1991年4月21日)

(二)测估本体词语+后测估辅助词语。即"名词语+一般(/般/一样)"。例如:

(27)他在地下摸起了一块枣儿一般大小的土圪垃,顺着墙根儿轻轻地往前一投。(刘流《烈火金刚》)

(28)那条牛犊般大小的狼狗,继续狂吠着向他蹲来,距离越来越近。(张平《十面埋伏》)

(29)原来是一个青年的男子,全身的衣服都被扒光,用豆粒般粗细的弓弦,拴着两个大拇指头,吊在一个高架子上面。(刘流《烈火金刚》)

(三)前测估辅助词语+测估本体词语+后测估辅助词语。即"像(/如/跟)+名词语+一般(/般/一样)"。例如:

(30)值得一提的是以色列人的门上,包括像劳迪斯莫瑞尔这样的高级酒店的门上,都有一个像钢笔一般粗细长短的木制经柱,……(《人民日报》2000年9月8日)

(31)他手里没了武器,紧紧地攥着两只像油锤一般大小的拳头,……(刘流《烈火金刚》)

上例是"像/……一般",下例是"跟(/与/和)……一般":

(32)他在枕巾上覆盖了一块剪得跟枕巾一般大小的大布,……(陈世旭《将军镇》)

(33)这玉像与生人一般大小,……(金庸《天龙八部》)

(34)那又细又长的脖子上,一个头却是又尖又小,简直和脖子一般粗细,……(古龙《绝代双骄》)

四 测估词语扩展形式中的"那么"

特别值得注意的是,测估扩展形式中,后测估辅助词语可以用"那么"。例如:

(35)邻里之间,往往只因为芝麻粒那么大小的一点点事情,竟然会酿成面红耳赤甚至摩拳擦掌的争执或纠纷。(《门前的小路——一位北京人的记述》,人民教育出版社编初中《语文》第一册)

上例,"芝麻粒大小"说成了"芝麻粒那么大小"。其中,"那么"往前指代了"芝麻粒",往后修饰了反义 AA"大小"。再看这个例子:

(36)见炕上摆着十个铁圆蛋,每个有碗那么大小,……(马烽、西戎《吕梁英雄传》)

上例,测估本体词语只用了一个单音节的"碗"。"碗那么大小",等于说"饭碗那么大小"。不管是"芝麻粒那么大小"还是"碗那么大小",前头都可以出现"像(如/跟)",如可以说成"像芝麻粒那么大小""像碗那么大小"。再看这个例子：

(37)可是,至少该有像鼻子那么长短,才包涵得下这弯绕连绵的声音。(钱钟书《围城》)

这是个出现了"像"的例子。"像鼻子那么长短"中,"那么"往前指代了"鼻子",往后修饰了反义AA"长短"。

检测可知：

第一,凡是"测估AA"结构,如果测估部分不出现辅助词语"像(如/跟)……一般(般/一样)",可以添加上"那么"。例如：

(38)是钥匙链儿上那个小装饰物,两厘米大小,一个朋友送我的,是法国货。(冯骥才《一百个人的十年》)

→是钥匙链儿上那个小装饰物,两厘米那么大小

(39)汽车路尽头,出现了许多小斑虫大小的东西。(马烽、西戎《吕梁英雄传》)

→出现了许多小斑虫那么大小的东西

(40)突然间僵直的线绳软了,让你来不及收,八号线粗细的尼龙绳哗哗啦啦蛇一般瘫了一地。(《人民日报》1995年3月28日)

→八号线那么粗细的尼龙绳

第二,凡是测估词语扩展形式,如果前边只出现"像(/如)",后边可以添加上"那么"。例如：

(41)这片肉还是如铜钱大小,鱼鳞形状。(莫言《檀香刑》)

→这片肉如铜钱那么大小

(42)这次展示的全部是面向文字工作者开发的,外形如一本杂志大小,重量不超过一点五公斤。(《人民日报》1993

年5月8日)

→外形如一本杂志那么大小

第三,凡是测估词语扩展形式,如果后边出现了"一般、般、一样",可以替换为"那么"。例如:

(43)当胸一处伤口箭镞般大小,汩然流着黑水。(古龙《武林外史》)

→当胸一处伤口箭镞那么大小

(44)这个物件有一人来高,手指头般粗细,一头有尖,像个锥子,另一头是个大圆环,用手拿着。(刘流《烈火金刚》)

→这个物件有一人来高,手指头那么粗细

跟"那么"相近的是"那般"。有时也可以见到用"那般"的例子。例如:

(45)一条水桶那般粗细的白色大蛇,站在炕前,脑袋探过来,吐着紫色的信子,两片鲜红的嘴唇一开一合,……(莫言《檀香刑》)

(46)其中还有玻璃串珠和像大人拇指食指那般粗细的黄铜小手镯,显然是幼童的遗物。(《人民日报》1982年9月12日)

五 "测估AA"中AA的形容词性质

(一)句法位置的规约

句法位置的规约,显示了"测估AA"的谓词性。

首先,"测估AA"可以直接出现在谓语位置之上。前面已经举过例子。又如:

(47)很多白杨树,(在麦田间,)拳头粗细,(四棵为一组,纵的横的远远望去都成行。)(《人民日报》1991年11月25日)

(48)那暗器(是一朵黄金铸成的梅花,)和真梅花一般大小,……(金庸《倚天屠龙记》)

前一例,"很多白杨树"是主语,"拳头粗细"是谓语;后一例,"那暗器"是主语,"和真梅花一般大小"是谓语。

其次,定语位置上的"测估AA",可以通过移位,转化成为句子的谓语部分。当然,这是仅就"测估AA+中心语"而言。例如:

(49)突然,一条胳膊粗细的水蛇在微弱的手电光下口吐红芯,浮在水面,……(《人民日报》1991年6月24日)

→一条水蛇胳膊粗细

(50)他的右手,操着刀子,灵巧地一转,就把一块铜钱般大小的肉,从钱的右胸脯上旋了下来。(莫言《檀香刑》)

→一块肉铜钱般大小

再次,宾语和补语位置上的"测估AA",可以删除致"宾"、致"补"的词语,从而转化成为句子的谓语部分。例如:

(51)洞内有两间房子大小,看样子是好久没人住过了。(曲波《林海雪原》)

→[删除"有"]洞内两间房子大小

(52)矗立在厂房中央高约6米的庞然大物,其核心部位却只有手腕儿粗细。(《人民日报》1994年5月3日)

→[删除"只有"]其核心部位却手腕儿粗细

(53)有的放大到了几乎跟真人一般大小。(张平《十面埋伏》)

→[删除"放大到了"]有的几乎跟真人一般大小

显然,句法位置规约了出现在谓语部分,或者可以转化为谓语部分的"测估 AA",属于谓词性结构。

(二)句法格局的规约

句法格局,不仅显示了"测估 AA"的谓词性,还能在一定程度上显示了它的形容词性。

首先,"测估 AA"的"测估"部分,可以形成"像/如/跟+名词语+一般/一样"的扩展形式。在一个句子的谓语部分,凡是出现在这一形式的后边,接受其修饰的 X,不可能不是谓词性词语。例如:

(54)每幅浮雕里有 20 个左右英雄人物,每个人物都和真人一样大小,他们的面貌、性格、表情和姿态都不相同。(周定舫《人民英雄永垂不朽》)

上例是"每个人物(主语)+都和真人一样 X(谓语)"。谓语部分,接受"都和真人一样"修饰的谓语中心词 X,是要求由谓词性词语来充当的。

其次,"测估 AA"的 AA 部分,如果删除后 A(弱态 A),只出现前 A(强态 A),句子仍然成立,基本意思相同。从句法位置看,"测估 AA"不管出现在哪里,都可以这么变换。例如:

(55)杨梅圆圆的,和桂圆一样大小,遍身生着小刺。(王鲁彦《我爱故乡的杨梅》)

→杨梅圆圆的,和桂圆一样大,遍身生着小刺。

请再观察:

(56)那种如男子手臂粗的叫"面包",像少女手腕粗细的才称之"棍子"。(《人民日报》1994 年 5 月 7 日)

(57)在节日的大街小巷,一种"暖水瓶高、人腿粗细、炸弹

声响"的"超级二踢脚"卖得相当火爆。(《人民日报》2000年2月15日)

前一例,"如男子手臂粗的"和"像少女手腕粗细的"都是"的"字结构,等于说"如男子手臂粗的 NP"和"像少女手腕粗细的 NP"。比较可知,"如男子手臂粗"中只用"粗",但可以说"粗细";"像少女手腕粗细"中用了"粗细",但可以只说"粗"。后一例,"暖水瓶高"和"人腿粗细"并列使用,都是四个字。其实,从语法上说,它们既可以都用 AA,也可以都只用前 A。即:"暖水瓶高矮、人腿粗细"也好,"暖水瓶高、人腿粗"也好,都能成立。既然 AA 和 A 可以在同一语法环境中互变,可见二者语法性质相同:A 是形容词,AA 自然也是形容词性的。

(三)"那么"的规约

"测估 AA"结构中,AA 前边可以出现"那么"。"那么"是程度指代词,受它修饰的 AA,肯定是形容词性的。比如,前面举出的"芝麻粒那么大小"、"像鼻子那么长短",其中的"大小、长短"只能是形容词性词语,而不可能是名词。请观察这个例子:

(58)石环小拇指粗细,环形有中拇指半握那么大,活像一道光洁的手镯可以自由转动。(《人民日报》1991年8月23日)

→石环小拇指那么粗细,环形有中拇指半握那么大小,活像一道光洁的手镯可以自由转动。

这个例子,前边的"小拇指粗细"可以说成"小拇指那么粗细",后边的"中拇指半握那么大"可以说成"中拇指半握那么大小"。可知,其中的"粗细、大小"属于形容词范畴。

"测估 AA"往往用在"有"字后边,充当宾语,但仍然是谓词性的。证明其谓词性,并且证明其属于形容词范畴,最有力的语法依

据便是可以用"那么"。再看两例:

(59)这根人参的参须没有了,却有拇指那么粗细。(陆文夫《人之窝》)

(60)慢慢的他想起一点来,这一点只有小福子那么大小,小福子在他心中走过来,又走过去,像走马灯上的纸人,……(老舍《骆驼祥子》)

显然,作为语法标志,"那么"更进一步规约并显示了"测估AA"结构中 AA 的形容词性。

六 "测估 AA"中 AA 形容词性质的旁证

(一)方言旁证

"测估 AA"中的 AA 具有形容词性,这一结论在有的方言里可以得到旁证。

在普通话里,一个采用"多 X"提问形式的特指问句,进入 X 位置的只能是强态形容词"大、粗、长、高"之类,而不是弱态形容词"小、细、短、低"之类。

然而,参看黄伯荣主编《汉语方言语法类编》中"9·5·1·3 山东淄博话的特指问句"部分,可以知道:在山东淄博话里,进入 X 位置的可以是"强+弱"的并用形式。例如(类编 688 页):

孩子今年多大小?(=孩子今年多大?)

腰有多粗细?(=腰有多粗?)

你多高低?(=你多高?)

绳子有多长短?(=绳子有多长?)

这条河多宽狭?(=这条河多宽?)

以上淄博话的提问,如果容许使用测估的口气,普通话便可以这么回答:

这孩子大概跟你外甥那么大小。
他那腰至少有四条大腿那么粗细。
应该有你家小桃树那么高低。
这绳子有四五米那么长短。
这条河有三十公尺那么宽狭。

淄博话的问和普通话的答,形成了"多"和"那么"可以对应使用的现象。二者的互补,反映了"整体汉语"中 AA 能够接受程度词语修饰的事实,表明了人们把 AA 当作形容词来使用的意象。

(二)古白话作品的旁证

古白话作品中,常见"测估 AA"结构。略举几例:

(61)杨志看那人时,身材凛凛,七尺以上长短,面圆耳大,唇阔口方,……(《水浒传》第1回)

(62)于舅太爷说到这里,已经喘吁吁上气接不到下气,头上汗珠子同黄豆大小,直滚下来。(李宝嘉《官场现形记》第59回)

以上"测估 AA"用作谓语。

(63)一个个腰眼中冒出丝绳,有鸭蛋粗细,……(《西游记》第72回)

(64)这神像耳孔,只有指头大小,但是饮食到来,耳孔便大起来。(凌濛初《初刻拍案惊奇》卷4)

以上"测估 AA"用作"有"的宾语,但去掉"有",便转为谓语:一个个腰眼中冒出丝绳,鸭蛋粗细,……|这神像耳孔,指头大小,但是饮食到来,耳孔便大起来。

值得注意的是,《说唐》中有这样的说法:

(65)他昨晚到来,因秦大哥十分奉承,他又口出大言,说铜旗<u>怎么样长短</u>,许多噜噜苏苏。(《说唐》第三十八回)

这里的"长短",受到"怎么样"的修饰,可以肯定也是形容词性的。这个句子后边,没多远,有这样的描述:只见那阵中千万匹马,一齐仆倒,叔宝一马冲出阵来,回到本营,对众将道:"这铜旗有些难倒,阔有一丈,高有十丈,……休说倒得来,连近也近他不得。"徐茂公道:"元帅不必心焦,朗日点将,四面杀入。元帅竟去倒旗,包他箭不能发,自有神人暗助,决倒铜旗。"叔宝闻言,疑信参半。(《说唐》第三十八回)可知,在当时的人看来,那铜旗特别高,特别长。说"怎么样长短",等于今人口语里常说的"怎么样怎么样长"或"多么多么长",是用铺张的口气强调异乎寻常的"有十来丈那么长短"。

结束语

(一)"测估 AA"中的 AA 不是名词,而是形容词性结构,可以视同形容词。最简明而又最能说明问题的证据,是 AA 前边可以出现程度指代词"那么"。本文的用例,涉及"大小、粗细、长短、高低、高矮"等形式。使用频率最高的是"大小",其次是"粗细"。

(二)《现代汉语词典》第 5 版是标明词性的,但是,对于"大小、粗细、长短、高低、高矮"等形式的形容词性质,全然忽视了。比如,把"粗细"一律解释为名词:

粗细[名]①粗和细的程度:碗口~的钢管|这样~的沙子最合适。②粗糙和细致的程度:桌面平不平,就看活儿

的～。

仅从用例看,其中的"碗口粗细"是"测估 AA"结构,可以说成"碗口那么粗细"、"像碗口那么粗细"。这样的"粗细",肯定属于形容词范畴,不可能是名词。

(三)反义 AA 的组结形式,可能有两种或三种词性。以"高低"来说,有时是形容词性的,如"这一带的山坡,全都三层楼那么高低";有时是名词性的,如:"这人做事不知高低";有时还是副词性的,如"嘴都说破了,他高低不答应"。一般地说,形容词性的,用在谓语或定语位置上,保持本来意义;名词性的,用在由体词充当的主语或宾语位置上,表示有所引申的意义;副词性的,用作状语,也表示有所引申的意义。但是,要把它们作全面而清楚的归类,非常困难。本文的讨论范围,只封闭在"测估词语+反义 AA"的框架之内,这是因为目前笔者还无力解决其他问题。

(四)笔者写作本文,固然是为了就"测估 AA"的结构与性质表述自己的意见,同时也是想借此强调一下深入发掘语言事实的必要。在笔者看来,作出任何结论,都需要得到事实的支撑。

主要参考文献

黄伯荣主编 《方言语法类编》,青岛出版社 1996 年。

邢福义 《谈"数量结构+形容词"》,《中国语文》1965 年第 1 期。

邢福义、沈 威 《理论的改善和事实的支撑——关于领属性偏正结构充当远宾语》,《汉语学报》2008 年第 3 期。

中国社会科学院语言研究所词典编辑室编 《现代汉语词典》第 5 版,商务印书馆 2005 年。

(原载《世界汉语教学》2009 年第 1 期)

在广阔时空背景下观察
"先生"与女性学人

○ 导言

要编写一部"世界华语词典",许许多多的词,比如"先生",需要在广阔的时空背景下进行更深入更细致的观察。

本文着重观察"先生"一词是否可以用于女性学人,涉及广阔的时空背景。比方说:"宋庆龄故居位于风景秀丽的后海北沿,<u>宋庆龄先生</u>在这里工作、生活了18年,1982年经国务院批准对外开放。"(龙在《宋庆龄故居》,人民网2001年5月24日)这里,把宋庆龄称为"先生"。这是否妥当,特别是,是否本想表示尊敬,却反而反映了重男轻女的下意识?有关现象,使用面很大的词典都没有提及。比如,《现代汉语词典》(2002年增补本)这么解释"先生":(1)老师;(2)对知识分子的称呼;(3)称别人的丈夫或自己的丈夫(都带人称代词做定语);(4)〈方〉医生;(5)旧时称管账的人;(6)旧时称以说书、卖唱、相面、算卦、看风水等为职业的人。又如,《现代汉语规范词典》(2004年1月第1版)这么解释"先生":(1)老师;(2)对年龄长于自己的有学问有声望的人的敬称;(3)对男士的敬称(先生贵姓);(4)对别人的丈夫或自己的丈夫的称呼(前面常有人称代词限定);(5)某些地区对医生的称呼;(6)旧时对文秘或管账人员的称呼;(7)旧时对以说书、卖唱、相面、算卦、看风水等为职业的人的称呼。

全文包括六个部分:1)从时间纵线上推测"先生"用于女性的历史;2)从社会平面上考察"先生"用于女性的广度;3)从语用效果上辨察"先生"用于女性的价值;4)从文化底蕴上探究"先生"用于女性的心态;5)从地域差别上考察"先生"用于女性的歧异;6)结束语。

一 从时间纵线上推测"先生"用于女性的历史

把女性学人称为"先生",从对哪一位开始,尚待考证。可以肯定的是,"宋庆龄先生"的用法已经有了好几十年历史,其出现的时间大体上跟中国现代史同步。

目前已经看到的出自权威作者笔下的文献,要算是毛泽东给宋庆龄的两封信。

一封写于1936年9月18日。那是"九·一八"事变五周年纪念日。摘要如下:

(1)庆龄先生左右:/武汉分别,忽近十年。每从报端及外来同志口中得知先生革命救国的言论行动,引起我们无限的敬爱。一九二七年后,真能继续孙中山先生革命救国之精神的,只有先生与我们的同志们。……尚有赖于先生利用国民党中委之资格作具体实际之活动。兹派潘汉年同志前来面申具体组织统一战线之意见,并与先生商酌公开活动之办法,到时敬求接洽,予以指导。……同时请先生介绍与先生比较接近的诸国民党中枢人员……与汉年同志一谈,不胜感幸。/顺问近安/毛泽东/"九一八"五周年纪念日(《毛泽东书信选集》,

人民出版社 1983)

这里,除了抬头的"庆龄先生",信中 6 次用了"先生"。

另一封写于 1949 年 6 月 19 日。当时,中华人民共和国开国大典即将举行。摘要如下:

> (2)<u>庆龄先生</u>:/重庆违教,忽近四年。仰望之诚,与日俱积。兹者全国革命胜利在即,建设大计,亟待商筹,特派邓颖超同志趋前致候,专诚欢迎<u>先生</u>北上。……/毛泽东/一九四九年六月十九日(引自尹家民《共和国早春的毛泽东周恩来》,《中华儿女》1995 年第 5 期第 10 页)

这里,抬头用"庆龄先生",信中用了一个"先生"。

1911 年的辛亥革命,发生在中国近代史末期,迄今 90 余年。1919 年爆发的"五四"运动,标志着中国现代史的开始,至今 80 余年。宋庆龄于 1915 年跟孙中山结婚。笔者小时候,在大人们的谈论中听说孙科称宋庆龄为"宋先生",印象很深。这类"趣闻",不可能见于史书,因此一时难于找到正式的文字记载。通过上网查看,知道有一本《民国第一家》(上海人民出版社 2002 年 6 月);但学校图书馆没有这本书,不知那里面有没有相关材料。如果那是真的,"宋先生"的说法,便已有近 90 年的历史;退一步讲,即使不是真的,仅从毛泽东 1936 年写信时算起,这一说法也有近 70 年的历史了。因此,"大体上跟中国现代史同步"的断定,不会过于离谱。

二 从社会平面上考察"先生"用于女性的广度

"先生"用于女性,有很大的广度。

第一,称宋庆龄为先生,除了毛泽东,还有其他人。略举几例:

(3)庆龄先生：/沪滨告别，瞬近三年，……以先生安全为念。今幸解放迅速，先生从此永脱险境，诚人民之大喜，私心亦为之大慰。现全国胜利在即，新中国建设有待于先生指教正多，敢借颖超专程迎迓之便，谨陈渴望先生北上之情。……周恩来/一九四九、六、二十一（引自尹家民《共和国早春的毛泽东周恩来》，《中华儿女》1995年第5期第10页）

(4)戴笠还一再命令我：一定要派人设法打进她的家中，收买她身边的人。……去过宋家几次，就引起了宋先生的注意。……女佣人便将这些情况一五一十地告诉了宋先生，宋先生除叫她把东西全部退还外，还叫她坚决不要再和这个女特务往来。（《沈醉自述》，北京十月文艺出版社1997年8月）

(5)一九三七年十一月，叶先生途经香港（赴昆明），通过蔡元培先生的介绍，拜会了宋庆龄先生，请她为在冀中抗敌的学生们提供经济援助。（曾昭奋《科学春秋——纪念叶企孙先生》，《读书》1998年第11期）

第二，跟宋庆龄（生于1893年）基本上属于同一时代的著名女性，如何香凝（生于1878年）、许广平（生于1898年）、冰心（生于1900年）等，也常被称为"先生"。例如：

(6)"何香凝艺术精品展"日前在香港大会堂开幕。这是建于深圳的中国国家级美术馆何香凝美术馆首次将馆藏何香凝先生书画作品在港展出，香港商报今日刊登文章，向读者介绍了何香凝传奇的一生。（《出身香港豪门 巾帼不让须眉——何香凝的传奇一生》，中新社2003年12月22日）

(7)曾以茶传情的鲁迅和许广平先生共同珍藏数十年的清宫普洱茶即将重返许广平先生故里——广州登堂亮相。

(《鲁迅许广平珍藏茶砖将在广州拍卖》,新华网广州 2004 年 2 月 8 日电)

(8)冰心先生的作品始终流淌着"母爱"、"童心"、"自然美"三大创作主题,早在 1924 年,她创作《寄小读者》时,就写下"有了爱就有了一切"。(《重温冰心——永远的爱》,当前论坛 chinatimes.xilubbs.com,2004 年 3 月 31 日)

第三,放眼高校和科研单位,凡是比较著名的女学者,不管在哪一个专业领域,都往往被称为"先生"。例如:

(9)最近听说杨绛先生将钱钟书和她今年的稿酬 72 万元及今后他们作品稿酬的权利统统赠予母校清华大学,设立"清华大学好读书奖"。作为清华校友,对这事颇感兴趣。经老朋友吴学昭介绍,见了杨绛先生。(金凤《杨绛谈她和钱钟书》,《炎黄春秋》2001 年第 12 期)

(10)沈祖棻先生我无缘得见,当我在 1979 年考到南京大学师从程先生时,沈先生已于两年前遭遇车祸去世了。……沈祖棻先生是名满海内的女词人、女诗人。她的诗词已经得到了学界一致的好评,那多达数十篇且大多出于行家之手的评论文章就是明证。(《学术家园·我的两位师母沈祖棻与陶芸》,见 www.guoxue.com/xsjy/2001.4/wodeshimu.htm-17k)

沈祖棻先生讲词具有传统的中国特色,也呈现她个人的风格。……沈先生对宋代婉约独有见解,讲得极佳。沈祖棻先生 1977 年不幸因车祸去世,1980 年《宋词赏析》出版,很受读者欢迎,此次出版将让这本书在喜爱宋词的人中再传下去。(《宋词赏析》图书说明,广州 800 图书网 http://guangzhou.book800.com)

(11)怎么也没想到,再也见不到周与良先生了。我最后一次见到周先生,是在她最后一次去美国的临行前。(《良师益友忘年情——我与周与良先生》,nankaiuaa.com)

第四,在我国语言学界,情况相同。一直到现在,比较著名的女教授们,比如王还、钱曾怡、葛本仪、王宁等教授,人们固然有时会称她们为"教授、老师",但有时也会称为"先生"。看例子:

(12)王还先生作为在对外汉语教学这片园地耕耘了几十年的园丁,流下了滴滴汗水。……她为《汉语课本》作的词语例释,被日本汉语专家奥水优教授编入《现代汉语词语例释》一书。(贾钰:《王还教授:对外汉语教学事业的开创者》,《光明日报》2002年8月2日)

(13)官话系列以山东、山西两省最为丰硕,钱曾怡先生主编的山东方言志丛书已经出了十几种,温端政先生主编的山西方言志丛书也出了十几种。(后浪《南部吴语语音研究》,《北大中文论坛》2002年11月6日)

(14)开幕式上,山大的葛本仪先生、张华副校长、谭好哲院长以及北京师范大学李国英副院长先后致开幕词,对与会的专家、学者与同学表示热烈的欢迎,并预祝大会圆满成功。(《全国词汇训诂学术研讨会在山大召开》,《北大中文论坛》2003年9月22日)

(15)按照王宁先生《训诂学原理》的定义,同义词和同源词是严格区分的,她认为"同义词必定不同源"。……(《想请教一下各位对同义词和同源词之间的关系问题是怎么看的?》,chinese.pku.edu.cn 2004年3月2日)

诚然,"先生"用于女性学人,不仅时间久远,而且得到了社会的广泛认同,包括得到了众多汉语语言学工作者的认同。这一用法根深蒂固,今后肯定会继续存活下去,这是无法改变的事实。

三 从语用效果上辨察"先生"用于女性的价值

任何语言形式的选用和广泛承传,都是由于在语用效果上有其特定的价值。

1936年毛泽东给宋庆龄的信,抬头不好称"庆龄同志",因为当时作为"国民党中委"的她还不是"同志";也不好称"庆龄女士",因为这样会把这位杰出人物一般化。信中的"……先生……先生……先生……先生……先生……先生……",显得典雅、庄重、得体,特别适合双方的身份。如果说成"……女士……女士……女士……女士……女士……女士……",不行;如果说成"……您……您……您……您……您……您……",便会丢失字里行间散发出来的清雅书香。

有一篇以"冯沅君"为题的文章,介绍冯沅君教授。摘要如下:

(16)原山东大学副校长、全国一、二、三届人民代表<u>冯沅君先生</u>是学林仰重的中国文学史专家,一级教授,又是名垂史册的中国新女性作家,曾蜚声于上世纪20年代文坛。/……/60年代,冯沅君受高教部的委托,和北京大学林庚先生合编《中国历代诗歌选》。林庚主编的上编,1965年由人民文学出版社出版,冯沅君主编的下编因"文革"而搁浅,直到1979年才由人民文学出版社出版,此时<u>冯先生</u>已逝世了五年。该书是学习中国诗歌的良师益友,被许多大学中文系选作教本,一直供不应求,至今已十多次印刷。该书获得了国家教委统编教材一等奖,是冯沅君先生赠送给后学的最后一份厚礼。/冯沅君先生从事大学教学工作半个世纪,步入新中国后的二十五年,一直在山东大学任教。她倾力讲授中国文学史课,编写了多部有影响的教材,培养了数不清的学生,桃李满天下,其中不乏全国知名学者教授。冯先生在中国教育事业上功勋卓著,名重学林,永远令人景仰。(严蓉仙《冯沅君》,《山东大学报》总第1465期,2002年1月22日)

对于冯沅君这位令人景仰的女性,这里称为"先生",同样取决于表示特别尊崇敬重的语用要求。用"女士"不行,因为满足不了这一要求。用"教授"也不够好,一来显得一般化,二来"冯沅君先生是……一级教授"如果说成"冯沅君教授是……一级教授",也嫌词面重复。

孙科称宋庆龄为"宋先生",尽管只是笔者听到口头传说,但一直对其真实性深信不疑。这是因为,从语用价值上感到这一称呼不可取代。在辈分上宋庆龄是母亲,然而孙科比宋庆龄大两岁。对宋庆龄,孙科不好称"母亲、妈、娘",也不好称"姨、姑"之类,更不好称为"女士"。以"先生"相称,既可以避免使用种种俗称的尴尬,更能显示"民国第一家"的书香雅气。就笔者自己的切身体会而言,如果是跟王还教授当面谈话,所用的称呼一定是"王先生"。因为,用"王女士",感觉到这是对前辈的不恭;用"王教授",又感觉到缺乏学术性,不足以表达敬重心情。笔者相信,在学术圈子里,"人同此心"。

"先生"用于女性学人,其特定的价值就在于,既能反映说话者的知识涵养,同时又能体现语用中属于美学范畴的一种艺术。

四　从文化底蕴上探究"先生"用于女性的心态

语言运用的社会认同,语言形式选择的语用取值,建立在深厚的文化底蕴之上,反映出跟民族文化传统密切相关的心态。

《汉语大词典》,解释"先生"时列出了 14 个义项。第 7 义项是:文人学者的通称。可自称,也可称人。……《文选·皇甫谧〈三都赋序〉》:"玄晏先生曰:'古人称不歌而颂谓之赋。'"李善注:"谧自序曰:'始志于学而自号玄晏先生'……先生,学人之通称也。"(第二卷上册 238 页,汉语大词典出版社 2001 年 9 月第 2 版)——请注意"李善注"中的"先生,学人之通称也"。李善,唐代学者,有《文选注》六十卷。李善为《文选》作注,距今已有一千多年的历史。李善这句话,点明了"先生"一词根深源远的文化蕴蓄。既然是"通称",就可以合乎逻辑地由男开放到女。辛亥革命以后,女性地位上升,女性学人被称为先生,既保存了"先生"的学术内涵,又反映了历史的发展,社会的进步,人们心态的积极升华。当然,被称为"先生"的,必须是有学术地位和社会影响的女性。与此相关,在年龄上一般都不会是很年轻的女士。

有一篇题为"当女人被称为先生"的文章。摘要如下:

(17)中国上一辈的女性,凡出身书礼门庭,受过良好教育,德望俱重,懿范风采,老来都称为"先生"。/女人老去,称为先生者,是一种比册封什么爵士或获颁什么终身奖都有更大的成就。像宋庆龄先生、杨绛先生、冰心先生,少年而为淑女,中年而为夫人,老来尊为先生,都是社会公认的优秀女人。/那时候写信,尚用毛笔薄笺,直信封有一红条,恭书"宋庆龄先生亲展",收信的人固然有地位,有资格写这封信的人,也沾上几分好教养的光彩。/一个被尊为先生的女人,经历时代的风云,阅尽世情的沧桑,多半既有中国妇女的豪门教养,也兼而有留学英美法的视野抱负。……尊贵而慈蔼,博雅而婉柔,女人老去,有资格被叫做先生者,不只是一册活历史,是老人中一件稀世之宝,她已经把自己的一生焙成一壶清远的香茶。(陶杰《当女人被称为先生》,见《北京青年报》2001年7月31日)

这是一篇随笔,不是专论,用文艺笔调写出来的判断不一定那么全面,不一定都能得到所有读者的赞同,但是,"德望俱重","比册封什么爵士或获颁什么终身奖都有更大的成就(感)","收信的人固然有地位,有资格写这封信的人,也沾上几分好教养的光彩","一个被尊为先生的女人……有资格被叫做先生者……她已经把自己的一生焙成一壶清远的香茶",如此等等,都把"先生"用于女性学人的文化底蕴作了形象的刻画,相当精彩、到位,符合民族心态。

这里,需要特别讨论"重男轻女"的话题。

"语言是文化的符号,文化是语言的管轨。"(邢福义2000,第一版序)一个民族的文化传统,会影响甚至决定这个民族的语言使用者的心理因素;而属于文化传统的东西,不能泛用"重男轻女"来概括。以"父"和"母"来说,父一定是男性,母一定是女性,然而,"师父"和"师母"的性别关系,就不那么单纯。师父的妻子称师母,"师母"一定是女性;"师父"却不一定就是男性,有时也可以是女性。读金庸作品可知:为师者若是男性,称"师父";为师者若是女性,仍然称"师父"。比如,杨过道:"我师父是个女子,她相貌既美,武功又高,可不许旁人提她的名字。"(《神雕侠侣》第十六回)再以"伯"和"叔"来说,它们专指男性;然而,"师伯、师叔"的性别关系,就不那么单纯。师父是男性,弟子称其师兄师弟固然要用"师伯"或"师叔";如果师父为女性,弟子称其师姐和师妹却仍然要用"师伯"或"师叔"。比如,《神雕侠侣》里,杨过的师父是小龙女,杨过称小龙女的师姐李莫愁为师伯;洪凌波的师父是李莫愁,洪凌波称李莫愁的师妹小龙女为师叔。"武林"中的这套"规矩",反映的是一种文化习俗,跟男性本位的社会形态有关,但不是一般思想意识上的"重男轻女"。

男性本位的社会形态,往往会在语言文字应用系统中留下烙印,成为一种固化性的现象。比如,能干有为的女性,被称为"铁女人"、"女强人",能干有为的男性,就不会被称为"铁男人"、"男强人"。这是因为,在人们心里,男人本来就应该是能干有为的,只有女性才需要给予特殊的固化性命名。这不能归结于"重男轻女"的思想意识。再比如,第三身人称代词的运用,在书写形式上,"他们"用于两个以上的男人,"她们"用于两个以上的女人。然而,当既有男士又有女士时,怎么办?用"他们",而不用"她们"。这同样不能归结于"重男轻女"的思想意识。有人为了体现男女平等,写成"他(她)们",但根本推行不开,因为既不方便,又不好看,更不好念。退一步讲,即使能推行得开,"她"也必须用在"他"后,而且被放到括号里,根本不可能有"她(他)们"的写法。这种因受到社会习俗所规约而固化的文化现象,不能从思想意识上斥之为"重男轻女"。

"重男轻女"不等同于"男重女轻"。作为一种思想意识,"重男轻女"属于人们头脑中的歧视偏见;而作为一种社会形态,"男重女轻"则是反映社会结构状况的客观现实。把女性学人称为"先生",不是"重男轻女"这一思想意识的延伸,而是对"男重女轻"这一男性本位社会形态的一种冲击,应是在特定文化背景下女性地位得到提高的一种记录。

五 从地域差别上考察"先生"用于女性的歧异

(一)地区背景

汉语的使用,存在中国用语和新加坡等国家华人用语的歧异,存在大陆和香港、澳门、台湾三地区的歧异。"先生"用于女性学人,基本上限于中国大陆。

在外国,比如在新加坡的华人圈里,不会有这一用法。这个问题,笔者发邮件问过徐杰博士。徐杰20世纪80年代由中国大陆到美国深造,获得博士学位,于1993年到新加坡国立大学中文系任教至今。〔问〕在新加坡,"先生"会不会用来称呼女性学者?比如陈重瑜博士,有没有人称她为"陈先生"?〔答〕大陆香港台湾来访学者常称陈重瑜"先生",但是新加坡本地人多尊称她为"博士""教授"。因为在现代东南亚华人看来,"先生"一词没有"博士""教授"尊贵,这跟英语影响有关,英语中Mr一词分量很轻。只要是男性都可以用。——笔者相信,凡是英语背景下生活的华人,包括美国、加拿大、澳大利亚等国家的华人,都会有这样的心态,这是一种文化上的趋同性。

徐杰博士的回答里提到香港。由于过去长期的英语背景,在香港,"先生"用于女性的频率恐怕非常之低。这么用的人,可能只是极少数汉学根底很深的人士。笔者2004年4月3日上网（www.google.com）搜索田小琳教授的资料，看到"田小琳教授"13处，"田小琳委员"7处，"田小琳老师"5处，"田小琳女士"5处，就是没有看到"田小琳先生"的称呼。这不奇怪。她20世纪80年代中期以后便到香港定居，她的主要教学活动、学术活动、政务活动等都是在香港开展的。这也许可以说明香港的用法跟大陆还是存在差异。能否又这么提问：是不是由于田小琳教授比上面提到的语言学界王还教授她们都要年轻呢？回答是否定的。社科院语言研究所江蓝生研究员比田小琳教授小4岁。在前不久出现的关于《现代汉语词典》和《现代汉语规范词典》的讨论中，人们在提到江蓝生研究员时，多次称"江蓝生先生"，只要上网看看，即可知道。再说，如果田教授回大陆，参加学术会议，宣读学术论文，学者们跟她讨论问题时一定会有人使用"田先生"的称说。这正说明大陆与香港的不同。

徐杰博士的回答里还提到台湾。在台湾，"先生"用于女性的频率恐怕也很低。以对宋美龄来说，通过上网查看，可以见到下面的例子：

(18) 我一直希望台湾或者美国的社会学家或民俗学家，能够说<u>宋先生</u>留下一本《宋美龄口述史》。……我认为，<u>宋先生</u>的口述，价值在于真实及其独特的观照历史的视角，所载存信息的质与量，应该是20世纪的中国史不可或缺的一笔。……之后的邮件里，间或言及此事，说<u>宋先生</u>深居简出，拒见外人。后有消息说：几经婉曲，陈立夫家人传语，<u>宋先生</u>愿每天散步时间讲述一小时。再后时日熙熙匆匆，少有音讯，口述史之事在我就一如桌边旧历淡忘在无尽琐事里。（《三个世纪的遗

憾——宋美龄没留下口述史》,新华网2003年10月29日)

(19)南方网讯……陈亨,原名陈良宇,1933年8月15日出生于安徽省泾县,1949年前往台湾,1958年移居美国,现任美国纽约大学生化系主任、教授。……陈老还向记者介绍了一件事,……"大概是十几年前吧,由宋夫人口述,蒋纬国亲笔写了一封信,信中明确写到'一个中国'的话,这封信当年就是由我从美国带回中国,交给当时的上海市市长汪道涵的。"(《纽约大学教授陈亨老人忆与宋美龄"母子情"》,《江南时报》2003年10月29日)

(20)先总统蒋中正先生的夫人——蒋宋美龄女士,于纽约时间2003年10月23日辞世,享年106岁。蒋夫人的去逝,使得二次世界大战期间,仅存于世的一位世界级领袖,终于离开人间。(高永光《蒋宋美龄的历史定位》)

前一例,出自大陆学人笔下,用了"宋先生"。中间一例,出自一位1949年前往台湾、1958年移居美国的大学教授之口,用了"宋夫人"(注意:不是"蒋夫人"而是"宋夫人")。后一例,见于发表在《国政评论》(2003年10月30日)上的繁体字文章,用了"蒋宋美龄女士"和"蒋夫人"。比较可知,称宋美龄为先生,还是大陆的用法。笔者推想,由于20世纪40年代末期有一批汉学根底深厚的学者到了台湾,他们在学术界会留下影响,因而在台湾,"先生"用来称呼杰出的女性学人不一定完全没有,不过,一般地说,应该是较为罕见的。

(二)方言背景

把女性学人称为"先生",属于文学语言,不会是方言现象。但是,如果撇开学人属性来看"先生"跟女性的关系,那么,还需注意广泛意义上的方言。

《现代汉语方言大词典》的"先生"词条下,介绍南京时,第一个义项为:"尊称知识分子和社会地位较高的人,一般指男子,可单用,也可用在姓氏或姓名后:先生,你找哪一个?｜王先生,你来啦?"(《现代汉语方言大词典》1423 页)这里用了"一般指男子"。介绍苏州时,最后列出了这么个义项:"旧时妓院中妓女称先生。《九尾龟》九十三回:'耐勿晓得,倪先生一径有个痛经格毛病。'"(《现代汉语方言大词典》1424 页)小说《九尾龟》,清光绪三十二年(1906)至三十四年(1908)点石斋刊印一至六集,宣统元年(1909)至二年刊印七至十二集。为张春帆所撰,署名"漱六山房"。张春帆名炎,江苏常州人,久居沪上,卒于 1935 年,不知生于何年。翻看《九尾龟》可知,把妓女称为"先生"之处甚多。上海情况跟苏州相同。《现代汉语方言大词典》介绍上海时没有提到这一现象,但《汉语大词典》解释"先生",共列十四个义项,其中第十个义项这么写道:称妓女。《文明小史》第十九回:"上海妓女,都是称先生的。"瞿秋白《论文学革命及语言文字问题·学阀万岁》:"清客是'介于相公与先生之间的人物'。"原注:"先生,是上海长三堂子里的先生。"(《汉语大词典》第二卷 238 页)

关于上海的情况,应该注意小说《海上花列传》。作者韩邦庆(1856—1894),江苏松江(今属上海市)人,父亲韩宗文曾任刑部主事,他幼年随父居住京师,后南归考取秀才,但考举人不中。1892 年他创办由《申报》馆代售的小说期刊《海上奇书》,《海上花列传》就是在《海上奇书》上连载的。袁行霈(1998)写道:"韩邦庆的《海上花列传》,是一部反映社会人生底层的力作。作家以平淡自然的

写实手法,刻画上海十里洋场光怪陆离的世相,笔锋集中于妓院这一罪恶渊薮,烟花北里成为透视铜臭熏天、人欲横流的浮华世界的万花筒。"(《中国文学史》第四卷469页)翻看《海上花列传》,可以见到许多把妓女称为"先生"的例子:张蕙贞筛酒敬瓜子,洪善卿举杯向蕙贞道:"先生恭喜耐。"蕙贞羞的抿嘴笑道:"啥嘎!"善卿也逼紧喉咙,学他说一声"啥嘎"。说的大家都笑了。(第6回)|王莲生方跨进当中间房门,只见沈小红越发蓬头垢面,如鬼怪一般,飞也似赶出当中间,望莲生纵身直扑上去,莲生错愕倒退。大姐阿金大随后追到,两手合抱拢来,扳住小红胸脯,只喊说:"先生勤哩!"慌的阿珠抢上去叉住小红臂膊,也喊说:"先生耐慢点看!"(第10回)——被称为"先生"的张蕙贞和沈小红,都是妓女。再看这个例子:小红道:"倪是人也无啥好,陆里有好物事拨倪买?"莲生低声做势道:"阿啃!先生客气得来,啥人勿晓得上海滩浪沈小红先生,再要说勿好!"小红道:"倪末阿算得是先生嘎?比仔野鸡也勿如哕,惶恐哉哩,叫先生!"莲生料想说不过,不敢多言,仍嘿然躺下,一面取签子烧烟,一面偷眼去看小红。(第24回)——被称为"先生",沈小红"自谦"感到惶恐,说连野鸡也不如。可见,妓女而被称为先生,是一种"级别",受称者应是高级妓女。这种"先生",也许源自附庸文人风雅,然而跟女性学人被称为先生是完全不同的两回事。另外,这种"先生",属于特定地域,也许可以认为是广泛意义上的方言,但不会是母方言本来就有的现象。从属于特定地域看,《苏州方言词典》列出义项,让读者知道,这是有意义的;从不会是母方言本来就有的现象看,《上海方言词典》不列出义项,也可以理解。

六　结束语

（一）为了弘扬中华民族的文化，为了加强全世界华人的相互交流与了解，在广阔时空背景下开展词语运用的考察，从而编写出一部《现代世界华语词典》，很有必要。

（二）《现代汉语词典》等辞书，都没有提到女性学人可以称"先生"，但是，这不等于不存在这个事实。语言表述的正误评判，必须遵从一条客观性原则，即社会认同原则。结合性别来考虑，"先生"一词的有关义项，似乎可以进一步解释为："对自己尊敬或认为应该表示尊重的知识分子的称呼。在中国大陆，可以用于女性学人。"

（三）"先生"的不同义项，有不同的发展轨迹，有不同的应用场合或适应对象。比如，把女性学人称为"先生"，跟把老师称为先生、把医生称为先生、把妓女称为先生等，不应混杂在一起来讨论。看《海上花列传》里几个例子：[A组]寻见永昌参店招牌，跷进石库门，高声问"洪善卿先生"。有小伙计答应，邀进客堂，问明姓字，忙去通报。（第1回）|老伯阿是善卿先生？（第1回）[B组]韵叟顾令管家快请孙素兰先生。……孙素兰轻轻叫声"华老爷"，问："昨日忙，身里向阿好？"（第53回）|琪官无语，瑶官就高叫一声："素兰先生。"（第52回）——A组两例的"洪善卿先生"和"善卿先生"，是对男士的敬称；B组两例的"孙素兰先生"和"素兰先生"，是对妓女的称呼。对男士的敬称，可以是"姓名＋先生"（洪善卿先生）、"名＋先生"（善卿先生），还可以是"姓＋先生"：说话时，那老娘姨送上烟茶二事，见了朴斋笑道："赵先生，恭喜耐哉喔！"朴斋愕然道："我有啥喜嗄？"（第14回）然而，对妓女，可以是"姓名＋先

生"(孙素兰先生)、"名+先生"(素兰先生),却没有见到"姓+先生"的说法。观察可知,把女性学人称为"先生",是由对男士的敬称发展而来;把妓女称为先生,则属于另一支线,也许跟"以卖唱等为职业的人"有关联。

(四)关于"先生",需要讨论的问题其实还不少。略说三点。

第一,关于知识分子和年龄大小。《现代汉语词典》解释"先生",第二个义项为"对知识分子的称呼"。这个义项,《现代汉语规范词典》改成了"对年龄长于自己的有学问有声望的人的敬称"。《现代汉语词典》的解释过于宽泛。亲人之间说话,即使对话者是特别出名的知识分子,也不会称之为先生。然而,《现代汉语规范词典》加上了"长于自己"的年龄限定,却又不够准确。笔者多次亲耳听到,吕叔湘和朱德熙二位长辈相互称"先生"。年龄上,吕先生大16岁,但"朱先生"出自吕先生之口,显得十分自然。更准确的解释,似乎应该是上面所说的:"对自己尊敬或认为应该表示尊重的知识分子的称呼。"

第二,关于陌生男士。"对男士的敬称(先生贵姓)",《现代汉语规范词典》列为"先生"的第三个义项,是比《现代汉语词典》多列的一个义项。在海外的华人之间,这样的用法要比国内广泛。比如在新加坡,要问路,看到成年男士,而且估计是华人,都称"先生";在中国国内,则一般用"师傅、同志"之类,否则,就说"请问",而不轻易使用"先生"二字。值得注意的是:海外也好,国内也好,如果在一般交际场合称"先生",而前头不出现名字或姓氏,那么,对方一定是素不相识的人。因此,这一义项的表述,最好是:"对陌生男士的敬称"或"对不认识的男士的敬称"。

第三,关于对丈夫的称呼。作为"对别人的丈夫或自己的丈夫的称呼","先生"在海外比在大陆要广泛得多。在大陆,从解放以后到改革开放之前,极少这么称呼。即使是现在,大多数人,包括一部分知识分子,也还不怎么习惯这样的称呼。在词语搭配上,《现代汉语词典》这么表述这一义项:"称别人的丈夫或自己的丈夫(都带人称代词做定语)",而《现代汉语规范词典》这么表述这一义项:"对别人的丈夫或自己的丈夫的称呼(前面常有人称代词限定)"。不同之处,在于对"先生"所带人称代词定语的表述:前者是"都带",用的是全称肯定判断;后者是"常用",用的是特称肯定判断。从语言事实看,《现代汉语词典》更准确,不过,还应注意:"先生"前面出现的定语,可以是名词(妻子的名字):张小玉的先生是教授。另外,人称代词做定语,可以不用"的";名词做定语,要求用"的":"我的先生"说成"我先生",结构关系不变;"张小玉的先生"说成"张小玉先生",结构关系就改变了。

主要参考文献

中国社会科学院语言研究所词典编辑室编 《现代汉语词典》(增补本),商务印书馆 2002 年。
李行健主编 《现代汉语规范词典》,外语教学与研究出版社、语文出版社 2004 年。
罗竹风主编 《汉语大词典》,汉语大词典出版社 2001 年。
李荣主编 《现代汉语方言大词典》(综合本),江苏教育出版社 2002 年。
袁行霈主编 《中国文学史》第四卷 469 页,高等教育出版社 1998 年。
季羡林 《21 世纪汉语语法学继续探求的方向》,《汉语学报》2000 年第 2 期。
邢福义 《邢福义学术论著选》,华中师范大学出版社 2003 年。
邢福义主编 《文化语言学》(增订本),湖北教育出版社 2000 年。

(原载《世界汉语教学》2005 年第 3 期,略有改动。)

从研究成果看方言学者笔下双宾语的描写

研究成果表明,方言学者笔下的双宾语显现一个突出特点,这就是双宾语具有离析性。

所谓"离析性",是指:两个宾语具有独自活动性能,二者之间不存在特定的结构关系,它们可以离析开来。这有两个方面的表现:一方面,就动词和宾语的联系说,两个宾语都同动词相对待,可以分别形成动宾结构,并且可以分别用"谁"和"什么"来提问。比如:给他一本书→给谁?给他。给什么?给一本书。另一方面,就句法组造的状态说,可以出现"前后换位"、"同义分管"、"后续动词"等形式。比如:给他一本书→给一本书他|给一本书给他|给一本书给他看。由于句法组造状态最能反映方言特色,后一方面的内容在方言学者的笔下自然较为多见。

本文是一篇调查报告,以两部文献作为调查对象。一部是黄伯荣主编《方言语法类编》[1],该书录载关于双宾语的方言现象共23处;另一部是李荣主编《现代汉语方言大词典》(综合本)[2],该书的描述涉及42个地区的方言,由于是词典,语法问题只在概述部分稍有涉及,其中关于双宾语的共有8处。这两部文献,后边分别简称为"类编"和"大词典"。

一　前后换位

所谓"前后换位",是指:假设指人宾语和指物宾语分别记为宾 A 和宾 B,那么,"宾 A 宾 B"的位次可以变易为"宾 B 宾 A"。"宾 A 宾 B"是普通话的常见说法,而"宾 B 宾 A"通常是方言说法。

(一)方言里动词后边的双宾

好些方言里,动词后边的双宾是"宾 B 宾 A"。方言语法学者们描写有关事实时,采用了三种表述办法。

第一,直截了当地肯定。即:指出某种方言的双宾就是如此。下面列举部分情况。所列情况,按在"类编"和"大词典"两书中出现的先后顺序排列。在表述或体例上略有变动,但不会变动原义。

1. 河南新县话

给本书我。(=给我一本书。)(类编"9.12.3 河南新县话的双宾句")

2. 湖北话

湖北西南官话中的双宾句与普通话刚好相反,前一个表物,后一个表人。如:我送几个鸡蛋他。(类编"9.12.4 湖北话的双宾句")

3. 湖南衡阳话

如果把受事宾语称为间接宾语,把所授的东西称为直接宾语的话,那就是普通话直接宾语在后,间接宾语在前。衡阳话刚好相反,直接宾语在前,间接宾语在后。如:回头得钱你。(回头给你钱。)|你明日买来,我就得钱你。(你明天买来,我就给钱你。)(类

编"9.12.15 湖南衡阳话的双宾句")

4. 鄂南话

普通话的双宾句,是指人宾语在前,指物宾语在后,而鄂南话相反,是指物宾语在前,指人宾语在后。(类编原按:这现象几乎遍及湖北全境,并不只在鄂南有。)如:留张电影票我。(给我留张电影票。)|把本书我。(给我一本书。)|送支笔她。(送她一支笔。)|每月交五十块钱他妈妈。(每月给妈妈五十元钱。)(类编"9.12.17 鄂南话的双宾句")

5. 广东海康话

普通话一般以指人宾语为近宾语,指物宾语为远宾语,海康话刚好与此相反。如:伊乞本书我(他给我一本书)。(类编"9.12.21 广东海康话的双宾句")

6. 柳州方言

双宾语可以把直接宾语(指物)放在前面,间接宾语(指人)放在后面。如:借杆笔我|给张票他|送两瓶酒你们爸|还十块钱阿陈|分五个指标我们。("柳州方言",大词典 69 页)

7. 长沙方言

双宾语的直接宾语可以放在间接宾语之前。如:把本书我。|借十块钱你。|派个助手我。("长沙方言",大词典 180 页)

8. 南宁平话

双宾语结构中,间接宾语放在直接宾语后面。如:许本书我(给我一本书)|借一张凳渠(借给他一张凳子)|送把菜渠(送他一把菜)。("南宁平话",大词典 216 页)

9. 广州方言

动词后若有双宾语,指物宾语在前,指人(或其他)宾语在后。

如:买件衫我(给我买一件衣服)|寄封信佢(寄一封信给他)|递杯茶我(递给我一杯茶)。("广州方言",大词典227页)

第二,指出有某种条件。即:指出在什么条件下会如此。下面列举部分情况,所列情况中,加横线的语句为"某种条件"。

1. 河南罗山话

罗山南部方言中,祈使句的直接宾语在间接宾语前。如:给一本书他。(给他一本书。)|给一个馍我。(给我一个馍。)(类编"9.12.2河南罗山话的双宾句")

2. 宁夏固原话

有指人宾语在后、指物宾语在前的句式,但范围较小,指人宾语多为第一人称代词"我"。如:给支钢笔我。|借本书我。|拿块肥皂我。|给个碗我。|拿件衣服我。(类编"9.12.8宁夏固原话的双宾句")

3. 下江官话

有一个限制条件:V是"给"类动词。如:我给书他。|厂长要送点纪念品小王了吧。|胡老板塞那昧心钱你小子了?|学校分配几个研究生我们中文系。——有一个跟"给"字全面相当的词"把"。凡使用"给"义动词的地方都可以换用"把"字。上面双宾语句的例子皆然。如:县里把那么高的荣誉那个不争气的家伙。(类编"9.12.9下江官话的双宾句")

4. 浙江金华话

在祈使句里,一律是直接宾语先于间接宾语。如:尔送本书佢。(你送他一本书。)(类编"9.12.13浙江金华话的双宾句")

5. 南京方言

表示给予义的双宾语句,如果两个宾语都比较简单,它们在动

词后的位置可以互换,如:你给一支笔他(你给他一支笔)|送两张票他(送他两张票)|退十块钱小张(退小张十块钱)。("南京方言",大词典 47 页)

6.娄底方言

双宾语句中,直接宾语<u>有时</u>可以放在间接宾语的前面。如:拿钱我呢|拿笔你啊?("娄底方言",大词典 184 页)

第三,指出二式同用。即:指出"宾 A 宾 B"和"宾 B 宾 A"的说法都存在。下面列举部分情况,所列情况中,加横线的语句直接表明或间接表明可以"二式同用"。

1.吴语

"我给你一本书",在吴语中有如下的说法。上海话:我拨一本书侬。|义乌话:我约一本书你。|温州话:我一赗本书你。|奉化话:我剥一本书你。<u>各地吴语既有直接宾语在前的形式,也有在后的形式</u>。但是南片吴语以直接宾语在前为常,越靠北部受北方话影响越大,间接宾语在前的语序也渐渐多见。(类编"9.12.10 吴语的双宾句")

2.江苏丹阳话

<u>常常</u>是直接宾语在前,间接宾语在后。如:把点铜钿我。(类编"9.12.11 江苏丹阳话的双宾句")(邢按:"常常"表明有时可以采用另一种形式。)

3.上海话

<u>一种语序跟普通话相同</u>:拨我一支笔。|送伊一袋糖。|骂伊戆大。|赢师院两场球。<u>一种语序跟普通话不同</u>,其中的动词限于表示"给予"意义:拨张纸头我。|赔一本新书侬。|还五块洋钿小王。|拨回音侬。——这种格式多用于老派,新派基本不用。(类

编"9.12.12 上海话的双宾句")

4. 湖南湘乡话

在某些场合,双宾语可以随语意而变换位置。如普通话"给我钱"这句话,湘乡话既可以说成"狭我钱",语意强调钱;也可以说成"狭钱我",语意强调我。(类编"9.12.16 湖南湘乡话的双宾句")(邢按:两种格式同用,语用价值有所不同。)

5. 浙江金华话

在陈述句里,当动词前后还有别的成分(如助词、补语、连动句的第一动词等),并且直接宾语是一种看得见摸得着的具体东西时,双宾语的顺序往往可以互换,其中直接宾语先于间接宾语的顺序比较常用。如:我还十块洋钿佢罢。|我还佢十块洋钿罢。(都表示:我还他十块钱了。)但如果直接宾语比较抽象,仍只能是间接宾语先于直接宾语。如:我划算问尔点儿事干。(我想问你一点事儿。)(类编"9.12.13 浙江金华话的双宾句")

6. 崇明方言

表示给予意义的一类动词,它们的双宾语位置可以有两种:
[A]拨(给)十块钞票我。|还三升米你。|赔一件衣服夷(他)。
[B]拨(给)我十块钞票。|还你三升米。|赔夷(他)一件衣服。
("崇明方言",大词典132页)

以上三种表述办法的分列,根据的是"类编"和"大词典"两部文献所作的描写。实际上,没有指出条件的,不一定是无条件;没有指出两式同用的,不一定不存在同用现象。不过,这没关系,不会影响本文的基本认识。

(二)方言里动词前边的双宾

临夏话的双宾句,大都把双宾前置,后面仍保留一个直接宾语

的情况少见。前置的两个受事的先后位置也是自由的。如：我你[nia]钱(哈)给了。(我给了你钱了。)|你东西我[ŋa]还给！(你把东西还给我！)(类编"9.12.1 甘肃临夏话的双宾句")

这是一种相当罕见的情况，仅见于甘肃临夏话。然而，能说明一个重要事实：双宾语的结构，即使转移到了动词前边，两个宾语仍然可以前后换位。

二 同义分管

所谓"同义分管"，是指："宾 B 宾 A"两个宾语可以不连在一起，而是由两个同义形式分别管带，成为分立现象。假设两个同义形式是 V1 和 V2，那么，"V 宾 B 宾 A"便成为"V1 宾 B V2 宾 A"的同义分管形式。这里所说的 V1 和 V2，不一定都是动词。它们的词性归属，本文不讨论。

(一)同形同义分管

V1 和 V2 采用同一形式，或者基本采用同一形式。两部文献中，学者们提到了下列现象。

1.南京方言

表示给予义的双宾语句，假如宾语比较长，常在指物宾语后用"给"引出指人宾语，放在指物宾语之后，如：他给了一半家产给两个儿子。("南京方言"，大词典 47 页)

2.梅县客家话

普通话双宾句式与梅县话不同。试比较：给他一本书。(普)|分一本书分佢。(客)(原书编者按：江西泰和话也如此。)(类编"9.12.18 广东梅县客话的双宾句")

3. 武汉话

"给"在武汉话里是"把"。下面这种格式是武汉话固有的格式：他把一本书把得我。|你莫把钱把得他哟！|请把一点水把得我。——其特征是直接宾语在前，间接宾语在后，间接宾语之前还要用一次"把"，"把"后还有助词[tə]，这里姑且写成"得"。第二个"把"之前有一个小小的语音停顿，这个停顿不能延长。这种句式中的"把"不能用"给"代替。（类编"9.12.6 湖北武汉话的双宾句"）

（二）异形同义分管

V1 和 V2 形式有异，但基本意思相同，都有"给"的意思。两部文献中，学者们提到了下列现象。

1. 淮阴话

动词含有"给予"意义的双宾语句，淮阴方言是指物宾语在前，指人宾语在后，在指物宾语与指人宾语之间用"给"连接起来。如：过年我们把四瓶酒给你家。|送套茶具把你。|你能不能借十块钱把我。——各例中的"把"都是"给予"义，并不是介词。比较起来，淮阴方言的这种句式倒像是连谓句。（类编"9.12.7 江苏淮阴话的双宾句"）

2. 湖南酃县客家话

如果前一动词带指物宾语，后一动词带指人宾语，还可以用连动句式说。例如：我偓拿一本书□[tei^{35}]佢。（我给他一本书。）——[tei^{35}]相当"给"，有时也用"分"[pən^{35}]，但常用[tei^{35}]。（类编"9.12.19 湖南酃县客家话的双宾句"）

3. 南京方言

表示给予义的双宾语句，假如宾语比较长，常在指物宾语后用"给"引出指人宾语，放在指物宾语之后。要是前边的 V1 不是

"给",便成为同义异形格式。如:我送了整整十盆兰花给那个亲戚。|学校里头奖一面锦旗给高二(3)班。("南京方言",大词典47页)

4. 杭州方言

杭州话动词带双宾语,既可以指人的在前,也可以指人的在后。指人在后的,也可以有两个动词,如:借五十块洋钿拨我。("杭州方言",大词典155页)

5. 广州方言

动词后若有双宾语,指物宾语在前,指人(或其他)宾语在后。例如:买件衫我(给我买一件衣服)|寄封信佢(寄一封信给他)|递杯茶我(递给我一杯茶)。在两个宾语之间加上"过"或"畀",也是同样意思。例如:买件衫畀我(给我买一件衣服)|递杯茶过我(递给我一杯茶)。("广州方言",大词典227页)

6. 湖北鄂东话

以浠水县方言为例,两种句式都能成立。如:我送了她女儿三块钱盘缠。|我送了三块钱盘缠(得)他女儿。——后一例是"宾B宾A"。"宾A"前能出现一个不影响句意的"得"。"得"念轻声,有给予义,与给予的对象(指接受者)联系。(类编"9.12.5湖北鄂东话的双宾句")

必须指出,有的方言里两种分管形式都存在。上面已经提到的南京方言就是如此,再看上海话:

上海话里,当间接宾语后置的时候,最常见的格式是在间接宾语前头加上"拨"。如:赔一本新书拨侬。|还两只照相机拨小李。|拨张纸头拨我,让我写封信。|拨把扇子拨我,让我扇个扇。|拨张条子拨王平。(邢按:前两例是异形同义分管,后三例是同形同义分管。)还有一种旧时常用的格式"动+直接宾语+拉+间接宾

语",如:送三四只粽子拉伊。|借一间房间拉侬。|拨茶拉我。(邢按:这是异形同义分管。)(类编"9.12.12 上海话的双宾句")

除了"类编"和"方言大词典"中涉及的方言,在其他方言土语里,同义分管形式并不罕见。比如,湘南土语:掇本书□du[13](给)你(东安花桥)|掇本书掇我(东安石期)[3]。"掇"表示给予的动词义,前一例为异形同义分管,后一例为同形同义分管。

三 宾后续动

所谓"宾后续动",是指:在"动+宾 B 宾 A"后边续上一个动词(或动词短语),成为"动+宾 B 宾 A+动",形成特殊兼语式。普通话为"动+宾 A 宾 B+动",仍然是特殊兼语式。此时,两个宾语中的一个,被离析为特殊兼语式中动词前边的受事或施事。从这一点看,方言中的现象仍然跟普通话相对应。

(一)方言中的宾后续动格式

方言中,宾后续动的状况为:"动+宾 B 宾 A"→"动+宾 B 宾 A+动"。两部文献中,学者们提到了下列现象。

1. 河南新县话

有"给烟我吸"(给我烟吸)的说法。(类编"9.12.3 河南新县话的双宾句")

2. 湖北武汉话

由于固有的格式当中,直接宾语在前,间接宾语在后,所以双宾兼语句也是如此。如:他把馒头我吃。|他把钱我用。这么一来,兼语靠近动词"吃、用",比普通话的双宾兼语句更像一般的兼语句。(类编"9.12.6 湖北武汉话的双宾句")

3.下江官话

"S+V+宾B宾A"(邢按:原书标记为"S+V+DO+IO")作为一个线性序列也是可以延伸的。如:我给书他看。(类编"9.12.9下江官话的双宾句")

4.浙江金华话

在兼语句里,只能是直接宾语先于间接宾语。例如:佢寄两块洋钿我用用罢。(他寄了几块钱给我用了。)|我约点儿饭鸡吃吃哦?(我拿点儿饭给鸡吃吧?)(类编"9.12.13浙江金华话的双宾句")

5.湖南长沙话

有间接宾语是后面另一动作的施事的用法。这是为了使语句更精炼更紧凑。如:送咯支钢笔你用。(把这支钢笔送给你用。)|借咯本书我看下看。(把这本书借给我看看。)|把一块钱我买肉去。(给我一块钱买肉去。)|赶快喂饭他吃啰。(赶快给他喂饭吃吧。)|把一点我试下味看。(给我一点尝尝。)(类编"9.12.14湖南长沙话的双宾句")

异形同义分管现象后边,同样可以续上动词。比如湖南湘乡话:

落雨哩,借把伞狭他打下。(类编"9.12.16湖南湘乡话的双宾句")

(二)普通话中的宾后续动格式

普通话中,宾后续动的状况为:"动+宾A宾B"→"动+宾A宾B+动"。

20多年前,龚千炎《由"V给"引起的兼语句及其变化》一文[4],专题研究过这一格式。例如:我给你一件东西看。(曹禺《雷

雨》）|决不给下人臭东西吃。（老舍《骆驼祥子》）

在被认为用普通话写作的文艺作品中，也可以见到"动＋宾B宾A＋动"的说法。龚文指出："这个格式方言里甚多，普通话里过去没有，近年来用普通话写的文学作品里渐渐出现了，只是数量很少。如：我给个东西你看看。（古华《美丽崖豆杉》）|都是他娘，我一到家，就塞给鞋底我纳。（高晓声《水东流》）|就是要给点颜色他们看看。（楚良《没有"负荷"的店》）

通过对现当代文学作品语料库的检索，证明龚文的结论是正确的。现当代文学作品中较为多见的"动＋宾A宾B＋动"格式，补充几例：老中医叫人给老东山水喝，给他挑扎急救。（冯德英《迎春花》）|是我朱延年收留了他，给他事做，给他饭吃，讨了老婆，成了家，立了业。（周而复《上海的早晨》）|咦，给你本小书看看。（宗璞《红豆》）|是公公不好，给你陪不是啦。公公给糖糖你吃。（金庸《神雕侠侣》第1回）这一格式，不仅用于肯定句，也用于否定句：结果把花子关到厢房里，几顿不给她饭吃。（冯德英《苦菜花》）|有几次一天多不给我一口东西吃，……（冯骥才《一百个人的十年》）这一格式，不仅用于陈述句，也用于疑问句和祈使句：谁给你饭吃？（王朔《我是你爸爸》）|给我口水喝吧！（梁斌《红旗谱》）相对而言，"动＋宾B宾A＋动"的说法也能检索到，不过很少，可以看作是方言说法偶尔进入普通话。例如：什么时候给姜醋我吃？（欧阳山《苦斗》）|你回家等着，我送酒你喝。（冯德英《迎春花》）应该注意的是：用了"动＋宾B宾A＋动"说法的作者，比方欧阳山和冯德英，他们在作品中也会同时使用"动＋宾A宾B＋动"的说法。如：她叫醒了那孩子，给了他一杯茶喝，又给了他两个油香饼吃。（欧阳山《三家巷》）|妈，快给我饭吃吧！（冯德英《迎春花》）

四　笔者的认识

普通话和方言双宾语的不同,主要表现为句子意思相同,两个宾语的句法组造状态却有所不同。两种不同的句法组造状态,分别显示了普通话和方言双宾句类型的基本面貌。然而,"普—方"的双宾句类型并非完全对立,而是互有浸润,互有交叉。这正好反映了"整体汉语"[5]中二者的既有差别又有联系的亲缘关系。

从历时平面看,二者互有浸润。一方面,方言不断接受普通话的影响,年轻人的说法同老辈人的说法会有所不同。比如,武汉方言学者指出:武汉话的双宾句有两种形式,一种是吸收普通话用法而形成的格式。如:他把我一本书。|你莫把他钱哕?带双宾语的最重要的动词"给",在武汉话中很少用到,最近30年用的比以前多,也是受普通话的影响。(类编"9.12.6湖北武汉话的双宾句")又如,吴方言学者指出:南片吴语以直接宾语在前为常,越靠北部受北方话影响越大,间接宾语在前的语序也渐渐多见。(类编"9.12.10吴语的双宾句")

另一方面,用普通话写作的文学作品,由于受到作者母方言的影响,自然会偶尔带进方言说法。现当代文学作品中,近代白话文作品中,都可以见到方言用例。比如:房子租给了人家,大安的父母就用租金接济水生上了学。水莲父母也总给些粮食大安家,平素锅里碗里也就不那么分彼此的。(赵金禾《请你吃咸菜》,《中篇小说选刊》1997年第5期179页)|匡超人叩辞别知县,知县又送了二两银子他。(《儒林外史》第16回)

从共时平面看,二者互有交叉。一方面,方言里不一定没有"动+宾A宾B"。比如,上文已经提到,一些方言里可以两式同用。另一方面,普通话里不一定没有不属于方言说法的"动+宾B宾A"。比如:温家宝总理"六一"节前夕复信中国聋儿康复研究中心的孩子们(《人民日报》2006年6月1日)|香港有一位居民,致电本埠影视及娱乐事务管理处,指责一家报纸刊登了一首"粗口歌"。(《人民日报》2006年1月14日)这两个例子中,前宾语指物,后宾语指人。这一用法,动词和指物宾语都只有一个音节,带书面语色彩,如果认为其中的"复信、致电"之类是动宾式合成动词,后边的名词语充当这个合成词的宾语,此说很难成立。同类说法,自古有之。以"致书某人"来说,请举几个例子:致书宰相,乞分司洛阳,……(刘昫《旧唐书》卷一百六十九列传第一百一十五)|致书诸藩,请谋王室之难。(欧阳修、宋祁《新唐书》卷一百九十八列传第一百一十)|乃致书王镕,使通于全忠。(司马光《资治通鉴》卷第二百六十一唐纪七十七)|汝可致书宋太后,使汝名传中国。(毕沅《续资治通鉴》卷第三十五宋纪三十五)|致书宋主,诘其稽留郝经之故。(宋濂《元史》卷五本纪第五世祖二)显然,分析古代汉语语法结构,不能说"致书某人"中"致书"是一个动词,"某人"是"致书"的宾语。

总起来看,典型的双宾语在"普—方"之间可以互译、互补又互证。方言语法学者们都熟悉普通话语法学者的论说,但是,他们在描写方言双宾语时,都不约而同地把主要精力集中在"给"义双宾上面,而采用这种那种方式避开或基本避开了"取"义双宾。这是为语言事实所决定的。这从一个侧面表明,就"整体汉语"而言,具有离析性的双宾语,最为大家所认可,是在宾语使用上凸显汉语特色的句法结构。

还需要说明两点。

第一,"给"义双宾也好,"取"义双宾也好,都只是突出代表字的说法,二者并非任何时候都是对立的。比方"赏"和"罚",有时"赏"有给义,"罚"有取义。例如:

赏他一辆宝马轿车

罚他一辆宝马轿车

前例等于说"赏给他一辆宝马轿车",后例等于说"罚取他一辆宝马轿车"。但是,在动词和宾语的联系上,两例都具有离析性,都是带双宾语的说法。例如:

赏谁?赏他。赏什么?赏一辆宝马轿车。

罚谁?罚他。罚什么?罚一辆宝马轿车。

跟"罚他一辆宝马轿车"同类的例子,还有"榨他三根金条、赢了他一盘棋"以及本文第一部分里提到上海话时列出的"赢师院两场球"等。可见,有离析性的双宾语,有的跟"给"义和"取"义并不存在绝对的必然的联系。然而,"赏他一辆宝马轿车"可以说成"赏一辆宝马轿车他","罚他一辆宝马轿车"却不等于说"罚一辆宝马轿车他",而"赢师院两场球"根本就不能说成"赢两场球师院"。由此又可见,这种"取"义双宾的离析性在句法组造的状态上受到了限制。还有,本文第一部分里提到的"买件衫我""拿件衣服我",虽跟取得意义无关,但也不能说成"买我件衫""拿我件衣服"。相关现象有多少?有哪些?规律何在?一下子还说不清楚。

第二,上面采用"典型双宾语"的说法,意味着还有其他双宾语。其他双宾语范围多大,还有哪些,疑难问题很多,笔者无力解决。这里只能指出：判定双宾最好有一个统一的标准。类比一下：把哪些动物判定为猫科动物，把哪些动物判定为犬科动物，都有统一标准，那么，判定双宾语的同一标准是什么呢？笔者读过几篇论证应该承认"取"义双宾的文章，感到言之成理，有说服力。然而，要较为理想地解决双宾问题，恐怕还需要在揭示各类双宾的共性特征上作更多的努力，给出简单明了的可以作为标准来判定双宾的格式或框架。

陆俭明先生提出，可以用"一共＋V＋N1＋多少＋N2"的框架来把所有双宾语都统起来。[6]但是，正如笔者《归总性数量框架与双宾语》一文所指出，对于认定"双宾"，这一框架不足为据。[7]因为，这一框架的容纳面过大，不仅包含双宾现象，还包含有复指结构及其他现象。再举个《归总性数量框架与双宾语》一文中没有的例子：谷三木口口声声……他的家人，他家人一共只有老父幼弟二人，这些话显然是从他老父口中转传而来。（古龙《金刀亭》第二十八章。邢按：经在网上查证，此部小说实由上官鼎代笔）其中，"一共……二（两个）……"是归总性数量框架，但"老父幼弟"和"二人"的组合不是双宾结构，而是复指结构，再说，动词"有"也不可能带双宾语。打个比方：凡是鸟都有翅膀，都会飞，这是毫无疑义的。但是，有翅膀、会飞的动物范围大于鸟，像蜻蜓、蝴蝶、苍蝇、蚊子等等，它们肯定不是鸟。如果用"有翅膀、会飞"作为判定鸟的标准，便不准确。然而，无论如何，陆先生作了可贵的努力，他的研究思路是领先的，他的研究步伐是迈在队列前头的。他的研究启示我们，双宾语的共性特征是什么，这个问题还有待于作进一步的探索。

以上只是个人领悟。限于能力，所说的不一定就说到了点子上,而且可能根本就没说到点子上。然而,可以肯定的是,这么多方言学者,涉及这么多方言,却不约而同地聚焦于离析性很强的一类现象,其深层的心理原因,其深层的理论性蕴涵,是很值得引起我们去思索,去发掘的。

鲁国尧《论汉语音韵学的研究方法和我的"结合论"》指出:"作为上世纪五六十年代受过语言学高等教育的学人,在自己研究音韵学和方言史的学术生涯中,我对历史文献考证法和历史比较法一律尊礼膜拜,矢志将二者结合之,努力体现于自己的实践研究与理论撰述之中。""现代学者不可能死守一种方法,因为我们生活在自然科学、人文社会科学都在迅猛发展的时代。""岳飞说过:'运用之妙,存乎一心。'(《宋史·岳飞传》)一个古代的杰出军事家不肯搬用阵图而主张灵活作战,一个现代的有头脑的汉语学者当然也不会依据方法的分类死守某种现成的教条。"[8]鲁先生结合研究实践总结出自己的见解,具有鲜明的个性,但是,不管对研究哪一方面的学者来说,都可以得到启示,从而多动脑筋,多想办法,多找出路。中国语言学的发展,需要"引进提高"和"自强自立"的互补![9]

主要参考文献

[1] 黄伯荣主编 《方言语法类编》,青岛出版社 1996 年。
[2] 李荣主编 《现代汉语方言大词典(综合本)》,江苏教育出版社 2002 年。
[3] 邓永红 《湘南土话的被动标记和处置标记》,《汉语学报》2005 年第 4 期。
[4] 龚千炎 《由"V 给"引起的兼语句及其变化》,《中国语文》1983 年第 4 期。
[5] 张振兴 《方言研究与对外汉语教学》,《语言教学与研究》1999 年

第4期。
[6] 陆俭明 《再谈"吃了他三个苹果"一类结构的性质》,《中国语文》2002年第4期。
[7] 邢福义 《归总性数量框架与双宾语》,《语言研究》2006年第3期。
[8] 鲁国尧 《论汉语音韵学的研究方法和我的"结合论"》,《汉语学报》2007年第2期。
[9] 邢福义 《语言学科发展三互补》,《汉语学报》2005年第2期。

(原载《语言研究》2008年第3期)

社会公益对学风文品的管约

○ 前言

社会公益,指社会成员的共同利益。学术行为不是孤立的个人性活动,而是人与人之间具有依存互制关系的社会性现象。任何人的学风文品,都存在符合社会公益还是违背社会公益的问题,因而必然接受社会公益的管约。

社会公益对学风文品的管约,实际上就是学者们的学术行为的公约,就是全社会客观地存在着的须要大家共同遵守的学术规范。本文结合笔者的经历和体会,谈谈个人的认识。全文分四个部分:1)分清人己成果;2)矫正不良态度;3)善于律己待人;4)坚持求信存疑。

一 分清人己成果

学术研究,不能不阅读已有文献,不能不涉及他人说法。但是,在所写的书文中,必须把自己的研究成果和别人的研究成果区分清楚,并且向读者作明确的交代。任何时候都要"清澈见底",而无"梁上君子"、"瓜田纳履"之类嫌疑。

说三件小事。

1981年,我的《词类辨难》一书由甘肃人民出版社出版。书中,在讨论"反而"一词时,说了这样的话:"首先,'不但不(没)……反而……'实际上等于'不但不(没)……而且反而……','不但'和'而且'呼应,'不(没)'和'反而'呼应。"在这句话的后边,特别加了一个注:"在一次讨论会上,张拱贵先生发表过这一意见,不敢掠美。"

1993年,我写《治学之道 学风先导》一文,发表于当年的《世界汉语教学》第4期,后又收入商务印书馆1994年出版的《庆祝吕叔湘先生九十华诞文集》。文中,强调吕叔湘先生所提倡的"务实"是讲求事物辩证关系的"务实"。其中,辩证关系之七,是在吕先生看来,语法研究的成果不能不讲求学术价值,但也要考虑发挥社会效益。在有关评述的后边,我加了一个注,注明吕先生讲话的出处,并且特别指出:"吕先生这段讲话是詹伯慧兄提醒笔者的。"

2001年8月,我在新加坡肯特岗语法学术讨论会上宣读论文《说"起去"》;接着,对这篇论文重新整合,改写为《"起去"的普方古检视》,并于2001年9月在全国方言学会年会(西安)上宣读。几天之后,方言学家张振兴先生发来E-mail,告知这篇文章在文献的罗列上有疏漏。于是,我进一步检查文献,写了短文《有关"起去"的两点补说》,其中写道:"最早肯定'起去'可以成立的,应该是中国科学院语言研究所语法小组的《语法讲话》。《语法讲话(八)》讨论补语问题时,同时列出了'起来'和'起去'(《中国语文》1953年第3期)。后来,根据《语法讲话》修订而成的由丁声树、吕叔湘、李荣等先生合著的《现代汉语语法讲话》,1961年由商务印书馆出版,完全保留了同时承认'起来'和'起去'的意见。"接着特别指出,"十分感谢张振兴先生,2001年12月5日,张先生发来电子邮件,提醒了笔者:由丁声树先生主持的《现代汉语语法讲话》曾经提到过'起去'的问题,请参考一下"。

这三件小事,延续的时间为 20 年。提到这三件小事,是想说明,一定要养成一个习惯:在分清人己成果的问题上,应该特别严肃认真,绝对不能有丝毫的含糊暧昧。即使是别的学者口头上说的话,来信中提到的事,并不见于正式发表的文字,也不应掠人之美,做出欺心之事。至于剽窃别人的成果,那是极为低级的偷盗行为,不齿于学界,更要杜绝,不必多说。

有个词,需要顺便一提,这就是"初探"。写文章,把标题定为什么什么问题初探,要慎重。在没有穷尽地查阅文献的情况下,说是"初探",在学术上起码是不严谨的。表面看来是谦虚,但却不能保证别人没有作过探索,因而实际上可能只是一种重复劳动,甚至可能是一种低水平的重复劳动,很容易造成对别人的否定、侵犯和伤害。

二 矫正不良态度

学术研究,不可能没有见解的分歧,不可能避免不同看法的论辩。但是,论辩必须讲究态度,在对待与己相左的意见上,必须摒除学术因素之外任何过激的言辞。对于不良态度,不管出于什么原因,都要努力矫正。

说两点事实。

1960 年,我写了《形式主义一例》一文,刊登于当年的《中国语文》第 12 期。这篇文章,从方法论上对《中国语文》1960 年第 6 期刊登的《"连动式"还是"连谓式"》提出了意见。就基本内容而言,文章强调应该充分注意形式和意义之间的复杂多样的关系,这是正确的。但是,文章拉起大旗作虎皮,在标题里就摆出了一顶"形式主义"的帽子,末尾又用了一些"革命性"很强、"火药味"很浓的语句。如:"拿形式来概括一切,看不见语法形式和语法关系辩证的对立而统一的关系,隔断了形式和意义的联系,就会陷入形式主义的泥坑。"当时我25岁,十分年轻,文章写得肤浅,是由于学力不足,可以原谅,但拉起大旗作虎皮,却是一种很坏的学风文品,对于一个学者来说,是任何时候也不可以为自己辩解的。30多年后,我于1994年写了《尊重事实 讲究文品》一文,发表于当年的《语言文字应用》第3期。文中,用了一大段文字,对《形式主义一例》进行反思,作了自我检讨。

1981年,我用笔名"华萍"写了《评"暂拟汉语教学语法系统"》一文,发表于当年的《中国语文》第2期,接着我国语法学界开展了持续一年多的关于析句方法的大讨论。龚千炎先生的《中国语法学史稿》(语文出版社1987),对那段历史有较为详细的记载;《中国语文》杂志社,曾编辑出版了《汉语析句方法讨论集》(上海教育出版社1984),把那篇评论列为第一篇。从总体上说,那篇评论对深刻地影响了我国语法学界20多年的"暂拟系统"是作了客观而公正的评价的。问题在于,文章中又出现了"过火"的语句。比如有这样的话:"让层次分析法来迁就成分分析法","所谓重视语言的层次,不过是一种表面现象而已","显然这是实用主义的需要"。使用"实用主义"这种语词是不对的。如果说,自己在25岁时使用"形式主义"这样的语词需要反思,那么自己在46岁时还使用"实用主义"这样的语词,便更加需要进行深刻的反省了。15年后,我于1996年写了《文品问题三关系》,发表于当年的《语言文字应用》

第3期。文中,用了一大段文字,对《评"暂拟汉语教学语法系统"》存在的问题进行审视,作了自我检讨。

青年时代的幼稚,中青年时代的莽撞,这是惯常性的年龄弱点,恐怕相当多的人都很难绝对排除。关键在于要经常反思自省。这有助于矫正学术讨论中的不良态度和作风,避免类似毛病的重复出现,使自己一步步地走向成熟。

三　善于律己待人

学术研究,不能不面对这样那样的成果。在成果的掂量上,需要摆对立足点,严格地要求自己,正确地对待别人。好的学者,总能摒弃出格言行,形成应有修养,借以引领自己向学风和文品的高尚境界升华。

对己,切忌"自夸自销"。近年来,已经并且正在滋长一类"夸说型"学风文品。基本模式,主要有三:其一,自诩"创建了新学科";其二,自夸"填补了学科空白";其三,自吹"产生了巨大影响"。发掘出某某问题来作了一番研究,就建立起了"甲学"、"乙学"或边缘学科"甲乙学"?想个新点子,说些别人没说过的话,然后立个新名目,就算填补了学科的空白?发表若干篇文章,出版若干本书,就震动了学界,就"国内外著名"了?人眼是秤,社会是镜子,历史是公正的裁判。结论性的评价,要由公众共识、社会实践和学科发展历史来认定。做三分说七分,甚至做一分说九分,靠广告式语句来粉饰自己,推销自己,得到的只能是耻笑和否定。踏实而不轻飘,扎实而不浮华,老实而不虚夸,对于每一个学者,都是最基本的准则。

对人，切忌"居高临下"。说理、友善和平等，这应该是人际间学术关系的一种定位。首先，要说理。摆事实，讲己见，以理服人，不能使用霸道语气和压制做法。其次，要友善。友好地善意地跟别人交换看法，判别是非，不能流露轻蔑、鄙视之类的感情，更不应采用"骗子、爬虫、无知、胡说八道"之类侮辱性言辞。再次，要平等。站在平等的地位上，心怀相互学习的诚恳，平视对方，交流想法，不能以权威自居，居高临下地教训别人，更不要以为真理全掌握在自己手里，摆出唯我独尊的架势。违反说理原则、友善原则和平等原则，都只能表明文章品格的低下。我总认为，学术界应该提倡涵容、包容和宽容。一个学者，应该心胸开阔，能涵容不同观点，能包容不同说法的长处，对不同意见要采取宽容的态度，多多考虑不同说法的合理性。这样，更有利于学术的发展。而涵容、包容和宽容的雅量，是跟说理、友善和平等的心态互为因果、良性循环的。

需要特别提到学术活动中的师生关系。1993年，我在当年的《研究生教育与实践》第4期上发表过《亦师亦友　志在高山》的文章。我把教师同学生的关系归结为"亦师亦友"。一方面，教师要起"指导"的作用，首先必须是"师"；另一方面，教师要和学生一起探讨科学问题，而在科学面前是人人平等的，是可以教学相长的，因此，更重要的，又应该是"友"。作为"友"，师生之间提倡科研合作。我曾经同三位硕士生合作，写出了论文《时间词"刚刚"的多角度考察》；同三位博士生合作，写出了论文《形容词的AABB反义叠结》。这两篇论文，全都发表在了《中国语文》上面。作为"友"，师生之间提倡科研论辩。我曾经写出专文，对学生的论文提出不同意见。这是最近的事。《中国语文》2002年第1期，发表了《"由于"句的语义偏向》一文，近六千字。文章思路新颖，自成一说。作者屈哨兵,以前跟我攻读硕士学位,现在又是我的博士研究生。文章写作之前,他跟我谈过想法,我积极支持他把文章写成并发表出来。文章发表之后,我利用了寒假的个把月时间,对有关问题作了新的验证,写成了《"由于"句的语义偏向辨》,万把字。我在"前言"里强调指出:"本文的看法不一定成熟,然而无论如何,针对自己学生的文章发表不同意见,这似乎是应该提倡的学风。"我的文章刚刚写成,不久之后定能在某个刊物上发表出来。我相信,"亦师亦友"的关系,能够在师生之间营造出良好的学术氛围。

还需要顺便提提对待不良学风的态度问题。首先,抄袭剽窃现象一定要严厉批评,予以惩处。但是,除非是对于情节特别严重而态度又特别恶劣的人,否则不要一棍打倒,一脚踩定,让人永世不得翻身。"惩前毖后,治病救人",这永远是一条高明的准则。其次,严格分清抄袭剽窃与非抄袭剽窃。是否抄袭剽窃,有法律界限;牵强比附,上纲上线,搞"打假"扩大化,这无益于学术发展,也不利于人际间的正常关系。最后,不应用不良学风对待不良学风。批评抄袭剽窃现象的时候,卖弄自己之渊博,展露救世主之派势,这样的学风也不应提倡。

四 坚持求信存疑

任何学术研究,都是为了求取可信的结论;但是,任何论著,都不可能把所有问题全都彻底解决。在力求取得创新性成果的基础上,善于保存遗留的疑难问题,以便作进一步的探索,有利于形成富有生气的学风和文品。

讲两个例子。

2001年,我写上面提到的《"起去"的普方古检视》一文,《方言》杂志刊登在2002年第2期上面。这篇文章讨论的问题是:在现代汉语趋向动词系统中,可以说"起来",能不能说"起去"? 针对许多现代汉语教材和语法著作所持的否定态度,我的文章提出了肯定性的结论。文章考察了现当代作家作品《骆驼祥子》《四世同堂》《吕梁英雄传》《三里湾》《红旗谱》《李自成》《绿化树》《白鹿原》和《羊的门》,发现有"起去";又考察了河北、山东、湖北、湖南、四川、江西和台中等许多方言,发现有"起去";还考察了近代古代作品《红楼梦》《儿女英雄传》《水浒》《西游记》《金瓶梅》《醒世姻缘传》《二十年目睹之怪现状》《官场现形记》《警世通言》《喻世明言》《二刻拍案惊奇》《飞龙全传》《荡寇志》《聊斋志异》《世说新语》《后汉书》和《汉书》,发现有"起去"。在此基础上,文章从话语场境、句法管控和匀整系统的总体趋同三个方面作了理论的阐释。但是,文章仍然存在这样那样需要进一步求索的问题。因此,我在短文《有关"起去"的两点补说》中这么写道:

> 朱德熙先生在《语法讲义》里讨论"趋向补语"时指出:"北京话里没有跟'起来''开来'相配的'起去''开去'。"(128页)朱先生说的是"北京话里"。笔者不是北京人,尽管本文已经从不同角度证明了"起去"可以成立,却不敢咬定北京话里有"起去"。然而,起码有几个问题值得思考:第一,在北京工作多年的人,并不就是北京人。而老舍是地道北京人,他的《骆驼祥子》和《四世同堂》中出现"起去",如何解释? 第二,文康的《儿女英雄传》,袁行霈(1999)指出:"此书尤为擅长的则是它纯熟、流利的北京口语。"又指出:"《儿女英雄传》开创了地道的京味……成为京味小说的滥觞。"《儿女英雄传》中出现

"起去",如何解释?第三,如果说《骆驼祥子》、《四世同堂》和《红楼梦》、《儿女英雄传》里的"起去"都是从方言里来的,这就需要"寻根"。既然"起去"不是某个方言所独有的现象,那么,它的方言的"根",到底在哪里呢?

这就是存疑。是就"起去"和"北京话"的关系,进一步求教于方家。

2001年1月,商务印书馆出版我的《汉语复句研究》,48万字。可以说,这本书,让我付出了30多年的心血。尽管学界已有多篇书评,说了不少好话,但是,我探过这条河,深知河的深浅。在书的序言中,结尾处我十分坦诚地写道:

> 研究工作无限艰辛。而且,越研究,问题越多,越有更多的糊涂。……这本《汉语复句研究》,其实内容很有限,遗留问题很多。且不说汉语包括现代汉语和古代汉语,现代汉语包括共同语和方言,这本书只是把主要精力放在了现代汉语共同语的复句研究上面。就是现代汉语共同语里的某些很普通的现象,我也还没有作出甚至还没有能力作出让自己满意的回答。……我跟我的学生李宇明教授谈心。我说:"宇明啊,我怎么越研究越糊涂哇?"宇明说:"邢老师,您这是高级的糊涂!"宇明很会说话,回答得很巧妙,然而,再高级的糊涂毕竟也还是糊涂!晏殊《玉楼春》中有两句话,我改换了其中的两个字,说成:"天涯地角有穷时,只有学问无尽处!"这大概能表明自己现今的心绪。……这本书,总算为自己的复句研究打了个句号,但是,句号只意味过去,却不代表终结。句号放大是个"○"。往前又是"○"起点!

懂得应该不断地求信存疑,不可把话说满,不可把词用绝,不可刚愎固执地把自己的判断认定为最后的结论,应该说,这是我个人几十年来最可宝贵的进步。

五　结束语

　　社会公益呼唤学术良知和大家风范,管约着人们的学风文品。人品第一,学问第二;文品第一,文章第二。应该分清人己成果,矫正不良态度,善于律己待人,坚持求信存疑,以避免出现诸如"扒窃抢掠"、"专横跋扈"、"境界低劣"、"僵化滞呆"等等的学风文品。

　　近几年,高等学校和学术单位普遍大抓学科建设,使学术研究出现了欣欣向荣的喜人局面。但是,浮躁的心态,短视的做法,急功近利的追求,也伴随着呈现出上升的趋势,成了一种时弊。因此,在目前,强调依循社会公益,遵守学术公约,讲究学风文品,具有特殊的意义。

(原载《语言文字应用》2002年第4期)

讲实据　求实证

20年前,《世界汉语教学》一创刊,便引起了广泛的关注。大家期盼,《世界汉语教学》办出特色,形成自己的风格和形象。近来,常常听到这样的议论:"《世界汉语教学》上的文章看得懂,比较注重解决贴近实际需要的问题。"这反映了大家对这一刊物的赞许和认同。

《世界汉语教学》的读者队伍,主要有两类人。一类是从事对外汉语教学的教师,包括在国内教学的和出国教学的;另一类是外国学生,包括来华的和在外国的。其中,最重要的是第一类,他们不但要掌握汉语方方面面的知识,还必须面对外国学生提出来的许许多多令人意想不到的疑难问题。这决定了《世界汉语教学》上的文章不仅要能让读者读得懂,而且要能够启发和引导大家去研究自己碰到的问题。全国这一类型的教师有相当大的数量,他们碰到的实际问题非常之多,帮助他们不断提高研究能力,应该是《世界汉语教学》的重要任务之一。

搞教学工作的人,很希望权威刊物上多发表一些"讲实据,求实证"的、用平易的文字来讨论实际问题的文章。怎样"讲实据,求实证"? 我曾经分析判断这么个句子是不是病句:"你看过《好爸爸·好妈妈》的歌剧吗?"这个问题来自《东方》杂志1999年第4—5合期。这期杂志上刊登了一篇《拯救女儿行动——从女儿的变化看中国的应试教育》的文章,提到了这么一件事:有个学校,老师在上语文课时让小学五年级的学生改病句,其中一个病句便是上面这个句子。学生不知道这个句子毛病在哪儿,回家问从事语文工作数十年的妈妈,妈妈也不知道,于是写信给我,想听听我的看法。我的第一个反应,是判断任何"是非",包括句子的"是非",都必须重证据,不能只凭个人的认知;我的第二个反应,是判断句子的"是非",必须对句子进行全面的"体检",不能只凭个人的印象。

我把检测的视点投向可能有的各个方面。

视点一:"你看过……吗?"

这个说法肯定没问题。要证据,可以举出很多实例。比如:

> 你看过林语堂的东西吗?(王朔《美人赠我蒙汗药》)

> 你看过《梁山伯与祝英台》吗?(周而复《上海的早晨》)

视点二:"你看过……歌剧吗?"

这一说法如果认为有问题,那么问题就出在"看歌剧"的配搭:"歌剧"是唱出来"听"的,而不是靠眼睛"看"的。这一断定显然牵强。上网查看,可以见到许多"看歌剧"的实例。例如:

> 韩国人用看足球的心态来看歌剧。(yule. sohu. com/66/44/article209684466. shtml-45k-)

> 先生毕生喜欢看歌剧。(nubs. nju. edu. cn/news/news_view. php?news_id=178-51k-)

没有一个观众,在歌剧一开始演出就会立即闭上眼睛,只听不看。如果有,反而是异常现象。这个例子很能说明问题:

> 无法忍受时,索性闭上眼睛,看歌剧变成了听歌剧。(archives. cnd. org/HXWK/author/WU-Jia/cm0412b-

5. gb. html-34k-)

视点三:"《好爸爸·好妈妈》"。

这涉及两个标点符号:书名号和间隔号。书名号用来表示书报名、歌曲名、剧目名等等,用在这里完全正确;至于间隔号,能不能用在并列词语之间?能!例如:

雪峰·溪流·森林·野花(碧野《天山景物记》)

中国青年出版社编写了《自然·生活·哲理》一书,让我来作序。(冰心:《自然·生活·哲理》序)

视点四:"《好爸爸·好妈妈》的歌剧"。

2002年9月,我在香港的一次讲学中提到上面的句子,在休息时间,香港大学语言学系有位青年学者对我说,"《好爸爸·好妈妈》"带"的"作"歌剧"的定语,这样的说法不能成立。其实,这是一种使用同一性定语的现象,没问题。请看同类的例子:

她临刑时还写了一首《历史将宣告我无罪》的诗。(朱栋霖等主编《中国现代文学史》(1917—1997)下册111页,高等教育出版社1999)

今天是教师节。我们五甲班的同学合力演了一出《白雪公主》的短剧。(新加坡小学华文教材5A课本《我想演白雪公主》)

经过这么全面的检查,可以得出结论:这个句子没有毛病。

"事实胜于雄辩。"不管是讨论能不能说的问题,还是讨论词类归属、结构性质和历史演变等等方面的问题,都需要以事实为依据,进行令人信服的求证。至于具体怎么做和怎么写,因人而异,因题而异,不能一概而论。毋庸讳言,当今对外汉语教学队伍的研究能力还有待提高,面对外国学生,好些教师因不能比较理想地解惑而苦恼。诚然,没有哪一个人可以解答教学中遇到的所有问题,但是,假若人人做研究,一个人一年里能比较透彻地解决一个实际问题,数以万计的教师一年里解决的问题就十分可观了。我相信,《世界汉语教学》如果能吸引和带动大家都来研究问题,脚踏实地做学问写文章,将是功德无量!

(原载《世界汉语教学》2007 年第 3 期)

理论的改善和事实的支撑
——关于领属性偏正结构充当远宾语

○ 引言

在现代汉语共同语的双宾结构中,位置居前、靠近动词的一个宾语是"近宾语",一般指人,也叫"间接宾语";位置居后、距离动词较远的一个宾语是"远宾语",一般指物,也叫"直接宾语"。

关于双宾语,近年来学者们越来越重视理论上的研究,做出了这样那样的总结,这是一大进步,对于汉语语法研究起到了有力的推进作用。但是,理论的总结不可能一开始就那么准确,需要通过事实的验查来不断完善。比方,远宾语的构建,有学者作出了一个重要论断:"双宾结构里的直接宾语排斥领属性偏正结构。"[1]这就是说,远宾语不可能由"领属性偏正结构"充当。凡是语义上可以安排为远宾语的"领属性偏正结构",句法构造上都会被"把"字提调到动词的前边。本文认为,从全面地反映语言运用的客观事实上看,这一论断还需要作进一步的探讨。

一 反例的问难

许多反例,对远宾语排斥领属性偏正结构的结论提出质疑问难。先说一个例子。

2008年4月16日晚,看中央电视台举办的"隆力奇杯"第十三届CCTV青年歌手大奖赛,有位歌手参与比赛的歌,题目是"给你我所有的爱"。题目里,远宾语"我所有的爱"便是一个领属性偏正结构。

考察这个题目的用语,可以知道:

第一,"给你我所有的爱"中,"所有"可以变换为"全部"。例如:

(1)给我你全部的爱,我想成为最幸福的女孩!
(http://xzd.2000y.net/mb/2/ReadNews.asp?NewsID=287355)

(2)你能给我你全部的爱情吗?
(http://www.xiaoshuo.com/sanctumlist/00123386_2.html)

第二,"给你我所有的爱",可以删减"所有、全部"之类,说成"给你我的爱"。例如:

(3)送你一颗滚烫的心,送给你我的爱。
(http://zhidao.baidu.com/question/36045031.html)

也可以删减"爱",说成"给你我的所有(全部/一切)"。例如:

(4)只想给你我的所有。
(http://tiebacommit.baidu.com/f?kz=140747101)

(5)我将给你我的全部。

(http://product.danawa.com.cn/244133/comment.html)

进一步观察,又可以知道:

第三,远宾语中充当中心词的名词,可以根据不同需要而变换。例如:

(6)给你我的心。

(http://www.readnovel.com/partlist/2222/)

(7)给你我的手。

(http://article.hongxiu.com/a/2004-11-13/507360.shtml)

(8)给你我的快乐。

(http://blog.sina.com.cn/s/blog_4c97f190010007u7.html)

(9)给你我的港湾。

(http://club.xilu.com/trdszjp/msgview-219654-70.html)

上例,在"爱"占据的位置上,变换成了"心、手、快乐、港湾"。

第四,作为近宾语的人称代词,也可以根据不同需要而变换。例如:

(10)给我你的答案。

(http://bbs.350500.com/a/?BoardID=16&ID=2230715)

(11)给我你的吻。

(http://www.yue365.com/getgeci/3423/34702.shtml)

(12)我该给他我的一切吗?

(http://tieba.baidu.com/f?kz=66277808)

(13)言爱,请给她你的全部。

(http://blog.163.com/lsplzxlzl/blog/static/881665200682261254504/)

上例,在"你"占据的位置上,变换成了"我、他、她"。

第五,充当远宾语中领属定语的人称代词,同样可以根据不同需要而变换。例如:

(14)爱她就送给她你的真心。

(http://www.fadmy.com/news/fashion/liuxingrenwu/2006-06-05/066510490978341.shtml)

(15)想她,就给他你的近照。

(http://school.269.net/gy5460/jsp/picture/dictlist.jsp?pdid=21231156)

(16)没问题啊,我给你他的电话。

(http://home.focus.cn/msgview/607/1175529.html)

(17)她为什么不给我她的相片?

(http://bbs.cn.yahoo.com/message/read_-YXV0aG9yc2hpcA==_496963.html)

上例,在"我(的)"占据的位置上,变换成了"你(的)、他(的)、她(的)"。

再进一步观察,还可以知道:

第六,作为近宾语的人称代词,不仅可以是单音节表单数的,也可以是双音节表复数的。例如:

(18)请给我们你的意见。

(http://www.dotblogs.com.tw/dotjum/archive/2008/01/24/1009.aspx)

(19)给你们他的头像。

(http://bbs.krnet.cn/read.php?tid=37009&uid=3033)

(20)给他们我的同情。

(http://bbs.3see.com/viewthread.php?tid=1202)

(21)给她们你的所有。

(http://blog.sina.com.cn/s/blog_48bf66ed010003x4.html)

上例,近宾语是"我们、你们、他们、她们"。

第七,充当远宾语中领属定语的人称代词,同样不仅可以是单音节表单数的,也可以是双音节表复数的。例如:

(22)请大家给她你们的祝福!

(http://www.mypethome.com/bbs/archiver/?tid-8050159.html)

(23)可以送给他你们的"回忆"!

(http://ks.cn.yahoo.com/question/1406080707544.html)

(24)明天给你他们的电话。

(http://bbs.soufun.com/1010035998～-1～5689/73731941_73737893_1.htm)

(25)最好能给我他们的出生年月!

(http://zhidao.baidu.com/question/11175544.html?fr=qrl)

上例,充当远宾语中领属定语的人称代词是"你们(的)、他们(的)"。

第八,不管是充当近宾语的人称代词,还是充当远宾语中领属定语的人称代词,都可以是双音节表复数的。即,两个表复数的人称代词同现。例如:

(26)我给你们他们的地址。

(http://house.focus.cn/msgview/242/131223866.html)

上例,充当近宾语的人称代词是"你们",充当远宾语中领属定语的人称代词是"他们(的)"。

所有这些用例,既表明了这一句法的灵活性,又表明了同类说法的群众性。能不能说,全部都是病例?换句话讲,能不能说,全部都是违反汉语造句规则的说法?

二 判断的分寸

讲究判断分寸,力求切合客观实际,这是概括规律的根本要求。上面的举例,全都通过上网搜索而获得。这些例子,是否可以统统归结为不一定合乎规范的"网络语言",从而认为可以不管呢?恐怕不行。一来,网络语言也是现代汉语的一部分,如果不"违法",就得承认;二来,同类用法在文艺作品和报刊文稿中,并非罕见。如下诸多情况,都见于文艺作品和报刊文稿。

第一,带双宾语的动词用"给"。有一部小说《假如我给你我的心》,作者为于晴,共十章,最后有个"尾声"。该小说的标题中,就有"给你我的心"。再举两个"给"后带"了"的用例:

(27)我给了你我的戒指,还能反悔吗?(老舍《火葬》)

(28)我给了他我的电话号码,好让他给我打电话。(此例通过北京大学汉语语言学研究中心 CCL 语料库获得)

第二,动词部分用"V 给"。例如:

(29)我带她到卫生间洗脸刷牙,指给她我的毛巾和牙具。(王朔《过把瘾就死》)

(30)尹小帆带尹小跳参观她的房子,并指给她她的房间。(铁凝《大浴女》)

第三,近宾语和远宾语之间插入数量词。例如:

(31)这位"从未送别人照片"的她,却给了我几张她的照片。(夏之秋《有情人"未"成眷属》)

（32）牧羊人递给我一支他的烟。（张承志《黑骏马》）

（33）拍照后，克里斯托送了我一本他的画集……（邓伟《追求》）

第四，用作远宾语的领属性偏正结构稍为复杂。具体情况，并不单纯。列举三组例子来说：

A. 内部又包含有一个领属性偏正结构。例如：

（34）我爽性说给你我的生平的始末吧，只要你不嫌。（徐志摩《巴黎的鳞爪（一）》）

（35）阿伦给了我一篇他的论文的抽印本，题为《给一个中国朋友的信》，……（此例通过北京大学汉语语言学研究中心CCL语料库获得）

前一例，"我的"和"生平的始末"之间是领属性关系，"生平的"和"始末"之间也像是领属性关系；后一例，"他的"和"论文的抽印本"之间是领属性关系，"论文的"和"抽印本"之间也像是领属性关系。

B. 内部又包含有一个修饰性偏正结构。例如：

（36）韩振不在时，刘庆棠马上问沙音能不能送他一张她的单人照片。（王路《刘庆棠的狱后生活》）

（37）我也会给你一份我的身体检查报告，在这点上我们应该双方心中有数，你也不想后半辈子找个病秧子老伴负担吧？（王朔《我是你爸爸》）

前一例，"她的"和"单人照片"之间是领属性关系，"单人"和"照片"之间是修饰性关系；后一例，"我的"和"身体检查报告"之间是领属性关系，但"身体检查报告"等于说对于身体的检查报告，更像是修饰性关系。

C.后边跟上一个复指成分。远宾语和后边的复指成分一起组成同位结构。例如:

(38)有一天,葛剑雄博士赠我一册他的新著《统一与分裂:中国历史的启示》,……(许纪霖《常识的谬误》)

(39)王元化同志寄赠我一本他的新作《文学沉思录》。(包遵信《真理是最高的幸福——读王元化〈文学沉思录〉》)

(40)从未谋面、七十七岁高龄的已退休的哈泼讲座教授诺尔曼·麦克林送了我一本他的小说集《一条长河奔流而过》。(赵萝蕤《友谊的纽带是书》)

前一例,"他的新著"和"《统一与分裂:中国历史的启示》"组成同位结构;中间一例,"他的新作"和"《文学沉思录》"组成同位结构;后一例,"他的小说集"和"《一条长河奔流而过》"组成同位结构。

观察可知,例句的运用者中,有著名作家老舍、徐志摩、铁凝、王朔、张承志等。后边,还会用到曹禺、万方、姚雪垠、刘心武、梁晓声、礼平等作家的例子。大家知道,老舍说纯正的北京话,是公认的运用汉民族共同语的大师,铁凝和王朔都从小就说北京话,其作品有广泛的影响。要是认为他们笔下的双宾语结构"违法",这是让人难以理解的。何况,他们之外,还有那么多的使用者!

有个问题需要讨论:领属性偏正结构,是否一旦出现在远宾语位置上,就会改变其领属关系的性质?有学者举出诸如此类的例子:"我送了他黎锦熙先生的著作。"所作的解释是:在这里,"黎锦熙先生(的)"表示类别,不再表示领属,因为所送的"著作"并非为黎锦熙先生所拥有。这样的解释,并不成功。

首先,许多时候,形成偏正关系的甲乙之间,具有明显的领属

性,无可辩驳。比如"给你我的心"、"给你我的手",其中的"我的心"、"我的手"绝对不能说不是领属性偏正结构。又如:

(41)在天安门城楼上,顾阿桃双手送给毛主席一份<u>她的看图讲用稿</u>,……(陆泰、王大经《顾阿桃之谜》)

上例的"她的看图讲用稿","她"指代前边的顾阿桃,"她(的)"和"看图讲用稿"之间的领属性关系是无可置疑的。

其次,许多时候,形成偏正关系的甲乙之间,存在两可解释,不应只看到一个侧面,忽视另一个侧面。以人与书稿诗词绘画等的关系来说,可以有不同角度的观测点:一个是,乙为甲所占有,是财产所有权方面的领属性关系;另一个是,乙为甲所原创,是书文等创作权方面的领属性关系。对这两个角度进行观测,所得的结果是:有时叠合,有时不叠合。

A.有时叠合。甲既是乙的原创者,又是乙的占有者。比如上例,"看图讲用稿"既为"她(顾阿桃)"所创作,又为"她(顾阿桃)"所拥有。又如:

(42)布托夫人还珍重地送给我一本她的专著,并在上面写下了:一个职业女性给另一个职业女性,希望你能实现自己的理想。(此例通过北京大学汉语语言学研究中心CCL语料库获得)

(43)那天他送了我一本他写的书,书名是两个中国字《眩人》,用墨笔签了名,还郑重其事地盖了印。(刘心武《松本清张一去不返》)

(44)在她家吃了饭,还送给她父亲两本我新出的书。(梁晓声《冉之父》)

前一例,她(布托夫人)同时是"专著"的创作者和拥有者。后两例,可以说成"他送了我一本他的书"和"我送给她父亲两本我的新书","他/我"同样是"书/新书"的创作者和拥有者。

B. 有时不叠合。甲是乙的原创者,但不是乙的实际占有者。然而,即使如此,也不能认为原创关系不再存在。比较:

(45)南边墙上挂着一幅<u>董其昌的仕女图</u>。(金庸《飞狐外传》第十四章)

(46)我送他一幅<u>董其昌的仕女图</u>。

前一例是存现句,后一例是双宾句。这两例中,"仕女图"实际上并不是董其昌所拥有的事物。然而,在原创关系上,"董其昌"和"仕女图"之间的领属性并未改变。假如不把"董其昌"解释为"仕女图"的领属定语,而解释为"仕女图"的类别定语,恐怕很难全面解释语言事实。因为,会碰到这样的同类说法:

(47)我送了她一首<u>李清照的词</u>。

所送的"李清照的词",是由"我"说出来或写出来的。从这个意义上看,已经为"我"所占有。但是,在"产权"的意义上,"李清照的词"仍然是领属性偏正结构。这种"产权"关系,是永恒的不可改变的关系。

我们还可以通过添加复指成分的办法来检验,从而证明这种"产权"的领属关系的永恒性。上面已经举过"偏正结构+复指成分"充当远宾语的例子。这里,请观察:

(48)我送了他<u>黎锦熙先生的著作</u>。

→我送了他<u>黎锦熙先生的著作</u>《新著国语文法》。

→我送了他<u>黎锦熙先生的</u>《新著国语文法》。

诚然,"黎锦熙先生的《新著国语文法》"是领属性偏正结构。这里的"黎锦熙先生(的)",如果说不是表示领属,而是表示类别,便过于牵强了。

"说有易,说无难。"在这一点上,全称判断和特称判断的选用,至关重要。一种事物,如果并非全然如此,却用全称肯定判断或全称否定判断,就会抵牾于事实,因而不能给人以准确的认识。如果只从一个侧面来解释部分例子,借以概括全局,这是有问题的。

三　句式的变换和语用的需求

(一)句式的变换

语言中,不管是词语还是句子,形式和内容之间都不会总是一一对应。同样的意义,用不同的形式来述说,这是常见现象。双宾句式和"把"字提调句式,正是可以表达同一意义的两种形式。这里所说的"把"字提调句式,特指通过"把"字将远宾语位置上的结构提调到动词前边的句式。比较:

(49)算了算了,我们先给他钱。(王朔《千万别把我当人》)
(50)干吗不早点把钱给他?(王朔《人莫予毒》)

同是王朔的作品,前一例用双宾句式"给他钱",后一例用"把"字提调句式"把钱给他"。前一例也可以说成"算了算了,我们先把钱给他",后一例也可以说成"干吗不早点给他钱"。

上例用的是单音节名词"钱"。大于词的名词结构,比方偏正式名词结构,情况如何?

首先,是不是远宾语总是排斥领属性结构?回答是否定的。这一点,前面两个部分所举的例子已经证实。如果换个角度,从"把"字提调句式来看,其中的领属性结构也可以转移到远宾语的位置之上。可见,双宾句式并不拒绝它们。例如:

(51)回到工作岗位后,我要把这次"两会"的精神传达给同事,……(《人民日报》2005年3月14日)

上例可以说成:回到工作岗位后,我要传达给同事这次"两会"的精神,……

其次,是不是远宾语总是接受非领属性结构? 回答也是否定的。我们对《人民日报》2005年1月1日至8月21日作了全面的检索。检索表明,不仅是领属性偏正结构,大量的非领属性偏正结构也往往被"把"字所提调。例如:

(52)一个姐妹刚调来值车,赵梦桃就主动把好用的纺纱车让给她。(《人民日报》2005年5月2日)

(53)她……要求记者把中奖的电话号码给她,以便核实。(《人民日报》2005年4月21日)

(54)胡锦涛还把一台25吋的彩电送给查兰明家,他对查兰明说:"希望你们尽快过上好日子!"(《人民日报》2005年2月12日)

(55)西方社会把"负责任的左派"的美名送给了巴西总统卢拉,而对委内瑞拉总统查韦斯和阿根廷总统基什内尔则微词颇多。(《人民日报》2005年3月25日)

以上4例,"把"字后边的非领属性偏正结构分别为6、7、8、9个音节。它们不是不能转移到远宾语的位置之上。即:→让给她好用的纺纱车|→给她中奖的电话号码|→送给查兰明家一台25吋的彩电|→送给了巴西总统卢拉"负责任的左派"的美名。

下面两例,可以证明"把"字提调句式和双宾句式之间具有转换的关系:

(56)当天上午,该奖项评审委员会主席雷夫·安德森宣布,把 2005 年的国际水奖授予印度科学与环境中心,以表彰其在保护水资源和环境领域作出的贡献。(《人民日报》2005 年 3 月 24 日)

(57)国家科委发明评选委员会对这项重大发明进行了评审,并报国务院批准,决定授予以袁隆平为首的全国籼型杂交水稻科研协作组特等发明奖。(谭士珍《杂交水稻之父——袁隆平》,《晚报文萃》1990 年第 5 期)

这两例,说的都是给什么单位授予什么奖。前例是"把 2005 年的国际水奖授予印度科学与环境中心",后例是"授予以袁隆平为首的全国籼型杂交水稻科研协作组特等发明奖"。对照前后两例,可以知道两种说法可以相互转换:前例也可以说成"授予印度科学与环境中心 2005 年的国际水奖",后例也可以说成"把特等发明奖授予以袁隆平为首的全国籼型杂交水稻科研协作组"。

(二)语用的需求

句式的变换,服务于语用的需求。

一般地说,不管是领属性结构还是非领属性结构,凡是可以用在远宾语位置上的,音节越多,往前提调的愈加常见。这样既可以通过"把"字强调一下对相关事物的处置,以便引起注意,又可以使得句子的构成在音节的分布上更加协调,音读效果更好。比较:

(58)梁若皓把自己和吕大夫的联系地址和手机号留给了冯天玉,……(《人民日报》2005 年 4 月 24 日)

(59)梁若皓留给了冯天玉自己和吕大夫的联系地址和手机号,……

这里的"自己和吕大夫的联系地址和手机号"是领属性结构,15 个字。后一例的说法不是不能成立,但显得拖沓,不如前一例那么畅达。再比较：

(60)去年春节……把经过大量筛选出来的有价值的资料(当年礼)推荐给大家。(《人民日报》2005年4月19日)

(61)去年春节……推荐给大家经过大量筛选出来的有价值的资料(当年礼)。

这里的"经过大量筛选出来的有价值的资料"是非领属性结构，也是15个字。同样，后一例的说法不是不能成立，但显得拖沓，不如前一例那么畅达。

下面，回到本文的主要话题。本文所要讨论的是领属性结构充当远宾语，因此，本部分需要把讨论集中到这一问题：配置领属性结构，为什么有时会选用双宾句式，而不选用"把"字提调句式？考察可知，之所以如此，是由于以下原因。

首先，话语的口气比较随便，不强调对事物的处置。比如上引老舍、铁凝、王朔等人的例子。又如：

(62)……双喜带着一队人等候周山，装做要送给他一封自成的书信，把他捉到。(姚雪垠《李自成》第一卷第三章)

(63)翩翩少年：白露，送我一瓶你的香水吧。……翩翩少年：(凑近一步)白露，把香水洒在我身上行么？(曹禺、万方《日出》电影剧本)

(64)"唔，原来并不是只有我才回来寻找旧时的梦。"她自语似的说着，然后有些冷淡地问，"可以给我你的住址吗？"申涛告诉了她。(礼平《小站的黄昏》二十三)

这三例，或者陈述一个情况，或者说出一个要求，或者提出一个问题，都采用顺口而出的双宾句式。前两例后边还出现"把"字处置句式("把他捉到"/"把香水洒在我身上")，比较之下，更能使人感到双宾句式有时反映话语的通常平白口气,显得随意一些。

第二,行文的延续顺应表述的语势,上下文采用一种句式而不用另一种句式。例如:

(65)好好好,我们来赌这场东道,你输了送给我们"乾坤霹雳",我们输了便送给你"终南三煞"的项上人头。(诸葛青云《霹雳蔷薇》第二十九章)

夏天翔和"终南三煞"打赌,"终南三煞"指"毒佛"空空和尚、"矮脚驼龙"鲍一飞、"七守夜叉"牛朗源。上例是"矮脚驼龙"鲍一飞所说的话。例中的"终南三煞",等于说"我们终南三煞",也等于说"我们"。按说话的语势,前面说你输了送给我们什么,后面接着说我们输了便送给你什么,有如行云流水。如果说成你输了送给我们"乾坤霹雳",我们输了便把"终南三煞"的项上人头送给你,句法构造不一致,显然不如原文顺畅。再看下面的例子:

(66)八三年我第三次访美之际,除了在圣迭戈承卓以玉送来徽因年轻时的照片两帧,又蒙费正清赠我一本他的《五十年回忆录》,其中有一段描绘抗战期间他去李庄访问思成和徽因的情景。(此例通过北京大学汉语语言学研究中心CCL语料库获得)

先说"承卓以玉送来"什么,接着说"又蒙费正清赠我"什么,语势一贯而下。如果前面说"承卓以玉送来徽因年轻时的照片",后面说"又蒙费正清把他的《五十年回忆录》赠我",会失去原文使人感觉到的一种对应美。

其三,讲求句法的音律美,上下语句末尾的字同韵。这种情况,经常出现在歌词里面。例如:

(67)"我要给你我的追求,还有我的自由……"餐馆音箱

传来由于音量极低犹如喃喃私语的歌声。(王朔《许爷》)

上例"求—由"押韵。"求",普通话韵母为[iou],"由",普通话韵母为[ou]。[2]假若把上例改写为"我要把我的追求给你,还有我的自由……",或者改写为"我要把我的追求,还有我的自由给你……",不仅不押韵,还会影响节奏的和谐,致使原来的音律美受到破坏。又如:

(68)给我你的爱

让我陪着你去未来

给我你的爱

手拉着手不放开

(http://blog.sina.com.cn/s/blog_4a955fd1010005ou.html)

(69)走吧

给我你的全部

为我燃起火把

照亮前路

(http://article.hongxiu.com/a/2006-11-12/1539349.shtml)

前一例,"爱—来"押韵,"爱—开"押韵;后一例,"部—路"押韵。假若采用"把"字句式,前一例说成"把你的爱给我",后一例说成"把你的全部给我",自然不行。

四 古汉用法

(一)从英语和翻译作品中的用例说起

这是英语中常用的说法:

(70)Give you my pen.

(71) Give me your pen.

上例分别翻译成"给你我的钢笔"和"给我你的钢笔",完全符合中国人的汉语语感。

翻译作品中,经常看到同类事实。略举几例。

动词单用"给"的,例如:

(72)"给我你的书包,"斯内普轻柔地说,……([英]罗琳《哈利·波特六》,马爱农、马爱新翻译)

(73)你可以给他们你的爱,但不是你的思想,因为他们有自己的思想。([美]彼得·圣吉《第五项修炼》,郭进隆翻译)

动词用"V给"的,例如:

(74)精灵女皇赐给我们她的祝福和礼物。([英]托尔金《魔戒》,姚锦翻译)

(75)带给我们你的血肉,我们太冷了!([美]魏丝等《龙枪-夏焰之巨龙》,朱学恒翻译)

远宾语前头加数量词的,例如:

(76)给我一半你的财产,我就走。([英]奥斯卡·王尔德《渔夫和他的灵魂》,王林翻译)

(77)拜托你,克撒,给我一把你的刀子,任何一把都行。([美]琳·雅比《龙枪-旅法师》,赵子皓翻译)

(二)古代汉语说法的双宾

歌词中"给你我的心",老舍作品中"给了你我的戒指",这类说法是否受到翻译外语的影响,不敢妄加评说。然而,从古代汉语说法看,文言文中双宾语的远宾语采用领属性偏正结构,并非特别罕见。

古代汉语说法的双宾句式,特别典型的是"VP之NP",包括

"赐之NP、予之NP、遗之NP、赠之NP"等等。其中的"之"是代词,其中的NP有时是领属性偏正结构。例如:

(78)戊午,晋侯朝王,王享醴,命之宥。请隧,弗许,曰:"王章也。未有代德而有二王,亦叔父之所恶也。"与之阳樊、温、原、欑茅之田。(《左传》僖公二十五年)

这一例,前边的"之"是代词,后边的"之"相当于"的"。"与之",即"予之",刘向《新序》中述说同一件事,用的是"予之"。"与之阳樊、温、原、欑茅之田",翻译成现代汉语,便是:"(周天子)赐给晋文公阳樊、温、原、欑茅诸邑的田土。"[3] 同类的例子:

(79)君赐之外府之裘,则能胜之,赐之斥带,则不更其造。(刘向《说苑》卷十二)

(80)有仕于此,而子悦之,不告于王而私与之吾子之禄爵;夫士也,亦无王命而私受之于子,则可乎?(《孟子》卷四公孙丑章句下)

这两例中,近宾语"之"是代词,"外府之裘"、"吾子之禄爵"都是领属性偏正结构,其中的"之"相当于"的"。

再比较下面两例:

(81)虢公请器,王予之爵。(《左传》庄公二十一年)

(82)王与之武公之略,自虎牢以东。(《左传》庄公二十一年)

这两例,见于《左传》的同一篇,"予之""与之"同义。前一例,远宾语为"爵"(青铜酒杯),名词;后一例,远宾语为"武公之略"("略"即"土地/地界/地盘"),其中用"之",是领属性偏正结构。

有时候,远宾语中未用"之",但整个远宾语还是领属性偏正结构。例如:

(83)桓公赐之齐国市租一年而国不治,桓公曰何故?(刘向《说苑》卷八)

(84)是时,太中大夫邓通方宠幸,上欲其富,赐之蜀严道铜山,使铸钱。(司马光《资治通鉴》卷第十四)

上例的"齐国市租"、"蜀严道铜山",等于说"齐国之市租"、"蜀严道之铜山",都是领属性偏正结构。

有时候,近宾语也可以用其他代词。例如:

(85)余赐汝孟诸之麋。(《左传》僖公二十八年)

上例近宾语用"汝";远宾语"孟诸之麋"是领属性偏正结构,定语和中心词之间用"之"。杨树达《高等国文法》分析双宾语时用过此例,[4]王维贤主编《语法学词典》曾转引。[5]这是楚国的子玉梦见河神对他说的一句话,翻译成现代汉语便是:"我赐给你孟诸的沼泽地"。[6]

跟现代汉语情况一样,古代汉语中双宾句式与非双宾句式可以变换使用。比方,"VP 之 NP"→"以 NPVP 之"/"VP 之以 NP"。例如:

(86)最后亲陵,遣计吏,赐之带佩。(《后汉书》志第四)

(87)吏有因事受赂者,嵩更以钱物赐之,吏怀惭,或至自杀。(《后汉书》卷七十一)

(88)不起,赐之以药。(《后汉书》卷八十一)

以上三例,分别为"VP 之 NP"、"以 NPVP 之"、"VP 之以 NP",它们可以互相变换。其中的 NP 都不是领属性偏正结构。

再看这个例子:

(89)大康二年正月,仁懿皇后崩,遣使报哀于夏,以皇太后遗物赐之。(《辽史》卷一百七列传第四十五)

上例是"以 NPVP 之",也可以变换为"VP 之 NP"、"VP 之以 NP":

(90)大康二年正月,仁懿皇后崩,遣使报哀于夏,赐之皇太后遗物。

(91)大康二年正月,仁懿皇后崩,遣使报哀于夏,赐之以皇太后遗物。

不管句法如何变换,不管是否采用双宾句式,"皇太后遗物"都是领属性偏正结构。

五 结束语

(一)领属性偏正结构可以充当远宾语。就现代汉语而言,尽管频率不太高,但从现代到当代都有使用,而且当前在某个范围内还相当活跃。

(二)双宾语句式和"把"字提调句式往往可以互相转换,它们对于领属性偏正结构和非领属性偏正结构的选择,并不存在硬性的排斥哪种、接纳哪种的关系,换句话讲,并不存在取此舍彼的关系。在远宾语位置上有时使用领属性偏正结构,具有特定的不可取代的语用价值。

(三)现代汉语里,远宾语有时由领属性偏正结构充当的现象,也许跟翻译外语作品有所关联。但是,这一用法自古有之。对于中国的汉语使用者来说,有关事实存在深厚的心理基础;对于这一句式的选用来说,现当代的说法存在深厚的历史基因。

(四)除了典型"给"类双宾的远宾语可以由领属性偏正结构充当,"问问、告诉"之类后边的远宾语也可以。例如:

(92)我正好路过,就进来问问汤大夫你的情况。(电视连续剧《活着真好》第40集)

(93)我会留话给他们,你岳兄去了,他们就会告诉你我们的去处。(卧龙生《金凤剪》四十)

(94)小云,你不是告诉过我你的出身吗?(卧龙生《金凤剪》七十五)

上例的远宾语"你的情况"、"我们的去处"、"你的出身",都是领属性偏正结构。

(五)真正排斥领属性结构的,是"取"类双宾的远宾语。因为,近宾语和远宾语之间本来就存在领属关系,当然再也插不进另外一个领属定语。跟典型的双宾语相比较,"取"类双宾到底是不是"双宾",部分学者表示了不同程度的怀疑,应该说,有多方面的原因。

(六)"给"类双宾,有时远宾语似乎不容许使用领属性偏正结构。然而,不能因此得出远宾语排斥领属性偏正结构的结论。因为,别有原因。看下面的例子:

(95)还我孩子!(杨沫《青春之歌》)

(96)还我的孩子!(冯德英《迎春花》)

前一例是双宾句式,近宾语为"我",远宾语为"孩子";后一例是单宾句式,宾语为领属性结构"我的孩子"。这两例都表示"把我的孩子还我"的意思,但一般不会说成"还我我的孩子"。理由很简单,原句意思已很清楚,重复使用两个"我"显得累赘。这是语用上的修辞要求。

然而,避免重复使用相同的两个字,也不是绝对化的规定。上面例举(30)铁凝《大浴女》中的句子:"尹小帆带尹小跳参观她的房子,并指给她她的房间。"这里,就重复使用了两个"她"。

（七）理论生发于事实，事实支撑着理论。任何理论，都不是一开始就完善的。为了理论的不断完善，必须步步逼进地让理论贴近语言事实。陆俭明先生是一向重视语言事实的观察和分析的。这里，必须指出两点：第一，观察语言事实的深度需要一步一步地推进，谁都不可能做到一步到位，一次完善。第二，本文提出不同意见，实际上还存在好些尚待进一步探索的问题，而且，本文的意见只是笔者的肤浅认识，不敢说就是准确的。最近，陆先生在《要重视语言事实的挖掘与描写》一文中指出："不断挖掘和发现新的语言事实，对语言研究的突破与发展有重要意义。语言理论的修正与创新，主要靠科学的理性思维，同时也离不开新的语言事实的挖掘与发现。"[7]陆先生的话十分正确。

主要参考文献

[1] 陆俭明　《双宾结构补议》，《烟台大学学报》（哲学社会科学版）1988年第2期。

[2] 邢福义主编　《现代汉语》（全一册）113页"韵辙分类对照表"，高等教育出版社1991年。

[3] 英汉对照《左传》（胡志挥英译、陈克炯今译）276页，湖南人民出版社1996年。

[4] 杨树达　《高等国文法》185页，商务印书馆1930年。

[5] 王维贤主编　《语法学词典》308页，浙江教育出版社1992年。

[6] 英汉对照　《左传》（胡志挥英译、陈克炯今译）304页，湖南人民出版社1996年。

[7] 陆俭明　《要重视语言事实的挖掘与描写》，《汉藏语学报》2007年第1期。

（原载《汉语学报》2008年第3期。与沈威合作。）

误用与误判的鉴别四原则

○ 导言

误用,指语言表述的误差;误判,指正误判别的误差。前者是就语言运用而言,后者是就对语言运用的评判而言。

目前,一方面是语言运用中存在有误用,另一方面是语言教育中又存在有误判。二者相互搅和,彼此掺杂,造成混沌局面,使得学生无所适从,或者对学生形成误导。因此,有必要讨论误用与误判的鉴别四原则,即:客观性原则,动态性原则,研讨性原则,人文性原则。

笔者应新加坡教育部课程规划与发展署之聘,自2001年4月起担任新加坡华文教材组顾问,审读了一部分新编写的中小学华文教材,并于2001年5月到新加坡工作了一小段时间。新加坡的华人子弟学习华语华文,除了受到英语大背景的影响,又由于其祖籍有福建、广东、海南等的不同,因而受到华语方言因素的影响。这就决定了新加坡的华文教育有"三难":一是孩子们学好难,二是老师们教好难,三是课本编写难。从语言问题上说,香港、澳门同新加坡存在某种程度的相似之处。

本文所用的例子,一部分引自新加坡2001年编写的中小学教材和教师手册初稿。需要特别指出的是:第一,初稿编写得很好,笔者对编者们怀有由衷的敬意;第二,从语言运用的角度引用初稿中一些例子,是为了便于说明问题;第三,初稿正在不断修改之中,笔者到新加坡后发现,对于本文中所引的一些例子,编者们实际上已经做过删改与完善的工作了。

一　客观性原则

客观性原则,即社会认同原则。其内涵,包括两大方面。

1.1　表述正误的社会认同

某个语言表述的成立,为社会人群所认可,所接受。从反面说,一个语言表述如果违反社会认同,便被视为有误差的表述,便被认为是误用。当然,所谓"误用",有一定的弹性。有的是跟正确说法相对的,这是名副其实的误用;有的只是跟某个更正确的说法相比较,有某种程度的误差,这是一种广义的误用。举三个方面的例子来说。

(一)词语

(1)让学生说一说,他们身为学生应该做好什么。

(2)……正确的答案可能超过一个。

前一例,"身为"应该改为"作为"。这个词,重在强调人际间居上待下的"责有攸归"的关系。比如"领导"和"群众",可以说"身为领导,当然应该走在群众的前面",却不能说"身为群众,……"。"长官"和"士兵","医生"和"病人","教师"和"学生",如此等等,情况相同。后一例,"超过"最好改为"不止"。相对而言,选用"超过"或"不止",以底数的多少为依凭。如果底数多,或者说话人心理上认为偏多,用"超过";如果底数少,或者说话人心理上认为偏少,用

"不止"。"一个"是最小的一个数,宜于用"不止":"正确的答案可能不止一个。"

(二)句法

(3)从表中所提供的词语中,<u>选出</u>可以和各题搭配成合理的短语,然后填写在括号里。

(4)让学生知道<u>同学之间</u>应互助友爱和爱护学校。

前一例,"选出"缺少一个同它相照应的宾语。应该改为:"从表中<u>选出</u>可以和各题搭配成合理短语的词,然后填写在括号里。"后一例,"应互助友爱和爱护学校"为"同学之间"所共管。但是,可以说"同学之间→应互助友爱",却不能说"同学之间→应爱护学校"。应该删除"同学之间",说成:"让学生知道应互助友爱和爱护学校。"

(三)逻辑

(5)利用学生的<u>文具</u>(两本书,三盒彩色笔,四个铅笔盒,五个铅笔刨,六块橡皮,七把尺,八支铅笔),按顺序排在桌上。

(6)每个人都会有过错。有过错是很平常的,最重要的是能够改正错误,重新做人。

前一例在概念的运用上有问题。"彩色笔、铅笔盒、铅笔刨"等是文具,可"书"不是。可改为:"利用学生的<u>文具</u>(两个练习本,三盒彩色笔,四个铅笔盒,五个铅笔刨,六块橡皮,七把尺,八支铅笔),按顺序排在桌上。"

后一例在判断和推理的运用上有问题。"每个人都会有过错",这没问题;"最重要的是能够改正错误,重新做人",也没问题。可是,把"每个人都会有过错"和"重新做人"连起来说,就有问题了。在语意上,"重新做人"意味着以"改过自新"、"改恶从善"为先行条件。诚然,每个人,包括小学生们,都会有过错;但是,并不是每个人,特别是每个小学生,都存在重新做人的问题。应该改为:"每个人都会有过错。有过错是很平常的,重要的是有错必改。对于有重大过错的人来说,更需要及时改正错误,重新做人。"

1.2 正误评判的社会认同

对表述正误的评判,尊重客观事实,不囿于成说,不凭想当然。否则,便是个别学者或教师的误判。以"V(双音)在了N"格式来说。

所谓"V(双音)在了N"格式,指"(把希望)寄托在了孩子身上"之类现象。这一格式,曾经被语法学家认为不规范。然而,客观事实却支持了这一格式。

首先,近年来这一说法越来越多,肯定不是个别作者的偶发性语言行为。例如:

(7)但第二天那竹签儿却又<u>出现在了</u>小墩子的旧铅笔盒里。(刘心武《小墩子》,《收获》1992年第5期10页)

(8)花妞儿,突然<u>出现在了</u>她的身边。(厉夏等《古船·女人和网》351页)

(9)此时,……令我一见便怦然心跳的"鬼湖"便<u>出现在了</u>我的眼前。(余纯顺《走出阿里》,《小说月报》1996年第12期22页)

(10)那个疯子谁也没有料到又<u>出现在了</u>城里,……(贾平凹《制造声音》,《小说月报》1996年第12期46页)

上例表明,同样的说法"出现在了",好些作者不约而同地使用了。这反映了作者们对这类说法的认同。

其次,这一说法中所用的双音节动词,结构状况多种多样,肯定不是个别性的言语现象。例如：

(11)她全身的力量<u>聚集在了</u>她胸中的一点。(万方《杀人》,《收获》1994年第3期24页)

(12)张善子闻言大醒,突地双腿一软,<u>跪倒在了</u>秀才面前,……(张弛《天书》,《花城》1989年第6期168页)

(13)他已把讲稿<u>熟记在了</u>心里,……(周大新《向上的台阶》,《中篇小说选刊》1994年第3期31页)

(14)学校由牛屎村迁建到这儿,……黄支书老赖<u>拍板在了</u>自己村,……(李荣德、林旷德《天上一朵带雨的云》,《中篇小说选刊》1997年第1期205页)

(15)他一下便软瘫地蹲下来,……连身上唯一的白布裤衩儿都<u>汗粘在了</u>大腿上(阎连科《年月日》,《小说月报》1997年第4期16页)

上例,"聚集在了"的"聚集"是联合式,"跪倒在了"的"跪倒"是后补式,"熟记在了"的"熟记"是偏正式,"拍板在了"的"拍板"是动宾式,"汗粘在了"的"汗粘"是主谓式。这反映了这一格式中可以接纳任何结构的合成动词。

再次,采用这一说法的作者在籍贯上有相当广的分布,肯定不是仅仅限于某一个地区。下面是个很直观的分布简图：

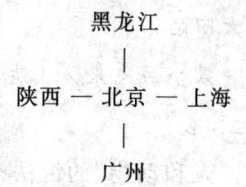

<pre>
         黑龙江
           |
   陕西 — 北京 — 上海
           |
          广州
</pre>

如果选择代表地点,以首都北京代表中,以上海、广州、陕西、

黑龙江分别代表东、南、西、北,那么,据笔者所掌握的语料,使用这一格式的作者包括了全国东西南北中的人。这反映了这一格式的使用具有普遍性。

这一格式的合法性,还可以在理论上从不同侧面来阐明。可参看拙作(1997)。客观事实雄辩地证明了这一格式显然已经发展成为一个跟"V 到了 N"、"V 给了 N"等平行同用的颇有生命力的格式。如果语法学家还坚持必须予以否定,那便是不顾实据;如果囿于成说,在语言教学和测试中把这一说法都判为病例,就会违反语言运用的客观性原则。

二 动态性原则

动态性原则,即语境制约原则。其内涵,也包括两大方面。

2.1 表述正误的语境制约

甲语境中能成立的说法,乙语境中不一定能成立;甲语境中不能成立的说法,乙语境中不一定不能成立。一个语言表述,如果不注意和不适应语境的变异,就有可能出现误差,被认为是误用。还是举三个方面的例子来说。

(一)词语

(16)老师补充说明,人和动物住在房子里,就不会被风吹和雨打,也不会被太阳晒。

(17)树林里,一只小鸟飞来又飞去。小朋友,看见了,问:"小鸟小鸟,你在忙什么?"

前一例,孤立地看,"人和动物"的说法毫无问题。比方,可以把一篇文章的题目定为"人和动物"。但是,在这一例的语言环境里,就有可能被误解为人和动物共同住在房子里。这显然是不卫生的。这里的"和",应该改为"或"。

后一例,孤立地看,"飞来又飞去"的说法也没有问题。但是,"又"的语义有多可性,有时说"又"等于说"但又"。因此,"飞来又飞去"就有可能被理解为"飞来了(但)又飞去了"。既然"飞去了",小朋友怎么能对着它问"你在忙什么"呢?应该去掉"又",说成"一只小鸟飞去飞来(V 去 V 来)",使所表示的活动成为一种不断反复的状态。

(二)句法

(18)下面的事情哪些应该做,哪些不应该做?应该做的事在括号里画个"√",不应该做的事在括号里画个"×":跟别人说话要有礼貌。( )……老师<u>在讲课的时候大声说笑</u>。( )

(19)那个老是不专心的,不但棋艺没有进步,<u>也</u>荒废了时间。

前一例,句法结构中,"在讲课的时候"如何配置,需要视情况而定。配置在"老师"的后边,"老师"便是句子的主语,"大声说笑"的便是"老师"。实际上,这个例子说的是学生的行为,主语"学生"在特定语境中隐去了。因此,应该说成:"在老师讲课的时候大声说笑"。

后一例,递进复句经常采用"不但……而且……"的形式,也可以采用"不但……也……"的形式。但是,这一例不是一般的递进句,而是反转性递进句。反转性递进句经常采用"不但不/没有……反而……"的形式,或者采用"不但不/没有……还……"的形式。因此,应该把"也"改为"还",说成:"不但棋艺没有进步,<u>还</u>荒废了时间。"

(三)逻辑

(20)(教学目标:)学生知道<u>因为</u>弟弟妹妹聪明、可爱,<u>所以</u>应该多爱护他们。

(21)那是一条水流很急的大河,几块破破烂烂的木板乱搭在上面,就是过河的桥了。

前一例,"因为……所以……"强调出一个逻辑推理,其大前提是"弟弟妹妹聪明、可爱",有了这个大前提,才会有"应该多爱护他们"的结果。事实上,哥哥姐姐爱护弟弟妹妹是一种美德,即使弟弟妹妹不那么聪明可爱,哥哥姐姐还是要爱护的。由于不必特意强调成前因后果的关系,因此可以去掉"因为"和"所以",使之成为一般性的叙述。甚至可以干脆改为:"学生知道,应该爱护弟弟妹妹。"

后一例,说的是有那么一座桥,一个聋子和一个瞎子小心地踏出每一步,因此走过去了,而一个健全的人过桥时却东张西望,满不在乎,因此摔进了河里。问题是,这个例子的表述不够合理。既然只是"几块木板",不仅全都"破破烂烂",而且是"乱搭",那么这样的桥恐怕根本就不能走人,不管谁在上面怎么走都不能保证安全。因此,似乎应该这么说:"那是一条水流很急的大河,过河的桥用木板搭成,有些木板是破烂的。"

2.2 正误评判的语境制约

对表述正误的评判,放到语境制约的背景下检视,顾及语境变异,不持僵化态度。否则,就会抹杀语言运用的多样性,只是为语言运用建构出死板的简单化的模式,很容易出现误判。举两个例子来说。

(一)"插进去"和"掏出来"

在通常情况下,只能说"插进去"、"掏出来",不能说"插出来"、

"掏进去"。即：

　　插进去（＋）　　掏出来（＋）
　　插出来（－）　　掏进去（－）

但是，如果断定"插出来"、"掏进去"绝对不能说，便会忽视特殊语境的特殊性。换句话讲，这样的评判不能全面覆盖灵活多变的语言事实。

[语境一] 甲在门外，乙在门内。甲对乙说：

　　门上有个小洞，你把电线往外插，看看能不能<u>插出来</u>！

这时，"插出来"可以成立。

[语境二] 甲在洞外，乙在洞里，甲对乙说：

　　你用力往外推！推不出来就往里掏，看看能不能<u>掏进去</u>！

这时，"掏进去"可以成立。

（二）"起去"

大家知道，单音趋向动词有两组：第一组是"来、去"，第二组是"上、下、进、出、回、过、开、起"。双音趋向动词，是两组单音趋向动词的复合，如：

　　上＋来、去→上来、上去

问题是，"上、下、进、出、回、过、开"都能分别跟"来、去"复合，"起"行不行？

差不多所有的现代汉语教材，包括张志公、胡裕树、黄伯荣等先生主编的，都对"起去"持否定的或不认可的态度。比如黄伯荣主编《现代汉语》（高等教育出版社1997年增订二版），说趋向动词"限于下列这些"：

　　上来　下来　进来　出来　回来　开来　过来　起来
　　上去　下去　进去　出去　回去　开去　过去

其中缺"起去"。刘月华等《实用现代汉语语法》(外语教学与研究出版社 1983)还特别指出:"应注意'起'、'开'不能与'去'构成趋向补语"。

"起去"确实少用,但从理论上说,在那么严整的复合趋向动词系统里,不可能保留"起去"的缺位。就事实而言,如果有特定的语境,"起去"的说法就会成立。比方,甲乙两人一起躺在床上,甲对乙说:"起去! 你躺在这里我心烦!"这时"起去"单用,可以成立。如果甲对乙说:"爬起去! 你躺在这里我心烦!"这时"起去"作补语,可以成立。

实际上,现代近代作品里,都可以看到"起去"。例如:

(22)"那好呀,"她又朝我做了个鬼脸,"等会儿我起去拿。"(张贤亮《绿化树》三十五)

(23)……把一口袋谷子装到这副蒸笼样子的家伙里,把绳子一拉吊起去,一个人随手扶住口袋,谷子便漏到口袋里来。(赵树理《三里湾》二十二)

(24)却放了一个风火炮,直飞起去,正打在敌楼角上,……(《水浒传》第 112 回)

关于"起去",笔者将另写专文,从"普-方-古"三角上展开讨论。

三 研讨性原则

研讨性原则,即研究裁定原则。其内涵,也包括两大方面。

3.1 表述正误的研究裁定

对所作的语言表述有所思辨,自觉避免理解的片面性,从而自觉地避免误用。思辨的过程,也就是研究的过程。还是举三个方面的例子来说。

(一)词语

(25)让个别学生高声朗读课文。|老师问:"谁要个别朗读这一段?"

(26)白医生仍然是一个单身汉。

前一例,要研究研究怎样使用"个别"才准确。按词典的解释,"个别"是"单个/各个"的意思,但是,仅仅了解这一点还不够。"个别"有时用作定语,表示少数,可以说成"极少数",而且包含有贬义,当说"个别人/个别干部"怎么样时,讲的是不好的表现。"个别"有时用作状语,对于谓语动词来说,所指的人物是动作的对象,而不是动作的施行者。比如"个别谈话","个别"之所指是谈话的对象;又如"个别处理","个别"之所指是处理的对象。可知,这一例的"个别"用得不准确,应该改为:让一两个学生高声朗读课文。|谁要单独朗读这一段?

后一例,要研究研究怎样使用"仍然"才准确。用"仍然",前边需要出现先行句。比如:"雨已经下了好几天,今天仍然下个不停。"先行句是"雨已经下了好几天"。也可以不出现先行句,但表示的是恢复到原来的样子。比如:"阅读完毕,他们仍然把书报摆得整整齐齐。"原来的样子是"书报摆得整整齐齐"。在关于白医生的叙述里,前边并没有出现白医生是单身汉的先行句;另一方面,白医生是从儿童、少年、青年到成年成长起来的,因此,也不存在恢复到他原来的样子的问题。可见,这一例里缺乏"仍然"使用的条件,应该改为:白医生一直是个单身汉。

(二)句法

(27)他为什么会怕<u>到</u>哭起来？|你妈妈忙<u>到</u>生病了！

(28)遭受这样的凌辱,他内心的痛苦比我肉体上的痛苦,<u>不知多上千倍万倍</u>！

前一例,谓词带结果补语。通过分析句法格式的特点,可以知道,"怕、忙"这类谓词和"哭起来、生病了"这类由动词性词语充当的补语之间,应该用结构助词"得"。即:他为什么会怕得哭起来？|你妈妈忙得生病了。如果保留"到",后边的词语就得改为名词性的"这种程度"、"这个样子"之类。

后一例,用"不知"组造句式。通过分析这一句式的特点,可以知道,"不知"后边必须出现跟它相照应的表示未知的疑问代词"多少、怎样"之类。因此,应该这么说:"他心里的痛苦比我肉体上的痛苦,不知多上多少倍！"要不然,就必须删除"不知",说成:"他心里的痛苦比我肉体上的痛苦,要多上千倍万倍！"

(三)逻辑

(29)从表中选出适当<u>短语或短句</u>,填写在横线上。

(30)把下列<u>句子</u>重新排列,成为一段通顺的文字。

上例存在术语运用的逻辑性问题。前一例,说的是"短语或短句",但从表中罗列的现象看,有的既不成为句,也不成为短语,比如"你对我们的善意"(按:后接"有误解"之类意思)。后一例,说的是"句子",但从所列举出来的现象看,有的现象,比如"在昏黄的煤油灯下"、"每当入夜时分",都明显不是句子。

为了能够作出恰切的判断,需要对语法学术语的运用进行研讨。通过对所说的种种现象的全面分析,可以知道,有必要引进"语言片段"这个提法。如上面两例可以改为:"从表中选出适当<u>语</u>

言片段,填写在横线上。""把下列语言片段重新排列,成为一段通顺的文字。"由于"语言片段"既可以包容短语和句子,又可以包容其他现象,因此,使用这一提法可以使表述具有更强的逻辑性。

3.2　正误判别的研究裁定

对表述正误的评判,通过研究检视其结论,寻求合理解释,不固执一己之见。误判现象的出现,往往是由于对问题缺乏深入全面的研究。以转折词和无条件让步句的关系来说。

中国语文杂志社编《语文短评选辑》(中华书局 1959)105 页,举出《文汇报》1957 年 10 月 9 日社论中的一个"不管……但……"的例子,指出:"'不管'跟'尽管'不同,不能跟'但'连用"。这就提出了一个问题:"无论/不论/不管……但是/可是/却……"的说法到底能不能成立?

研究可知,"无论 p,都 q"句式表示无条件让步。作为一种让步句式,分句间包含有程度不同或情况不同的转折性,并不总是排斥"但、却"之类转折词。特别是,如果前面用"无论"引出的分句包含"多么、怎么、怎样、什么"等词,所说的情况往往跟后面分句所说的情况存在抵牾,因此,只要语用上有需要,就可以用"但、却"之类把隐含的转折性强调出来。实例很多,可参看笔者(1984)的论述。查看中学语文课本,也可以看到用例:

(31)那桥<u>不论</u>修得怎样简陋,<u>可</u>仍是美好的。(初中《语文》第三册)

(32)<u>不管</u>敌人使用什么毒刑,她们两人<u>却</u>总是顽强地缄默,什么也不说。(高中《语文》第五册)

(33)<u>不管</u>作者原意是什么,<u>但</u>我读了后能受到教益,懂得一个人有了成绩以后不应炫耀,处于逆境时不应懊丧,应该谦

虚忍让，不为世俗之见所左右，这就够了。（初中《语文》第四册）

有时，"无论/不管……但/却……"的说法可能成为病句，但跟"无论"之类和"但"类词的同现无关。例如：

（34）不管艾奇逊喜欢重弹戈培尔博士的老调，在华盛顿的参议院绅士们却在招供。

（35）五四时代的白话文是一个革命的运动，不管其中有部分的人是软弱妥协，但它却是要革文言文的命。

这是吕叔湘、朱德熙《语法修辞讲话》中举出的例子。吕、朱二位先生指出：前一例只有说成"怎样喜欢"，后一例只有说成"有多少人"，才可以用"不管"，否则只能用"尽管"。即应该改为：

（36）不管艾奇逊怎样喜欢重弹戈培尔博士的老调，在华盛顿的参议院绅士们却在招供。

（37）五四时代的白话文是一个革命的运动，不管其中有多少人是软弱妥协，但它却是要革文言文的命。

可见，问题不是出在"无论 p，都 q"句式里加上了"但、却"之类转折词上面。如果前分句在构造上合乎无条件让步句的要求，分句间不是一律不可以使用转折词的。

四 人文性原则

人文性原则，即地域民俗原则。不同地域，有不同的人文背景，因而有不同的民俗民情，而语言的运用，往往在某个侧面或在某种程度上反映出民俗民情的特点。正因如此，进行语言教育，讨论语言表述问题，不能忽视人文性原则。

4.1 贯彻人文性原则,首先要尊重语言表述的地域民俗性。以香港、澳门来说,作为一国两制的特区,它们的反映地域民俗的言语行为应该得到尊重。特别是新加坡,作为一个独立的国家,凡是得到新加坡社会认同的任何表述方式,都是应该尊重的,绝对不能用中国大陆的说法去作硬性的规范。举两个方面的例子。

(一)词语

(38)巴士来到一个小站,<u>搭客</u>都下车了。

(39)我学画画,/我学画人。/我会画一个头,/两个耳朵和<u>一个口</u>。

前一例的"搭客",中国大陆用"乘客";后一例的"一个口",中国大陆一般会说成"一张嘴"。新加坡的华人用语,与中国大陆有所不同,或者有其历史原因,或者有其方言背景。比方"一个口",其实就是方言说法的书面化。笔者的家乡人使用海南黄流闽方言,口头上只说"一个口",不说"一张嘴",这可以作为旁证。

(二)句法

(40)老农夫的孩子<u>有</u>找到宝物了吗?

(41)冰冰:你怎么不问问人呢?志伟:<u>有</u>(问过了)哇!我问了一个学生和一个老伯。

(42)你说话<u>太大声了</u>!

(43)雨天路上<u>很少人</u>。

前两例是"有+动词结构"的句子。按中国大陆的说法,这种"有"字句将被改写,分别说成:老农夫的孩子找到宝物了吗?|……志伟:问过了呀!

后两例是"程度副词+形容词+名词"的句子。按中国大陆的说法,这类句子将被改写为"名词+程度副词+形容词"(声音太

大|人很少)。对于名词来说,"程度副词+形容词"是述谓项。述谓项后置和述谓项前移,形成了汉语通用语和南片方言在句式上的一个差异。新加坡华人常用这一说法,跟其祖籍方言存在渊源关系。

4.2 贯彻人文性原则,又要重视不同地域在语言表述上的相互沟通。

同是讲华语,甲地这么说,乙地那么说,会影响相互交际和彼此了解;对于以非华语为母语的人来说,也会增加麻烦。因此,不管是香港、澳门、台湾的中小学课本,还是新加坡的中小学课本,都应该重视"表述沟通"的工作。

比方,在词语运用上,新加坡的课本里出现"搭客、农夫、清道夫",这无可非议,但最好在适当的地方告诉学生,中国大陆现在说的是"乘客、农民、清洁工人"。有的词语,恐怕还有必要多作点解释。如"起身",新加坡通常是"起床"的意思,中国大陆固然也可以用来指"起床",但更多的时候,却是用来指"启程、动身"。

又比方,在句式运用上,新加坡的课本里出现南片话语的说法,这也无可非议。但是,若能根据实际需要告诉学生有关的知识,会大有好处。以"有"字句来说。尽管上述"有+动词结构"的说法中国的通用语并未吸收,但"有没有+动词结构"的说法却已经吸收了。例如:你们学校有没有招过自费生?(问行为实现的经验性,相当于"是否曾经")|你妈妈有没有下岗?(问行为实现的已然性,相当于"是否已经")|向后看看,那个人有没有跟上来?(问行为实现的延续性,相当于"是否已经并且正在",VP指眼前发生的行为)这就是说,下面的说法目前在中国大陆是可以通行的:

(44)问学生,校园里有没有种果树?
(45)你这几年的书有没有白念?
(46)你有没有向他说声谢谢?

有的现象,尤其是称谓之所指,特别需要沟通。以周清海先生讨论过的"姑娘"一词来说。这个词,读过《红楼梦》的人都知道,指的是年轻的女子。但是,你如果到武汉,听到当地人说:"我要去看我的姑娘。"你就应该知道,指的是女儿。你如果到离武汉不远的咸宁,听到当地人说:"我要去看我的姑娘。"你又应该知道,指的是姑母。

李荣主编《现代汉语方言大词典》的41本分地词典,23本立"姑娘"词条,1本立"姑娘儿"词条,17本不收"姑娘"。仅就立"姑娘"词条的23本词典的解释来看,情况之复杂,令人惊异。如果以年轻女子、女儿、姑母、丈夫的姐妹作为基点来观察,可以看到:(1)指年轻女子。在南宁方言里,"姑娘"是对女青年的一般称呼;柳州方言作"姑孃",是年长者对女青年的一般称呼,可面呼。(2)指女儿。如哈尔滨方言、西宁方言、太原方言、南京方言、扬州方言、武汉方言、贵阳方言。但是,西宁方言、太原方言、南京方言、扬州方言和贵阳方言里又指未婚的女子,扬州方言里旧时还指妓女。(3)指姑母。如徐州方言、崇明方言、萍乡方言、南昌方言。但是,崇明方言里,还指丈夫之姐、妹;萍乡方言里,还指年轻的妇人;南昌方言里,还指女儿或妓女。(4)指丈夫的姐妹。如温州方言、苏州方言、丹阳方言、金华方言、上海方言。但是,苏州方言里,还泛指未出嫁的女子;丹阳方言里,还指未婚的女子;金华方言里,这一含义只用于背称;上海方言里实际上限于指夫之妹,即小姑,而且是背称,另外还指未婚的女孩子。(5)其他。广州方言里,"姑娘"是旧时对年轻女性的尊称,又用作对女护士的尊称;福州方言里,用来面称年轻的妾;厦门方言里,称出家修道的女子,一般不能出嫁;牟平方言里,指年轻的女巫;于都方言里,等于说"婊姊"。

可见,语言运用有时有极强的人文性。要准确地使用语言和准确地评判语言的使用,不能不重视人文性,不能不重视不同地域之间语言运用的相互沟通。从发展上看,随着人际交往的频繁,语言碰撞的增加,地域性因素就会出现优存劣汰的局面,同义异形现象就会趋向减少。但这是以沟通作为前提条件的。

五 结束语

第一,误用与误判的共存,不利于语言教育。

第二,鉴别误用与误判,需要综合贯彻四性原则:客观性原则、动态性原则、研讨性原则和人文性原则。客观性原则,是最基本的原则;动态性原则,是对客观性原则的补充和深化;研讨性原则,是对客观性原则和动态性原则的求证和落实;人文性原则,是在更广阔的视野里实践客观性原则、动态性原则和研讨性原则。

第三,汉语或华语的使用,由于历史地理诸方面的原因,出现了地域性分歧。中国和新加坡,中国大陆和香港、澳门与台湾地区,都具有各自的一些特点。这反映深刻的人文背景,不能简单化地归结为"规范"和"不规范",更不能粗暴地用"对"和"错"来判定。一方面应该强调尊重,另一方面应该强调相互沟通,这才是正确的态度。笔者同意盛炎(2001)的主张:在不违背"有效地沟通"的前提下,各地区可适当保留自己的特点。

第四,政府行为会对汉语或华语的分歧现象起到干预的作用。

比如:"[甲]有找到宝物了吗?[乙]有哇!"在新加坡工作期间,笔者跟新加坡教育部课程规划与发展署领导交换过意见,他们的基本看法是:尽管这类说法应该得到尊重,但目前还不属于中国的通用语,为了尽可能地保证孩子们学到的华语跟中国的通用语一致,因此最好不要在中小学课本中出现。这样的处理,也是无可非议的。笔者以为,就政府行为而言,从实际需要出发有所抉择,在某些问题上采取某种措施,对作为一国两制的香港特区、澳门特区来说,具有借鉴的意义。

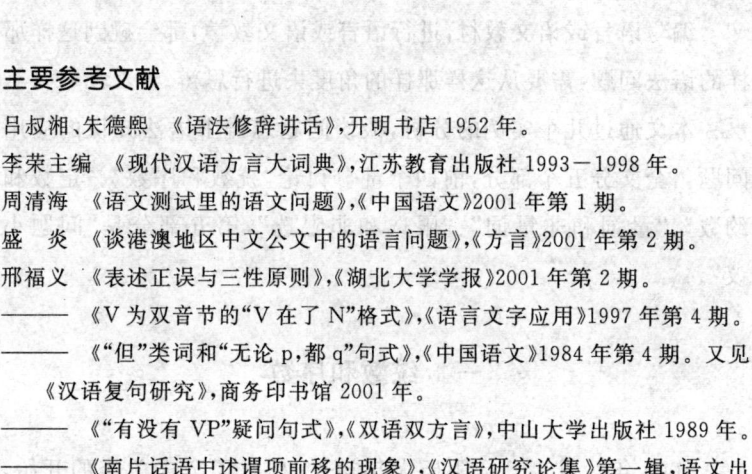

主要参考文献

吕叔湘、朱德熙 《语法修辞讲话》,开明书店1952年。
李荣主编 《现代汉语方言大词典》,江苏教育出版社1993—1998年。
周清海 《语文测试里的语文问题》,《中国语文》2001年第1期。
盛 炎 《谈港澳地区中文公文中的语言问题》,《方言》2001年第2期。
邢福义 《表述正误与三性原则》,《湖北大学学报》2001年第2期。
—— 《V为双音节的"V在了N"格式》,《语言文字应用》1997年第4期。
—— 《"但"类词和"无论p,都q"句式》,《中国语文》1984年第4期。又见《汉语复句研究》,商务印书馆2001年。
—— 《"有没有VP"疑问句式》,《双语双方言》,中山大学出版社1989年。
—— 《南片话语中述谓项前移的现象》,《汉语研究论集》第一辑,语文出版社1992年。

(原载《语言文字应用》2002年第1期)

语法知识在语言问题思辨中的应用

○ 引言

编写语言或语文教材,进行语言或语文教学,都会碰到这样那样的语法问题,需要从这样那样的角度去进行思辨。

本文通过几个实例的分析,谈谈问题思辨中语法知识的应用问题。全文分五个部分,前四个部分讨论"统数和序数"、"定数和约数"、"量词和非量词"、"限选和非限选",第五部分是"问题小议"。

一 统数和序数

2003年2月1日是阴历大年初一,标志了癸未羊年的开始,于是"三羊开泰"的字画随处可见。谁都知道"三羊开泰"是吉祥用语,但是,许多人却不知道"三羊"是怎样同"开泰"联系起来的。

"三羊开泰"由"三阳交泰/三阳开泰"演变而来。关于"三阳交泰/三阳开泰",朱祖延主编《汉语成语辞海》解释道:"《易》中泰卦:……下为三阳……,表示阴消阳长,冬去春来。交泰:吉祥亨通。用作称颂新年开头的吉祥话。"[1]王昌茂《释"三阳开泰"》解释道:"'开泰'也作'交泰'。这里的'开'与'交'都是'通'的意思。

'泰'是六十四卦之一,卦形为……乾(天)在下,坤(地)在上,犹如上下心志交通,象征社会'通泰',兴盛。那么,'三阳开泰'就是一年开头的吉祥语,意为祝愿新年亨通安泰,繁荣昌盛。"[2]利用同音关系,把"三阳开泰"写成"三羊开泰",是为了增强言辞的语用价值。道理很简单:"三羊"比"三阳"更具体,更形象,更有动感。许多年历和贺年片上,三羊组画,或是山羊,或是绵羊,毛色不一,形态各异,加上背景的变化,便能描绘出一片和平欢快的景象,使人受到感染。正因如此,"三羊"更为广大群众所喜闻乐见。

但是,光了解"羊"本为"阳"还不够,还必须进一步理解"三",分清统数和序数。所谓"统数",是统计数量多少的数,跟统数相联系的主要语言形式是"共、总共、一共"等;所谓"序数",是排列次序先后的数,跟序数相联系的最主要的语言形式是"第"。那么,"三阳"的"三",是跟"总共"相联系,还是跟"第"相联系呢?王昌茂《释"三阳开泰"》指出:"'三阳'指正月,引申为'春天'的意思。农历每年十一月的冬至日,白天最短,黑夜最长。古人认为天地间存在着阴、阳二气,并以白天属阳,黑夜属阴。因此每年冬至日后,白天渐长,黑夜渐短,古人便认为阴气渐尽而阳气始生,故称每年的冬至日为'一阳生',农历十二月为'二阳生',新年正月为'三阳生'。三阳生,则春天至矣。"[3]可知,从文化底蕴看,"三阳"表示阳兴阴消的结果,反映古人对事物发展变化的认识,"三"是序数。等于说,一到冬至,第一次阳气生发;进入农历十二月,第二次阳气生发;一到新年正月,第三次阳气生发,于是万事顺遂,人人安泰。这就是说,"三羊"里表示统数的"三",原本是"三阳"里表示序数的"三"。只有不仅知道从"阳"到"羊"的同音借用关系,而且知道连带而引发的从序数"三"到统数"三"的转化关系,才能透彻地理解"三羊开泰"。

二 定数和约数

古代有民歌木兰诗,长达三百余字,述说少女木兰代父从军的故事。诗里,先有这么两句,写木兰身经百战之后胜利归来:"将军百战死,壮士十年归。"后面又有这么两句,写战友们陪木兰回家,在看到恢复女装之后的木兰十分惊讶:"同行十二年,不知木兰是女郎。"这里有个问题:前面说"十年",后面说"十二年",到底木兰从军多少年? 这就需要具备有关定数和约数的知识。

所谓"定数"(也叫"实数"),是表示确定数量的数,比如"四、十一、二十六",都是定数;所谓约数(也叫"虚数"),是表示大约数量的数,比如"几、十来、百把",都是约数。汉语的数词,可以活用。比方,有时只表示少,如"三言两语"、"一毛不拔"、"一知半解"等等;又比方,有时只表示多,如"三番四次"、"三思而行"、"十全十美"、"百战百胜"等等。表示少也好,表示多也好,都是约数。一个数目字,是表示定数还是表示约数,有时要看具体语境。木兰诗里,"十年"也好,"十二年"也好,都是多年的意思,表示的是约数,而不是定数。作为诗,由于音节的要求,前一句不好说成"壮士十二年归",后一句不好说成"同行十年"。

懂得数目字有时只表约数,这很重要。要不然,把约数当成定数,比如把"万变不离其宗"的"万"理解为"9999+1",便不能正确地理解语言。这一点,朱祖延《释十二、三十六、七十二》有过很有启示性的解释。仅以"十二"来讲,褚稼轩《坚瓠三集》说:"唐人诗多用金钗十二,如白香山《酬牛思黯》诗:'钟乳三千两,金钗十二行。'十二行,或言六鬟(六个小姑娘)耳,齐肩比立,为十二行。然梁武帝《河中之水歌》云:'洛阳女儿名莫愁,头上金钗十二行',是以一人带十二钗也。"朱文指出:"其实金钗十二,也只是形容其多,大可不必从'十二'这个数字上去推测人头的多少。"又,《庄子·天运》:"孔子往见老聃,繙十二经以说。"这里的"十二经",陆德明《释文》以为有三种解释:一是以《诗》《书》《礼》《乐》《易》《春秋》为六经,又加六纬,合为十二经;一是以《易》上下经并《十翼》(《彖》上下、《象》上下、《系辞》上下、《文言》、《说卦》、《序卦》、《杂卦》)为十二经;一是以《春秋》十二公(隐公、桓公、庄公、闵公、僖公、文公、宣公、成公、襄公、昭公、定公、哀公)为十二经。朱文指出:"其实第二解和第三解,明明指的是一经,而不是十二经;第一解把经和纬都统统叫做经,也不免强为解说。如果把十二理解为虚数,就不致失之穿凿了。"[4]

有一本高小语文课本的征求意见稿,其中有课文《木兰从军》,是一首现代白话诗,共6段,第三、第四段为:

花木兰,下决心,/女伴男装去从军。/骑战马,戴头巾,/是男是女分不清。

别爹娘,离家乡,/木兰杀敌守边关。/寒风吹,雪花飞,/苦守边关十二年。

在作为教师教学依据的《教师手册》中,又先后出现了这样的句子:"木兰在边关杀敌十二年","上战场打仗有十二年","十二年后战胜回乡"。所有这些,都是因为只看到后边的"同行十二年",而没有注意到前边的"壮士十年归"。杨伯峻《文言语法》曾指出:"'同行十二年'只是说相处很久。"又指出:"'军书十二卷,卷卷有爷名',不一定合理;……只是说逃不脱。"[5]为了更准确地跟木兰诗所用的数词相照应,课文和教学参考书中的定数"十二"最好改为约数"十来"："苦守边关十来年"，"木兰在边关杀敌十来年"，"上战场打仗有十来年"，"十来年后战胜回乡"。

三　量词和非量词

一个中学语文课本编写组，在初中一年级课本里选进了一篇《挥一片春意》的课文，开头四个自然段是：每年农历新年之前，妈妈会在家里摆一些柑橘、应时的盆花；爸爸会写几副春联贴在客厅的墙上，增添家里的春节气氛。∨这天，吃过晚饭，爸爸坐在书桌前说："晓恩，你过来，今年的春联由你来写吧。"∨我把写春联的红纸剪好，端端正正地摆在书桌上，倒好墨汁，拿起毛笔，想了一想，写什么好呢？∨"年年大吉，岁岁有余"的春联好像太普通了，"爆竹一声除旧，桃符万象更新"又缺乏新意。我写了几副，都被爸爸摇摇头否定了。这时我感到要写一副好的春联不是那么容易。

选这篇课文，目的是向华裔子女介绍华人风俗习惯，同时也介绍一点关于春联的基本知识。编写组的先生们非常认真，他们字斟句酌，对"爆竹一声除旧，桃符万象更新"中的"万象"讨论了起来：

爆竹一声除旧，桃符万户更新。

爆竹一声除旧，桃符万象更新。

以上两联，不同在于"万户"与"万象"。王安石有著名的《元日》诗："爆竹声中一岁除，春风送暖入屠苏。千门万户曈曈日，总把新桃换旧符。"用的是"万户"。清代程允升《幼学琼林·岁时》中出现了"爆竹一声除旧，桃符万户更新"，显然是由王安石的诗演化而来。但是，前几年人民日报出版社出版的《中华对联鉴赏》，暨南大学出版社出版的《中国吉祥用语大全》,都只收"爆竹一声除旧,桃符万象更新"。那么,"万户"与"万象",到底应该选用哪一个?这涉及有关量词与非量词的知识。所谓"量词",是一种用作计量单位的词;所谓"非量词",这里指跟量词容易相混的名词。

首先应该肯定,用"万户"和"万象"都行,没有对错之分;其次应该肯定,由于"万象更新"是一个家喻户晓的成语,对联里选用"万象"更好懂,容易引起人们对春临大地时万事万物都发生新的变化的联想。但是,从语言运用的角度,检视对对子的要求,那么,"爆竹一声……"和"桃符万户……"相对,是更为工整的。这是因为,"声"和"户"都是典型的量词,"一声"和"万户"都是典型的数量结构;而"万象",不是数量结构,而是数名结构,"万象更新"即"万物更新","象"是名词性的。《红楼梦》第 70 回里就有这样的说法:"如今正是初春时节,万物更新,正该鼓舞另立起来才好。"

作为数量结构,如果不管平仄,仅就语词在句子中的位移而言,"一声"和"万户"具有一致性。请比较:

爆竹一声除旧,桃符万户更新
→ 一声爆竹除旧,万户桃符更新(十)
爆竹一声除旧,桃符万象更新
→ 一声爆竹除旧,万象桃符更新(一)

再说,凡是典型的量词,都可以重叠表"每"(有时还有"多"的意思)。在这一方面,"声"和"户"又具有一致性,而"象"则不然。请比较:

爆竹一声除旧,桃符万户更新
→ 爆竹声声除旧,桃符户户更新(十)
→ 声声爆竹除旧,户户桃符更新(十)

爆竹一声除旧,桃符万象更新

→ 爆竹声声除旧,桃符象象更新(一)

→ 声声爆竹除旧,象象桃符更新(一)

诚然,对联用字可以灵活,不必过于拘泥,由于取舍的着眼点有所不同,写对联者完全可以写出"一声爆竹除旧,万象桃符更新"这样的对联来。不过,如果严格地讲究对对子,那么,根据语法知识,可以作出明确的断定:"爆竹一声除旧,桃符万户更新"更胜一筹。可知,能够辨别不同语法结构的不同性质和功能,有利于更自觉地选词造句,更有效地驾驭语言。

四　限选和非限选

有一份报纸,某年某月某日头版发表了一条新闻,标题是:

是烟熏黑了心?是钱打瞎了眼?

两名执法干部家竟成烟贩囤烟场

说的是这么一件事:有群众举报,两名执法干部家里囤放烟贩子非法销售的香烟。当公检法人员去搜查时,尽管受到阻挠,拖延了不少时间,但最后还是发现了一个房间里囤有二十多箱香烟。于是,这两名执法干部受到了处分。然而,一年之后,这两名受处分的干部把那份报纸和写新闻稿的记者告上法庭,说受到了诬陷。理由是:"你们说我们两人拿了烟贩子的烟,拿了烟贩子的钱,有什么证据?"诚然,这场官司的引发与解决,症结在于如何理解前头的问句。而要回答这个问题,需要懂得"限选"与"非限选"的区别。所谓"限选",指列出两个选择项,限定二者择一;所谓"非限选",指提供两个或几个选择项,但不要求必须从其中选一项。

"是烟熏黑了心？是钱打瞎了眼？"这是一个句群选择问。这样的问法,是非限选的,具有选择的突举性、多可性和开放性的。所谓突举性,是指发问人针对某种情况,根据客观实际和主观认识,突出地列举疑点;所谓多可性,是指人们既可以选定甲,也可以选定乙,还可以同时选定甲乙,或者同时排除甲乙;所谓开放性,是指选择项可以延展,不一定封闭在甲和乙,即不仅可以是甲乙,还可以是丙丁,或者,如果不是甲乙,便可能是丙,如果不是甲乙丙,便可能是丁。上面的问法,从突举性上说,是发问人把疑点首先放在了"烟"或"钱"上面;从多可性上说,事实可能是或者拿了钱,或者拿了烟,或者钱和烟都拿,但也可能钱和烟都没拿;从开放性上说,如果钱和烟都没拿,那么一定有其他原因,再说,即使钱和烟都拿了,也可能还有别的因素。

大量语言事实表明,由于没有特定的限选标志,句群选择问总是非限选的。看实际用例:

难民？恐怖袭击？
伊拉克战争将带来什么
(《楚天都市报》2003年3月22日10版)

这也是一个标题。其中的两问,明显具有开放性。因为,文章实际上包括"短期影响"和"长期影响"两大部分:第一部分是"短期影响",分别分析了"新的难民潮即将产生"、"美英遭受恐怖袭击的几率增加"、"战争持续时间影响油价"、"消耗全球 GDP $1\frac{5}{8}$"和"布什政治命运成赌注"等五个问题;第二部分是"长期影响",分别分析了"中东地区战略关系将发生深刻变化"、"联合国的作用和权威将大受打击"、"美国和欧盟关系裂痕的开始"和"欧洲国家关系进一步分化"等四个问题。这就是说,标题里仅仅突举"短期影响"

中头两个问题而已。

有的句群选择问,发问人自己就持有"多可"想法。例如:

(1)这个通风报信的家伙会是谁呢?矿警孙四?监工刘八?送饭的高老头?井口大勾老驼背?都像,都不像。(周梅森《军歌》,《中篇小说选刊》1988年第3期92页)

(2)是什么问题?贪污?违法?偷税?走私?不知道,一点消息都没有。(张欣《不要问我从哪里来》,《中篇小说选刊》1988年第1期106页)

这两例都提出了疑问重点,但所提的问题具有两可答案。前一例表明,肯定有人通风报信,但通风报信者可能在突举的四个人之中,也可能在这四个人之外。后一例表明,肯定出了问题,但问题可能在突举的四项之中,也可能在这四项之外。

有的句群选择问,发问人甚至自己就持有否定态度。例如:

(3)那么,究竟是谁帮了她的忙呢?安主任?莫秘书?似乎都不可能。(陈海萍《红土》,《当代》1990年第1期144页)

(4)那个大窟窿怎么办?把它填掉?或者重新灌水,造一座人工湖?事实是不可能的。(姜滇《摄生草》,《当代》1990年第3期70页)

(5)他听着她半是眼泪的饮泣低诉,该说什么呢?把别人的不幸引为自己的自豪吗?居高临下的怜悯以示自己的博大吗?或者不着边际的劝慰一番显出自己的豁达和大度?他不是这种人,也没有这样的优越。(章世添《关于一个爱情故事的报告》,《红岩》1987年第2期11页)

可见,那两名执法干部撇开帮烟贩子"囤烟"的事实,抓住一个表示非限选关系的句群选择问,把非限选关系当成限选关系来强调,以此作为"被诬陷"的证据,这是不能成立的。只要掌握有关的语法知识,就能得出明确的结论。

五 问题小议

第一,关于语法知识在语言问题思辨中的应用,这是个语言教育的命题。讨论这个命题,是想强调汉语语法教学既要传授知识,又要力求学以致用。

第二,不搞倾盆大雨式的教学,而是致力于"举一反三",通过一个个实例的剖析,引导学生连类而及,掌握相关知识,这应该是语法教学取得理想效果的一个重要做法。

比如关于统数和序数,在讲了一个实例之后,应该让学生掌握相关知识:现代汉语里,有的形式可能指统数,也可能指序数。有时,语词是固定组合,从语词本身可以判断出是统数还是序数:同是包含"三级","三级跳远"是指共跳三步的跳远,"三"是统数;"三级教师"是指第三个等级的教师,"三"是序数。有时,要结合语境来判别:同是"三车厢","荔枝龙眼装了三车厢"等于说"一共三个车厢",是统数;"我的座位在三车厢"等于说"第三车厢","三"是序数。

还应该告诉学生,读书时也要运用有关知识。比如,《三国演义》第五十一回"曹仁大战东吴兵 孔明一气周公瑾",第五十五回"玄德智激孙夫人 孔明二气周公瑾",第五十六回"曹操大宴铜雀台 孔明三气周公瑾",其中的"一、二、三"都是序数;第八十八回"渡泸水再缚番王 识诈降三擒孟获",第九十回"驱巨兽六破蛮兵 烧藤甲七擒孟获",其中的"三、六、七"也是序数。同样的情况,如果说:"某年某月,刘备一顾茅庐;某年某月,刘备二顾茅庐;某年某月,刘备三顾茅庐",其中的"一、二、三"也是序数。但是,《三国演义》第三十七回是"司马徽再荐名士 刘玄德三顾草庐",其中的"三"却是统数。因为,读这一回的内容可知,这里的"三"不是"第三次",而是"共三次"的意思。再看《全唐诗》中的诗句:若非先主垂三顾,谁识茅庐一卧龙。(汪遵《南阳》)┃誓将雄略酬三顾,岂惮征蛮七纵劳。(胡曾《咏史诗·泸水》)——这里也提到了"三顾茅庐"和"七擒孟获"的事。其中的"一"固然是统数,"三"和"七"也是统数。如果当成序数,便把诗句的意思理解错了。

第三,不搞面面俱到的浅尝即止式教学,而是追求"多思多问",通过一个个实例的剖析,引导学生在掌握相关知识的基础上提高认识的深度,这应该是语法教学取得理想效果的又一个重要思路。

比如关于定数和约数,在分析实例之后应该提醒学生:约数的表达,在具体语言形式的选择上是受到某种制约的,并非完全随意。以表示多的约数来说,可以采用两类形式:一类是"三"和"三"的倍数"九、十二、十八、三十六、七十二"等;另一类是表示满数的"十、百、千、万"等。然而,写作中,在需要强调多的时候,到底应该选用哪个具体形式,还有必要注意以下两个方面。

一方面,要看是否约定俗成。比如"百般无奈、千般无奈、万般无奈"都能说,意思相同,并不意味着"万般无奈"多于"千般无奈","千般无奈"多于"百般无奈",但是,不能说"十般无奈"。

另一方面,也是更重要的一个方面,要看所说的数量跟客观事物的联系是否合理。木兰诗里的"将军百战死,壮士十年归",绝对不能说成"将军十战死,壮士百年归"。因为,对于身经百战的将军来说,"十战"太少了;而对于一个战士的生命历程来说,"百年"又太多了。可知,约数的使用是有理据的。人们常用"十年寒窗"比喻长期苦读,"十年"显然不是定数,并非整整十年,不多不少。但不能说成"百年寒窗",这远离事实;更不能说成"千年寒窗、万年寒窗",除非是妖怪。又如"百年之好",指男女结为夫妻,永远好合。若说"十年之好",会挨骂;若说"千年之好",又过分得缺乏真诚了。至于"万岁"这种祝愿的话,极力强调事物之永在,也可以从人们的感情愿望等方面找到其理据。

通过逐步深入的引导,不仅可以扩大学生的知识面,加深学生的认知度,更可以提高学生的逻辑思维能力,帮助学生形成深入钻研问题的习惯。

第四,运用语法知识去解决实际问题,不能脱离"句管控"。[6]一个语言现象不会孤立地出现,只有结合特定的句法环境和句域场境,才能讲清楚相关规律、实际含义及其语用价值。统数和序数、定数和约数、量词和非量词、限选和非限选等的问题思辨需要这样,其他问题的思辨也需要这样。

主要参考文献

[1] 朱祖延主编 《汉语成语辞海》,武汉出版社1979年。
[2][3] 王昌茂 《释"三阳开泰"》,《汉语学报》(上卷)2000年。
[4] 朱祖延 《释十二、三十六、七十二》,《中国语文》1978年第4期。
[5] 杨伯峻 《文言语法》,北京出版社1956年。
[6] 邢福义 《说"句管控"》,《方言》2001年第2期。

(原载《华中师范大学学报》2003年第5期)

重读旧文话备课

学校教务处于2003年5月9日发来一函,说要组编一本《青年教师教学指导参考手册》,希望我写一写关于"如何备好课"的体会。我想起40年前曾经写过一篇《我是怎样备课的》,于是搬出旧文稿来翻找,找出了这篇短文。

那是1963年5月,学校举行一次全校性的教学经验交流会,相当隆重,除了学校领导讲话,大概有七八个人发言,我是被指定的发言人之一。会后,教务处以"华中师范学院"的名义编辑出版了一本《教学经验专题汇编》,收入了我的发言稿《我是怎样备课的》这篇短文。那里头,我谈了六点体会:第一,结合教学搞科研,以自己的学习心得不断地充实教学内容;第二,联系中学实际;第三,面向生动活泼的语言事实;第四,加强理论联系实践;第五,"旁若有人";第六,熟,烂熟!其中两点,需要解释一下:(1)关于"旁若有人",短文里这么写道:备课的时候,我常常想起学生,好像有好些个学生正坐在自己的面前,向自己提出各种各样的要求。所谓"旁若有人",就是备课时"旁若有学生"。(2)关于"熟,烂熟",短文里这么写道:我总是要求自己把讲稿的内容全部记熟,熟到每一个例句所用的标点符号都可以毫无错误地在黑板上写出来。这是因为我感到,只有熟,才能理解得深刻,才能"生巧",才能有创造;再说,只有熟,才能抽出一部分注意力来讲求关于教学方法的运用问题。(在交给教务处的《关于备课——重读40年前一篇短文》里,我一字不改地录出了《我是怎样备课的》全文,可以参看。)

很巧,从1963年5月到现在——2003年5月,恰好40个年头。当年,我28岁。重读旧时这篇短文,有三点感想需要特别说一说。

第一,教学是一门学问,又是一门艺术。

我21岁(1956年)留校当助教,24岁(1959年)正式登上讲台。当时,学生中调干学员多,好些年龄比我大。从一讲课起,我的教学效果就十分好。不管是男学生还是女学生,不管是年龄比我小的学生还是年龄比我大的学生,不管是由我主讲的那个年级学生还是其他年级学生,都喜欢听我的课。许多时候,大班上课,二百多人的课堂,总是挤得满满,临上课时,有的学生还要提前抢座位。这一点,凡是听过我讲课的、现年40-70岁之间的老校友都可以证实,青年朋友们问问便知。

写这些,不是想说明我有什么了不起,而是想强调,我在备课上很投入,下了苦功。一方面,我一开始就潜意识地把教学当成一门学问。《我是怎样备课的》中提出的六点,实际上涉及了六对关系:一、教学与科研,二、知识与需要,三、规律与事实,四、理论与实践,五、讲者与听众,六、熟练与彻悟。如何处理好这六对关系,大有学问,应该是教育科学研究的重要课题。另一方面,我又把教学当成一门艺术。语法学讲的是规律,因此,在一般人看来,讲得枯燥无味是理所当然、不应指摘的;然而,语法学讲的是语言事实中存在的规律,而语言事实是丰富多彩、活泼形象的,因此,只要精心准备,又是完全可以讲得十分生动、富于吸引力的。我备课时,每节课都穿插苦心搜集来的"生动语料",希望做到每隔十来分钟能让学生大笑一次,就像相声中的"抖包袱"。我相信,美感在笑声中产生,知识在笑声中传授,这是学问的艺术化。

第二,以教促研,以研促教。

作为高等学校的教师,这应该是最基本的训练。"教"而不倚重"研","教"便缺乏生机和活力,即使在教学法上下再多的工夫,教学效果也只能在低水平线上颤动;"研"而不讲究"教","研"便失去检验结论和推广学术主张的良好机会,即使学问再好,在解惑育人上毕竟没有尽到教师的职责,致使人生存有缺陷和遗憾。

个人以为,在"以教促研,以研促教"中,对于一个高等学校教师来说,"研"是矛盾的主要方面。而要抓"研",就必须从青年时代做起。怎么做?一方面,在科研上养成定力,形成惯性;另一方面,把目标定在最高处,按权威刊物的标准"锻造"自己的习作。

我22岁(1957年)便开始在《中国语文》上发表习作,那是一篇小论文。后来,写《我是怎样备课的》,在谈到"结合教学搞科研"时,还特别提及这么一个事实:讲"副词"前,读到了《论汉语副词的范围》一文(《中国语文》1961年8月号)。这篇论文有很多可取之处,但在副词能不能修饰名词这一点上,和传统的说法完全不同。经过自己的钻研,我才发现,传统的说法是只提一般的规律,没提特殊的规则;而这篇论文,却是以特殊规则来否定一般的规律。于是,我写了一篇《关于副词修饰名词》,发表于《中国语文》1962年5月号。

发表《关于副词修饰名词》时,我27岁。这篇五千来字的小论文,"文革"后被收入重要的参考文献(如胡裕树主编《现代汉语参考资料》,上海教育出版社1981年),至今还常被引用。最近阅读商务印书馆1997年出版的《方光焘语言学论文集》,才知道当年该文刚一发表,方光焘先生就在1962年5月的一次学术报告中强调"研究语法应该注意一般现象、特殊现象和个别现象的相互关系",举例是"邢福义以特殊现象来作补充,指出了副词修饰名词的条件,这是很好的"。(见《研究汉语语法的几个原则性问题》一文)方光焘先生是学部委员,已经去世多年。作为语言学界的泰斗,当年竟然注意到了一个小青年所写的文章,这说明方先生具有博大的学术襟怀,但也说明我当时写出的文章已经有了值得重视的见解。

我从来不同意"大器晚成"的主张。"大器晚成"的人是有的;但把"大器晚成"作为一个主张来强调,是会束缚青年人聪明才智的发挥的。据我四十多年的体会,青年教师一开始就应结合教学搞科研,并且一开始就应给自己定下高标准的追求。立志求成,坚持不懈,必有成效。

第三,需要各种积极因素的总体发挥。

备好课,进而讲好课,需要同时调动起各个方面的积极因素。有个小故事:大概是1971年,我和几位同事一起下乡搞开门办学,给短训班学员讲课。当着我的面,一位同事很有信心地对大家说:"讲好课还不简单?就像邢福义一样,把讲稿背熟!"结果,他的教学效果特别差。

是的,我强调"熟!烂熟!"然而,那是以深入钻研为基本前提,并且考虑了可能取得良好效果的方方面面的。做好任何事,都不能只靠诸多因素中的一个因素。以抓东西来作比。伸手取物,用一个手指是勾,用两个手指是拈,五个手指一起来,才是抓。面前放着一堆珍珠,用一个手指勾不起来,用两个手指只能拈起一两颗,五个手指一起来,就可以抓起一把。再以走路来作比。眼里看到了山,心里想着要爬山,然而,要爬山就得走路。走路靠什么?

走路不能不靠双脚,不过,又不能只靠双脚。更重要的,恐怕还是脑指挥脚,全身协调。要走出新路,脑比脚更为重要。

近年来,我经常同研究生们讨论"学者素养"的话题。我一向以为,一个学者要做出成绩,需要同时具备多方面的素养,包括"厚实基础、惊人毅力、灵敏悟性、有效方法、良好学风"等等等等。然而,不管是其中的哪一个方面,都仅仅是一个必要条件而已。只有各个方面的因素都结合起来,进行有效的"总体发挥",才能形成必要而充足的条件。

> (原载《华中师大报》2003年6月20日。本文写于
> 2003年5月30日,时整68周岁。)

序言十二篇

一 序郑贵友《现代汉语语法研究的基本理论与实践》

经过三年时间的劳作,贵友完成了他的新著《汉语语法研究的基本理论与实践》。做教师的,大概都有同样的心情。面对学生的成就,心里有说不出的高兴;看到学生写出来的书,情不自禁地想写几句话。

贵友这部书,主要讨论二十世纪四十年代末以来中国大陆现代汉语语法研究发展进程中值得重视的几种基本理论和基本方法及其实践。全书分六章,每章都有若干节。第一章,为"现代汉语语法研究的现状及其特点";第二章,为"语法范畴理论与汉语语法研究";第三章,为"从形式出发的汉语语法研究";第四章,为"从意义出发的汉语语法研究";第五章,为"多角度、多侧面的汉语语法研究";第六章,为"语法研究中的语料问题"。其中,三、四、五章是全书内容的重点。

汉语语法研究,必须处理好理论和事实这对关系。二者必须相互配合,相互支持,形成良性循环。犹如人的双脚,左脚站稳了,右脚才能迈出去,右脚站稳了,左脚才能迈出去。理论跟不上,研究工作便只是见木不见林,只能在低水平上徘徊;事实跟不上,研究工作便只是吊在半空中,解决不了实际问题,或者在解决实际问题时处处"漏水"。因此,当从事实的角度思考研究的走向时,应该强调通过充足的事实深入发掘特定的规律性,进而从所得的规律中发现理论问题,总结研究思路和研究方法;当从理论的角度思考研究的走向时,应该强调理论的简朴有效,以清楚简明地解释事实为目的,避免令人眼花缭乱的花架子,保证理论的实践性和生命力。

汉语语法研究,还必须处理好语言共性和汉语特性这对关系。二者也必须相互配合,相互支持,形成良性循环。诚然,要建立能够全面解释全人类语言的普通语言学,不能不研究语言的共性,这是毫无疑义的;但是,同样毫无疑义的是,语言共性的认识,必须建立在对各种语言的特性具有深刻认识的基础之上。在人们仅仅对甲种语言进行了深入的研究,并据此建立了理论框架,而对乙种、丙种语言的面目还处于模糊状态的时候,如果不深入研究乙种、丙种语言的特性,那么,就只能总是以甲种语言的理论框架为框架,总是跟在甲种语言的研究后边亦步亦趋,其结果,不可能真正认识语言的共性。实践表明,对于汉语语法事实及其特点,到目前为止,我们还有很多东西认识不清,因而解释不好。因此,在强调研究语言共性的同时,仍然应该提倡从不同侧面不同层次上多做点揭示汉语语法特点的工作。

贵友告诉我,这部书的写作,有个明确的目标。这就是:"尽量使语法研究中的'虚(理论)'与'实(实践)'有机地结合起来,让'虚'者有具体的体现,使'实'者有理论上的根源。同时,努力将有关内容的讨论置于汉语语法学史的广阔的背景之中。"他的追求,他的做法,他的见解,都给人以"务实求深"的感觉。在"后记"中,他把"理论和实践的结合"进一步阐释为:"以理论为纲,以实践为目,相互关照,相互唤醒"。这是相当精彩的概括,反映出这部书的纲领性主张。翻阅全书,可以看到,贵友较好地贯彻了这一主张,相当辩证地阐述了有关的问题。比如第五章"多角度、多侧面的汉语语法研究",先综论理论背景,接着分别讨论两个"三角"的理论和"三个平面"的理论,最后比较二者的差异,都既有理论的概括和思考,又有事实的分析和印证,显得有血有肉。我相信,这样的书,不管是对一般读者还是对研究工作者,都是有启示的。

唐人刘禹锡说过:"山积而高,泽积而长。"贵友1997年获得博士学位,已经出版的专著《现代汉语状位形容词的"系"研究》,便是他的博士学位论文。到北京语言文化大学工作之后,三年多的时间里,他一边教学,一边研究问题,写出了好些篇文章,现在又写出了新著《汉语语法研究的基本理论与实践》。他是在不断地"积"。我知道,他有悟性,能举一反三,有韧性,能坚持不懈,因此,他的能产,十分自然。当然,任何行为活动都有辩证法。治学好比走路,走一段之后需要停下来,总结总结,反思反思,这对再往前走会大有好处。贵友从事研究工作毕竟才有几年,他的论著不可能那么炉火纯青。我常常跟他谈到有必要"写作-反思-再写作-再反思-再写作",他总是由衷地赞同。他的学问定能越"积"越高,越"积"越长,这一点我是深信不疑的。

(见郑贵友《现代汉语语法研究的基本理论与实践》,
韩国汉城新星出版社2002。此序写于2001年9月2日。)

二　序郑贵友《汉语篇章语言学》

紧接《汉语语法研究的基本理论与实践》一书之后，贵友的《汉语篇章语言学》又要问世了。在这马年的春天，为贵友的新著作序，心里充满着难用言语表达的愉悦。

这部新著分五章，分别为"篇章分析概说"、"篇章的衔接与连贯"、"篇章与信息"、"篇章与语境"和"篇章的结构"。书的末尾有个结束语，这是一个相当富于涵量的反映了作者治学心迹的结束语。

在向出版社推荐本书的时候，我曾这么肯定本书的优点：第一，在吸收国外篇章语言学理论的基础上，着力于使各种理论同汉语篇章的具体情况相结合。作者在衔接与连贯、篇章文体、实义切分、主位结构、句子的信息结构等等方面，做了许多值得赞赏的工作。第二，在内容编排的系统性上，下了工夫。本书各章的编排，既考虑篇章的形式，又考虑其内容；既涉及篇章的制作，又涉及篇章的解读；既照顾到篇章的制作主体，又照顾到篇章的接受主体。第三，突出实用性，以服务于教学为目标。为了做到这一点，作者在有关汉语篇章本体问题的讨论之后，都要进行与之相关的教学问题的讨论。总的看来，作者紧扣"汉语"和"篇章"，进行了较为深入的钻研。书稿内容比较系统，比较全面，既有较高的学术水平，又有相当强的实用意义。

现在，我还想特别强调，作为一部以现代汉语篇章为对象的篇章语言学著作，本书中好些部分是写得相当精彩的。比如"指称"，有个系统。往左看，有"人称指称关系"、"指示指称关系"和"零式指称关系";往右看,有"内指"和"外指",前者包括"前指"和"后指",后者包括"情景指称"和"观念指称"。又如"岔断",具有多样性。作者描述了阻止型、话题转换型、订正型、插话型、反问型、提问型、否定型和申述型,反映出"岔断"现象在语用上的活跃。再如"省略",作者指出:省略可以发生在句法平面,也可以发生在篇章平面,篇章分析所关心的是发生在篇章平面——即超句法平面的省略。省略的发生或者出现总是以与之对应的"原型"形式的存在为前提,特定的省略式都和与之相应的完全式具有语义上的同一关系,否则,省略就是有问题的。不管是讲"指称",讲"岔断",还是讲"省略",都紧密联系汉语事实,显得有理有据,血肉丰满。

在向出版社推荐本书的时候,我还这么写道:"某些问题,比如篇章衔接与连贯的语法标志和相关因素,今后还需做更加细致深入的研究工作。汉语篇章语言学理论的深化,尚待作出更大的努力。"我想,如果站到更高的位序上来审视本书,还应该加上一点,就是:全书在表述和论断的"老辣"上,还需加点火候。其实,贵友已经说过了:"自本书构思伊始,我就设想要在以下三方面多花一些工夫:一是尽量体现理论、知识的系统性,二是要努力凸显理论、知识的实用性,三是关注汉语篇章现象个性特征的发掘。如今书稿已经完成,但却不能肯定上述初衷是否已经兑现,好在我还有信心继续做下去。"我深感贵友的信心和追求之可贵。

在学术道路上,不可能总是一马平川,更不可能总是马到功成。一个好的学者,特别需要发扬的,是龙马精神!

(见郑贵友《汉语篇章语言学》,外文出版社2002。此序写于2002年2月26日马年元宵。)

三　序李宇明《语法研究录》

宇明的《语法研究录》,录下了他 20 年来走过的语法研究之路,录下了他在研究路上留下的鲜明脚印。

在科学面前,人人站位平等。关键在于,各人怎么冲刺。

宇明善于用眼。视野里,他不放过任何"可疑"对象;视线下,他既能看到问题的表面和正面,又能透视到问题的背面和反面。《研究录》表明,从"词法·词类",到"结构·范畴·认知",到"句·超句",再到"语法评论",从现代汉语,延展到古代汉语,再拓宽到某些民族语言,他撑开了一张视野大网,把收入网中的问题,不管是涉及面较大的"词语模"、"程度与否定"、"反复"、"空间在世界认知中的地位"和"整体与部分同词现象及其认知理据"等等,还是视点特别集中的"存现结构中主宾互易现象"、"动宾结构中的非量词'个'"、"VP 看"、"NP 出身"、"NP 呢?"和"(N)A 点"等等,都一一进行钻探,给人一种穿透感。

宇明善于用脑。一方面,对付不同性质和不同内容的问题,他能"看菜吃饭,量体裁衣",不拘一格地从容处置;另一方面,又始终紧扣一根"新"字主弦,不管思想触角伸向何处,他都能展露创意,令人耳目一新。有的文章,直接带上"新"字,如《所谓名词词头"有"新议》、《所谓的"名物化"现象新解》和《〈马氏文通〉新评》;更多的不带"新"字,其实全是问题新探,而不是嚼别人啃过的冷馍。比如上面提到的各个问题,又如《量词与数词、名词的扭结》、《疑问标记的复用及标记功能的衰变》和《领属关系与双宾句分析》等文章,都从分析深度和理论高度上力求除旧布新,给人一种敏锐感。

在时间面前,人人机会均等。区别在于,各人怎么把握。

这些年里,宇明既研究语法,又研究儿童语言,两个方面都有令人瞩目的"斩获";这些年里,宇明既要对付繁忙的公务,又不得不因家有长期患病的妻子而劳碌操心,两个方面都令人感到他是那么"称职"。套用"家事国事天下事,事事关心",他是"家事公事研究事,事事尽心"。他在四条战线上作战,他似乎长起了四只手,分分秒秒地抢夺着时间。

2000年2月19日上午,打开电子邮箱,看到宇明发来的邮件,时间是凌晨4点21分。邮件中写道:"现在是夜里3点45,刚看完你的大《序》,很是感动。先生之为人之为学,永为楷模。真是'经师易得,人师难求'。……我今年春节没有给你当面拜年,只顾急着把《语学论库》的书稿赶出来。总共有11节,再加上八篇附录,估计有30—40万字。往年,白丰兰一定要我三十下午和初一上午不进书房,今年'开禁'。……现在这时候,真的是元宵节了,就让我用电子邮件祝福您和谭老师吧!"这就是说,他又送走了一个未眠之夜。我不赞成他这么"拼命",但又不能不赞赏他能这么"拼命"。时间不会对谁特别慷慨。谁能驾驭时间,谁便成为时间的主人!

《论语·阳货》:"四时行焉,百物生焉。"四时是个时间概念,意味着一年包含春夏秋冬四季,春夏秋冬四季共有三百六十五天;四时又是一个气候概念,意味着既有鲜花和温暖,更有冰雪和严寒;四时又是一个发展概念,一个春夏秋冬之后又出现一个春夏秋冬,周而复始,万象更新。这个概念对人有多方面的启迪。做事做人,要有韧性,不然坚持不了春夏秋冬;要有承受力,不然适应不了千变万化的春夏秋冬;要有不断向上的精神,不然跟不上永远发展着的春夏秋冬。宇明当然不是完人,他的论著当然不可能完美无缺,但是,他一直在负重前行,自强不息。这就特别可贵。

学者的道路,是一步一个脚印艰难行进的道路。走这条路,创新意识是灵魂,务实精神是根本。读《研究录》,可以看到宇明始终坚持着"务实+创新"的准则。比如《NP 场景描写句》和《拟对话语境中的"是的"》,立足于大量实例,展示出新的思路,表明了用功之细而新;又如《非谓形容词的词类地位》和《拷贝型量词及其在汉藏语系量词发展中的地位》,萌发于新的求索,又回归到对大量事实的验证,表明了用功之巧而新。在学者的路上,宇明已经走了多远,学界自有公论。有一点可以肯定,就是《研究录》中的每一篇文章,都代表了一个实实在在的脚印。踏实而不轻飘,扎实而不浮华,老实而不虚夸,这是这些脚印给后学者最基本最重要的启示。学术行为不是孤立的个人性活动,而是人与人之间具有依存互制关系的社会性现象。近年来,高等学校和研究机构普遍下大力气狠抓学科建设,使学术研究出现了欣欣向荣的喜人局面。但是,浮躁的心态,短视的做法,急功近利的追求,也伴随着呈现出上升的趋势,成了一种时弊。因此,在目前,讲究踏实、扎实和老实,注重学风文品,具有特殊的意义。

从《儿童语言的发展》(1995)到《汉语量范畴的研究》(2000),这两部专著的出版,划出了一个时段,标志着宇明在他的学术河流中出现了相随相伴的两个不小的高潮。期间,他发表了一系列值得重视的论文。儿童语言方面的,比如《儿童问句理解的群案与个案的比较研究》(《语言教学与研究》1997 年第 4 期)、《儿童问句系统理解与发生之比较》(《世界汉语教学》1997 年第 4 期)、《语言教学和儿童语言研究》(《语言文字应用》1998 年第 1 期)、《儿童词义的发展》(《句法结构中的语义研究》,北京语言文化大学出版社1998);语法研究方面的,比如《疑问标记的复用及标记功能的衰变》(《中国语文》1997年第2期)、《动词重叠的若干句法问题》(《中国语文》1998年第2期)、《论空间量》(《语言研究》1999年第2期)、《拷贝型量词及其在汉藏语系量词发展中的地位》(《中国语文》2000年第1期)。不过,高潮还不是高峰,学术高峰需要体系性学术思想来筑造。对于宇明来说,今后还能出现多少高潮,出现什么样的高潮,能否出现形成高峰的更大高潮,这就要靠自己来进一步谱写新的篇章了。

讲高峰,是谈理想。古往今来,做到的能有几人?王勃说得好:"天高地迥,觉宇宙之无穷。"我只能同宇明相约,努力做自己力所能及之事,绝不偷懒!

(见李宇明《语法研究录》,商务印书馆2003。此序写于2002年3月19日。)

四 序周荐《汉语词汇结构论》

周荐君的新著《汉语词汇结构论》即将问世。打开书稿,粗略翻看,立即感觉到了书里浓浓的新意。

凭第一时间获得的印象,最突出的感觉是以下三点。

其一,建构新。

全书共分十三章。光看目录,可以知道,跟经常见到的词汇学著作相比较,本书半数以上的章目是新的。有六章,在别的词汇学著作里可以看到类似的语言片段。即:第一章,"引论";第二章,

"字、语素、词";第三章,"单纯词的构成";第四章,"由词根和词缀结构成的合成词—派生词";第五章,"由词根与词根结构成的合成词—复合词";第十三章,"惯用语、歇后语、谚语等俗语的结构问题"。另外七章,则凸显出了七个方面的研究专题。即:第六章,"双字格";第七章,"三字格";第八章,"四字格";第九章,"五字及五字以上的组合";第十章,"合成叠字词语";第十一章,"特殊格式";第十二章,"同族词语"。全书的章目布列,表明了作者在建构汉语词汇学系统上有自己的追求,在刷新汉语词汇学著作的面貌上做了可贵的努力。

第二,有己见。

不管章目是似曾相识,还是面貌全新,作者对问题的论说都具有一个特点:讲自己的见解,不人云亦云。比方,第四章里,作者指出:派生词当然是由词根和词缀结构成的,但是对词根之实和词缀之虚的程度把握不一,导致对一些词缀和一部分派生词的认定意见分歧;虚字与词缀,实字与词根,相互间不一定存在绝对的关联。又比方,第五章里,作者指出:绝大多数复合词的结构关系与其词性呈现着对应关系,少数复合词的结构关系与其词性并不呈现对应关系。又比方,第七章里,作者指出:三字格理论上共有22种构成模式,但存在于现代汉语中的只是16种模式;三字格是用以负载俚俗文化的,因此所谓的"惯用语"多由三字格充任。再比方,第八章里,作者指出:四字格的形成与《诗经》为代表的雅言和汉魏四言诗有直接的关系;四字格与双字格比较,虽两者都音步平稳、对等联结,但四字格多由2+2的方式构成,因而一般应属固定短语;而双字格虽由1+1的方式构成,但由于单字多已不再独用,因而它是词的典型模式。再比方,第十一章里,作者指出,"半…不…"

"连…带…""七…八…""说…道…"等待嵌格式是词汇性特殊单位,而非词汇性的待嵌格式(如"因为…所以…""即使…也…""不但…而且…""或者…或者…")不宜与词汇性待嵌格式混淆起来;作者又指出,"前首相和大臣"之类的"前",是一类特殊的词汇单位,可以称之为词加。综观全书,不难得到一个判断:这是一部别出心裁的著作。

其三,视野宽阔。

本书研究问题,兼顾了共时和历时。作者以现代汉语为基本观测点,对《现代汉语词典》所收的全部词汇单位,从字、词、固定短语的结构和构成等角度进行了穷尽式的描写,分析出了各类汉语词汇在结构上和构成上的特点和规律。作者又把研究视点投向由古至今的时间纵线,对别的学者论著中所提供的甲骨文时期、先秦时期、中古时期、清代末年、二十世纪和近十几年的汉语词汇进行了全面的统计分析,对汉语词汇在两三千年的发展史中各个不同时代层面的状貌进行了全面的研究,对所发生的变化进行了详尽的描述。不仅如此,作者还以日语、韩语、英语词汇为例,对汉语词汇的历史演变作了旁证式的分析研究。横向描写和纵向分析的结合,展现了作者研究视野的宽阔,整部著作显得既有厚实感和立体性,又有方法论上的求新感和启示性。

我和周荐君相识,当始于1984年。那一年夏季,承蒙刘叔新兄的邀请,我到南开大学讲学几天。在那里,多次跟周荐君接触,感觉到这是一位肯下苦功的青年学者,将在汉语词汇学研究上有所建树。果然如此。20世纪80年代中叶,他开始了一项"笨"工作,根据《现代汉语词典》所收的全部条目,凭借一支笔和百十本旧挂历裁成的数万张卡片,对现代汉语词汇进行了穷尽式的统计研究,后来,不停地翻阅《现代汉语词典》,竟翻烂了六本之多。这是极为艰辛的劳作,看起来"笨",实际上却受益甚多。二十年来,他不断发表论文和出版专著,今天又撰写成了《汉语词汇结构论》,正是常言所谓"功夫不负苦心人"。我亲眼目睹了周荐君二十年来的"春种秋收",格外高兴。

目前,我们国家的汉语词汇研究已经取得了很大的进展。但是,总的说来,作为一门学科的汉语词汇学,要真正成型,真正成熟,恐怕还有很长的路要走。这是一个严峻的事实。怎样通过探索、探索、再探索,从而更上一层楼,就当今我国语言学界的状况而言,固然需要老一辈词汇学家的前导,更需要周荐君这一辈中年词汇学家的承前启后,继往开来。

我在《"最"义级层的多个体涵量》一文里说过这么一段话:汉语的词汇词义的分析研究,应该同语法语用的分析与研究结合起来。所谓词汇词义,是指词汇系统中一个一个语词的基本含义;所谓语法语用,是指语词在特定语法组合中的实际运用。孤立的词汇词义层面的分析,只能获得最基本的了解;衔接上语法语用的分析,才有可能获得深入而全面的认识。这种接轨研究,具有普遍意义,并非"最"字如此。比方"没",从词汇词义的角度说,"没"就是"没",就是零,但从语法语用的角度说,"没"不一定完全没,可能不是零。又如"兄弟",就加合型用法来说,所有词典都解释为"哥哥和弟弟"。然而,在实际运用中,有时则指"哥哥或弟弟",有选择性:他没有一个兄弟。诚然,在特定的语法环境中,在语言的动态应用中,词语的含义往往比词汇角度的解释要丰富得多。(《中国语文》2000 年第 1 期)语法学、语用学和词汇学,各有自己的研究领域、对象和需求,但是,研究语法和语用时关注一下词汇学的问题,研究词汇时关注一下语法学或语用学的问题,也许会有好处。这个想法不知对不对。如果不对,就把它当作一个学人的习惯性思维吧!

我想起唐人岑参的诗句:"春去秋来不相待,水中月色长不改。"我很喜欢这诗句的意境。沉醉于学问者,总是"痴心人"。周荐君如此;在钻研中寻求乐趣,送走一个个春夏秋冬的学者们,无一例外。我愿意与周荐君一起,共同品味其中的情蕴。

(见周荐《汉语词汇结构论》,上海辞书出版社 2004。此序写于 2004 年 8 月 10 日。)

五 序李宇明《中国语言规划论》

一个重视语言规划的国家,肯定是发展程度、整体实力和精神文明都上升到了较高层次的国家。反过来说,一个国家,当其力量不足以抗击侵掠,只能愤怒地忍受欺凌与屈辱的时候,当其人民食不果腹衣不蔽体,只能在生与死的边沿上奋力呼号和挣扎的时候,是不可能把这个命题提上议事日程的。正因如此,读到宇明的《中国语言规划论》,我既为他又有一部新著出版而高兴,更为当今中国的日益昌盛而抑制不住内心的激动。

站位高,展现强烈的时代气息,这是《中国语言规划论》一书的一个重要特点。

21 世纪,已经发达和正在迅速发展的国家,纷纷跨入信息化时代。民族语言的统一,是建立统一市场、实现工业化的重要条件;语言文字的信息化,是国家信息化的关键。纵观人类社会发展史,经济大国必然是语言大国,语言大国必然是经济大国整体风貌的重要侧面。中国正在向经济大国阔步迈进,中国的语言文字工作者必须站到时代潮头,与时俱进地思考自己的工作如何才能跟历史车轮同速。一些"传统任务"的完成,比如普通话的推广、现行汉字的整理和汉语拼音方案的推行,也应提升到信息化的高度来统筹规划。《中国语言规划论》一书,通过《中国当前语言文字工作任务》、《信息时代的语言文字工作任务》、《信息时代的中国语言问题》、《语言学发展的新机遇》、《信息时代需要更高水平的语言文字规范》等多篇文章的论述,清楚地阐明了时代赋予我国语言文字工作者的神圣使命。在一次闲谈中,宇明曾向我提到表明国家尊严的五大标志:国旗、国徽、国歌、国土和国语。他的文章,能够站立到时代高端去审视国家的语言问题,这不是偶然的。

有思路,明确提出自己的意见,这是《中国语言规划论》一书的又一个重要特点。

《我国的语言生活问题》一文提出四个思路:其一,促使汉语成为国际强势语言;其二,争取汉语在虚拟世界里的地位;其三,处理好外语与母语的关系;其四,保护濒危语言。《通用语言文字规范标准的建设》一文提出三个思路:其一,建立规范标准的理想体系;其二,建立科学的运作机制;其三,处理好刚与柔、学理与俗实、制定与维护、科学性与时效性等关系。诸如此类的论说,不可能全是创新,却表明了很有主见。《搭建中华字符集大平台》一文提出的思路和招数,更具系统性。自计算机对文字进行处理以来,中华字符集是国人所提出的最为庞大的字符集,在实现中必然会遇到许多技术难题。文章提到了五个方面:第一,字符种选择;第二,形体规范;第三,造字;第四,存储;第五,检索与输入。每个方面,都有阐发。比如存储,文章指出,中华字符集的非匀质的特点,决定了必须考虑将字符集分为若干子集,以满足不同领域、不同人群的使用需要,而子集的划分,必须考虑民族原则、古今原则和字频原则。文章还论述中华字符集与国际标准的关系,指出在互联网已经将整个世界勾连起来的今天,建立中华字符集必须考虑互联网的交际需要,解决国际统一编码问题。这样,能使中华字符集具有两大特性:第一,每个字符种的代码都是唯一的;第二,全世界只使用一套统一的编码系统。宇明不是圣人,他的构想不可能全无漏缺,但他思路开阔,考虑问题层层深入,而且敢于表明己见,这是一种有所为的征质。

讲品位,重视学术层面的探讨,这是《中国语言规划论》一书的再一个重要特点。

语言规划,既属于工作范畴,又属于学术范畴。讨论和制定语言规划,以解决工作中的实际问题为目的,但要真正达到目的,又必须以严谨的学术研究作为前导,深入揭示相关的规律性,使之成为一门学问。本书中的文章,或者偏重于讲工作,或者偏重于谈学术,或者甲中有乙、乙中有甲,但总体上都反映出了提高学术品位的美学理念。最能说明问题的文章之一,也许是《论母语》。文章指出:母语是个民族领域的概念,反映的是个人或民族成员对民族语言和民族文化的认同。母语直接指向民族共同语,但不指向共同语的地域变体,方言只能称为母言,不应视为母语;第一语言是人们"思维和交际的自然工具",即所谓"自我表达的天然工具",但与母语不是等同的概念。对于单一语言群体的母语问题,双语社会和双语家庭的母语问题,"母语失却"问题,文章从不同侧面展开了论说,其内容既是搞好语言文字工作的需要,其分析又同时反映出了讲求科学性的学术严谨。宇明一向认为,结合工作获得的科研成果,最易转化为工作效度,建立在坚实学术基础上的工作,最能解决现实中的"真问题"。从本书可以看出,努力将工作与科研有机地融为一体;努力提高工作性文章的学术品位,这是宇明的追求。

中国语言规划,从制定到实施,到获得良好结果,绝非易事,需要一辈接一辈众多有志之士、有识之士、有为之士,做出坚持不懈的努力。《中国语言规划论》一书,是宇明到教育部语信司工作四年多来"工作+思索+熬夜"过程的一个动态缩影。宇明有个特点:不干则已,干则有获。通过这本书,可以看到,他在尽心尽力地干着承前启后的工作,干得很投入,干得很有启示性。这本书的出版,我以为,可以看作是中华文化正在实现伟大民族复兴的一个注脚。——尽管只是一个小注脚! 至于这本书具体论说上的得失,读者是可以从不同角度按不同取值定向去思考和评价的。

(见李宇明《中国语言规划论》,东北师范大学出版社 2005。此序写于 2005 年 3 月 2 日。)

六 序丁力《语法》

我为丁力写出《语法》一书而高兴。

丁力这本书,共有十四章。第一章,语法概说;第二章,语法备用单位;第三章,静态实词;第四章,静态虚词;第五章,语法使用单位;第六章,小句的认知结构;第七章,句法结构的构造方式;第八章,句法结构一:判定结构;第九章,句法结构二:非判定结构;第十章,小句的分析方法——RJ 析句法;第十一章,RJ 析句法应用中应注意的几个问题;第十二章,复句与关系词语;第十三章,复句的分类;第十四章,句子的结构类型和语气类型。先看目录,了解其章节,再看正文,了解其内容,不难得出一个判断:这是一本独出心裁的书,提出了好些富于启示性的见解。举例说,以下八个方面的论说,就很值得重视。

第一,关于动态词与静态词。动态词,是人们在交际、思维过程中使用的词;静态词,是储存在大脑中能激发动态词的词。前者属于语法备用单位,后者属于语法使用单位。在语法使用单位中,动态词和短语是句子的"构件";句子是语言的交际单位,不管是单句还是复句,它们都以"小句"作为构成基础。

第二,关于静态实词的认知结构。静态实词认知结构,是静态实词所反映的客观事物或现象间所具有的相互关系的概括认识,由认知核和认知项两个部分组成。认知核是静态实词中人们要理解和认识的静态实词词义本身,认知项是人们在认识认知核的过程中建立起来的相关事物或现象的概括认识,二者之间存在着某种语义上的联系。

第三,关于潜像词与潜质词。潜像词,是能激发大脑表象、意象的词,如"苹果,孙悟空"等;潜质词是不能激发大脑表象、意象的词,如"原则,理想"等。潜像词与潜像词、潜质词与潜质词以及潜像词与潜质词,它们相互组合具有一定的规律。比如,"潜像名词+潜像谓词"可构成潜像句(能激发大脑形象思维的句子),"潜像名词+潜质谓词"可构成潜质句(不能激发大脑形象思维的句子)。文学作品之所以能激发人的形象思维,是因为文学作品存在大量的潜像句;理论著作不大能激发人的形象思维,这跟理论著作充满大量的潜质句相关。

第四,关于静态虚词的语法作用。静态虚词的语法作用有两个:一是连接,二是凸显。介词、结构词和连词,它们具有连接作用——将较小语法单位连接起来,显示相互间的语义关系等,以构成更大的语法单位;助词和语气词,它们具有凸显作用,前者是语义凸显,后者是语用凸显。

第五,关于小句的认知结构。小句的认知结构是指小句语义成分所反映的人们对客观事物或现象的概括认识,这种概括认识主要体现在两种不同的关系之中:一种是客观事理关系,一种是主观判定关系。只有明确客观事理关系,才能理解小句到底在反映什么样的客观事实或现象;但要了解小句的思想内容,仅仅理解小句的客观事理关系还不够,还要理解小句的主观判定关系。

第六,关于判定结构与非判定结构。不管是客观事理关系,还是主观判定关系,都要通过句法结构来表达。依据句法结构表达主观判定关系的不同特征,可以将句法结构分为判定结构和非判定结构两类。判定结构,包括主谓结构、述宾结构、状中结构、中补结构和定中结构;非判定结构,包括联合结构、同位结构、多核结构、量词结构、方位结构、介词结构和助词结构。非判定结构本身尽管不判定,但它参与判定,最终还是为人们实现对客观事物或现象的判定服务。

第七,关于多核句。小句具有两个或两个以上的认知核,这样的小句就是多核句。多核句至少具有两个特点:其一,每一个多核句,它至少具有一个共有认知项。其二,每一个多核句,实际上由两个或两个以上的单核认知结构在一定条件下组合而成。一般称多核句为兼语句、连谓句,但兼语句、连谓句的提法不利于深入观察汉语语言事实。

第八,关于RJ析句法。RJ析句法是指认知结构(R)和句法结构(J)相结合的析句方法。涉及两个方面:一是句法结构如何表达小句认知结构中的客观事理关系,二是句法结构如何表达小句认知结构中的主观判定关系。RJ析句法认为,句法结构的组造,为反映小句的认知结构服务。这一析句法主张三个结合,即"语法-词汇"相结合,"认知结构-句法结构"相结合,"多元-二元"相结合。

《语法》一书的写成,是丁力多年钻研的结果。我了解丁力。我和丁力的师生情谊,已经有了一十八个春秋。1987年,丁力同汪国胜、张邱林一道,考取我的硕士研究生。他们三位攻硕期间,我跟他们合作,撰写了《时间词"刚刚"的多角度考察》一文,发表于《中国语文》1990年第1期。1991年,丁力同李向农、储泽祥一道,考取我的博士研究生。他们三位攻博期间,我跟他们合作,撰写了《形容词的AABB反义叠结》一文,发表于《中国语文》1993年第5期。我一向认为,指导教师和研究生之间,应该是"亦师亦友"的关系。一方面,指导教师要起"指导"的作用,必须是"师";另一方面,指导教师要和学生一起探讨科学问题,而在科学面前是人人平等的,是可以教学相长的,因此,又应该是"友"。就具体的培养过程而言,师生一起研究问题,这是建立"亦师亦友"的关系的好办法。上面提到的两篇文章,从"侦察"语言现象、"搜索"可以研究的问题,到分析"案例"、选定研究题目,再到多次分头钻研、反复集中讨论,最后修改定稿,都经历了一年多的时间。其结果,是师生共进,关系融洽。

一十八年,对于任何人来说,都是相当长的时段。正是这相当长的时段,让我对丁力有足够的认识。丁力的突出特点,是爱琢磨,能思辨,善于把问题提到理论层面来分析,然后别具一格地提出自己的见解。这是一个学者应该具备的特质,而将要出版的《语法》,便是在一定程度上反映了这一特质的一本书。比如关于"RJ析句法",丁力有相当深入的阐述。他指出:成分分析法的多元性、层次分析法的二元性,这两种似乎相互矛盾的特征,实际上反映着我们对小句所包含的不同思维层面的认识,然而,这两种分析法都存在各自的片面性。他又指出:"RJ析句法"吸收二者的优点,形成了"多元—二元"相结合的特征,反映了体现在小句中的大脑思维认识客观现实或现象时所具有的多元与二元的对立统一。我并不认为丁力的见解很完美,人人都能接受。但是,结合汉语实际,重视理论思考,致力于探索有自己特点的方法论,这对于发展有特色的汉语语法学来说,是一条正确的路子,无疑应该鼓励和肯定。

从一开始接触起,我就认为丁力有做学问的良好潜能。今后,随着环境的改善,我相信,丁力定会不断拿出更多的事实,来证明自己越来越深厚的功力!

(见丁力《语法》,三秦出版社 2005。此序写于 2005 年 3 月 31 日。)

七 序何洪峰《汉语语法的多维探究》

洪峰的《汉语语法的多维探究》,包括现代汉语语法、历史语法和方言语法三组文章,对歧义结构、被动句、《金瓶梅》句法结构、黄冈方言语法等问题进行了颇有深度的研究。翻看了这部著作,总的印象是：作者打开了研究视野，驰骋在了广阔的研究空间之中。

2006年3月21日，《光明日报》国学版面发表短文11篇，其中，有我的一篇《语言研究的"向"和"根"》。在那篇短文里，我主要说了两点意思。一点是：我们提出"研究植根于汉语泥土，理论生发于汉语事实"的主张，追求形成自己的研究套路，凸显富于个性的学术特色。另一点是：我们充分重视语言研究的"向"和"根"。所谓"向"，即面向世界，面向时代需求；所谓"根"，即根在中国，根在民族土壤。

洪峰的论文，重视吸收、消化和融会新的语法理论。例如：《"拿"字语法化的考察》从历时、共时、方言角度，运用语法化理论，考察了"拿"字语法化的历程与机制。洪峰的论文，重视挖掘汉语语法事实，并由此生发出相关的理论。例如：《论双重歧义因素组合的结构》从同一句法结构包含有两个"歧义因素"的现象入手，揭示了句法结构更为多歧的现象，并由此探讨了歧义与语境的关系。《论蒙事型被动句》对被字引出主谓结构表示非典型被动义的被动句进行了历时的考察与描写，揭示了这类被动句的句法结构特征及语法化的历程。一组《金瓶梅》句法结构研究文章，比较详尽地描写了《金瓶梅》中的相关句法结构的共时特征。《黄冈方言的比较字句》详尽地描写了黄冈方言比较的结构形式及其特征。洪峰的论文，还重视对汉语语法研究中的热点问题进行理论探索。例如：按结构主义的理论来分析，句法结构歧义的成因主要源于结构层次或结构关系不同。《句法结构歧义成因的思考》分析了这种理论的解释力的局限性，即只能用结构的和语义的二元观点来解释句法结构歧义的成因，指出句法结构歧义的成因是一元的，本质是源于句法语义。《试论汉语被动标记产生的语法动因》从历时、共时、方言角度全面考察了汉语被动标记后,发现汉语被动标记语义上有"多源性、多样性、多功能性",被动标记产生的语法动因,从被动标记本身难以找到答案,因而认为,汉语被动标记的产生的背后一定有着简单的根本的语法动因,这就是:汉语 SVO 的语序结构与话题优先的话语结构的矛盾导致了被动标记的产生,产生后语法化的力量推动了被动标记的发展。我以为,洪峰的研究,在事实与理论的关系上,在"向"与"根"的关系上,是处理得比较好的。

汉语语法研究者,应该具备广阔的学术视野。研究现代汉语的与研究古代汉语、方言的互不相涉,只盯着"一亩三分地",很难把研究工作引向深入。正因如此,我们主张在研究具体的问题时要撑起"普—方—古"的大三角,推广来说,一个学者应该有大三角视野和努力于形成有自己特点的大三角研究空间。从这一点看,洪峰也是做得比较好的。

"学贵心悟,守旧无功。"(张载《经学理窟·学大原下篇》)洪峰爱琢磨,勤思考,追求推陈出新,不人云亦云。《汉语语法的多维探究》,是他"心悟"的一个小结,也是他向追求目标前进的一个新的起点。往后,相信他一定能不断"更上一层楼"!

(见何洪峰《汉语语法的多维探究》,华中科技大学出版社 2007。此序写于 2006 年 11 月 16 日。)

八 序黄树先《汉藏语论集》

我喜欢树先做学问的路子。

树先重视写论文。晋升副教授,晋升教授,靠的都是论文。有的青年学者,把精力用在撰写大部头的书上面;好些学校,评职称也特别强调要有"专著"。其实,相当多"专著"一般化的内容居多,闪光点并不明显。从发展上说,青年学者着力于写论文,可以积蓄越来越强劲的学术潜能,是更应该提倡的。

树先写论文重视小题大做。编写教材,总是大题小做,这是因为,教材范围宽泛而篇幅有限,所写内容线条较粗,所涉及的问题往往点到即止,不会一一进行细致的描写和解说。相反,撰写论文,则需要着力于小题大做。这是因为,只有把题目封闭在相对较小的范围之内,主观上有能力做深做透,客观上有条件做得相对周全,才能写出好文章。树先这部《汉藏语论集》的论文,比如《上古汉语复辅音声母探源》、《试论古代汉语动物词前缀》、《古代汉语僻义词考释》等等,都是小题大做的好文章。

树先写论文重视串联研究。发现问题,是钻研问题的前提。一旦发现问题,便要牢牢攥住,从各个侧面进行审视,提出这样那样的设问,然后沿着一连串问号所提供的线索,步步深入地寻求答案。读这部文集,可以看到树先研究的问题注意力相当集中,把大部分精力放在了对词汇的关注上面,并且由此及彼地对相关问题进行了追踪性的串联研究。比如《"驳马"探源》、《"茶"字探源》、《"哥"字探源》、《"娖隅"溯源》,又如《试论古代汉语前缀﹡A-》、《古文献中的汉藏语前缀﹡A-》、《略论民族语文中的﹡A-前缀》,都使人感到,作者不是东放一枪西放一枪地打游击,而是在打运动式的阵地战。

树先写论文重视找到自己。学习是为了创造,读别人的书是为了写出自己的书。一个学者,只有通过自己的研究,提出带有自己个性的成果,从而塑造出自己的形象,才能站到学问的高层次之上。从这部文集可以看到,树先撰写文稿,带着一种追求。一方面,对古今中外学者们的学说细加审察,反复思辨,吸取其合理的、对己有用的成分;另一方面,借助汉藏比较语言学来研究汉语,根据汉语文献的记载来研究缺乏古老文献的民族语文,形成自己的研究套路。文集中,《段玉裁的古今字说——段注说文研究之一》、《读〈段注说文改篆评议〉》等文章,都可以看到追求找到自己的轨迹。学术事业总要不断发展,不断前进,不断推陈出新。"否定-超越-再否定-再超越",这才是正常的公式。树先在做着走出自己路子的努力!

我同树先有两层关系。一是师生。1979年,他考入华中师范学院中文系,我给他们那个年级讲过课。二是师兄弟。1983年,他大学一毕业便考取了本校的硕士研究生,跟年已七十有三的杨潜斋先生学习汉语史,主攻传统训诂学,于是成了我的小师弟。上个世纪五十年代中期,我读大学时,四十多岁的杨先生给我们上过语言学概论课程;我毕业后,留校当助教,在汉语教研室工作,杨先生是教研室主任。杨先生治学极为认真,特别强调有所发现,他写的文章字字工整,十分好看,每一页都可以照相制版,令人赞叹不已。可惜他的书由于种种原因没能出版,至今也不知道那些手稿还在不在。我提到这一点,是想说明,人的一生往往有许多机缘,每个机缘都可能成为诱导自己前进的因素。我相信,对于树先的成长来说,杨先生的指点起到了相当重要的作用。

文章反映作者的为人与性格。树先朴实、诚恳、有内秀,他的文风也显示了实在、直率、有丰厚蕴涵的特色。树先在这部文集的"后记"中写道:"别的学科我不敢妄谈,但我觉得中国的语言学要有中国特色,中国气派,中国作风。""在文章的形式上,我追求的也是很传统的中国特色。我很喜欢王国维《观堂集林》的风格：不张扬，不卖弄，简洁洗练。文章看起来似乎没有什么理论的述说，材料－论述－结论。把其前后的文章拿来，就会看到一条红线贯穿其中。这条红线就是他的思想，他的理论，他的灵魂。"在我看来，这是树先对做学问的深刻感悟，也是树先为自己怎么做学问规定下来的一条总路子。我深信，在这条路子上，树先今后定能留下一长串更为鲜明的脚印！

（见黄树先《汉藏语论集》，华中科技大学出版社2007。此序写于2007年6月15日。）

九　序陈淑梅《语法问题探究》

陈淑梅教授把十多年来已经发表和尚待发表的文稿汇集成为《语法问题探究》一书，即将出版。我为此深感高兴。

认识淑梅，是三十六年前，在她的家乡湖北省黄冈地区英山县。1971年春季，华中师范学院（现华中师范大学）中文系在黄冈地区开办了一个中小学语文教师短训班，历时四个月。短训班开办地点设在英山县杨柳区，教室和教务人员的住处都在一个经过分隔的似乎原来是仓库的大房子里。学校的派出人员共七位，其中工宣队师傅一位，教师六位。六位教师中，除了姓周和姓李的两位正副组长，按年龄大小排下来，是郑老师、叶老师、陈老师和我。参加短训班的学员，来自英山、罗田两县，共三十多人，有的年龄稍大，有的却很年轻，只有十多岁。在最年轻的学员中，有一个便是淑梅。教师上课，主要是分析文章名篇，介绍写作知识，让学员写写小评论或调查报告,也穿插着讲点现代汉语知识。那时的教师,有双重任务,一方面接受学员再教育,一方面给学员上课。不过,学员们都很纯朴,很尊重教师,大家关系很好,分别时依依不舍,十分感人。

人生是丰富多彩的,学者们的学术经历也繁丽多姿,各有特色。淑梅接触汉语语言学,应是从那次短训班的学习开始的。她由一个小学教师,到成为一个大学教授,其历程,相当富于启示性。她的《语法问题探究》一书,在很大程度上反映了这一点。我读过这部书中已经正式发表的大部分文章,下面三句话,代表我的突出感觉。

第一,文章要写自己最熟悉的事实或现象。这是因为,只有这样才能充分发挥自身的优势。当年,在那次短训班期间,为了训练调查报告的写作能力,我曾带着包括淑梅在内的几个学员,步行二十余里,前往淑梅家所在的村子,去访问一位名叫葛秀英的全国劳动模范。淑梅的调查报告写得不错,有血有肉,因为她写的是自己所熟悉的人和事。通过这样的写作,她尝到了甜头。她后来用很多精力研究家乡的方言,当是由此有所感悟的自然延展。1987年,在多年没有联系之后,她带着一篇《英山方言与北京话语音对应规律及其辨正》的文章来武汉,找到我,让我看。我觉得她对语言问题有悟性,就鼓励她继续往前走,多研究英山方言问题。这部《语法问题探究》,既有英山方言的文章,也有其他方言的文章;既有关于方言的文章,也有关于共同语的文章。其中,方言研究更出色,成果更多。这说明,她由此及彼,不断拓展,终于走出了适合于自己的一条路子。

第二,文章要抓住有特色的事实或现象小题大做。这是因为,只有这样才能充分发挥文章的效用。当年,在那次短训班期间,为了写好小评论,学员们学会了"以小见大"的写作思路。记得淑梅写出了一篇《一片苕干》,反映了人与人之间的可贵感情,很能打动读者的心,得到了教师们的好评。二十多年以后,淑梅对"小题大做"有了更多的领悟。她的好些文章,或者讨论一个事实,或者讨论一个事实的一个侧面,或者讨论一个事实一个侧面的一些有代表性的现象,都能从不同角度提出问题,然后一个个地寻求答案,发掘出规律性东西,做到有所发现,有所创新。比如《汉语方言中一种带虚词的特殊双宾句式》、《鄂东方言的"V得得"结构》、《鄂东方言的"数+量+O"的结构》等文章,写得细致深入,富于新意。又如《汉语方言中异称现象与民族文化》、《鄂东英山方言中满意度量的表达方式》二文,前者从语言与文化相互关系的角度思考问题,后者从"主观化"的角度出发,讨论对量的满意程度的评价,都从新的角度切入,发掘颇深,文章显得颇有分量。

第三,文章要有良好的学风。治学之道,学风先导。良好的学风表现在各个方面,"实"字是根本。淑梅研究汉语语法,特别是研究方言语法,题目既来源于客观事实,结论又需要回转到客观实践中去接受检验,因此,必须讲求踏实而不轻飘,扎实而不浮华,老实而不虚夸。她的文章,具有这一风格。我想引述《鄂东方言的副词"把"》一文导言中的几句话:"在李荣主编《现代汉语方言大词典》的42部分卷本中,唯有汪平《贵阳方言词典》提到'把'字的副词用法。""贵阳方言属于西南官话。'把'的副词的用法,鄂东方言里也有,而且,跟《贵阳方言词典》所列举的现象相比较,意义和用法更为复杂多样。……其方言属于江淮官话区。"这样的平实表述,让人深切地感到,作者是在进行新的探索,但作者又首先交代,自己的探索是以站到别人的肩膀上作为起点的。学术的发展,需要这样的学风。

"抬头是山,路在脚下。"在英山县杨柳区参加短训班教学工作的那段时间,每天早晨一出门,遥望左边群山,总会见到有一个山尖犹如金字塔似的突兀而起,尖顶常常白云缭绕,煞是好看,而且让人感到神秘。当地人管这个山尖叫作"英山尖",我望着望着,不禁萌发了要到那上面去看看的意向。短训班快要结束的一个星期天,我约请几个学员一起去爬英山尖。跟我一起去的有淑梅,还有姓何和姓江的两位学员。一行四人,早晨出发,傍晚返回。很累,但很愉快。有个较为年长的女学员问我:"老师,假日里大家都进城去玩,你为什么要去爬那山呢?"我笑着回答:"就是想试试有没有爬到山顶的毅力。"对于这件事,淑梅肯定也记忆犹新。做学问犹如爬山,贵在坚持。淑梅有一股子坚持的劲头。她经常对我说,她很少有星期天和节假日,经常熬夜。这部《语法问题探究》,无疑是她不懈努力的记录和回报!

(见陈淑梅《语法问题探究》,湖北人民出版社 2007。此序写于 2007 年 11 月 7 日。)

十 序卢卓群、普丽华《中文学科论文写作》

翻阅了《中文学科论文写作》,有很多感想。归纳起来说,有两大方面。

一个大方面,是关于这部书本身的。这是一部写作学教材,以下三点给了我突出的印象。

第一,这部教材有明确的针对性。首先,针对的是论文的写作,希望能对学习者提高这方面的能力提供切实的帮助;其次,针对的是中文学科的学习者,希望能对中文系和相关系科的大学生、研究生以及其他人士提供切实的帮助。不同的学科,具有不同的特点;但是,学问是相通的,怎样做学问和怎样写论文,其他专业的学习者也可以从这部教材中得到启示。

第二,这部教材有合理的结构布局。所谓中文学科,即汉语言文学学科,包括语言学科和文学学科。本教材在简括介绍中文学科论文特点的基础上,分两大块作了多角度的深入阐发,在结构布局上形成了一个二分法系统。一般地讲,语言学科的研究主要精力放在揭示语言事实的客观规律性上面,而文学学科的研究则更重视分析文学作品的人物形象和艺术特色。语言学科内部,文学学科内部,都有许多分支学科。二分法的结构布局,能凸显语言学科和文学学科各自的特点。

第三,这部教材注重动态的写作实践的指导。具体点说,不是静态地讲述主题、题材、结构、语言等方面的知识与要求,而是强调"过三关"。一为选题关。常言:题目选对了,文章就成功一半。如果说,这样从肯定方面作出判断,显得稍为过分,那么,从否定方面提出判断,认为题目若选得不对文章就一定不能写好,这无疑是完全正确的。二为研究关。题目选定之后,必须对有关问题进行深入的研究。文章是否有新意,有深度,有说服力,都取决于能否过好这一关。三为表达关。有了研究成果,必须用文字形式表达出来。通过词语表达出来的概念是否准确,通过小句表达出来的判断是否严谨,通过小句关联表达出来的推理是否缜密,整篇文章是否明晰晓畅,都取决于能否过好这一关。当然,这三关不是孤立的顿变性的三个阶段,而是相互联系、相互渗透的三个步骤。简要地说:一开始选题,实际上也就开始了研究工作,而一开始研究问题,实际上也会开始了如何表达的思考;反转过来讲,在表达阶段,文章写着写着往往会觉得某些或某个论断需要修改,有时还会觉得题目需要改动,这又是"表达"对"研究"和"选题"产生逆向影响了。

另一个大方面,是由这部书所引发的。我以为,跟论文写作有关系的问题很多,以下两点,需要加以强调。

第一,写文章,要贴近读者意向。读者欢迎那些看得懂、信得过、觉得新的文章。"文章写就供人读,何事苦营八阵图?"这是已经去逝的著名语言学家吕叔湘先生的诗句。无论是哪种风格、哪个流派的文章,都要以读者能看懂作为基本要求。有的文章,不仅一般读者不知所云,就连同行专家也越看越糊涂。吕先生的诗句,显然是有感而发的。"事实胜于雄辩。"这是一句格言。不管讨论什么问题,都需要多摆事实,进行令人信服的求证,努力增强文章的可信度。要是所发表的文章里没有多少事实,凭三两个例子就作出了一串串的理论发挥,读者便不知道结论是否准确,往往半信半疑。"学贵心悟,守旧无功。"这是宋人张载《经学理窟·学大原下篇》中的一句话。心有所悟,才能别出心裁,才能有所创新。前人的成果,不管是古代的还是境外的,都只代表过去,代表已然,不应亦步亦趋地一味跟着走。当然,文章具体怎么写,应该因人而异,因题而异,因实际需求而异,没有固定的模式。

第二,写文章,要讲究学风文品。首先,必须分清人己成果。学术研究,不能不阅读已有文献,不能不涉及他人说法。但是,在所写的文章中,应该把自己的研究成果和别人的研究成果区分清楚,并且向读者作明确的交代。任何时候都要"清澈见底",而无"梁上君子"、"瓜田纳履"之类嫌疑。其次,必须矫正不良态度。学术研究,不可能没有见解的分歧,不可能避免不同看法的论辩。但是,论辩必须讲究态度,在对待与己相左的意见上,必须摒除学术因素之外任何过激的言辞。对于不良态度,不管出于什么原因,都要努力矫正。再次,必须善于律己待人。学术研究,不能不面对这样那样的成果。在成果的掂量上,应该摆对立足点,严格地要求自己,正确地对待别人。对己,切忌"自夸自销";对人,切忌"居高临下"。说理、友善和平等,这是人际间学术关系的一种定位。好的学者,总能摒弃出格言行,形成良好修养,借以引领自己向学风和文品的高尚境界升华。

卢卓群教授和普丽华教授既有研究水平,又有多年教学经验,在学科论文写作方面也有不少成果。他们重视创造性思维的训练和创新能力的培养,花了数年时间撰写出了《中文学科论文写作》这部很有特色的教材,相信定能获得读者的好评。

(见卢卓群、普丽华《中文学科论文写作》,中国人民大学出版社 2008。)

十一 序屈哨兵《现代汉语被动标记研究》

读哨兵的《现代汉语被动标记研究》,突出地感到有三个方面的长处。

第一,本书有相当好的结构安排,有效地显示了内容的丰满厚实。

书的导言部分,作者重点检察既往研究的有关成果,检讨其不足,从而确定自己的研究出发点、所用方法与预期目标。正文共九章。第一章带有通论性质,从认知的角度分析现代汉语的一些特定被标和可能被标。首先讨论被动原型,并以此为基础对被动观念的图式进行预测;接着对相关被标和可能被标的被动图式作个案分析,认为至少可以立出"上下、前后、路径、密合"四种图式来显示现代汉语中的被动观念框架;再接着分析不同被动图式彼此之间的共性、关系与差异。第二章至第八章,分别讨论特定被标"给"、特定被标"让"、特定被标"着"、可能被标"经(过)"、可能被标"在……下"、可能被标"用来"和可能被标"值得"。论述中,作者提出了不少富于个性化的见解。比如关于特定被标"让",书中不仅进行历时考察,从角色与地位、行让与言让、诱转与类推等不同角度论证其出现的语义动因、语用动因和结构动因,而且对此标的共时势态进行考察,分析其跨区串片、通滞不均、共存难专、口书两存的使用状况,还将此标与其他相关的被标进行比较,说明此标的使用在空间、时间认知框架中的表现。书的第九章是结语,表明作者的总体认识。总的说来,全书结构的铺展,内容的阐发,都给人以步步逼进、层层加深的感觉。

第二,本书有相当好的研究思路,反映了作者在方法论上的探求。

本书以"在'点击'标记的基础上重链接,在描写的基础上重解释"作为基本研究思路,以"两个三角"说作为基本研究方法。一方面,作者认为,特定被标的观察研究更需要倚重于"普—方—古"大三角的研究方法,在研究过程中,对于可能被标,作者着力于"普—古"观照,必要时也涉及"普—古—外(亲)";另一方面,作者认为,不管是特定被标还是可能被标,在标记形式确定的前提下,被动标记语里意义的衍推与认知分析是考察研究的重点,必要时进行语值辨察。此书选列3个特定被标和4个可能被标进行深入细致的辨察,重视运用语料库数据来描写事实和解释观点,重视多角度的立体性研讨。这种较为成功的个案分析,扩展和深化了人们对被动标记的认识,就研究思路和研究方法而言,对于被动标记的研究是具有启示性的。

第三,本书有值得关注的突破,在好些较为重要的问题上有所创新。

作者重视贯彻"研究植根于汉语泥土,理论生发于汉语事实"的理念,在深入发掘汉语事实的基础上,力求论说的突进和出新。首先,建立了"被动观念→被动图式→被动标记"的关联分析模式。作者立足于被动观念,讨论被动原型,进行图式预测,预测线索涉及"面-向(点)-线-合-感"。个案分析证明,这一关联分析模式对语言事实具有相当强的解释力。其次,建立了被动观念标现的级度分析观,并提出相关的操作原则。作者依据被动标记对被动观念凸显级度的高低将被动标记分成强标、次强标和弱标三种,力图从受动者凸显、施为者凸显及结果状态凸显等方面对被动标记进行定性与分级描写。其三,重新厘定现代汉语被动标记的成员边界,提出并论证了可能被标成立的观念基础及事实依据。可能被标范畴的建立,从一个新的角度拓展了汉语被动标记的研究范围,推动现代汉语被动句标记研究的深入开展,为被动句与相关句式之间的转换研究奠定更加坚实的基础。这些论说的提出,映现了作者别出心裁、另辟蹊径的研究意向和追求。

人的一生无时无刻都在走路。进取精神和多思习惯,对于怎么走路,是走得歪歪斜斜,还是走得稳稳实实,是起着决定作用的要素。哨兵1989年至1992年,跟我读硕士;工作了一段时间之后,2001年至2004年,又跟我读博士。他有个特点,就是不满足于现状,不停地想着新的点子。读硕士的时候,他写出了后来发表在《中国语文》上面的关于恩施方言语法的札记,读博士的时候,他在《中国语文》上发表了富有新意的文章"'由于'句语义偏向"。他攻博期间完成的论文,还被评为湖北省优秀博士学位论文。所有这些,都是他执著进取和一向多思的脚注。现在,哨兵担负了行政职务,但是,不仅没有撂下语言研究,而且由于视野有所扩展,显得更为成熟了。

子曰:"不得中行而与之,必也狂狷乎!狂者进取,狷者有所不为也。"我跟宇明通邮件,说过这样的话:如果有人问我,你当了这么多年教师,你最为得意的是什么?那么,我会回答说:我的学生中,有几个"狂狷之士"!

对哨兵,心里总是怀有期待,期待他不断刷新记录。当然,人的精力并非无穷,必须善于处理劳逸张弛之关系,这是辩证法。

(见屈哨兵《现代汉语被动标记研究》,华中师范大学出版社2008。此序写于2008年2月6日除夕。)

十二　序金铉哲教授韩文译本《汉语语法三百问》

半年前,商务印书馆告知,韩国有位教授翻译了拙作《汉语语法三百问》,将在韩国出版。后来,收到延世大学中文系金铉哲教授的一封信,才知道是他翻译了这本书。我十分高兴,深感荣幸。

我跟金铉哲教授没有会过面,但是,读了他的信,立即感到我们好像已经有了多年的交情。金教授为人谦和真诚,语言学功底深厚,对中国语言学的状况相当熟悉,对韩国同中国的学术交流和友好交往十分热心,这是读信之后一个方面的总体感觉。金教授的信是用中文写的,长达一千多字,在字词选用上,在语句组造上,在意思表达上,都显示出良好的素养,表明了具有相当高的中文水平,这是读信之后另一个方面的总体感觉。由于有以上的突出感觉,我因而认定,金教授的《汉语语法三百问》韩语译本,必能准确地表述中文原作的内容。

在《汉语语法三百问》之前,我出版过一部《汉语语法学》(东北师范大学出版社 1996 年 11 月)。《汉语语法三百问》实际上是《汉语语法学》的简写本,为了便于读者翻阅,采用了问答的形式。《汉语语法学》1998 年曾先后获得中国高校第二届人文社会科学研究成果一等奖和第十一届中国图书奖。有的问题,《汉语语法三百问》可能讲解得过于简约,韩国的读者朋友,若能直接阅读中文书籍,请参看《汉语语法学》的有关章节。

翻译一本书,在很大程度上是一个再创造的过程。为了翻译这本《汉语语法三百问》,金铉哲教授付出了大量的精力和心血。在这里,我要向金教授表示由衷的感谢和敬意!

(见金铉哲教授韩文译本《汉语语法三百问》,China House 将出。China House 是韩国一家专门发行汉语学术书籍的出版社。2008 年 10 月 18 日金铉哲教授邮件告知:"正在进行校对"。此序写于 2007 年 9 月 10 日。)

短文八篇

一 重视语言研究的"向"和"根"

我们提出"研究植根于汉语泥土,理论生发于汉语事实"的主张,追求形成自己的研究套路,凸显富于个性的学术特色。已经确定以"小句中枢说在汉语与临界领域研究中的应用与验证"为总研究项目,把研究视点投射到现代汉语共同语、汉语方言、古代近代汉语、汉外语言比较、中文信息处理和汉语教育问题等6个方位,"十一五"期间将研究其中若干子课题。

我们充分重视语言研究的"向"和"根"。所谓"向",即面向世界,面向时代需求;所谓"根",即根在中国,根在民族土壤。这决定了我们对国学的尊重与景仰。跟现代学术相比较,"国学"作为一个在特定历史阶段上形成和发生重要影响的事物,自然有其历史局限。以现代中国语言学来说,目前已经涵盖了汉语汉字研究、语言理论与语言应用研究、少数民族语言研究、外国语言研究四大分支的数十个学术领域,远非国学范围中的文字、训诂、音韵等之可比。但是,中国语言学要得到理想的发展,用一句话归总,最重要的是形成"语言学的中国学派"。而要做到这一点,研究国学,承传其优点,无疑具有特殊的意义。

(原载《光明日报》2006年3月21日)

二　双语教育与民族精神

"双语"这个概念,作为学术问题来讨论,可以有不同的理解。就目前许多学校的实际情况而言,一般理解为:让学生在掌握本民族语言的基础上,掌握外语。所说的外语,主要指的是英语。

当今的世界,一日万里地飞速发展。社会越发达,科技越进步,地球就变得越小,中国人与外国人的接触、与外语资料信息特别是英语资料信息的接触就越发频繁。不懂外语的人,在国际交往中寸步难行;缺乏精通外语的人才,国家犹如缺少了千里眼和顺风耳,要想建成世界强国,便会成为一句空话。因此,培养双语人或多语人,是实现中华民族伟大复兴的需要,是与时俱进的战略性举措。

但是,在强调学习外国语言的同时,必须教育学生热爱祖国语言,提高民族自豪感。

首先,要热爱祖国语言。汉语是高度发达的语言,从诸子百家到毛泽东思想、邓小平理论和江泽民"三个代表"的重要思想,都通过汉语来进行了完美的表述。仅仅这一点,就足以说明汉语的精密达到了最高的级度。汉语又是非常优美的语言,要全面论述汉语之美,起码可以写成厚厚的一大本书。简单地说,汉语具有简匀美,具有节奏美,具有情味美,具有人文美,汉语里蕴藏着不知多少可以发掘和利用的中华文化珍宝!

其次,要提高民族自豪感。一个民族的语言,是一个民族的标志。人类发展史证明,一个民族不管处于多么危难的时刻,只要它的语言存在,它就不会灭亡;相反,一个民族的语言一旦消失,这个民族也会消失。汉语是华夏民族的共同语,而华夏民族是强大的民族。1973年12月8日联合国大会第二十八届会议一致通过,把汉语列为大会和安理会的六种工作语言之一。其他五种工作语言是:英语、法语、俄语、西班牙语和阿拉伯语。据教育部语言文字应用研究所《语文信息》2003年第1期所辑录的材料可知,随着2001年申奥成功、正式加入世贸组织、主办亚太经合会、男子足球冲出亚洲,中国在国际事务中的地位益发显得举足轻重,汉语作为使用人口最多的语言,在国际上的重要性进一步提高,学习人数逐年增多。已有八十多个国家的2100所大学和中国邻近国家不计其数的中小学、民间机构,开设汉语课程;在全球各地,都可以感受到汉语学习的热度。作为汉语书面语的中文,正逐渐跃升为全球仅次于英文的新强势语言;其影响,还会继续扩大。所有的华夏子孙,都应为我们祖国拥有这样的语言而自豪。

进行双语教育,必须分清主流语言和非主流语言。在我国境内少数民族地区进行双语教育,"双语"指汉语和某种少数民族语言,其中的主流语言是作为所有中华儿女共同用语的汉语。在面向国际对中国学生进行双语教育的时候,要"以我为主",主流语言仍然必须定位为汉语。道理明显,中国学生学习外语,是为了加强自己,借以促使伟大祖国进一步繁荣强盛。正因如此,应该以弘扬中华民族精神作为基本出发点,教育学生以强者心态同强者对话,处理好母语使用和外语学习的关系。如果双语教育推行的结果,是让学生从小就觉得英语是优越于汉语的语言,那将是教育的失败。

(原载《中国教育报》2003年3月11日)

三　本刊的愿望

《汉语学报》正式出刊了。

《汉语学报》的前身,最早是内部印刷发行的《语言学通讯》,后来是用文集形式出版的《汉语学报》。《语言学通讯》于1985年创刊(批准号 E.K.173),办了5年时间;文集形式的《汉语学报》,于2000年开始由湖北教育出版社出版,每年出版上卷和下卷,每卷30余万字,连续出版了六卷,共六期。作为正式刊物,现在跟读者见面的《汉语学报》是季刊,2004年下半年出版两期,以后每年出版四期。由于跟文集形式的《汉语学报》之间具有延续性,因此2004年第1期便是"总7期",2004年第2期便是"总8期",2005年第1期便是"总9期"。往后类推。

《汉语学报》的办刊宗旨为:以汉语为研究对象,致力于事实的发掘和规律的揭示,致力于理论的探讨和方法的探索;促进汉语的母语教学和对外教学,积极推进语言信息处理和语文现代化。为了宗旨的有效落实,我们把以下六点愿望作为办刊准则。

第一,在问题研究上,注重客观性。希望所刊文稿从客观实际出发揭示规律,寻求结论,不囿于成说,不固执一己之见。提倡深究事实,以小见大;提倡勇于假设,据实论证。

第二,在理论方法上,赏扬思考性。希望所刊文稿努力把事实的描述同理论方法的思考结合起来,由实引论,以论带实。既提倡结合汉语实际的引进型理论思考,更提倡探索新路的生发型理论思考。

第三,在文稿内容上,加强沟通性。所谓"沟通",包括汉语研究内部不同方向的相互沟通,汉语研究同非汉语研究的相互沟通,自然语言研究同计算机应用研究的相互沟通。所刊文稿,不排除单角度的研究成果,但也希望有相当一部分是从不同方面进行的跨界性研究成果。

第四,在作者队伍上,坚持开放性。本刊尊重老年专家,依靠中年专家,注意发现和培养青年专家。刊物既向海内学者开放,又向海外学者开放。

第五,在学术气度上,主张容纳性。本刊提倡争鸣,不搞一言堂;提倡涵容、包容和宽容,希望所刊文章能涵容不同观点,能包容不同说法的长处,同时希望学者们对不同意见持宽容态度,多考虑不同说法的合理性,以利于学术的发展。为了活跃学术研究,本刊将长期开辟"讨论专栏"。

第六,在成果效应上,讲求实践性。好的成果,不仅在理论框架上具有美感,而且在实践上一定能经得起时间的考验。本刊希望,所发表的文章一方面能推动语言学研究事业的发展,一方面能应用于母语教学的实践,或者能应用于双语多语教学的实践,或者能应用于汉语信息处理的实践。

中国正在阔步走向世界。中国的语言学,也必将阔步走向世界。《汉语学报》是属于所有语言学研究工作者和所有语文教育工作者的一块园地。由衷希望海内外各方面人士多多关心,多多支持,大家共同把这块园地耕耘得万紫千红!

(原载《汉语学报》2004年第1期。署名:《汉语学报》编辑部。)

四 《汉语学报》的基本走向

《汉语学报》正式出刊已经有一年半了。今后的基本走向如何？编辑部一直在思考，专家们和广大读者朋友也都十分关心。

2005年11月12日至13日，"动词与宾语问题国际学术研讨会"在华中师范大学举行。这是教育部全国百所人文社会科学重点研究基地之一华中师范大学语言与语言教育研究中心举办的第三次汉语语法系列专题研讨会。12日晚，编辑部举行了一次恳谈会。与会专家有（按音序排列）：蔡维天（台湾地区）、戴庆厦、邓思颖（香港地区）、范晓、黄树先、李英哲（美国）、马庆株、潘海华（香港地区）、邵敬敏、石定栩（香港地区）、石毓智（新加坡）、杨凯荣（日本）、尹世超、张宝胜、郑定欧（香港地区）。商务印书馆乔永博士参加了会议。会上，专家们发言热烈，提出了不少建议。13日上午，编辑部成员和乔永博士一道，分析了各个方面的情况。后来，编辑部又对近十位青年学者进行征询，了解他们的希望。

根据大家的意见，结合一年半以来的办刊实践，我们归纳出以下三点，作为《汉语学报》今后的基本走向。

第一，以现代汉民族共同语为基点，辐射周边领域和相关学科。

在商务印书馆的期刊方阵中，就内容而言，《中国语文》是综合性的，《方言》、《民族语文》和《古汉语研究》已经各有侧重，《汉语学报》有必要选择上述的定位。凡是研究现代汉民族共同语的文章，或者跟现代汉语共同语有"挂钩"关系的方言、古代汉语、民族语言、外国语言、语言教育、信息处理等等领域的稿件，《汉语学报》全都欢迎。我们相信，既立足于现代汉语共同语，又放眼于相关的方方面面,现代汉语共同语的研究才有可能得到理想的发展。

第二,尊重不同流派的理论方法和观点,推崇质朴文风,提倡有实据讲实证。

《汉语学报》发表过《本刊的愿望》,又先后发表了《弘扬吕叔湘学术精神》、《以学派意识看汉语研究》、《语言学科发展三互补》等文章。这里,再突出强调一下"不同流派"问题、"质朴文风"问题和"有实据讲实证"问题,借以表明我们的基本追求。

第三,继续设立固定栏目和自由栏目,以利于学术的推进,人才的造就。

固定栏目和自由栏目的文章,每期基本上各占一半。自由栏目,用于不拘一格地发表学者们的研究成果。固定栏目包括"专题讨论"和"青年论坛"。"专题讨论",一年半讨论一个专题,将一个专题接一个专题地连绵延续,不会中止。"青年论坛",为青年学者的成长开辟一个空间,文章可能稚嫩一点,但也会有闪光点,从长远看,应该具有积极的作用。

办刊物难。《汉语学报》只能在前进中摸索,在摸索中前进。感谢专家和读者朋友们的关心和支持!恳请大家,多给《汉语学报》以帮助!

(原载《汉语学报》2006年第1期。署名:本刊编辑部。)

五 新的刊物 新的高度

在我们这个拥有十多亿人口的多民族国家,研究民族语言的刊物实在太少。《汉藏语学报》的创刊,是填补空白的大手笔。这一新的刊物,代表了我国汉藏语研究新的高度。

我的汉藏语知识水平很低,但是,我一定会成为《汉藏语学报》的忠实读者。因为,一方面我需要通过阅读《汉藏语学报》来扩大自己的知识面,另一方面我需要通过学习掌握汉藏语的资料来提高观察分析和判断自己所要研究的若干问题的能力。我相信,跟我类似的读者,为数颇多。

一个像我这样的读者,希望在《汉藏语学报》上读到的,是什么样的文章呢?我想到了以下几点。

第一,"文章写就供人读,何事苦营八阵图?"这是吕叔湘先生的诗句。学术刊物应该搞"五湖四海",所发表的文章应该尽量包容各种风格各种流派的成果。然而,无论哪种风格,哪个流派,发表出来的文章都要让多数读者能读懂。十多年前,在一起参加一次会议的时候,邢公畹先生对我说:"福义啊,现在很多文章我读不懂了!"我很感慨。公畹先生是大师级学者。连他都看不懂的文章,恐怕是太高深了。

第二,"事实胜于雄辩。"这是一句格言。多摆事实,用事实说话,可能是最受读者欢迎的。《方言》杂志,曾经发表过不少摆事实的文章,既有作者的观点,又由于有大量材料而让读者有可能作出自己的判断。《汉藏语学报》和《方言》有相同之处。民族语言或方言,如果不是读者的母语,读者一般不懂。要是所发表的文章里没有多少事实,却有很多理论上的发挥,读者便不知道作者的结论是否准确,有时候甚至还可能不知所云。

第三,"有比较才能鉴别。"这是经常听到的一句话。姑且不管原来的语境,把这句话用到语言研究上,也很有启示性。鉴别语言的特点,比较的方法往往效果很好。以往,研究汉语,提到汉语语法特点,大都是跟印欧语作比较。其实,那样固然很有用,但跟汉藏语言中其他各种语言作比较可能更有用。如果比较中把题目的范围限定得小一点,列举的语言事实全面一点,对语言事实的剖析细致一点,那么,对所论及的语言各自特点的认识,就可能更清晰一点。

第四,"学贵心悟,守旧无功。"这是宋人张载《经学理窟·学大原下篇》中的一句话。心有所悟,才能别出心裁,才能有所创新。前人的成果,不管是古代的还是境外的,都只代表过去,代表已然,不应亦步亦趋地一味跟着走。以汉语语法特点的研究与揭示来说,季羡林先生指出:"要从思维模式东西方不同的高度来把握汉语的特点";又指出:"要在对汉语和与汉语同一语系的诸语言对比研究的基础上,来抽绎出汉语的真正的特点。"("20世纪现代汉语语法八大家选集"序言,见《吕叔湘选集》,东北师范大学出版社2002)我以为,季先生的话值得深思。

办刊物难,办学术刊物尤难。难就难在,既要凸显学术水平,又要做到雅俗共赏,能够吸引读者,赢得读者。要达到这一目的,需要做多方面的努力,其中,考虑读者的心理和需求,应该是相当重要的一个方面。

《汉藏语学报》的创办,是中国语言研究学术史上的一个突破性标志。相信这个新刊物定会越办越好,定能成为一个充满活力永葆青春的重要刊物。为《汉藏语学报》的创刊而欢呼!

(原载《汉藏语学报》2007第1期,商务印书馆2007年9月。)

六 二十年前的一份奖状

翻看旧时资料,发现有一份二十年前的奖状:

> **奖状**
>
> 邢福义同志:
>
>   自全国科学大会以来,科研工作成绩显著,被评为科研先进工作者,特颁发此状,以资鼓励。
>
>   中共华中师范学院委员会
>   华中师范学院
>   一九八二年元月

  看着这份20年前的奖状,记忆像潮水般涌上了心头。

  华中师范学院有重视科学研究的优良传统。我1954年到华中师范学院读书,1956年留在中文系当现代汉语专业助教,从一进入华师起,就在优良传统中不断地接受着熏陶。据我所知,1978年全国科学大会之前,尽管一忽儿一个政治运动,但是,只要政治运动稍一停顿,华师的科研活动便又掀起。

  1955年,华师举行了一次全校性科学报告会。那时,批胡适、反胡风的斗争刚刚过去,我还是一个学生。在那次科学报告会上,我的现代汉语专业启蒙老师高庆赐教授报告了他的论文《论语言的形象化》,使我深刻地感悟到了汉语的美和奇。1956年,留校当助教之后,我和同事们一道,个个幸运地得到了学校在科学报告会期间购买的一把有靠背的藤椅。老实说,我十分迷信地认为这把藤椅有灵气。也许是潜意识之使然,我几十年里特别珍惜这把藤椅,藤断了请人接起来,松动了自己用绳子拉起来。修修补补,补补修修,到1995年10月,由华中村搬家到桂子山时,感到它实在不能再坐了,才把它留在了华中村原来的住处。这把藤椅,我在那上面坐了40年,"耕耘"了40年!

1959年,华师又举行了一次全校性科学报告会。那时,57年的"反右"、58年的"大跃进"、59年的"拔白旗"等运动刚刚过去,我已经是一个青年教师。在那次科学报告会上,我报告了论文《强喻初探》,两万多字,发表于《华中师范学院学报》1960年第2期。这期学报还发表了一篇《学术动态》,其中写道:

> 为了汇报科学研究成果,交流科学工作经验,为了深入贯彻党的百花齐放、百家争鸣的方针,……本院中文系于1959年12月28日至1960年1月4日,举行了1959年科学讨论会。……在各教研组、年级、班、小组等小型科学讨论会的广泛基础上,提交系科学讨论会的论文共6篇:《〈阿Q正传〉与辛亥革命》(陈安湖),《〈牡丹亭〉"游园"的剖析》(方步瀛),《强喻初探》(邢福义),《试论民间童话里的传统形象》(刘守华),《试论〈迎春花〉》(彭立勋),《语言结构与政治论文的教学》(中文系下放一附中教师小组)。讨论会集中地就前三文展开了热烈的讨论。

报道只提"本院(即华中师范学院)中文系",是因为这期学报是"语言文学版",为中文系成果的专号。好些情况值得注意:提交讨论会的6篇论文,是"在各教研组、年级、班、小组等小型科学讨论会的广泛基础上"挑选出来的,个人成果5篇,集体成果1篇。论文的作者,年龄层次不同,而且不仅有教师,还有学生。方步瀛先生是教授,59岁;陈安湖先生是讲师,32岁;我和刘守华先生是助教,都24岁;彭立勋先生是本科四年级学生,大概22岁。所有这些,都充分说明,不管从哪个角度看,当时学术活动之活跃与深入,是多么可圈可点!

1977年,华师再一次举行了全校性的科学报告会。那时,在经历了三年困难时期之后,又经历了"文革"的十年浩劫,我已经成了一个42岁的中年人。在那次科学报告会上,我报告论文《论定名结构充当分句》。这篇论文后来发表在《中国语文》1979年第1期上面。报告论文那天,我敬爱的前辈、当时的中文系主任严学宭先生主持会议,学校主要领导人之一刘秉一副书记出席了会议。值得一提的是,《论定名结构充当分句》这篇文章从写作到在报告会上宣读,经历了12年。1965年7月下旬,我写了短文《关于独词句充当分句》,约两千字,寄给《中国语文》,不久编辑部回信,肯定所说的现象"是个事实",并且建议"就这类所谓'独词句'广泛地搜集一些材料,分析一下它的性质、功能之类,篇幅不妨适当扩大";后来"文化大革命"爆发,可我的钻研工作没有中止,1973年8月跟学生到工厂搞"开门办学",利用午休时间,躲在厚厚的蚊帐里写成了《试论复句中定名分句与非定名分句的组合》,二万多字;1977年初,又把文章重写一遍,才定稿为《论定名结构充当分句》,一万多字。报告会上,我宣读论文之后,刘秉一同志发表意见,给予了充分的肯定。这位部队出身的领导同志,有那么宽广的学术视野,令我深为感佩。回想起来,"文革"一结束就决定举行并且能够成功地举行大型的学术报告会,这显然是因为,从华师的领导到华师的教师,不管经受着什么样的风风雨雨,都一直在坚持着重视科研这一优良传统。

一所大学,如果不重视科研,肯定办不成像样的大学。而华师,科研活动就像那顽强的野草,哪怕是有一点点空隙,就会生长得蓬蓬勃勃。这样的学校,会办不好吗?!

1982年1月,在1978年全国科学大会举行之后的第4年,华师领导在全校范围内评定科研先进工作者,一一发给奖状,我以为,这是华师优良传统的继承和发扬。现在,20个年头过去了。跟近年来获得的奖状相比较,20年前的这份奖状只是普普通通的一张纸,既无封皮,更无奖金,而且,不过是学校级的奖状而已。然而,就是这么一纸简朴的奖状,对于学校来说,它记录了长长的历史,显现了学校的底蕴;对于个人来说,它记录了长长的人生,表明了个人的热量。正因如此,我觉得它特别厚重,特别可贵!

(原载《华中师大报》2002年11月30日)

七 何人不起故园情

我惊叹家乡民歌之丰富。从内容上说,历史地理、风光风情、做人做事、家庭婚姻、生活恋爱、神话传说、天上地下、陆地大海,无所不包。从体裁上说,号子歌、叫卖调、拉大调、哼小调、柔情调、嗟叹调,品种繁多。从曲体上说,一段体、二段体、三段体、多段体,随用应变。从演唱上说,独唱也好,对唱也好,不仅讲究姿势、气息、咬字与吐字,而且风格各异,无论是劳动号子演唱、叫卖调演唱、柔情调演唱、嗟叹调演唱,抑或是拉大调演唱、哼小调演唱,都表现出各自的特色。

"凭寄还乡梦,殷勤入故园。"这是柳宗元《零陵早春》中的诗句。1996年,我写过散文《根在黄流》,发表在当年6月3日的《海南日报》上面,其中也写到了梦:"我1952年离开黄流,当时十七岁,还是个少年。时间过去了四十多年,可是,夜里做梦,还常常梦见在家乡玩耍,而且梦里的我竟仍然是个少年!"而今,又有八个年头过去了。随着年岁的增添,我对家乡的怀想越来越多,越来越发强烈。怀想中,最为闪亮的事物,要算是黄流民歌。那带着海南闽方言特色的歌唱,我从四五岁起就开始跟着哼。稍大一点以后,特别喜欢在田间地头听男女对歌。对歌时,双方都以"啊——"的拖长腔调起头,忽高忽低,时强时弱,悠悠荡荡,按律延展。不仅调子美,听来神驰心醉,而且作用大,起始一方借以传递"挑战"信息,后续一方借以紧承开唱,边拖边构思"迎战－反挑战"的言辞。黄流人的聪明、才智和机灵,都在这"啊——"的过程中显露出来了。

最近,翻阅《黄流村志》,读到男女对歌中有这么一首:"求得哥愿侬也愿,定定做成线与针。哥且做针侬做线,针过千层线都跟。"多好的诗歌!那来自日常生活的贴切比喻,那发自少女内心的细腻柔情,那出自纯朴农村姑娘之口的生死相随之誓言,那用黄流闽方言表达的言辞和乡音,让我拍案叫绝。如果说,童年时代只是跟着哼,少年时代只会听着乐,那么,现在我终于能够欣赏其内容,联想其歌声,品味其真善美,从而进入黄流民歌的美学境界了。李白《春夜洛城闻笛》中这么写道:"此夜曲中闻《折柳》,何人不起故园情。"借诗仙带有酒香之佳句,我改动三个字,表达黄鹤楼边一个黄流人的心声:"此日歌中闻《针线》,何人不起故园情。"

黄流民歌,跳动着"木瓜－芒果,椰子－槟榔,菠萝－香蕉,杨桃－番荔,番榴－石榴……"的音乐符号,散发着南国特有的韵味!

(原载《海南日报》2005年4月17日,略有修补。)

八　黄流中学怀想

　　1949年9月至1952年2月,我在黄流中学读书。当时,学校名为崖县初级中学,简称崖初中。好像是1950年,学校来了一位青年教师,刚刚毕业于设立在海口府城的广东琼台师范学校。高高的个子,长得很帅;性格爽朗,很有亲和力;知识面宽,能教几门课。同学们都喜欢他,私下里亲切地把他称为小老师。除了上理科方面的课,他还教我们画画。我从小对画画有特殊的爱好,不仅上美术课特别上劲,还常常为学校或班级的壁报画点插图。有一天,这位老师送我一支大约用过五分之一的铅笔,笔芯粗而黑,用来画素描再好不过。在当时,特别是在当时的黄流,这可是稀罕物。我喜欢得不得了,珍惜得不得了。不料,没过多久,这支铅笔怎么也找不到了。更让我难过的是,过一些天,他向我"借"这支铅笔,说他要用用。这时我才知道他就有这么一支铅笔,而我却没能保管好。我很抱歉,又很着急,结结巴巴地说:"老师,铅笔……我……我……弄丢了!"看到我急成那个样子,他笑了笑,安慰我说:"没关系的!"

　　老师送我铅笔,使我憧憬未来;老师相信我没撒谎,更使我深感温暖。时间过去了57个年头,许多事情忘记了,这件事却不但始终不忘,而且让我生发出了好些感悟。感悟一:老师的关心,对学生是上进的激励。那只是一支铅笔吗?不,那是一句无声的赠言,一种对学生未来的期盼。我曾经写过《亦师亦友 志在高山》的文章,讲说我和我的硕士生博士生们的关系,文章的基本理念正是源于半个世纪以前的这件事。感悟二:老师的信任,对学生是守正的诲导。假若那时候他对我表示出哪怕是一丝一毫的怀疑,对我来说心灵上都会终生不得安宁。由此我深信一条人生哲理:诚为立身之本,诚实才能心安。为了问心无愧,从做人到做学问,都一定要诚实。近年来,我发表过一些有关学风、文风和文品的文字,包括《治学之道 学风先导》、《社会公益对学风文品的规约》等等,实际上都是以"诚实"为基点做文章的。感悟三:老师的言行,对学生是无形的牵引。1952年,好几个黄流同学考取了琼台师范,其中一个是我。大家都为能上琼台师范而备感荣幸。就我而言,报考琼台师范固然是因为这所学校声誉很好,同时也是因为我的老师是琼台师范毕业的,他对我具有一种潜性引力。

教与学,师与生,在教育发展史和学术发展史上,历来是起着筋脉贯通作用的重要话题。大家都景仰被称为圣人的孔子。《论语·述而》录载孔子的话:"学而不厌,诲人不倦。"《论语·子罕》录载学生颜渊的话:"夫子循循然善诱人。"《论语·子张》录载学生子夏的话:"博学而笃志,切问而近思,仁在其中矣。"一册《论语》,实际上就是师生共同谱写的一部气势磅礴的大交响乐。在我们炎黄子孙共同拥有的国学宝库中,同类记录很多,反映的是教师的风范,尊师的美德,师生之间的相互理解与关爱。

黄流中学是南国人才培养的摇篮。六十年来,黄流中学向国家各个高校各个部门输送了大量俊士,黄流中学的老师们从各个角度各个侧面发表了散发着浓郁校情气息的大量文章,如此等等,都是学校辉煌历史的实证。我在黄流中学度过了人生起点上至关重要的一个时段,承沐了良好的熏陶,终生受益。对于黄流中学,我有不尽的回忆,无穷的感念。在母校六十周年校庆之际,我讲了上面这件小事,是想说明,小事不小,黄流中学之所以能成为名校,既是因为各方面都有令人瞩目的建树,更是因为蕴积有深厚的师德根基,具有优良的校风、教风和学风。这可是黄流中学的"传家宝"!

"东风随春归,发我枝上花。"李白的诗句,可以借来演绎黄流中学的发展:随着国家的繁荣昌盛,日益富强,母校定会日新月异,越办越好!

(原载《光明日报》2007年12月25日。黄流在海南岛西南端的海边,往东数十里便是著名的"天涯海角"。原属崖县,后划归乐东县。黄流中学创办于1947年,1990年10月被国家教委选入《中国名校》一书。)